Dinâmicas do desenvolvimento em África 2025

INFRAESTRUTURAS, CRESCIMENTO
E TRANSFORMAÇÃO

Este estudo foi publicado sob a responsabilidade do Secretário-Geral da OCDE e do Presidente da CUA. As opiniões expressas e os argumentos utilizados não refletem necessariamente as opiniões oficiais dos países membros da OCDE ou do seu Centro de Desenvolvimento, ou tampouco dos países membros da Comissão da União Africana.

Os nomes de países e territórios referidos nesta publicação seguem a prática da União Africana.

Este documento e qualquer mapa aqui incluído foi elaborado sem prejuízo do status ou soberania de qualquer território, da delimitação de limites e fronteiras internacionais e do nome do território, cidade ou área.

Por favor, cite esta publicação como:
AUC/OECD (2025), *Dinâmicas do desenvolvimento em África 2025: Infraestruturas, crescimento e transformação*, AUC, Addis Ababa/OECD Publishing, Paris, https://doi.org/10.1787/4bc50b52-pt.

ISBN 978-92-64-49813-6 (impresso)
ISBN 978-92-64-49380-3 (PDF)
ISBN 978-92-64-43585-8 (HTML)

Dinâmicas do desenvolvimento em África
ISSN 2790-2803 (impresso)
ISSN 2790-2811 (online)

Comissão da União Africana
ISBN 978-92-95127-29-6 (impresso)
ISBN 978-92-95127-28-9 (PDF)

Publicado originalmente pela OCDE sob o título: AUC/OECD (2025), *Africa's Development Dynamics 2025: Infrastructure, Growth and Transformation*, AUC, Addis Ababa/OECD Publishing, Paris, https://doi.org/10.1787/c2b40285-en.
No caso de qualquer discrepância entre a obra original e a tradução, somente o texto da obra original deverá ser considerado válido.

Fotografias: © Design da capa por Aida Buendia (OCDE) com base em imagens de Smilewithme, Taparong Siri, Sidhe, Tomiganka/Shutterstock.com.

As erratas das publicações da OCDE podem ser acessadas online em: https://www.oecd.org/en/publications/support/corrigenda.html.

Prefácio

O relatório anual de referência *Dinâmicas do Desenvolvimento em África* resulta da parceria de longa data entre o Departamento de Desenvolvimento Económico, Comércio, Turismo, Indústria e Minerais da Comissão da União Africana e o Centro de Desenvolvimento da OCDE. Reúne uma equipa de investigadores académicos, economistas, estatísticos e outros especialistas de países africanos e parceiros.

A edição de 2025 explora a forma como os atores africanos podem acelerar o desenvolvimento de infraestruturas para alcançar a transformação produtiva e a Agenda 2063. O primeiro capítulo avalia as necessidades de investimento em infraestruturas para acelerar a transformação produtiva e as atuais condições de financiamento face ao crescente peso da dívida soberana, ao elevado custo de capital e ao declínio do financiamento do desenvolvimento. Avalia também as principais oportunidades e riscos de sustentabilidade ambiental e social do desenvolvimento de infraestruturas. O segundo capítulo propõe políticas prioritárias para acelerar o desenvolvimento e a implementação de projetos de infraestruturas, com base em lições de todo o continente e fora dele. Os capítulos seguintes centram-se nas cinco regiões africanas definidas pelo Tratado de Abuja: África Austral, Central, Oriental, do Norte e Ocidental. Estes capítulos oferecem uma perspetiva regional sobre o estado das infraestruturas, os fluxos de financiamento, as políticas de infraestruturas, os corredores de desenvolvimento, o apoio a projetos de infraestruturas e o desenvolvimento de competências.

A presente edição baseia-se numa vasta gama de fontes de dados e incluiu a recolha de dados primários através de entrevistas semiestruturadas e de um inquérito. A análise foi efetuada entre setembro de 2024 e junho de 2025, com base nos estudos e dados disponíveis. O inquérito em linha da OCDE/AfIDA sobre a oferta de competências no setor das infraestruturas foi administrado a uma rede de promotores de infraestruturas, financiadores e peritos. Foram recebidas vinte e oito respostas até fevereiro de 2025. As conclusões foram corroboradas através de um workshop de especialistas, realizado a 23 de janeiro de 2025, que contou com 40 participantes. Foram realizadas três entrevistas semiestruturadas em dezembro de 2024.

O anexo estatístico contém os últimos indicadores económicos, sociais e institucionais dos países africanos para os quais existem dados comparáveis. Uma lista de tabelas de dados é apresentada nas últimas páginas do relatório. Os dados são apresentados por país, região, comunidade económica regional e agrupamentos de países relevantes (por exemplo, dotação de recursos, níveis de rendimento, desenvolvimento socioeconómico e fragilidade, acesso aos oceanos e língua). O anexo apresenta comparações entre África e diferentes regiões do mundo, bem como outros índices de referência relevantes. Estes dados destinam-se a informar decisores, consultores, analistas de empresas, financiadores privados, jornalistas, organizações não governamentais e cidadãos de todo o mundo que estejam interessados nas trajetórias de desenvolvimento dos países africanos. É continuamente revistoem linha.

O relatório integral é publicado em inglês, francês e português. Os números e quadros adicionais, bem como o anexo estatístico, estão disponíveis nos sítios Web da Comissão da União Africana e do Centro de Desenvolvimento da OCDE.

Agradecimentos

O relatório económico de referência *Dinâmicas do Desenvolvimento em África* 2025: *Infraestruturas, crescimento e transformação* (AfDD 2025) foi preparado em conjunto pela Comissão da União Africana (CUA) e pelo Centro de Desenvolvimento da OCDE. É publicado sob a égide de S.E Mahmoud Ali Youssouf, Presidente da Comissão da União Africana, e de Mathias Cormann, Secretário-Geral da OCDE. A sua redação foi orientada por S.E Albert M. Muchanga, Comissário responsável pelo Desenvolvimento Económico, Comércio, Turismo, Indústria e Mineração da União Africana, e por Ragnheiður Elín Árnadóttir, Diretora do Centro de Desenvolvimento da OCDE. O relatório foi supervisionado por Djamel Ghrib, Diretor do Departamento de Desenvolvimento Económico, Comércio, Turismo, Indústria e Mineração, e por Patrick Ndzana Olomo, Diretor Interino do Departamento de Desenvolvimento Económico, Integração e Comércio e Diretor Executivo da Divisão de Desenvolvimento Sustentável e Política Económica, Departamento de Desenvolvimento Económico, Comércio, Turismo, Indústria e Mineração, em conjunto com Federico Bonaglia, Diretor Adjunto do Centro de Desenvolvimento da OCDE, e Arthur Minsat, Chefe da Unidade de África do Centro de Desenvolvimento da OCDE e economista principal.

A equipa de redação da Comissão da União Africana foi composta por Patrick Ndzana Olomo, Diretor Executivo da Divisão de Desenvolvimento Sustentável e Política Económica, Rumbidzai Treddah Manhando, Economista, Luckystar Miyandazi, Conselheiro para a Mobilização das Receitas Fiscais e Domésticas, e Ronnel Inonge Sisamu, Consultora Jurídico (Departamento de Desenvolvimento Económico, Comércio, Turismo, Indústria e Mineração). A equipa do Centro de Desenvolvimento da OCDE, liderada por Arthur Minsat, Chefe da Unidade África, com Nicolas Friederici, incluiu Keiko Álvarez, Andrea Cinque, David Dadakpete, Seynabou Diop, Majda Eddaifi, Marie-Adjara Koné, Noémie Maring, Sébastien Markley, Francesco Napolitano, Ismail Qotbi, Elisa Saint Martin, Eva-Andrée Tiomo e Bakary Traoré, com o apoio de José Pineda (Consultor principal, DevTech Systems). Anne-Marie Trang (OCDE) e Mandy Mauyakufa (CUA) prestaram um apoio valioso à investigação, produção, logística e trabalho administrativo associados ao relatório.

Os contributos e dados foram fornecidos pela AUDA-NEPAD, pela unidade de Financiamento de Infraestruturas, PPP e Garantias do Banco Mundial, pela Agência de Cooperação Internacional do Japão (JICA), pela Deutsche Gesellschaft für Internationale Zusammenarbeit (GIZ) e pelo Centro Europeu para a Gestão da Política de Desenvolvimento (ECDPM). Aly El Domery (Agence Française de développement [AFD]), Mohammed Fangary (AFD), Mohamed Momatz Hegazy (Transport for Cairo [TfC]), Alain Mibulumukini, (Autoridade Reguladora da Subcontratação no Setor Privado [ARSP], RDC), e Salima Raoundi (Proparco - AFD]) partilharam os seus valiosos conhecimentos em entrevistas. Agradece-se a contribuição substancial e a colaboração com a Associação Africana para o Desenvolvimento de Infraestruturas (AfIDA), que incluiu a organização conjunta de um workshop on-line de especialistas e a administração de um inquérito on-line. Yassin Bendjebbour (GIZ), Richard Carey (Centro Africano para a Transformação Económica [ACET]), Sulaiman Cisse (Africa Finance Corporation [AFC]), Hubert Danso (Africa Investor (Ai) Group), Noble Ekajeh (Phoenix Edison), Vivek Mittal (AfIDA) e Freda Yawson (ACET) enriqueceram o workshop com a sua participação ativa. Agradece-se o contributo substancial do projeto *Build4Skills* da GIZ.

Os capítulos sobre a dinâmica continental beneficiaram dos comentários e contributos dos seguintes especialistas: Richard Carey (ACET); Simon Alkali, Sulaiman Cisse (AFC); Anton Cartwright (Centro Africano para as Cidades); Vivek Mittal (AfIDA); Yeo Dossina (Banco Árabe para o Desenvolvimento Económico em África [BADEA]); Timo Behrens, Frederik Gaul, Benjamin Laag, Marlis Sieburger, Stephan Worack (Bundesministerium für wirtschaftliche Zusammenarbeit und Entwicklung [BMZ]); Abdelghni Lakhdar (Casablanca Finance City); Hiro Ito (Banco Europeu de Reconstrução e Desenvolvimento [BERD]); Jesús Manuel Gavilán Marín, Georgios Grapsas, Lars Gronvald, Claire Hunault, Camilla Kuckartz, Lina Liink, Peter Mariën, Marco Parolin, Riccardo Roba, Domenico Rosa, Jessica Schroeder, Mona Stein (Comissão Europeia); Damir Kurtagic, Simona Montanari (Delegação da União Europeia junto da União Africana); Arnold Jacques de Dixmud (Delegação da União Europeia junto do Burundi); Anders Djurfeldt, Agnès Duband (Delegação da União Europeia junto do Gana); Patrick Illing, Jérôme Pons (Delegação da União Europeia junto da República dos Camarões e da Guiné Equatorial); Amelie Daas, Colin Gleichmann, John Hauert, Fabian Jaekel, Ayda Kasiri, Earl King, Micaela Mihov (GIZ); Benedikt Erforth, Alexander Stöcker, Tina Zintl (Instituto Alemão de Desenvolvimento e Sustentabilidade [IDOS]); Elisa Gambino (Global Development Institute, Universidade de Manchester); Thomas Pohl (Kreditanstalt für Wiederaufbau [KfW]); Sebastian Krantz (Kiel Institute for the World Economy [IfW Kiel]); Mondher Khanfir (Consultor independente); Salimata Doumbia (Consultora independente); Dan Preston (Universidade de Indiana); Justin Lin, Jia Yu (Instituto de Nova Economia Estrutural [INSE]); Shuhei Ueno (Agência de Cooperação Internacional do Japão [JICA]); Daisuke Kakuya, Kenichi Ogasawara (Ministério da Terra, Infraestruturas, Transportes e Turismo, Japão); Juan Garin, Edwin Lau, Coralie Martin, Vasiliki Mavroeidi, Ida McDonnell, Annalisa Primi, Setsuko Saya, Manuel Toselli, Mamiko Yokoi-Arai (OCDE); Katsuhito Miyake (The Overseas Construction Association of Japan Inc.); Thang Nguyen Quoc (Oxford Economics Asia); Jean-Pierre Guengant (Instituto de Investigação para o Desenvolvimento [IRD]); Lee Everts (Organização das Nações Unidas [ONU]); Nuno Gil (Universidade de Manchester). A reunião de avaliação pelos pares contou ainda com a participação de Yafika Chitanda, Grace Khoza (Secretariado da ZCLCA); Tarig Ahmed, Emmanuel Eze, Joseph Nti (União Africana); Bernard Cudjoe, Pamla Gopaul, Aboubacar Adamou Hamidou, Wahabou Ibrah, Simon Kisira, Mc Neil Mhango, Mutukwa Musole, Christelle Onana, Lukovi Seke (AUDA-NEPAD); Ehize Ilozavbie, Lucretia Fotmai (American Tower); Hamadou Seyni Siddo (Fonds Africain de Garantie et de Coopération Economique [FAGACE]); Lamine Dia e Sebastian Nieto Parra (OCDE).

O relatório baseou-se nas seguintes consultas realizadas em 2024 e 2025: a reunião de trabalho sobre África da Emerging Markets Network (EMnet) (dezembro de 2024), o workshop de consulta com a AfIDA (janeiro de 2025), a reunião de revisão pelos pares dos dois capítulos continentais do AfDD 2025 (março de 2025), a apresentação preliminar do AfDD 2025 na sessão plenária da primavera do Conselho de Administração do Centro de Desenvolvimento da OCDE (maio de 2025), a apresentação preliminar do AfDD 2025 na reunião ministerial do Grupo de Trabalho para o Desenvolvimento do G20 em Skukuza (julho de 2025) e a apresentação preliminar do AfDD 2025 na Conferência Internacional de Tóquio sobre o Desenvolvimento de África (agosto de 2025).

O envolvimento da equipa de publicações foi crucial para a produção atempada do relatório. O relatório foi editado por Jill Gaston e traduzido por Marika Boiron, pelos Serviços de Tradução da OCDE e por Serena Indij da Costa. Delphine Grandrieux e Elizabeth Nash supervisionaram a produção e a paginação. Stephanie Coic criou as infografias e a capa.

A CUA e o Centro de Desenvolvimento da OCDE agradecem aos Estados Membros da União Africana, à Comissão Europeia (DG INTPA), à Alemanha (BMZ/GIZ), à Itália (Ministério dos Negócios Estrangeiros e da Cooperação Internacional) e a Portugal (Camões - Instituto da Cooperação e da Língua, I.P., e o Ministério dos Negócios Estrangeiros) pelo seu apoio e valiosos comentários nesta sétima edição anual do *Dinâmicas do desenvolvimento em África*.

Editorial

A melhoria das infraestruturas pode ser um catalisador para a transformação produtiva de África. Redes de qualidade nos setores digital, dos transportes, da energia e da água melhoram o bem-estar dos cidadãos e criam economias mais produtivas. Os decisores políticos africanos deram passos significativos para acelerar o desenvolvimento das infraestruturas, nomeadamente através do Programa para o Desenvolvimento das Infraestruturas em África (PIDA) da União Africana. No entanto, mais de dois em cada cinco africanos continuam sem acesso a infraestruturas básicas, especialmente de eletricidade. Estimamos que, se este problema não for resolvido, o número de africanos sem acesso à eletricidade aumente dos atuais 641 milhões para mil milhões em 2050, ou seja, 11% da população mundial.

O nosso relatório conclui que as economias africanas necessitam de investimentos de 2,48 biliões de dólares até 2040 para elevarem as suas infraestruturas a um nível comparável ao dos países homólogos de outras regiões. A consecução desses níveis de investimento poderia impulsionar o crescimento em 4,5 pontos percentuais por ano. Tal, por sua vez, permitiria a África ultrapassar o objetivo da Agenda 2063 da União Africana de 7% do produto interno bruto (PIB) anual e duplicar o PIB do continente até 2040.

Com as políticas adequadas, África pode satisfazer as suas necessidades de investimento. A necessidade anual de investimento em infraestruturas, de 155 mil milhões de dólares, é equivalente a 5,6% do PIB do continente em 2024. Os governos africanos gastaram uma média de 1,3% do PIB (34 mil milhões de dólares) em infraestruturas por ano durante o período de 2016-2020. Este valor é comparável à média mundial, mas está abaixo dos níveis de países que adotaram uma estratégia de desenvolvimento orientada para as infraestruturas, como a China (6,7% do PIB) ou o Vietname (5,1% do PIB).

O financiamento público continua a ser fundamental: os governos africanos e os financiadores públicos internacionais representaram 89% das despesas médias anuais com infraestruturas em África entre 2016 e 2020. Entre 2019 e 2023, os governos africanos gastaram também sete vezes mais no custo do serviço da dívida do que em infraestruturas.

O financiamento privado pode ser importante para colmatar o atual défice de investimento em infraestruturas. O investimento privado em infraestruturas africanas diminuiu de 1,8 mil milhões de dólares em 2023 para 1,2 mil milhões de dólares em 2024. Para inverter esta tendência, será necessário gerir os riscos e as perceções de risco que dissuadem os investidores. África tem as taxas de incumprimento mais baixas no que se refere às dívidas relativas a infraestruturas – menos de 2%, em comparação com quase 5% na Ásia e 10% na América Latina –, mas as nossas estimativas indicam que o custo de capital seja de 13% em África, muito acima da média da OCDE (8%) e da média dos países em desenvolvimento da Ásia (10%). Dados e informações mais transparentes sobre os riscos de investimento poderiam diminuir a perceção de risco e reduzir o custo de capital. A Plataforma de Investimento Virtual Africana, uma iniciativa conjunta da União Africana e da OCDE, lançada na Cimeira da União Africana deste ano, é um passo nesta direção.

O documento *Dinâmicas do Desenvolvimento em África 2025* propõe três alavancas principais para impulsionar o desenvolvimento das infraestruturas:

- Melhorar as condições de financiamento por dívida e as regras de investimento para mobilizar todos os recursos, nomeadamente de investidores institucionais.
- Reforçar a definição estratégica de prioridades para os projetos do PIDA, especialmente nos países menos desenvolvidos e em prol da integração regional.
- Reforçar a capacidade de governação e de execução de projetos dos promotores de infraestruturas e das agências governamentais competentes.

Este ano marca um novo ponto de viragem no financiamento das infraestruturas africanas, com marcos importantes como a 4.ª Conferência Internacional sobre o Financiamento do Desenvolvimento. A Comissão da União Africana e o Centro de Desenvolvimento da OCDE orgulham-se de prosseguir a sua parceria neste relatório emblemático, agora na sua sétima edição. O documento *Dinâmicas do Desenvolvimento em África* é a base do nosso trabalho conjunto. À medida que aprofundamos a nossa colaboração, geramos novas fontes de dados pertinentes e intensificamos o diálogo entre decisores políticos, investidores e parceiros internacionais. Cremos que este relatório, tal como as edições anteriores, se tornará um recurso essencial para as nossas partes interessadas nos seus esforços para atingir os objetivos da Agenda 2063 da União Africana e melhorar o nível de vida de todos os africanos.

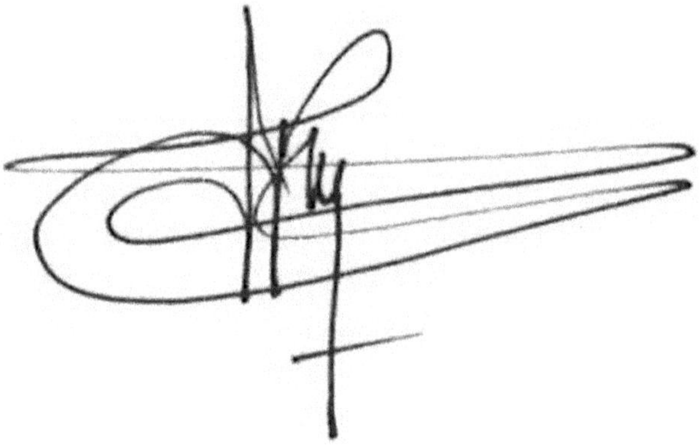

Mahmoud Ali Youssouf

Presidente

Comissão da União Africana

Mathias Cormann

Secretário-Geral

Organização de Cooperação e de Desenvolvimento Económicos

Índice

FIGURAS

TABELAS

CAIXAS

Abreviaturas e acrónimos

ACET	Centro Africano para a Transformação Económica
AFC	Corporação Financeira Africana
AFD	Agence française de développement (Agência Francesa de Desenvolvimento)
AfIDA	Associação Africana para o Desenvolvimento de Infraestruturas
AGIA	Aliança para as Infraestruturas Verdes em África
AIE	Agência Internacional de Energia
AIFP	Programa de Bolsas de Estudo para Infraestruturas de África
ALC	América Latina e Caraíbas
ALCB	Obrigações em moeda local africana
ALGA	African Local Governments Academy (Academia Africana dos Governos Locais)
ALSF	African Legal Support Facility (Mecanismo Africano de Apoio Jurídico)
ANWIN	The African Network of Women in Infrastructure (Rede Africana para Mulheres em Infraestruturas)
ASQIIA	Accelerating and Scaling-up Quality Infrastructure Investment in Africa (Acelerar e aumentar o investimento em infraestruturas de qualidade em África)
ATIDI	African Trade & Investment Development Insurance (Seguradora Africana para o Desenvolvimento do Comércio e do Investimento)
AUDA-NEPAD	Agência de Desenvolvimento da União Africana – Nova Parceria para o Desenvolvimento de África
AVCA	Associação Africana de Capital Privado
BAD	Banco Africano de Desenvolvimento
CAD	Comité de Ajuda ao Desenvolvimento
CEA	Comissão Económica das Nações Unidas para África
CEDEAO	Comunidade Económica dos Estados da África Ocidental
CEEAC	Comunidade Económica dos Estados da África Central

CEREEAC	Centro Centro-Africano para as Energias Renováveis e Eficiência Energética
CETA	Construction Education and Training Authority (Autoridade para a Educação e Formação na Construção)
CMPC	Custo Médio Ponderado de Capital
CNUCED	Conferência das Nações Unidas sobre Comércio e Desenvolvimento
CUA	Comissão da União Africana
DRE	Energias Renováveis Distribuídas
EAC	Comunidade da África Oriental
EASTRIP	Projeto *East Africa Skills for Transformation and Regional Integration* (Competências para a transformação e a integração regional na África Oriental)
EDGE	Excellence in Design for Greater Efficiencies (Excelência na conceção para maior eficiência)
EFTP	Ensino e Formação Técnico-Profissional
ERCE	Energy Regulation Centre of Excellence (Centro de excelência em regulamentação energética)
FMI	Fundo Monetário Internacional
GI-NBS	Green infrastructure and nature-based solutions (Infraestruturas Verdes e as Soluções baseadas na Natureza)
GIZ	Deutsche Gesellschaft für Internationale Zusammenarbeit (Agência Alemã para a Cooperação Internacional)
ICA	Consórcio de Infraestruturas para África
ICF	Corporação Financeira Internacional (International Finance Corporation)
IDH	Índice de Desenvolvimento Humano
IEEE	Instituto de Engenheiros Elétricos e Eletrónicos
IFMEREE	Institutos de Formação em Energias Renováveis e Eficiência Energética
IGAD	Autoridade Intergovernamental para o Desenvolvimento
ISO	Organização Internacional de Normalização
JICA	Agência de Cooperação Internacional do Japão
LAPSSETT	Corredor Lamu Port-Sudão do Sul-Etiópia-Transporte
LFS	Labour Force Statistics (Estatísticas da Força de Trabalho)
LGSC	Comissão de Serviços do Governo Local
MASEN	Agência Marroquina para a Energia Solar
MDL	Mecanismo de Desenvolvimento Limpo
MIGA	Agência Multilateral de Garantia dos Investimentos
MILE	Instituto Municipal de Aprendizagem

NEPAD-IPPF	Nova Parceria Económica para o Desenvolvimento de África – Mecanismo de Preparação de Projetos de Infraestruturas
OBOR	Iniciativa «Uma Faixa, Uma Rota»
OCDE	Organização de Cooperação e de Desenvolvimento Económicos
ODA	Ajuda pública ao desenvolvimento
ODF	Financiamento oficial ao desenvolvimento
OIT	Organização Internacional do Trabalho
PAP	Plano de Ação prioritário
PFPU	Postos Fronteiriços de Paragem Única
PGII	Parceria para Infraestruturas e Investimento Global
PIB	Produto Interno Bruto
PIDA	Programa para o Desenvolvimento das Infraestruturas em África
PIMA	Avaliação da Gestão do Investimento Público
PMD	Países Menos Desenvolvidos
PPF	Mecanismos de Preparação de Projetos
PPI	Participação Privada em Infraestruturas
PPP	Parceria público-privada
PQL	Selo de qualidade PIDA
RDA	Agência para o Desenvolvimento Rodoviário
RIMP	Plano Diretor Regional de Infraestruturas
SADC	Comunidade de Desenvolvimento da África Austral
SIFA	Iniciativa de Competências para África
TIC	Tecnologias da Informação e da Comunicação
UCLG	United Cities and Local Governments (Cidades e Governos Locais Unidos)
UEMOA	Union Économique et Monétaire Ouest-Africaine (União Económica e Monetária da África Ocidental)
UM	União para o Mediterrâneo
ONU	Organização das Nações Unidas
PNUD	Programa das Nações Unidas para o Desenvolvimento
UA	União Africana
UE	União Europeia
UNICEF	Fundo das Nações Unidas para a Infância
WAGRIC	Plano Diretor do Anel de Crescimento da África Ocidental
ZCLCA	Zona de Comércio Livre Continental Africana

Síntese

O investimento anual de 155 mil milhões de dólares no desenvolvimento de infraestruturas poderia aumentar em 4,5 pontos percentuais a taxa de crescimento anual do produto interno bruto (PIB) de África, duplicando o PIB do continente até 2040. Estes ganhos permitiriam a África ultrapassar o objetivo de 7% de crescimento anual do PIB estabelecido na Agenda 2063 da União Africana.

Este impulso está ao alcance dos países africanos. O montante de 155 mil milhões de dólares anuais equivalem a 5,6% do PIB do continente em 2024. De acordo com os últimos dados comparáveis, o investimento anual em infraestruturas, somando setor privado, setor público e financiamento ao desenvolvimento, foi, em média, de 3% do PIB (83 mil milhões de dólares) entre 2016 e 2020, tendo os governos africanos contribuído, em média, com 1,3% do PIB dos seus países. Em 2019-2020, quatro países africanos já alocavam mais de 5% do respetivo PIB a infraestruturas por meio da despesa pública, aproximando-se dos níveis da República Popular da China (a seguir designada por «China») (6,7%) e do Vietname (5,1%). Um aumento da despesa total de 3% para 5,6% do PIB parece viável para mais países africanos.

Aumentar o investimento em infraestruturas nesse nível exige mais financiamento de todas as fontes, especialmente do capital privado. Com 11% do total, a participação do investimento privado no financiamento das infraestruturas em África é inferior à de outras regiões e o seu valor absoluto é menor do que seria expectável, tendo em conta os rendimentos potenciais.

- A maioria dos países africanos não aproveitou a da triplicação do investimento privado em infraestruturas a nível mundial que ocorreu entre 2013 e 2023: durante esse período, África atraiu apenas 6-8% do total. Mais recentemente, em 2024, o aumento dos custos e a deterioração das condições macroeconómicas levaram a que os negócios de capital privado em infraestruturas africanas caíssem de 1,8 mil milhões de dólares em 2023 para 1,2 mil milhões de dólares.
- O presente relatório estima que o custo médio ponderado de capital para projetos de infraestruturas em 2023 foi mais elevado em África, situando-se nos 13%, comparativamente a 10% na Ásia em desenvolvimento e 8% nos países da OCDE. O custo da dívida comercial em África é, no mínimo, 2,5 vezes superior ao dos países da OCDE; já o custo do capital próprio é, pelo menos, 1,6 vezes mais elevado.
- O investimento privado limitado em infraestruturas pode conduzir a custos mais elevados para a população africana. Por exemplo, em 2024, o custo médio mensal da Internet de banda larga para os utilizadores africanos foi de 56 dólares, superior ao da América Latina e Caraíbas (46 dólares) e da Ásia em desenvolvimento (17 dólares).
- No entanto, o retorno do investimento em projetos de infraestruturas em África, até 20%, é um dos mais atrativos do mundo.

Contribuindo com 41% do investimento total do continente, os governos africanos desempenham um papel central no financiamento de infraestruturas; no entanto, a redução do espaço orçamental e o aumento do peso da dívida soberana limitam a capacidade de despesa pública.

- Para além das dotações orçamentais diretas, a despesa pública em infraestruturas em África é canalizada através de entidades estatais (30%) e de parcerias público-privadas (10%). Em ambos os casos, a transparência, a responsabilização, o acompanhamento e a avaliação são essenciais para reduzir as intervenções extraorçamentais, como as injeções fiscais ou a renegociação de contratos.
- Entre 2009-13 e 2019-23, o número de anos necessários para amortizar a dívida pública com receitas fiscais nos países africanos aumentou de 2,8 anos para quase 5 anos, crescendo a um ritmo mais acelerado do que na Ásia em desenvolvimento (1,3 anos) e na América Latina e Caraíbas (1,2 anos). Os países africanos que enfrentam as condições mais restritivas são também os que ocupam as posições mais baixas no Índice de Desenvolvimento Humano do Programa das Nações Unidas para o Desenvolvimento: estes necessitariam de mais de 5 anos para amortizar as suas dívidas. Entre 2019 e 2023, os governos africanos gastaram, em média, sete vezes mais com o serviço da dívida do que com infraestruturas, sendo que 15 deles alocaram mais recursos públicos ao pagamento de juros do que ao investimento em infraestruturas.

Com 48% do investimento total em infraestruturas em África, os parceiros de desenvolvimento bilaterais e multilaterais são atualmente os principais financiadores, mas as perspetivas para esta fonte de financiamento são incertas.

- De acordo com dados da OCDE, os fluxos de financiamento ao desenvolvimento desembolsados para infraestruturas em África aumentaram de cerca de 10 mil milhões de dólares em 2010 para quase 15 mil milhões em 2023. Os bancos de desenvolvimento duplicaram os desembolsos relacionados com as infraestruturas durante o mesmo período. Em 2023, as infraestruturas representaram 19% do total das operações de financiamento ao desenvolvimento destinadas a África.
- No entanto, a OCDE projeta uma diminuição de 9% a 17% na Ajuda Pública ao Desenvolvimento (APD) em 2025. Isto para além de uma queda de 9% em 2024. As perspetivas para além de 2025 permanecem altamente incertas. A diminuição do financiamento bilateral e multilateral poderá afetar de forma desproporcionada os países africanos com menores níveis de desenvolvimento, que já recebem menos Ajuda Pública ao Desenvolvimento (APD) do que os países de rendimento médio.

Dada a limitação de recursos, as infraestruturas que ligam os centros económicos devem ser priorizadas, por constituírem a via mais eficaz em termos de custos para a transformação produtiva. Este relatório conclui que as maiores necessidades de investimento em África para alcançar a transformação produtiva dizem respeito às estradas (32% do total), seguidas pelas linhas ferroviárias (24%), cabos de fibra ótica (23%) e energia solar (17%). Em função da sua dotação de infraestruturas, os países podem identificar prioridades diferentes para apoiar os objetivos regionais e continentais. Melhores infraestruturas de transportes, digitais e energéticas podem reduzir os custos das trocas comerciais, estimulando a participação de África nas cadeias de valor mundiais, aprofundando as cadeias de valor regionais e promovendo a industrialização. Reforçar as infraestruturas intra e interurbanas é igualmente fundamental, já que, até 2050, dois em cada três africanos viverão em aglomerações urbanas e a área urbana mais do que duplicará.

A integração da gestão dos riscos ambientais e sociais no planeamento das infraestruturas pode ajudar a reduzir os custos e a melhorar a sustentabilidade. O desenho e implementação das políticas devem refletir e gerir melhor as vulnerabilidades causadas pelas alterações climáticas e pelos riscos sociais, incluindo a poluição, a perda de biodiversidade, o crescimento demográfico e a exclusão das populações rurais e das mulheres. Os países africanos teriam de reservar pelo menos 10 mil milhões de dólares por ano para recuperar a perda de ativos e os danos causados às infraestruturas devido a fenómenos meteorológicos extremos ligados às alterações climáticas.

O desenvolvimento das infraestruturas exige políticas credíveis e baseadas em dados concretos, bem como uma criteriosa priorização de projetos que promovam a transformação produtiva de África. O relatório *Dinâmicas do desenvolvimento em África* 2025 destaca duas áreas principais para acelerar e aumentar o desenvolvimento de infraestruturas no continente:

- **O alinhamento das prioridades de desenvolvimento das infraestruturas com os objetivos de transformação produtiva pode otimizar a distribuição e a afetação do financiamento disponível.** Para melhorar a transformação produtiva, os decisores políticos podem concentrar-se nos corredores de desenvolvimento e nas infraestruturas urbanas que impulsionam setores altamente produtivos e cadeias de valor regionais, especialmente através do Plano de Ação Prioritário do Programa para o Desenvolvimento das Infraestruturas em África (PIDA). Para monitorizar o progresso, os decisores políticos necessitam de mais e melhores dados sobre os resultados da transformação produtiva, os objetivos de criação de emprego, as competências disponíveis, o desenvolvimento de infraestruturas e o seu financiamento. Uma maior coordenação entre os diferentes níveis governamentais (por exemplo, através de planos diretores) pode reforçar o apoio institucional e financeiro. O aumento da capacidade e das competências, técnicas e de gestão, é uma condição prévia para a implementação de projetos de infraestruturas.
- **Uma governança mais eficaz das infraestruturas pode acelerar a execução dos projetos, reduzir os custos e melhorar a sustentabilidade operacional.** Por exemplo, unidades de parceria público-privada bem equipadas e instalações de preparação de projetos poderiam apoiar melhor os grandes projetos ao longo do seu ciclo de vida, reduzir os custos e reforçar a divisão do trabalho entre os intervenientes públicos e privados. Uma maior recuperação dos custos e um melhor planeamento da manutenção são também essenciais para a sustentabilidade dos projetos: globalmente, 42% das necessidades de investimento estimadas destinam-se à manutenção das infraestruturas existentes. Uma certificação credível de infraestruturas, liderada por africanos, como o Selo de qualidade do PIDA, pode ajudar a melhorar a qualidade e a capacidade de financiamento dos projetos, em conformidade com os contextos locais.

Infográfico 1. Infraestruturas, crescimento e transformação em África

O AUMENTO DO INVESTIMENTO EM INFRAESTRUTURAS É ESSENCIAL PARA IMPULSIONAR O CRESCIMENTO E A TRANSFORMAÇÃO DE ÁFRICA

Os dividendos económicos do investimento em infraestruturas são mais elevados em África

Para atingir o mesmo nível de transformação que seus homólogos (países comparáveis, mas mais avançados em termos de transformação produtiva), as economias africanas devem investir, em média 3X mais do que a ALC e 5X vezes mais do que a Ásia em desenvolvimento, mas os retornos económicos seriam muitosuperiores.

As necessidades de investimento em infraestruturas são MAIORES em África...

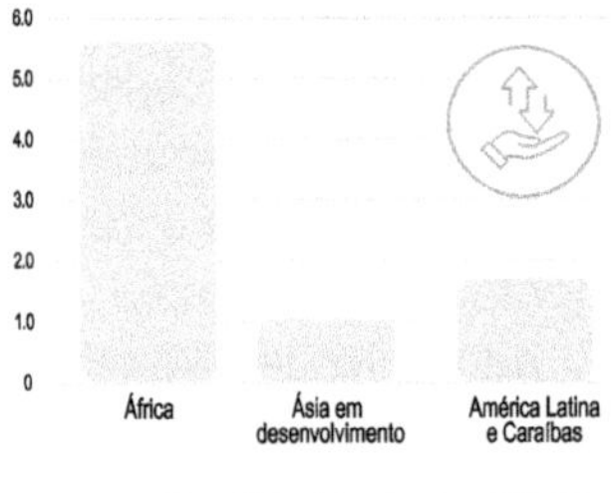

... Mas os potenciais RETORNOS ECONÓMICOS também o são

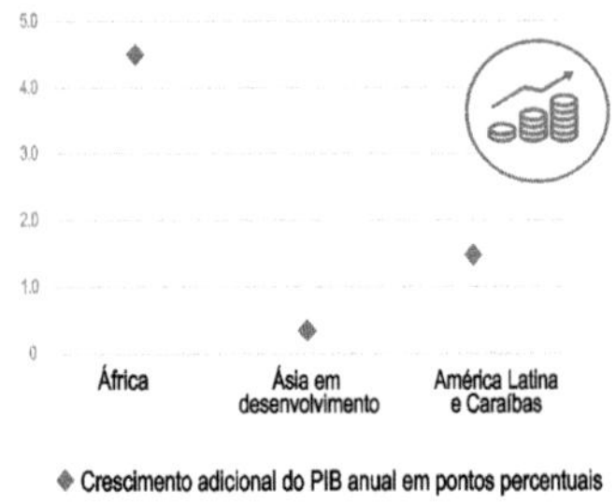

Duplicar o investimento em infraestruturas atrair mais financiamento privado

Entre 2016-2020:

O investimento em infraestruturas em África totalizou em média 83 mil milhões de dólares por ano

53% dos 155 mil milhões de dólares necessários para alcançar os seus homólogos.

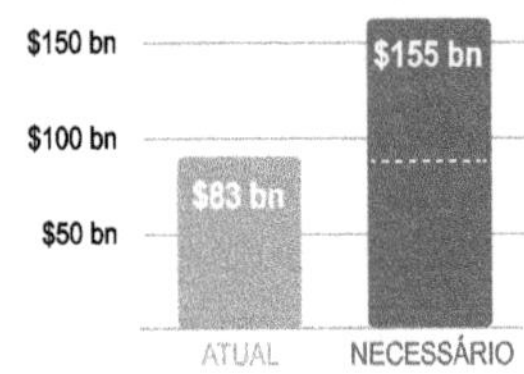

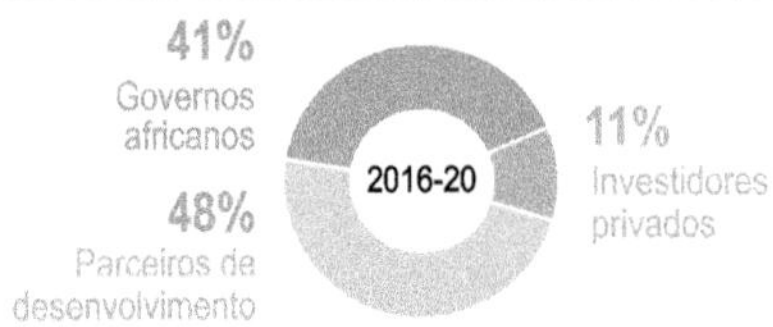

Os investidores privados têm contribuído apenas com uma pequena parte

Três principais obstáculos ao investimento

1 Os governos enfrentam um espaço fiscal limitado e um elevado peso da dívida

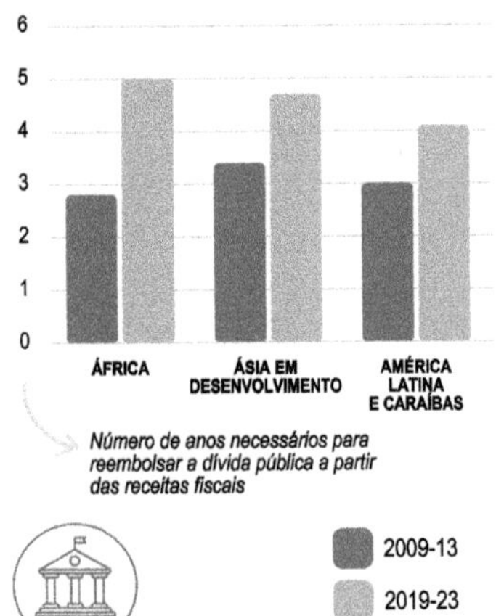

2 Os parceiros de desenvolvimento reduziram o seu investimento em infraestruturas africanas

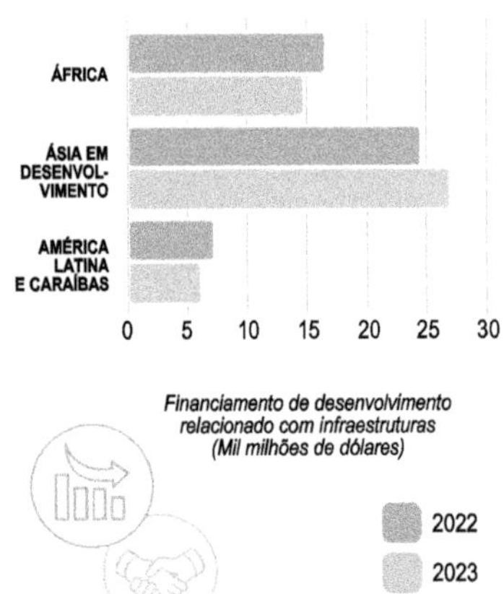

3 Investidores privados são dissuadidos pelo elevado custo do capital

*Custo médio ponderado do capital (CMPC) para projetos de infraestrutura**

13% ÁFRICA

10% ÁSIA EM DESENVOLVIMENTO

8% PAÍSES DA OCDE

(*) A taxa de retorno que uma empresa deve garantir aos seus investidores para que eles se comprometam a financiar

Selecionar projetos com maior impacto

Para alcançar os seus homólogos, **as economias africanas devem dar prioridade aos tipos de infraestruturas que são mais rentáveis para a transformação produtiva.**

NECESSIDADES DE INVESTIMENTO
(em percentagem do total, média continental)

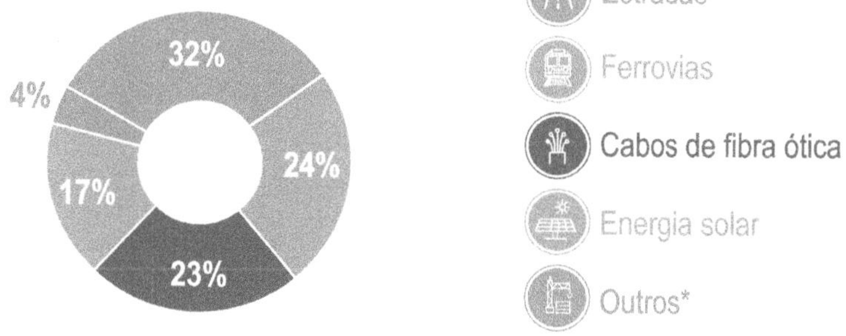

(*) outras fontes de energia, portos de contentores e estações de tratamento de águas residuais.

Melhorar a governança das infraestruturas

REFORÇAR AS CAPACIDADES

Dos 54 governos africanos,

36 designaram unidades PPP

Apenas **7** revêm o risco fiscal dos projetos, **5** realizam avaliações e auditorias pós-projeto e **0** realizam consultas públicas

GARANTIR A RECUPERAÇÃO DOS CUSTOS E MANUTENÇÃO

Apenas 1 em 3

Serviços Públicos de Água e Energia em África

Gera receitas suficientes para cobrir os custos operacionais, de manutenção e de serviço da dívida

58%
destinam-se a NOVAS infraestruturas

42%
das necessidades de investimento em infraestruturas são utilizadas para manter as infraestruturas EXISTENTES

SINALIZAR A QUALIDADE E A VIABILIDADE FINANCEIRA DOS PROJETOS

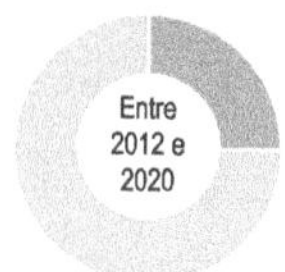

Cerca de **25% dos mais de 400 projetos** selecionados para o Plano de Ação Prioritário (PPA) 1 da PIDA* ***NÃO chegaram à fase de viabilidade***

Numa nota positiva, até 2025, **15** projetos PIDA PAP2 utilizaram o **Selo de Qualidade PIDA** para assinalar a preparação para o investimento

(*) Programa para o Desenvolvimento de Infraestruturas em África

Visão geral

O relatório *Dinâmicas do Desenvolvimento em África 2025* aborda a questão de como os decisores políticos africanos podem acelerar o desenvolvimento das infraestruturas para transformar as economias do continente e das suas cinco regiões. Em 2025, prevê-se que o produto interno bruto (PIB) real de África cresça 3,9%, ultrapassando o crescimento do PIB da América Latina e das Caraíbas (2,0%), mas ficando abaixo do da Ásia em desenvolvimento (4,4%). O investimento em infraestruturas de qualidade pode impulsionar ainda mais o crescimento económico, a integração regional e o emprego. As redes de infraestruturas integradas podem aumentar a produtividade das empresas e ligar as redes comerciais, contribuindo para a realização da visão da Agenda 2063 da União Africana de «África com Infraestruturas cruzadas de classe mundial» (AUC/OECD, 2019[1]; AU, 2015[2]). As infraestruturas são também uma condição prévia para a transformação produtiva, a reafectação do capital e do trabalho para os segmentos mais produtivos de uma economia (AUC/OECD, 2019[1]). O relatório avalia oportunidades de investimento e financiamento para as infraestruturas africanas e oferece opções políticas para melhorar a definição de prioridades estratégicas e a governança eficaz dos projetos de infraestruturas.

Investir 155 mil milhões de USD por ano em desenvolvimento de infraestruturas poderia mais do que duplicar o PIB de África até 2040

Os investimentos em infraestruturas no valor de 155 mil milhões de dólares por ano até 2040 permitirão às economias africanas crescer mais rapidamente e alcançar uma transformação produtiva. O presente relatório utiliza uma metodologia inovadora para estimar os investimentos necessários para que os países africanos possam igualar as infraestruturas dos países em desenvolvimento de referência que alcançaram os níveis mais elevados de transformação produtiva.[1] Concentrar-se na transformação produtiva, e nas correspondentes necessidades de investimento em infraestruturas, é estratégico para alcançar a Agenda 2063 e os Objetivos de Desenvolvimento Sustentável (ODS) das Nações Unidas (ONU) (AUC/OECD, 2018[3]; 2023[4]). Os resultados da metodologia do relatório sugerem uma necessidade média anual de investimento de 155 mil milhões de dólares até 2040. Esta necessidade anual é equivalente a 5,6% do PIB do continente em 2024. Este valor é mais de três vezes superior ao da América Latina e das Caraíbas (1,7%) e cinco vezes superior ao da Ásia em desenvolvimento (1,0%). A África Oriental e Central são as regiões africanas com as maiores necessidades de investimento em infraestruturas em relação ao seu PIB, com 9% e 8%, respetivamente (Figura 1). Cinquenta e oito por cento do investimento necessário para acelerar a transformação produtiva do continente destina-se à construção de novas infraestruturas, enquanto 42% é essencial para a manutenção. As projeções do presente relatório sobre as necessidades de investimento em infraestruturas em África são comparáveis às de outros estudos, embora as metodologias subjacentes e os objetivos da investigação variem.[2]

Figura 1. Investimento anual em infraestruturas necessário para atingir os níveis de transformação produtiva dos países de referência até 2040, por regiões mundiais e africanas

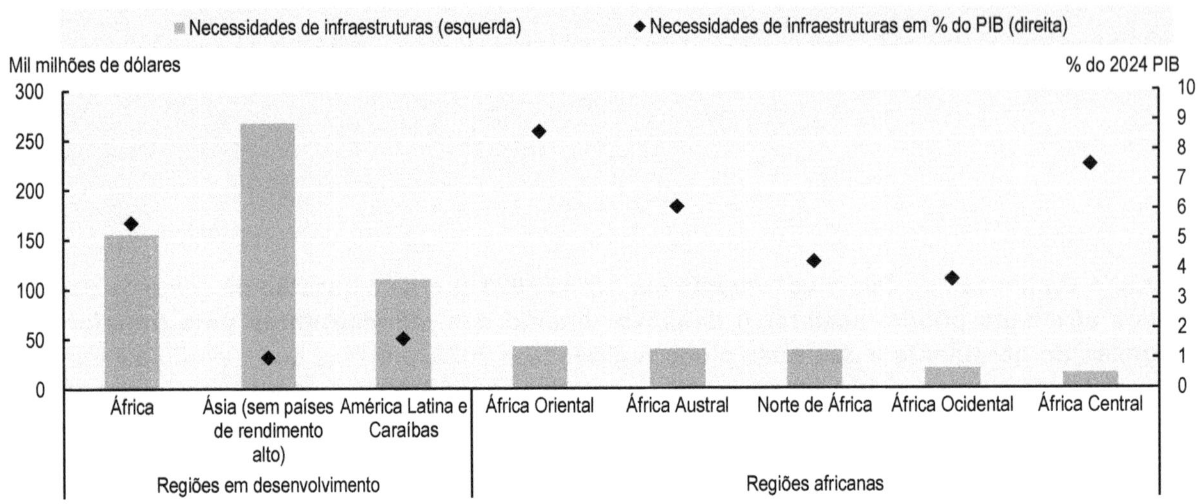

Nota: As necessidades de investimento em infraestruturas referem-se a estimativas modeladas das despesas totais necessárias para construir novas infraestruturas de modo a corresponder aos níveis de infraestruturas de países homólogos com bons resultados em matéria de transformação produtiva, mantendo simultaneamente as infraestruturas existentes. Ver anexo 1.A para mais pormenores. PIB = produto interno bruto.
Fonte: As fontes de dados para as estimativas das necessidades de investimento são enumeradas no Anexo 1.A.

StatLink https://stat.link/f62azr

Se África conseguir alcançar estes níveis de investimento, obterá ganhos superiores aos de que outras regiões do mundo, duplicando o seu PIB até 2040. Suprir as necessidades de investimento estimadas poderia aumentar o crescimento médio anual do PIB de África em 4,5 pontos percentuais até 2040, comparando com 1,5 pontos percentuais na América Latina e nas Caraíbas e 0,3 pontos percentuais na Ásia em desenvolvimento. A África Central é a região africana que deverá registar o maior aumento do PIB (6,2 pontos percentuais), seguida da África Oriental (6,0 pontos percentuais), da África Ocidental (5,4 pontos percentuais), da África Austral (4,2 pontos percentuais) e do Norte de África (3,5 pontos percentuais). O investimento de 155 mil milhões de dólares por ano faria crescer o PIB total de África em mais 2,83 biliões de dólares até 2040, mais do dobro dos 2,80 biliões de dólares em 2024. Este grande impulso das infraestruturas também ajudaria o continente a ultrapassar o objetivo da Agenda 2063 de um crescimento anual do PIB de 7%.

Os governos africanos gastam menos em infraestruturas do que outros governos que procuram um desenvolvimento baseado em infraestruturas. De acordo com os dados comparáveis mais recentes, os investimentos em infraestruturas em África, provenientes do governo, dos parceiros de desenvolvimento e do setor privado, ascenderam em média a 83 mil milhões de dólares por ano entre 2016 e 2020, o que corresponde a pouco mais de metade das necessidades de investimento estimadas no presente relatório (ICA, 2022[5]). Quarenta e um por cento destas despesas foram efetuadas pelos governos africanos, 48% por financiadores de desenvolvimento e 11% por financiadores privados. Durante este período, os governos africanos gastaram, em média, 1,3% do seu PIB (34 mil milhões de dólares) por ano em infraestruturas, muito abaixo das taxas praticadas por países que adotaram uma abordagem de desenvolvimento assente nas infraestruturas, como a República Popular da China (a seguir designada como "China") (6,7%) ou o Vietname (5,1%). Em 2019-20, quatro governos africanos[3] tinham afetado mais de 5% do seu PIB às infraestruturas. Mais países podem fazê-lo.

O reduzido espaço orçamental e o crescente peso da dívida soberana restringem a despesa dos governos africanos em infraestruturas. Entre 2009-2013 e 2019-2023, o tempo necessário para amortizar a dívida pública com receitas fiscais aumentou de 2,8 anos para quase 5 anos, crescendo a um ritmo mais acelerado do que na Ásia em desenvolvimento (+1,3 anos) e na América Latina e nas Caraíbas (+1,2 anos) (Kose et al., 2022[6]). Os países africanos com baixas pontuações no Índice de Desenvolvimento Humano (IDH) do PNUD enfrentam as condições mais difíceis. Precisariam de mais de cinco anos para pagar as suas dívidas de 2019-23. Em 2019-2023, os governos africanos gastaram, em média, sete vezes mais no custo do serviço da dívida do que em infraestruturas. O aumento significativo do custo do serviço da dívida pode ser parcialmente atribuído às elevadas taxas de juro aplicadas à dívida soberana. Os principais investidores em infraestruturas em África, como o Banco Mundial, a China, o BAD e os credores bilaterais, aplicam taxas de juro muito diferentes aos diferentes países, variando entre 0,2% e 7,7% (World Bank, 2024[7]). Consequentemente, a despesa pública com o pagamento de juros ultrapassa a despesa com infraestruturas em 15 países africanos.

O investimento privado em infraestruturas continua a ser limitado, em parte devido à perceção dos riscos e às condições macroeconómicas, que aumentam o custo de capital. O investimento privado global em infraestruturas triplicou entre 2013 e 2022; no entanto, a maioria dos países africanos não beneficiou-se de este processo. Durante este período de expansão, África atraiu apenas 6-8% do investimento anual global (Auriol and Saussier, 2025[8]). O presente relatório estima que o custo médio ponderado de capital para projetos de infraestruturas é de 13% em África, em comparação com 10% na Ásia em desenvolvimento e 8% nos países da OCDE. Em média, o custo do capital próprio é 1,6 vezes superior em África do que nos países da OCDE, enquanto o custo da dívida é 2,5 vezes superior. Estas últimas, medidas pelas taxas de juro comerciais, atingiram em média 18,6% em África, em comparação com 11,4% na Ásia em desenvolvimento e 7,2% nos países da OCDE.

Os retornos sobre as infraestruturas e reformas de estruturas regulatórias podem atrair os financiadores privados. Embora os custos e os prazos dos projetos de infraestruturas possam ser até 60% mais elevados em África do que nos países desenvolvidos, o rendimento esperado do investimento em projetos de infraestruturas pode atingir 20%, um dos mais elevados do mundo (MiDA, 2018[9]). Os investimentos em infraestruturas em África nos setores da energia, da água e das comunicações apresentam taxas de incumprimento de cerca de 4-5%, o valor mais baixo de todos os setores -refletindo a abordagem cautelosa e altamente seletiva dos investidores em relação aos projetos de infraestruturas. No entanto, as taxas médias de incumprimento nos três setores foram mais elevadas em África, excluindo o Norte de África, do que noutras regiões do mundo entre 2013 e 2023 (GEMs, 2024[10]). A África do Sul e o Egito conseguiram atrair grandes percentagens de investimento privado em infraestruturas no período 2013-23, representando 21% e 15%, respetivamente, do total de África.[4] Estruturas regulatórias sólidas e uma promoção ativa do investimento apoiaram iniciativas como o Programa de Aquisição de Produtores Independentes de Energia Renovável (REIPPP) da África do Sul e a emissão pelo Egito da primeira obrigação soberana verde de África.

O recente declínio dos fluxos de financiamento do desenvolvimento para as infraestruturas afeta desproporcionadamente os países com níveis de desenvolvimento mais baixos. Apesar do crescimento notável do financiamento anual do desenvolvimento de infraestruturas, que aumentou cerca de 5 mil milhões de dólares entre 2010 e 2023, as atuais condições geopolíticas e macroeconómicas estão a exercer uma pressão crescente sobre a cooperação para o desenvolvimento. Os desembolsos globais já diminuíram de 16,6 mil milhões de dólares em 2022 para 14,8 mil milhões de dólares em 2023 (OECD, 2025[11]). Além disso, as estimativas preliminares para 2024 sugerem que os fluxos líquidos de ajuda pública ao desenvolvimento (APD) bilateral dos membros do Comité de Ajuda ao Desenvolvimento (CAD) da OCDE para todos os setores em África diminuíram 1% em termos reais em relação a 2023 (OECD, 2025[12]). Os países africanos poderão enfrentar um declínio projetado de 16-28% na APD entre 2023 e 2025 (OECD, 2025[13]). Este declínio afeta principalmente os países com níveis de desenvolvimento mais baixos. Em 2023, apenas dez países africanos[5] (incluindo quatro países com IDH médio e elevado), captaram 59% do financiamento oficial ao desenvolvimento para infraestruturas.

Para satisfazer as necessidades de investimento em infraestruturas de África, é necessário melhorar as condições da dívida soberana, enfrentar as perceções de risco que dissuadem os investidores privados e públicos, aumentar o financiamento do desenvolvimento e expandir o papel dos grandes financiadores de desenvolvimento. As prioridades debatidas na Quarta Conferência Internacional sobre o Financiamento do Desenvolvimento (FfD4), realizada em Sevilha de 30 de junho a 3 de julho de 2025, podem servir como um roteiro concreto (UN, 2025[14]). A Tabela 1 ilustra as vias potenciais para aumentar o financiamento relacionado com as infraestruturas em África e mobilizar 155 mil milhões de dólares por ano. De acordo com as tendências atuais, serão mobilizados cerca de 90 mil milhões de dólares por ano para o desenvolvimento de infraestruturas até 2040.

- **Em primeiro lugar, os governos precisam de melhores condições da dívida soberana e de uma melhor cobrança de receitas para expandir a sua margem de manobra orçamental.** Poderiam ser desbloqueados mais 51 mil milhões de dólares por ano ao: i) aumentar as receitas fiscais da média atual de 16% do PIB para o nível médio da América Latina e Caraíbas (21,5%); ii) reduzir o custo do serviço da dívida para os níveis que os países africanos registavam após as principais iniciativas de alívio da dívida em 2010; e iii) aumentar a afetação média da despesa pública em infraestruturas em apenas 0,7 pontos percentuais. Utilizando os dados mais recentes, de 2022, 6 dos 36 países incluídos no relatório *Estatísticas das Receitas em África 2024* registaram um rácio impostos/PIB superior a 21,5%, enquanto 19 tinham um rácio inferior a 15% (OECD/AUC/ATAF, 2024[15]). A FfD4 recomenda a duplicação do apoio às capacidades até 2030 para os países que pretendam aumentar o seu rácio impostos/PIB para, pelo menos, 15%.
- **Em segundo lugar, a informação transparente sobre os riscos é fundamental para reduzir o custo de capital e estimular o investimento privado.** A informação sobre os riscos a nível nacional e setorial é muitas vezes demasiado limitada para permitir aos investidores privados identificar com precisão as oportunidades e avaliar os riscos. Em 2024, apenas 33 países africanos tinham recebido uma notação de risco (UNDP, 2024[16]). Mesmo quando disponíveis, a qualidade dos dados e as metodologias suscitam preocupações. Uma comissão sobre o custo de capital, tal como proposta pela Presidência sul-africana do G20, ou a futura agência de notação de risco da União Africana, poderiam ajudar a abordar algumas destas questões. Iniciativas conjuntas, como a Plataforma de Investimento Virtual Africana, lançada pela União Africana e pela OCDE em 2025, poderão também ajudar a colmatar as lacunas de informação. Se esses esforços conseguissem duplicar os investimentos privados em percentagem do PIB de 0,3% para 0,6% até 2040, seriam mobilizados mais 8 mil milhões de dólares por ano.
- **Em terceiro lugar, é necessária uma cooperação internacional renovada para inverter o declínio da ajuda pública ao desenvolvimento bilateral.** A FfD4 sublinhou a importância da cooperação internacional para o desenvolvimento das infraestruturas. Entre os compromissos mais importantes contam-se os seguintes: i) reverter as reduções da ajuda pública ao desenvolvimento (APD) para atingir os objetivos atuais de 0,7% do rendimento nacional bruto (RNB); ii) apoiar o desenvolvimento de infraestruturas relacionadas com o comércio e de corredores de transporte; e iii) duplicar a ajuda ao comércio para os países menos desenvolvidos até 2031, incluindo uma afetação mínima de 50% para infraestruturas relacionadas com o comércio. Inverter a queda da APD dos membros do CAD da OCDE para atingir o objetivo atual de 0,7% do RNB até 2040 permitiria desbloquear, pelo menos, mais 4 mil milhões de dólares para infraestruturas por ano.
- **Em quarto lugar, o papel dos bancos multilaterais de desenvolvimento e de outros grandes financiadores deve ser ampliado.** Os bancos de desenvolvimento já tinham duplicado os desembolsos relacionados com as infraestruturas, passando de 4,2 mil milhões de dólares em 2010 para 8,2 mil milhões de dólares em 2023 (OECD, 2025[11]). Embora continuem a depender de contributos bilaterais, como ilustram os cortes no financiamento do Banco Africano de Desenvolvimento em 2026 recomendados pelos Estados Unidos (EUA), as instituições de

financiamento do desenvolvimento[6] poderiam acelerar as reformas para melhor alavancar os mercados de capitais, garantindo operações mais sustentáveis e um maior impacto no desenvolvimento. A reatribuição de direitos especiais de saque através de instituições financeiras do desenvolvimento, tal como sugerido pela Presidência sul-africana do G20, também poderia ajudar. Iniciativas como a Estratégia Global Gateway da União Europeia e a Parceria para as Infraestruturas e os Investimentos Globais do G7 estão a apoiar esses esforços através do financiamento direto de projetos e da redução do risco dos investimentos privados, tanto dentro como fora do continente. No total, duplicar o financiamento multilateral para 1,1% do PIB até 2040 poderia permitir obter mais 6 mil milhões de dólares por ano.

Tabela 1. Cenários cada vez mais ambiciosos para satisfazer as necessidades de investimento anual em infraestruturas de África no valor de 155 mil milhões de dólares até 2040

Fonte	Cenário 1: **Financiamento em cenário de continuidade**	Cenário 2: **Manter a despesa pública em infraestruturas estável em 1,3% do PIB**	Cenário 3: **Aumentar a despesa pública em infraestruturas para 2% do PIB**
Governos africanos	58	+ 25 de receitas fiscais mais elevadas + redução da dívida	+ 51 de receitas fiscais mais elevadas + redução da dívida + transferência das despesas para as infraestruturas
Setor privado	13	+ 8 de um maior investimento privado	
Financiamento do desenvolvimento	19	+ 10 de um maior financiamento bilateral e multilateral	
Investimento anual total	90 mil milhões de dólares	133 mil milhões de dólares	159 mil milhões de dólares

Nota: A tabela apresenta três cenários para estimar a forma como África poderá satisfazer as suas necessidades de investimento anual em infraestruturas no valor de 155 mil milhões de dólares até 2040. Todos os cenários se baseiam nas projeções do produto interno bruto (PIB) do Fundo Monetário Internacional (até 2029) e em extrapolações lineares até 2040. No primeiro cenário, as percentagens do PIB afetadas às infraestruturas pelos governos, o setor privado e o financiamento do desenvolvimento permanecem constantes nos níveis anteriores a 2024. No segundo cenário, enquanto os governos mantêm as despesas em infraestruturas em 1,3% do PIB, aumentam gradualmente os seus rácios de impostos em relação ao PIB de 16% em 2022 para 21,5% em 2040 (média para a América Latina e as Caraíbas). Simultaneamente, o custo do serviço da dívida diminui gradualmente de 25% das receitas fiscais em 2023 para 9% em 2040, ao nível dos anos 2010. O investimento privado em infraestruturas e o financiamento multilateral em percentagem do PIB duplicam até 2040 e a ajuda pública bilateral ao desenvolvimento dos membros do Comité de Ajuda ao Desenvolvimento da OCDE aumenta progressivamente até atingir o objetivo das Nações Unidas de 0,7% do rendimento nacional bruto até 2040. No terceiro cenário, os governos aumentam gradualmente a sua dotação para infraestruturas de 1,3% para 2% do PIB até 2040; a mobilização de recursos, a redução da dívida, o investimento privado e o financiamento do desenvolvimento aumentam como no cenário 2.

Fonte: OCDE (2025[11]), *Creditor Reporting System* (database) [Sistema de notificação de países credores (base de dados)], https://www.oecd.org/en/data/datasets/development-finance-statistics-data-on-flows-to-developing-countries.html; OECD/AUC/ATAF (2024[15]), *Revenue Statistics in Africa 2024* [Estatísticas das Receitas em África 2024]; ICA (2022[5]), *Infrastructure Financing Trends in Africa 2019-2020* [Tendências do financiamento das infraestruturas em África 2019-2020]; FMI (2025[17]), *World Economic Outlook Database* [Base de dados das perspetivas económicas mundiais], https://www.imf.org/en/Publications/WEO/weo-database/2025/April.

As políticas devem garantir que o desenvolvimento de infraestruturas gera retornos sociais significativos, para além do crescimento económico. Uma revisão sistemática de 110 estudos realizada para o presente relatório[7] sublinha que, em termos agregados, as infraestruturas nos países africanos tiveram efeitos positivos significativos no desenvolvimento humano, na redução da pobreza e no acesso e qualidade do emprego. Por exemplo, cada dólar investido em infraestruturas de água e saneamento resiliente ao clima rende, pelo menos, 7 dólares em ganhos socioeconómicos através de melhorias na saúde e na educação, na segurança alimentar e no progresso em direção aos ODS (AU, 2023[18]). Evidência proveniente de 29 países africanos mostra que a falta de acesso fiável à energia, que afeta 68% das empresas transformadoras africanas, conduz a uma redução significativa do emprego em profissões não agrícolas e em empregos qualificados (Mensah, 2024[19]).

Focalizar tipos específicos de infraestruturas, apoiar cadeias de valor, reduzir as disparidades rural-urbanas e gerir riscos de sustentabilidade pode melhorar os resultados do desenvolvimento

Dada a limitação do financiamento disponível, direcionar o investimento em infraestruturas pode ajudar a maximizar ganhos. A magnitude dos benefícios do desenvolvimento das infraestruturas varia dentro e entre países e ao longo do tempo, dependendo das dotações iniciais e dos tipos de infraestruturas visados (Das, Stern and Timilsina, 2024[20]). A integração de infraestruturas complementares pode permitir maiores ganhos. Na África Oriental, por exemplo, a combinação de corredores de transporte com investimentos em infraestruturas energéticas aumentou a transferência da agricultura de baixa produtividade para a indústria transformadora e os serviços: a combinação reduziu a percentagem de emprego agrícola por um fator de 2,5, em comparação com os investimentos rodoviários isolados (Dappe and Lebrand, 2021[21]).

A relação custo-eficácia dos diferentes tipos de infraestruturas tem impactos distintos na transformação produtiva

Os investimentos em tipos específicos de infraestruturas podem ser mais rentáveis do que outros para alcançar a transformação produtiva. Os resultados da modelização económica realizada para este relatório (ver Anexo 1.A) sugerem que apenas certos tipos de infraestruturas têm uma relação direta e estatisticamente significativa com a transformação produtiva. Isto não diminui a importância de outros tipos de infraestruturas, que podem gerar outros benefícios socioeconómicos substanciais, como a melhoria das infraestruturas de abastecimento de água e de saneamento, que resultam numa população mais saudável (Banerjee and Morella, 2011[22]). Ainda assim, para acelerar a transformação produtiva, as necessidades de investimento estimadas são especialmente elevadas para as estradas (32% do total), as ferrovias (24%), os cabos de fibra ótica (23%) e os painéis solares (17%) (Figura 2).[8]

Figura 2. Relação entre as densidades de tipos de infraestruturas selecionadas e a transformação produtiva entre países

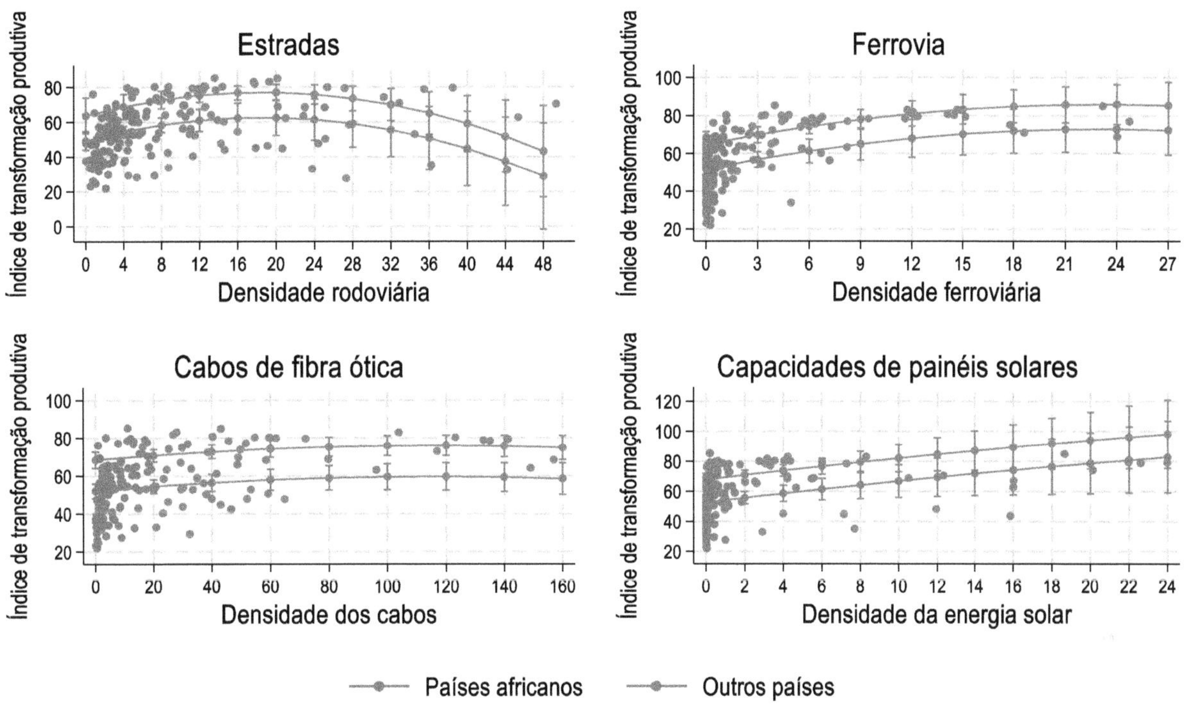

Nota: As linhas mostram os valores extrapolados das regressões que estimam a relação entre cada tipo de infraestrutura e o índice de transformação produtiva. As barras mostram os intervalos de confiança. Os pontos representam os pontos de dados brutos. Os pormenores constam do Anexo 1.A.
Fonte: As fontes de dados são enumeradas no Anexo 1.A.

A relação custo-eficácia dos investimentos em infraestruturas depende da dotação inicial de infraestruturas de um país, com diferentes tipos de infraestruturas que oferecem retornos variáveis.[9] O presente relatório compila dados únicos sobre os custos das infraestruturas (USD por quilómetro adicional ou por megawatt) para determinar a relação custo-eficácia (Tabela 2, Anexo 1.A). A infraestrutura rodoviária é altamente rentável em países com baixa densidade de transportes, onde a expansão do parque rodoviário produz fortes retornos. No entanto, à medida que a densidade rodoviária aumenta, os benefícios marginais diminuem, tornando os investimentos adicionais menos rentáveis. Em média, a construção de ferrovia e a instalação de cabos de fibra ótica são opções rentáveis para a transformação produtiva. Embora as linhas férreas tenham os custos unitários mais elevados, também proporcionam retornos substanciais (têm as incidências marginais mais elevadas) e poluem menos do que o transporte rodoviário. Em contrapartida, os cabos de fibra ótica oferecem menores retornos, mas são também o tipo de infraestrutura menos dispendioso por unidade. A energia solar também proporciona benefícios substanciais, especialmente em países com elevada densidade de transportes.

Tabela 2. Relação custo-eficácia dos diferentes tipos de infraestruturas para alcançar a transformação produtiva nos países africanos

Tipo de infraestrutura	Densidade	Países de exemplo	Efeito marginal médio	Índice de produtividade médio
Estradas e ferrovia	Baixa densidade	Angola, Chade, República Democrática do Congo, Níger, Sudão	+1,37	**98**
		Burundi, Guiné Equatorial, Maurícia, Ruanda	+1,83	**135**
	Densidade média	Benim, Jibuti, Gana, Mauritânia, África do Sul, Uganda	+1,24	**110**
		Argélia, Côte d'Ivoire, Etiópia, Moçambique, Zâmbia	+1,81	**137**
	Alta densidade	Gâmbia, Maurícia, Marrocos, Ruanda, Seicheles, Tunísia	+0,24	**>300**
		Egito, Essuatíni, Quénia, Nigéria, Tanzânia, Zimbabué	+1,81	**142**
Cabos de fibra ótica	O mesmo efeito em densidades diferentes	Todos os países africanos	+0,13	**153**
Painéis solares	O mesmo efeito em densidades diferentes	Todos os países africanos	+1,52	**210**

Nota: A metodologia pormenorizada é explicada no Anexo 1.A.
Fonte: As fontes de dados são enumeradas no Anexo 1.A.

Investimentos bem direcionados em infraestruturas podem reforçar cadeias de valor regionais e reduzir as disparidades entre as zonas rurais e urbanas

Melhores infraestruturas de transportes, digitais e energéticas melhorariam a integração da cadeia de valor e a produtividade de África. A integração das infraestruturas continentais africanas para além das fronteiras nacionais poderá gerar grandes benefícios económicos. Estima-se que a operacionalização das redes de transportes regionais previstas no Programa para o Desenvolvimento das Infraestruturas em África (PIDA) aumente as exportações em 11,5% e a taxa de crescimento global do PIB em até 2% (Fontagné et al., 2022[23]). Nos últimos anos, os países africanos que se beneficiaram de empréstimos mais avultados para infraestruturas de transportes, digitais e energéticas registaram um aumento da sua participação nas cadeias de valor globais nos anos seguintes, especialmente nos segmentos a jusante (Amendolagine, Presbitero and Rabellotti, 2024[24]).[10]

O reforço das infraestruturas no interior das cidades e entre estas é fundamental para alcançar a transformação produtiva e reduzir as divisões entre as zonas rurais e urbanas. Até 2050, dois em cada três africanos residirão num aglomerado urbano e prevê-se que a área urbana total mais do que duplique, acelerando a procura de infraestruturas urbanas (OECD et al., 2025[25]). Por exemplo, um aumento de 10% na urbanização pode elevar o consumo de eletricidade em quase 4% (El-Bouayady et al., 2024[26]). Ao mesmo tempo, África é o único continente onde a população rural continuará a crescer em termos absolutos, paralelamente a uma urbanização crescente. Por conseguinte, serão também necessárias infraestruturas adicionais nas zonas rurais. Este já era o caso em 2021, quando menos de 20% dos agregados familiares rurais tinham acesso à eletricidade, em comparação com 80% nas cidades com mais de 1 milhão de habitantes (OECD/UN ECA/AfDB, 2022[27]). Embora a redução da desigualdade rural-urbana continue a ser um objetivo fundamental dos governos africanos, prevê-se que o desenvolvimento de infraestruturas beneficie mais indivíduos e empresas nas grandes cidades, devido à maior densidade populacional e à maior concentração económica, em comparação com as cidades mais pequenas e as zonas rurais. O investimento estratégico em cidades intermédias[11] pode ser fundamental para reforçar as ligações rurais-urbanas inclusivas, apoiar o crescimento das atividades produtivas e impulsionar as cadeias de valor locais e a criação de emprego.

Uma melhor integração da gestão dos riscos ambientais e sociais no planeamento das infraestruturas pode ajudar a reduzir os custos e a melhorar a sustentabilidade

À medida que as alterações climáticas e o crescimento populacional aceleram, os riscos de sustentabilidade ambiental e social das infraestruturas devem ser geridos de forma mais ativa. Para alcançar a transformação produtiva é necessário equilibrar o crescimento da produtividade com os resultados da sustentabilidade ambiental e social. As alterações climáticas e o crescimento demográfico podem agravar as vulnerabilidades e os riscos associados ao desenvolvimento de infraestruturas, incluindo a poluição, a perda de biodiversidade e a exclusão das populações rurais e das mulheres. A capacidade de atenuar estes riscos varia de país para país, consoante os recursos e as capacidades disponíveis. Os países com baixos níveis de desenvolvimento enfrentam frequentemente os riscos mais significativos e requerem atenção política.

Com apoio adicional em políticas e financiamento, as infraestruturas verdes que abordam a resiliência climática e os riscos de sustentabilidade ambiental e social podem minimizar as perdas e os impactos económicos. As infraestruturas de África enfrentam riscos climáticos duas vezes superiores aos da América Latina e cinco vezes superiores aos da Europa (OECD, 2024[28]). Os fenómenos meteorológicos extremos têm efeitos negativos de grande amplitude nas infraestruturas: comprometem a sua fiabilidade, perturbam as cadeias de abastecimento essenciais e aumentam os custos de manutenção. Estimativas recentes mostram que os países africanos precisariam de reservar 10,2-11,4 mil milhões de dólares por ano para recuperar a perda de ativos e os danos causados pelas alterações climáticas, principalmente nos setores da energia (36%) e dos transportes (25%) (CRDI, 2023[29]). A expansão da cobertura dos seguros relacionados com o clima poderia contribuir para limitar estes custos: em 2022, cerca de 80% de todos os prejuízos económicos resultantes de catástrofes naturais não estavam segurados. As iniciativas internacionais, como a Aliança para as Infraestruturas Verdes em África (AGIA), contribuíram para o número crescente de projetos e de financiamento atribuídos às infraestruturas verdes e às soluções baseadas na natureza. Entre 2012 e 2023, foram lançados 297 novos projetos em 48 países africanos, garantindo mais de 21 mil milhões de dólares (Collins et al., 2025[30]).

O desenvolvimento das infraestruturas deve também visar melhores resultados em termos de emprego para os trabalhadores informais e as mulheres. O crescimento da população está a causar pressões crescentes no desenvolvimento de infraestruturas nos países africanos. Entre 2024 e 2050, a população de África aumentará 63%, passando de cerca de 1,5 mil milhões para 2,45 mil milhões de habitantes (UN DESA, 2025[31]). As infraestruturas que proporcionam um novo acesso ao emprego, à informação, aos serviços públicos e aos serviços podem contribuir para aumentar o desenvolvimento humano. No entanto, os investimentos em infraestruturas podem, inadvertidamente, aumentar a desigualdade e a fragmentação, por exemplo, quando se concentram em populações e locais com vantagens económicas prévias. As infraestruturas requerem um planeamento cuidadoso e uma gestão do risco para evitar o agravamento destas lacunas. Entre as medidas acessíveis, mas eficazes, que respondem às questões de género, incluem-se instalações sanitárias seguras ao longo das rotas de transporte, planeamento urbano inclusivo, linhas de visão claras nas áreas públicas, bem como iluminação adequada e câmaras de vigilância. Entre 2010 e 2023, a percentagem de projetos de infraestruturas em África financiados por membros do CAD da OCDE que integram objetivos de igualdade de género aumentou de 18% para 25% (OECD, 2025[32]).

A definição estratégica de prioridades para a transformação produtiva e a governança eficaz são prioridades políticas para o desenvolvimento de infraestruturas

Uma definição cuidadosa das prioridades estratégicas para apoiar a transformação produtiva e uma governança eficaz dos projetos de infraestruturas são vitais para tirar o máximo partido dos recursos escassos e satisfazer as exigências crescentes. O desenvolvimento das infraestruturas enfrenta vários desafios, como o crescimento demográfico, a urbanização de baixa produtividade, as alterações climáticas, a fragmentação das redes de infraestruturas transfronteiriças e a estagnação do financiamento internacional. A ênfase na transformação produtiva pode orientar a definição de prioridades dos projetos tendo em conta a escassez de recursos. Por exemplo, uma infraestrutura urbana bem planeada pode ajudar a traduzir a urbanização em crescimento económico sustentado (AfDB/OECD/UNDP, 2016[33]). Os investimentos específicos em infraestruturas de transportes e de energia podem impulsionar a transformação por meio do desenvolvimento de ligações entre as zonas rurais e urbanas, como, por exemplo, ao proporcionar aos trabalhadores agrícolas acesso ao setor dos serviços (Castells-Quintana, 2017[34]; Moneke, 2020[35]; UNECA, 2017[36]). Uma vez selecionados, os projetos de infraestruturas requerem estruturas de governança eficazes, que privilegiem a tomada de decisões pelas partes interessadas mais relevantes e que reconheçam a existência de interesses divergentes e capacidades limitadas.

As estratégias e o planeamento das infraestruturas a todos os níveis podem ser melhor alinhados com os objetivos de transformação produtiva em todos os níveis

A agenda africana para alcançar a transformação produtiva pode orientar mais diretamente os decisores políticos na priorização para os projetos de infraestruturas a nível continental, regional, nacional e subnacional. Diversas experiências, nomeadamente da China, da Europa, da Coreia, do México e da Turquia, sublinham a importância de planear os investimentos em infraestruturas em consonância com as necessidades setoriais e industriais, de forma a alcançar melhores resultados em termos de transformação produtiva. Neste sentido, os decisores políticos africanos podem dar prioridade a projetos de infraestruturas que facilitem setores altamente produtivos e cadeias de valor com base em agendas continentais como o plano da União Africana (UA) para o Desenvolvimento Industrial Acelerado em África (AIDA). Uma vez selecionados, os projetos de infraestruturas requerem apoio institucional a todos os níveis, especialmente ao nível nacional, onde as decisões políticas e orçamentais têm impactos diretos na implementação dos projetos. Os quadros de cooperação bilateral entre África e os seus parceiros comerciais e de desenvolvimento, bem como as plataformas políticas internacionais e de região para região, como a Parceria ONU/UA sobre a Agenda de Integração e Desenvolvimento de África ou a Parceria UA-UE, podem assegurar o alinhamento do financiamento com as prioridades africanas.

A priorização de projetos de corredores de desenvolvimento pode apoiar a integração regional e a transformação produtiva. Em 2025, existiam pelo menos 80 corredores de desenvolvimento em África que estavam em fase de planeamento, em construção ou plenamente operacionais. Os corredores de desenvolvimento têm por objetivo estimular a integração económica, o investimento e o desenvolvimento por via de infraestruturas complementares, da facilitação do comércio e do desenvolvimento setorial (por exemplo, agricultura, mineração, indústria transformadora) transfronteiras (Tabela 3). O PIDA proporciona um quadro à escala africana para dar prioridade aos projetos de corredores de desenvolvimento e acelerar a integração continental. A segunda fase (2021-30) centra-se em 69 projetos prioritários baseados na relevância regional e transfronteiriça. A expansão do acesso a dados fiáveis sobre o impacto pode facilitar o planeamento e o acompanhamento dos seus resultados em termos de desenvolvimento.

Tabela 3. Corredores de desenvolvimento e de transporte selecionados em África

Corredor	Região e países	Impacto na transformação produtiva	Lições e recomendações
Lobito-Kolwezi-Lubumbashi/Solwezi-Ndola	**África Austral** (Angola, Zâmbia) e República Democrática do Congo	• Aumentar as oportunidades de exportação para as cadeias de valor dos minerais • Integração das cadeias de valor regionais • Apoio às pequenas e médias empresas (PME) nos setores agrícola e mineiro	• Desenvolver dados fiáveis e ferramentas de avaliação do impacto para informar a implementação e o acompanhamento do projeto • Reforçar a apropriação regional e os mecanismos de governança eficazes para racionalizar a implementação e reduzir os riscos relacionados com as tensões geopolíticas
Corredor Libreville-Kribi-Douala-N'Djamena	**África Central** (Camarões, Chade, Guiné Equatorial, Gabão, São Tomé e Príncipe)	• Reforçar a conectividade entre os portos costeiros e os países sem litoral • Promover o comércio regional e a integração económica • Estimular o investimento em setores-chave como a agricultura (milho, arroz e pecuária)	• Reforçar as ligações entre as zonas urbanas e rurais para aproveitar a crescente procura urbana • Reforçar a coordenação e a apropriação entre os Estados-Membros • Assegurar uma monitorização e uma governança eficazes
Dar Es Salaam-Nairobi-Addis Ababa-Berbera/Jibuti	**África Oriental** (Tanzânia, Quénia, Etiópia, Somália, Jibuti)	• Reduzir os custos de transporte para os países sem litoral, que podem representar até 75% do valor das suas exportações • Reduzir os custos comerciais e reforçar as cadeias de valor agroalimentares na região e as relações com a África Austral	• Incluir a manutenção no planeamento • Melhorar a estabilidade política • Harmonizar as normas de transporte
Corredor Multimodal Trans-Magrebe	**África do Norte** (Argélia, Egito, Líbia, Mauritânia, Marrocos, Tunísia)	• Simplificar a passagem das fronteiras e melhorar a eficácia do comércio e da mobilidade • Reduzir os custos de transporte e o tempo de viagem	• Melhorar a utilização em segmentos secundários • Reforçar a tónica na redução dos custos das trocas comerciais
Corredor do Anel de Crescimento da África Ocidental	**África Ocidental** (Burquina Faso, Côte d'Ivoire, Gana, Togo)	• Reforçar a integração e a conectividade regionais, incluindo a autoestrada Abidjan-Lagos • Desenvolvimento de cadeias de valor regionais estratégicas, como as cadeias de valor da carne	• Reforçar a coordenação regional e os quadros de parceria público-privada • Promover mecanismos eficazes de governança e execução

Fonte: Compilação dos autores com base em UEMOA/JICA (2018[37]), *The Project on the Corridor Development for West Africa Growth Ring Master Plan: Final Report Summary* [Projeto sobre o Desenvolvimento do Corredor para o Plano Diretor do Anel de Crescimento da África Ocidental: Resumo do Relatório Final]; (EAC, 2012[38]), *East African Community Industrialisation Policy 2012-2032: Structural Transformation of the Manufacturing Sector through High Value Addition and Product Diversification based on Comparative and Competitive Advantages of the Region* [Política de Industrialização da Comunidade da África Oriental 2012-2032: Transformação estrutural da indústria transformadora através de alto valor agregado e diversificação de produtos com base nas vantagens comparativas e competitivas da região]; APRI (2024[39]), *Lobito Corridor – A Reality Check* [Corredor do Lobito - Uma análise da realidade]; BAD (2023[40]), *Cross-Border Road Corridors: Expanding Market Access in Africa and Nurturing Continental Integration* [Corredores rodoviários transfronteiriços: Alargar o acesso aos mercados em África e promover a integração continental]; UE (2022[41]), "Strategic corridors to improve Europe-Africa connectivity" [Corredores estratégicos para melhorar a conectividade entre a Europa e África]; e UNECA (2021[42]), *Economic Opportunities Along the Central African Road-Corridor* [Oportunidades económicas ao longo do corredor rodoviário da África Central].

Um planeamento coordenado e uma maior capacidade a todos os níveis podem tornar o desenvolvimento das infraestruturas mais eficaz. A coordenação intersectorial a vários níveis geográficos (por exemplo, através de planos diretores) pode ajudar a ultrapassar os silos, a falta de coerência política e os incentivos desalinhados. Por exemplo, um planeamento eficaz pode garantir que os corredores de desenvolvimento regional estendam os seus benefícios aos aglomerados urbanos periféricos. Os investimentos estratégicos iniciais, como as redes rodoviárias básicas ou os lotes com serviços, podem poupar até 99% dos custos associados à adaptação das infraestruturas após um crescimento não planeado (Collier et al., 2019[43]). É igualmente essencial assegurar uma capacidade institucional, financeira e humana suficiente para que as instituições, especialmente a nível subnacional, possam aplicar políticas e planear investimentos em infraestruturas. Apenas 7 dos 36 países africanos comunicaram ter cobrado receitas subnacionais em 2022 (OECD/AUC/ATAF, 2024[15]), enquanto muitas cidades enfrentam uma escassez de urbanistas qualificados, com apenas 0,4 pessoal técnico por 1 000 pessoas, em comparação com 8 na Índia e 36 em países de rendimento elevado (Cities Alliance, 2017[44]).

Uma governança eficaz das infraestruturas pode acelerar os projetos e melhorar a sua sustentabilidade operacional

Uma gestão eficiente e abordagens localizadas são fundamentais para estabelecer uma governança eficaz das infraestruturas, especialmente nos países de baixo rendimento. Dados recentes de 37 países de baixo rendimento a nível mundial sugerem que até 53% dos recursos de investimento podem ser desperdiçados devido a uma gestão ineficaz dos investimentos públicos (incluindo em infraestruturas), resultando sobretudo de deficiências no acompanhamento, no financiamento da manutenção, na seleção e avaliação dos projetos e na orçamentação plurianual (Eltokhy et al., 2024[45]). As normas internacionais de governança das infraestruturas têm em conta as melhores práticas, como planos estratégicos pormenorizados, a criação de órgãos de governança distintos e amplas capacidades de financiamento e gestão (GI Hub, n.d.[46]; OECD, 2020[47]; OECD, 2024[48]). No entanto, nos países africanos, estas normas podem ter de ser adaptadas para ter em conta as limitações de capacidade, os incentivos adversos e os desequilíbrios de poder. Especialmente nos países de baixo rendimento, um conhecimento profundo das partes interessadas nos projetos locais e das condições de implementação pode facilitar uma governança eficaz dos projetos e promover coligações de partes interessadas que apoiem os projetos ao longo de toda a sua duração (OECD/ACET/AUDA-NEPAD, forthcoming[49]).

As unidades de parceria público-privada (PPP) e as instalações de preparação de projetos (PPF) carecem dos recursos necessários para realizar grandes projetos de infraestruturas. Os recursos limitados dificultam que as unidades africanas de PPP e os PPF prestem apoio técnico consistente, priorizem projetos de forma eficaz e assegurem uma coordenação eficiente. Em 2021, África acolheu 44% dos PPF a nível mundial; no entanto, os PPF africanos apoiaram menos projetos e de menor valor do que noutras regiões do mundo (GI Hub, 2021[50]). De forma semelhante, embora 42 países africanos tenham adotado legislação sobre parcerias público-privadas (PPP), apenas alguns conseguem atrair investimentos privados. Entre os 36 governos africanos com unidades específicas de PPP, apenas 13% reveem os riscos fiscais dos projetos, 9% realizam avaliações e auditorias após a conclusão dos projetos e nenhum consulta as comunidades afetadas sobre o impacto dos projetos de PPP (World Bank, 2025[51]).

A melhoria do planeamento avançado da manutenção aumentaria a sustentabilidade operacional. A manutenção continua a não ser considerada prioritária em África, ocupando o lugar mais baixo na classificação dos projetos de governança de infraestruturas do Fundo Monetário Internacional. Nos países em desenvolvimento, apenas cerca de 14% das despesas de capital rodoviário se destinam à manutenção (Gorgulu, Foster and Rana, 2022[52]), muito abaixo das necessidades estimadas nos países africanos (excluindo o Norte de África) de 31% para os transportes, 37% para a água e o saneamento e 23% para a energia e a eletricidade (Rozenberg and Fay, 2019[53]).

África pode reforçar o recurso a taxas de utilização para financiar infraestruturas Em condições adequadas, as taxas de utilização podem assegurar o financiamento sustentável da construção e manutenção das infraestruturas. No entanto, em África, apenas 15% dos projetos de infraestruturas de PPP dependem de taxas de utilização, enquanto 40% dependem de alguma forma de pagamentos públicos. Na América Latina e nas Caraíbas, os valores correspondentes são de 29% e 24%, respetivamente (World Bank, 2025[54]). As consultas públicas com os futuros utilizadores pagantes e a concessão de descontos para os trabalhadores pendulares e os residentes locais podem ser instrumentos importantes para aumentar a aceitação pública (Osei-Kyei and Chan, 2015[55]).

Os selos de qualidade africanos para as infraestruturas podem ser mais amplamente adotados para comunicar as normas de qualidade aos investidores. Certificações credíveis e reconhecidas ajudam a melhorar a qualidade e a capacidade de financiamento dos projetos, especialmente na fase de preparação. No entanto, a complexidade dos processos de certificação pode atrasar a sua aplicação. O Selo de Qualidade PIDA (PQL), atribuído pelo Mecanismo de Prestação de Serviços da Agência de Desenvolvimento da União Africana –Nova Parceria para o Desenvolvimento de África (AUDA-NEPAD), serve como reconhecimento da qualidade dos projetos prioritários do PIDA. Até 2025, o selo foi atribuído a 15 projetos e existe potencial para a sua aplicação mais ampla nos 69 projetos do Plano de Ação Prioritário 2 do PIDA. Ao ampliar o âmbito dos selos de origem africana, como o PQL, os países podem comunicar melhor as normas de implementação aos investidores, facilitar o acesso aos recursos e estabelecer referências mínimas de qualidade para as infraestruturas, em conformidade com os contextos locais. Além disso, iniciativas globais como a Blue Dot Network, lançada em abril de 2024, podem complementar os selos de qualidade através da aplicação dos Princípios do G20 sobre Infraestruturas de Qualidade. Podem também ampliar as normas desde a fase de preparação até à fase de implementação, reforçando assim a credibilidade global e o potencial de financiamento dos projetos de infraestruturas.

É necessário dar prioridade ao desenvolvimento de competências no domínio das infraestruturas. Menos de 1% do financiamento oficial ao desenvolvimento desembolsado para infraestruturas em África foi afetado à educação e à formação em 2023. De acordo com o inquérito realizado pela OCDE e pela Associação Africana para o Desenvolvimento de Infraestruturas para este relatório, a escassez de competências é mais frequentemente assinalada nas fases iniciais do ciclo de vida das infraestruturas, dificultando a preparação dos projetos, reduzindo a sua qualificação bancária e aumentando os seus custos. As lacunas ao nível das competências de gestão são das mais evidentes em todo o ciclo de vida dos projetos de infraestruturas. No entanto, já existem várias iniciativas promissoras de desenvolvimento de competências, que oferecem uma oportunidade que pode ser aproveitada em conjunto pelas empresas privadas, pelos decisores políticos e pelos parceiros internacionais. As comunidades de prática também podem oferecer um acesso valioso aos ensinamentos de políticas a nível dos projetos, incluindo os relacionados com competências.

Notas

[1] A metodologia pormenorizada é explicada no Anexo 1.A.

[2] O Global Infrastructure Hub (GI Hub, 2018[56]) prevê 192 mil milhões de dólares para 2025-40, enquanto o Banco Africano de Desenvolvimento (2018[57]) estima que as necessidades sejam de 130-170 mil milhões de dólares por ano para 2018-30. Poderão ser necessários investimentos mais avultados para cumprir objetivos políticos e climáticos específicos: o Banco Africano de Desenvolvimento (2024[58]) prevê a necessidade de 410 mil milhões de dólares para estradas e energia até 2030, a fim de cumprir os ODS relacionados com as infraestruturas e a energia, e de 72 mil milhões de dólares até 2063. Rozenberg e Fay (2019[53]) estimam que o cumprimento dos ODS e a limitação das alterações climáticas a um aumento de 2 °C exigiriam uma despesa anual de 9,2% do PIB entre 2015 e 2030 em África, excluindo o Norte de África, o que, em 2024, equivaleria a 257 mil milhões de dólares.

[3] Tanzânia (5%), Zâmbia (5,6%), Lesoto (5,7%) e Comores (7%).

[4] Os investimentos privados representam cerca de 70% e 20% do total dos investimentos em infraestruturas na África do Sul e no Egito, respetivamente, muito acima da média africana de 11%.

[5] Côte d'Ivoire, Egito, Etiópia, Quénia, Moçambique, Marrocos, Nigéria, Senegal, Tanzânia e Tunísia.

[6] Em maio de 2025, o governo dos Estados Unidos propôs reduzir a sua contribuição para o Fundo Africano de Desenvolvimento (a divisão dos empréstimos em condições preferenciais do Banco Africano de Desenvolvimento) em cerca de 555 milhões de dólares, o que equivale a cerca de 6-7% do atual ciclo de financiamento.

[7] De setembro de 2024 a janeiro de 2025, foi realizada uma revisão sistemática da literatura para responder à questão de investigação: «quais são os efeitos positivos e negativos das infraestruturas económicas na sustentabilidade ambiental, social e de governança?» A revisão identificou um total de 110 estudos publicados desde 2010, sendo que 65 estudos apresentaram resultados relevantes para a questão de investigação. Foram identificados 94 estudos por meio de uma pesquisa sistemática por palavras-chave no Google Scholar, 13 de Foster et al. (2023[59]) e 3 de pesquisas de acompanhamento *ad hoc*.

[8] Os tipos de infraestruturas cujas densidades (de capacidade) não se mostraram correlacionadas com a transformação produtiva são os portos de contentores, as estações de tratamento de águas residuais, as infraestruturas de energia eólica, as infraestruturas hidroelétricas e outras infraestruturas de energias renováveis.

[9] A magnitude do efeito dos investimentos adicionais depende da quantidade de um determinado tipo de infraestrutura que um país já possui, ou seja, do seu nível de densidade. A modelização definiu as densidades das infraestruturas como i) o comprimento (em quilómetros [km]) das estradas, ferrovia e cabos de fibra ótica, e ii) a capacidade instalada em megawatts para a produção de energia solar e baseada em combustíveis fósseis, por 100 km^2 de área terrestre não desértica.

[10] De acordo com este estudo, que incide sobre o financiamento de infraestruturas por parte da China em África e sobre a participação nas cadeias de valor globais, um aumento de um desvio-padrão no financiamento de infraestruturas esteve associado, ao fim de quatro anos, a um aumento de 0,11 desvios-padrão na participação nas cadeias de valor globais.

[11] Existem muitas definições diferentes de cidades intermédias. Para mais informações, ver OCDE/PSI (2020[60]), que apresenta esta definição: «As cidades intermédias são aglomerações que, por razões geográficas, históricas e económicas, funcionam como pontes entre as áreas metropolitanas e as áreas rurais. Representam nós estratégicos nas redes urbanas à escala nacional ou internacional. A sua população pode variar entre 50 000 e 1 milhão de habitantes».

Referências

AfDB (2024), *African Economic Outlook 2024: Driving Africa's Transformation - The Reform of the Global Financial Architecture*, http://african_economic_outlook_aeo_2024_0.pdf. [58]

AfDB (2023), *Cross-Border Road Corridors: Expanding Market Access in Africa and Nurturing Continental Integration*, African Development Bank, Abidjan, https://www.afdb.org/en/documents/cross-border-road-corridors-expanding-market-access-africa-and-nurturing-continental-integration. [40]

AfDB (2018), *African Economic Outlook 2018*, https://www.afdb.org/en/documents/document/african-economic-outlook-aoe-2018-99877. [57]

AfDB/OECD/UNDP (2016), *African Economic Outlook 2016: Sustainable Cities and Structural Transformation*, OECD Publishing, Paris, https://doi.org/10.1787/aeo-2016-en. [33]

Amendolagine, V., A. Presbitero and R. Rabellotti (2024), "Chinese infrastructure lending in Africa and participation in global value chains", *Review of World Economics*, Vol. 161/1, https://doi.org/10.1007/s10290-024-00566-0. [24]

APRI (2024), "Lobito Corridor – A Reality Check", *afripoli.org (website)*, https://afripoli.org/lobito-corridor-a-reality-check (accessed on 24 April 2025). [39]

AU (2023), *International High Level Panel on Water Investments for Africa*, African Union, Addis-Ababa, https://aipwater.org/wp-content/uploads/2023/03/How-to-Mobilise-US%EF%BF%BD30-Billion-Annually-to-Achieve-Water-Security-and-Sustainable-Sanitation-in-Africa-New-York-Version-21-March-2023.pdf. [18]

AU (2015), *Agenda 2063: The Africa We Want*, African Union, Addis-Ababa, https://www.afdb.org/fileadmin/uploads/afdb/Documents/Policy-Documents/Agenda2063_Popular_Version_English.pdf. [2]

AUC/OECD (2023), *Africa's Development Dynamics 2023: Investing in Sustainable Development*, AUC, Addis Ababa/OECD Publishing, Paris, https://doi.org/10.1787/3269532b-en. [4]

AUC/OECD (2019), *Africa's Development Dynamics 2019: Achieving Productive Transformation*, AUC, Addis Ababa/OECD Publishing, Paris, https://doi.org/10.1787/c1cd7de0-en. [1]

AUC/OECD (2018), *Africa's Development Dynamics 2018: Growth, Jobs and Inequalities*, AUC, Addis Ababa/OECD Publishing, Paris, https://doi.org/10.1787/9789264302501-en. [3]

Auriol, E. and S. Saussier (2025), *Private Participation in Infrastructure: What Role for Public-Private Partnerships?*, https://cepr.org/system/files/publication-files/245788-private_participation_in_infrastructure_what_role_for_public_private_partnerships_.pdf. [8]

Banerjee, S. and E. Morella (2011), *Africa's Water and Sanitation Infrastructure: Access, Affordability, and Alternatives*, The World Bank Group, Washington, DC. [22]

Castells-Quintana, D. (2017), "Malthus living in slum: Urban concentration, infrastructure and economic growth", *Journal of Urban Economics*, Vol. 98, pp. 158-173, https://doi.org/10.1016/j.jue.2016.02.003. [34]

Cities Alliance (2017), *Human Resources Capacity Benchmarking: A Preliminary Toolkit for Planning and Management in Africa*, Cities Alliance, Brussels, https://www.citiesalliance.org/sites/default/files/Final%20Report%20on%20Municipal%20Staffing%20Toolkit_0.pdf. [44]

Collier, P. et al. (2019), "Informal settlements and housing markets", *International Growth Centre Policy Brief*, https://www.theigc.org/sites/default/files/2019/01/informal-settlements-policy-brief.pdf. [43]

Collins, N. et al. (2025), *Growing Resilience: Unlocking the Potential of Nature-based Solutions for Climate Resilience in Sub-Saharan Africa*, World Bank, Washington, DC, https://openknowledge.worldbank.org/entities/publication/ed023e93-3872-474c-b67b-4a19f6f857e8. [30]

CRDI (2023), "Global Infrastructure Risk Model and Resilience Index (GIRI)", *giri.unepgrid.ch (website)*, Coalition for Disaster Resilient Infrastructure, https://giri.unepgrid.ch/ (accessed on 10 April 2025). [29]

Dappe, M. and M. Lebrand (2021), "Infrastructure and structural change in the Horn of Africa", *Policy Research Working Paper 9870*, https://documents1.worldbank.org/curated/en/243731638286142370/pdf/Infrastructure-and-Structural-Change-in-the-Horn-of-Africa.pdf. [21]

Das, D., D. Stern and G. Timilsina (2024), "Physical infrastructure and economic growth", *Applied Economics*, Vol. 56/18, https://doi.org/10.1080/00036846.2023.2184461. [20]

EAC (2012), *East African Community Industrialisation Policy 2012-2032: Structural Transformation of the Manufacturing Sector through High Value Addition and Product Diversification based on Comparative and Competitive Advantages of the Region*, East African Community, https://www.eac.int/index.php?option=com_documentmananger&task=download.document&file=bWFpbl9kb2N1bWVudHNfcGRmX1V4Tk5ZUmFBVHlSZlI4VXhOZnpWVkRNRmluYWwgRUFDIEluZHVzdHJpYWxpemF0aW9uIFBvbGljeV9lZGl0ZWQgRmluYWwgKDIp&counter=886. [38]

El-Bouayady, R. et al. (2024), "Assessing and modeling the impact of urbanization on infrastructure development in Africa: A data-driven approach", *Cities*, Vol. 155, p. 105486, https://doi.org/10.1016/j.cities.2024.105486. [26]

Eltokhy, K. et al. (2024), "Public investment management bottlenecks in low-income countries", *IMF Working Papers 2024*, No. 232, https://doi.org/10.5089/9798400289231.001. [45]

EU (2022), "Strategic corridors to improve Europe-Africa connectivity", *JRC Digital Media Hub European Commission (website)*, https://visitors-centre.jrc.ec.europa.eu/en/media/leaflets/strategic-corridors-improve-europe-africa-connectivity (accessed on 1 March 2025). [41]

Fontagné, L. et al. (2022), "Trade and infrastructure integration in Africa", *CEPII Working Paper*, https://www.cepii.fr/PDF_PUB/wp/2023/wp2023-14.pdf. [23]

Foster, V. et al. (2023), "The Impact of Infrastructure on Development Outcomes: A Meta-Analysis", *Policy Research Working Paper*, No. 10350, http://documents.worldbank.org/curated/en/099510203092318515. [59]

GEMs (2024), *Default and Recovery Statistics for private and public lending for the period 1994-2023*, Global Emerging Markets, https://www.gemsriskdatabase.org/#Default%20and%20recovery%20statistics-%20Private%20and%20public%20lending. [10]

GI Hub (2021), *Infrastructure Monitor 2021*, Global Infrastructure Hub, https://cdn.gihub.org/umbraco/media/4306/gihub_infrastructuremonitor2021.pdf. [50]

GI Hub (2018), *Global Infrastructure Outlook: Infrastructure Investment Needs – 56 Countries, 7 Sectors to 2040*, Global Infrastructure Hub, https://cdn.gihub.org/outlook/live/methodology/Global+Infrastructure+Outlook+factsheet+-+June+2018.pdf. [56]

GI Hub (n.d.), *Establishing Effective Governance Structures*, Global Infrastructure Hub, https://cdn.gihub.org/umbraco/media/3562/44-establishing-effective-governance-structures.pdf. [46]

Gorgulu, N., V. Foster and A. Rana (2022), "Understanding public spending trends for infrastructure in developing countries", *Policy Research Working Paper*, No. 9903, http://hdl.handle.net/10986/36849. [52]

ICA (2022), *Infrastructure Financing Trends in Africa 2019-2020*, The Infrastructure Consortium for Africa Secretariat c/o African Development Bank, Abidjan, https://www.afdb.org/sites/default/files/documents/publications/04112022ift_africa_report_2019-2020-2_english.pdf. [5]

IMF (2025), *World Economic Outlook Database*, https://www.imf.org/en/Publications/WEO/weo-database/2025/April (accessed on 5 May 2025). [17]

Kose, M. et al. (2022), *A Cross-Country Database of Fiscal Space (database)*, https://www.worldbank.org/en/research/brief/fiscal-space (accessed on 20 November 2024). [6]

Mensah, J. (2024), "Jobs! Electricity shortages and unemployment in Africa", *Policy Research Working Paper No. 8415*, https://documents1.worldbank.org/curated/en/659751524142624281/pdf/Jobs-electricity-shortages-and-unemployment-in-Africa.pdf. [19]

MiDA (2018), *Investment in African Infrastructure: Challenges and Opportunities*, https://www.marshmclennan.com/web-assets/insights/publications/2018/dec/innovations-in-infrastructure/Investment-in-African-Infrastructure/gl-2018-wealth-investment-opportunities-in-african-infrastructure-full-report-mercer.pdf. [9]

Moneke, N. (2020), "Infrastructure and structural transformation: Evidence from Ethiopia", *(PhD thesis)*, London School of Economics and Political Science, https://etheses.lse.ac.uk/4187/. [35]

OECD (2025), *Creditor Reporting System (database)*, https://www.oecd.org/en/data/datasets/development-finance-statistics-data-on-flows-to-developing-countries.html (accessed on 15 March 2025). [11]

OECD (2025), "Cuts in official development assistance: OECD projections for 2025", *Policy Brief*, https://www.oecd.org/content/dam/oecd/en/publications/reports/2025/06/cuts-in-official-development-assistance_e161f0c5/8c530629-en.pdf. [13]

OECD (2025), *GenderMarkers: Aid (ODA) activities targeting gender equality and women's empowerment (database)*, https://data-explorer.oecd.org/vis?lc=en&df%5bds%5d=DcdDisseminateFinalDMZ&df%5bid%5d=DSD_GNDR%40DF_GENDER&df%5bag%5d=OECD.DCD.FSD&av=true&dq=DAC_EC..1000..2.0%2B1%2B2%2B10%2B99.C.Q._T..&lom=LASTNPERIODS&lo=2&to%5bTIME_PERIOD%5d=false (accessed on 14 February 2025). [32]

OECD (2025), "Preliminary official development assistance levels in 2024", *OECD Development Co-operation Directorate Detailed Summary Note*, https://one.oecd.org/document/DCD(2025)6/en/pdf. [12]

OECD (2024), *Compendium of Good Practices on Quality Infrastructure 2024: Building Resilience to Natural Disasters*, OECD Publishing, Paris, https://doi.org/10.1787/54d26e88-en. [48]

OECD (2024), *Infrastructure for a Climate-Resilient Future*, OECD Publishing, Paris, https://doi.org/10.1787/a74a45b0-en. [28]

OECD (2020), "Recommendation of the Council on the Governance of Infrastructure", *OECD Legal Instruments (website)*, https://legalinstruments.oecd.org/en/instruments/OECD-LEGAL-0460/ (accessed on 15 March 2025). [47]

OECD/ACET/AUDA-NEPAD (forthcoming), *Africa's Infrastructure Ecosystems*, OECD Publishing, Paris. [49]

OECD et al. (2025), *Africa's Urbanisation Dynamics 2025: Planning for Urban Expansion*, West African Studies, OECD Publishing, Paris, https://doi.org/10.1787/2a47845c-en. [25]

OECD/AUC/ATAF (2024), *Revenue Statistics in Africa 2024: Facilitation and Trust as Drivers of Voluntary Tax Compliance in Selected African Tax Administrations*, OECD Publishing, Paris, https://doi.org/10.1787/78e9af3a-en. [15]

OECD/PSI (2020), *Rural Development Strategy Review of Ethiopia: Reaping the Benefits of Urbanisation*, OECD Development Pathways, OECD Publishing, Paris, https://doi.org/10.1787/a325a658-en. [60]

OECD/UN ECA/AfDB (2022), *Africa's Urbanisation Dynamics 2022: The Economic Power of Africa's Cities*, West African Studies, OECD Publishing, Paris, https://doi.org/10.1787/3834ed5b-en. [27]

Osei-Kyei, R. and A. Chan (2015), "Developing transport infrastructure in sub-Saharan Africa through public-private partnerships: Policy practice and implications", *Transport Reviews*, Vol. 36/2, pp. 170-186, https://doi.org/10.1080/01441647.2015.1077288. [55]

Rozenberg, J. and M. Fay (2019), *Beyond the Gap: How Countries Can Afford the Infrastructure They Need while Protecting the Planet*, World Bank, Sustainable Infrastructure Series, http://hdl.handle.net/10986/31291. [53]

UEMOA/JICA (2018), *The Project on the Corridor Development for West Africa Growth Ring Master Plan: Final Report Summary*, Japan international Cooperation Agency, https://ndpc.gov.gh/media/WAGRIC-CACAO_Summary_Report_2018.pdf. [37]

UN (2025), *Fourth International Conference on Financing for Development*, United Nations, https://docs.un.org/en/A/CONF.227/2025/L.1. [14]

UN DESA (2025), "World Population Prospects 2024", *The 2024 Revision of World Population Prospects (database)*, https://population.un.org/wpp/ (accessed on 20 December 2024). [31]

UNDP (2024), *Reducing the Cost of Borrowing in Africa*, United Nations Development Programme, New York, https://www.undp.org/sites/g/files/zskgke326/files/2024-05/cra-inititative.pdf. [16]

UNECA (2021), *Economic Opportunities Along the Central African Road-Corridor*, United Nations Economic Commission for Africa, https://www.uneca.org/sites/default/files/SROs/Central-Africa/Economic-opportunities-CA-road-corridor/Economic-Opportunities-Along-the-Central-African-Road-Corridor_21April2021.pdf. [42]

UNECA (2017), *Leveraging Urbanization for Africa's Structural Transformation: ECA's Contribution*, United Nations Economic Commission for Africa, Addis Ababa, https://repository.uneca.org/handle/10855/24092. [36]

World Bank (2025), *Private Participation in Infrastructure (PPI) (database)*, https://ppi.worldbank.org/en/ppi (accessed on 14 March 2025). [54]

World Bank (2025), *The World Bank Benchmarking Infrastructure Development (BID) (database)*, https://bpp.worldbank.org/en/global (accessed on 6 March 2025). [51]

World Bank (2024), "International Debt Statistics (IDS)", *worldbank.org (website)*, https://www.worldbank.org/en/programs/debt-statistics/ids (accessed on 23 January 2025). [7]

1 Desenvolver as infraestruturas de África para a transformação produtiva

Este capítulo avalia os investimentos em infraestruturas que os países africanos podem realizar para atingir os níveis de transformação produtiva dos seus homólogos noutras regiões do mundo. Em primeiro lugar, recorre a uma metodologia única para estimar as necessidades totais de investimento do continente nas infraestruturas de transportes, energia e digitais e avalia as oportunidades para aprofundar as cadeias de valor regionais e as ligações entre as zonas rurais e urbanas. Em segundo lugar, identifica as fontes de financiamento tendo em conta o peso da dívida soberana e a redução dos orçamentos de ajuda internacional. Por fim, avalia as principais oportunidades e riscos à sustentabilidade ambiental e social do desenvolvimento das infraestruturas.

Em resumo

O desenvolvimento das infraestruturas é essencial para que África possa alcançar uma transformação produtiva. Com investimentos médios anuais de 155 mil milhões de dólares até 2040, os países africanos poderiam desenvolver as suas infraestruturas a um nível comparável ao dos países homólogos de outras regiões do mundo que apresentam os níveis mais elevados de transformação produtiva. Este investimento poderá aumentar o crescimento médio anual do produto interno bruto (PIB) em 4,5 pontos percentuais. Este grande impulso em matéria de infraestruturas poderá, assim, ajudar a ultrapassar o objetivo da Agenda 2063 da União Africana de 7% de crescimento anual do PIB e duplicar o PIB do continente até 2040.

As necessidades de investimento do continente são particularmente elevadas em tipos de infraestruturas rentáveis, como estradas (32% do total), vias-férreas (24%), cabos de fibra ótica (23%) e energia solar (17%). Melhores infraestruturas de transportes, digitais e energéticas melhorariam a integração da cadeia de valor e a produtividade de África. Reforçar as infraestruturas dentro e entre cidades é essencial para a transformação produtiva e para reduzir as desigualdades entre zonas rurais e urbanas.A manutenção das infraestruturas continua a ser fundamental, representando 42% das necessidades totais de investimento.

Para aumentar o financiamento das infraestruturas à escala necessária, é essencial melhorar as condições da dívida soberana e reduzir o custo do capital. Entre 2016 e 2020, os governos africanos investiram cerca de 1,3% do PIB por ano (cerca de 34 mil milhões de dólares) em infraestruturas, uma percentagem semelhante à de outras regiões do mundo, mas muito inferior à da República Popular da China (a seguir designada por «China») (6,7%) e do Vietname (5,1%). Para os investimentos privados em infraestruturas, o custo da dívida é pelo menos 2,5 vezes mais elevado em África do que nos países da OCDE. Embora a ajuda bilateral tenha sido reduzida devido à mudança de prioridades, os grandes financiadores de desenvolvimento multilaterais reforçaram os seus compromissos.

Os riscos ambientais e sociais associados às infraestruturas podem ser melhor geridos. As alterações climáticas e o crescimento demográfico podem agravar as vulnerabilidades e os resultados negativos, incluindo a poluição, a perda de biodiversidade e a exclusão das populações rurais e das mulheres. Com apoio político e financeiro adicional, as infraestruturas verdes resilientes ao clima e as soluções baseadas na natureza podem reduzir as perdas económicas e os impactos ambientais e sociais adversos.

Perfil continental

Figura 1.1. Investimento anual em infraestruturas necessário para atingir os níveis de transformação produtiva dos países de referência até 2040

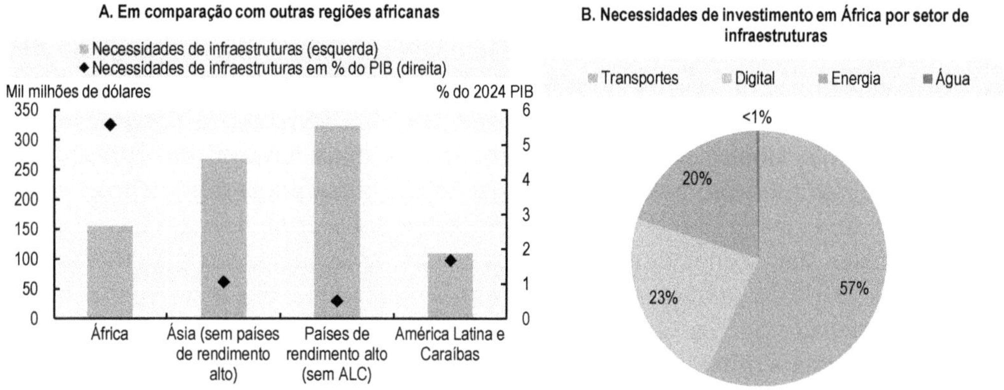

Nota: ALC = América Latina e Caraíbas. As necessidades de investimento em infraestruturas referem-se a estimativas modeladas das despesas totais necessárias para construir novas infraestruturas de modo a corresponder aos níveis de infraestruturas de países homólogos com bons resultados em matéria de transformação produtiva, mantendo simultaneamente as infraestruturas existentes. Ver Anexo 1.A para mais pormenores.
Fonte: As fontes de dados para as estimativas das necessidades de investimento são enumeradas no Anexo 1.A.

StatLink https://stat.link/pgov8y

Figura 1.2. Stock físico médio de infraestruturas e níveis de acesso, por região do mundo

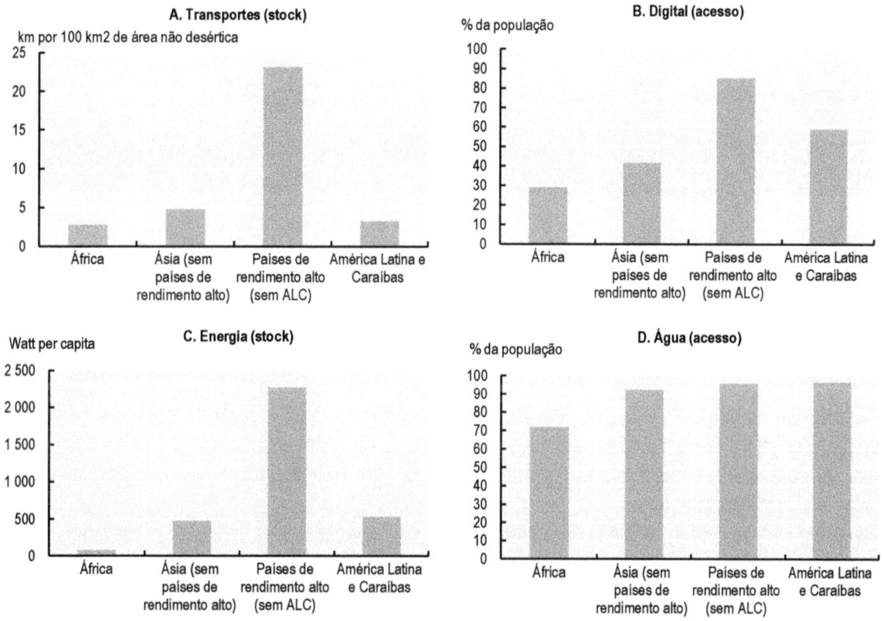

Nota: ALC = América Latina e Caraíbas. Transportes = quilómetros (km) de estradas pavimentadas e ferrovias por 100 km^2 de área não desértica. Digital = percentagem da população com mais de 15 anos com acesso à Internet. Energia = capacidade energética instalada em watts per capita. Água = percentagem da população com acesso a água potável.
Fonte: As fontes dos indicadores de transportes e energia são indicadas no Anexo 1.A. Acesso a água potável: estimativas sobre água potável, saneamento e higiene (WASH): UNICEF (2024[1]), *Drinking water, sanitation and hygiene in households by country, 2000-2022* (database) [Água potável, saneamento e higiene, por agregado familiar e por país, 2000-2002 (base de dados)], https://data.unicef.org/topic/water-and-sanitation/drinking-water/; Acesso à Internet: Gallup (2020[2]), *Gallup World Poll 2020 (database)* [Inquérito mundial da Gallup (base de dados], https://www.gallup.com/analytics/213617/gallup-analytics.aspx.

StatLink https://stat.link/t9kzrb

O desenvolvimento das infraestruturas é essencial para alcançar a transformação produtiva de África e os objetivos da Agenda 2063

O desenvolvimento das infraestruturas merece ser uma das principais prioridades dos decisores políticos africanos, uma vez que pode impulsionar o crescimento, o comércio, a criação de emprego e a produtividade das empresas. Os africanos esperam que os seus governos deem prioridade às infraestruturas, de acordo com a análise deste relatório das conclusões do Afrobarometer sobre a principal questão nacional que os africanos desejam que os seus governos resolvam (Figura 1.3). As infraestruturas são um importante fator de crescimento económico, de integração regional e de emprego. Uma vez que o stock físico de infraestruturas[1] é mais limitado em África (Figura 1.2), os investimentos em infraestruturas prometem maiores ganhos do que noutras regiões do mundo (Caixa 1.1). As redes de infraestruturas integradas podem também aumentar a produtividade das empresas e ajudar a criar redes comerciais bem conectadas, contribuindo diretamente para o cumprimento da visão da Agenda 2063 da União Africana relativa a «infraestrutura de classe mundial a atravessar África » por meio de uma maior conectividade por via ferroviária, rodoviária, marítima e aérea e do desenvolvimento de grupos regionais de energia e redes digitais (AUC/OECD, 2019[3]; AU, 2015[4]).

Figura 1.3. Principais questões nacionais que os africanos consideram que os seus governos devem resolver

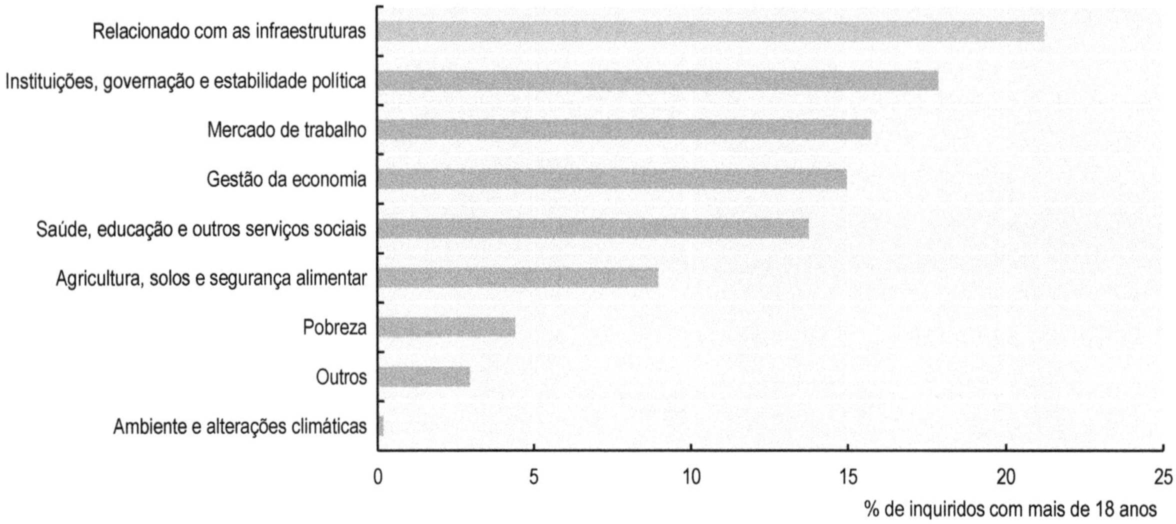

Nota: Os resultados baseiam-se na pergunta «Na sua opinião, qual é o problema mais importante que este país enfrenta e que o governo deveria resolver?», num inquérito a 53 444 indivíduos com mais de 18 anos de 39 países africanos. Os dados são ponderados para obter uma amostra representativa. A categoria «Infraestruturas» inclui respostas para «Eletricidade», «Infraestruturas/Rodovia e Transportes», «Abastecimento de água» e «Comunicações».
Fonte: Afrobarometer (2023[5]), *Merged Round 9* [base de dados], https://www.afrobarometer.org/data/merged-data/.

StatLink https://stat.link/atgxid

Caixa 1.1. O papel das infraestruturas na transformação produtiva de África

O relatório *Dinâmicas de Desenvolvimento em África 2025* aborda de que forma os decisores políticos africanos podem desbloquear o desenvolvimento de infraestruturas para acelerar a transformação produtiva do continente e das suas cinco regiões. O relatório centra-se nas infraestruturas económicas, que aumentam diretamente a produtividade das empresas e dos trabalhadores e promovem indiretamente a transformação produtiva ao longo do tempo. Em conformidade com o âmbito do Programa para o Desenvolvimento das Infraestruturas em África (PIDA) e com a evidência existente sobre os efeitos na produtividade, o relatório centra-se nas infraestruturas de transportes, energéticas, digitais e hídricas.

As infraestruturas são indispensáveis para o desenvolvimento económico. Permitem a realização de atividades produtivas e o acesso de famílias e empresas a bens e serviços. A expansão da quantidade e da qualidade das infraestruturas permite que recursos e capitais anteriormente inexplorados ou subexplorados sejam utilizados, aumentando assim a produção sempre que possível, o que, por sua vez, aumenta a acumulação de capital, o crescimento económico e (em termos agregados) o desenvolvimento socioeconómico (Familoni, 2006[6]). Apesar dos progressos realizados no âmbito do Objetivo de Desenvolvimento Sustentável 9: Indústria, inovação e infraestruturas, o atual ritmo de progresso em África continua a ser insuficiente para atingir o objetivo até 2030 (Africa UN, 2025[7]).

As infraestruturas são também uma condição prévia para a transformação produtiva. Esta transformação consiste no processo de acumulação e difusão de capacidades organizacionais, produtivas e tecnológicas, incluindo a realocação de capital e trabalho para os segmentos mais produtivos daeconomia (AUC/OECD, 2019[3]). As infraestruturas de transportes permitem que trabalhadores agrícolas das zonas rurais tenham acesso a empregos mais produtivos, nomeadamente nos serviços (Barrett et al., 2017[8]; Gollin and Rogerson, 2014[9]), enquanto as infraestruturas digitais e energéticas permitem a utilização de tecnologias modernas na agricultura e na indústria transformadora e o crescimento de atividades altamente produtivas, como as economias financeira e digital (Herera Dappe and Lebrand, 2024[10]). Associado a reformas comerciais e fiscais, o desenvolvimento de infraestruturas pode conduzir a uma transformação produtiva com resultados económicos mais sustentáveis e equitativos (Cateia and Fereira, 2023[11]). A Tabela 1.1 ilustra os impactos económicos agregados dos investimentos em infraestruturas de transportes, energéticas digitais nos países em desenvolvimento.

Tabela 1.1. Efeitos económicos das infraestruturas nos países em desenvolvimento

	Efeitos: Aumento dos indicadores-chave de desenvolvimento associados a um aumento de 10% nas infraestruturas			
	Produção económica	Emprego	Comércio	População
Transportes	0.1%	0.2%	0.26%	2.2%
Energia	0.5%	0.5%	/	/
Digital	0.3%	/	/	/

Nota: O «aumento das infraestruturas» refere-se à despesa pública e volume de stock físico combinados. A «produção económica» inclui indicadores de produção, rendimento, despesas e produtividade, em níveis ou taxas de crescimento. Só são apresentados os coeficientes dos estudos macroeconómicos. O «emprego» inclui salários e indicadores de emprego. O «comércio» inclui exportações e importações. «População» inclui alterações na população e fluxos migratórios. «/» indica dados em falta. Não havia resultados sistemáticos disponíveis para as infraestruturas hídricas.
Fonte: Foster et al. (2023[12]), *The Impact of Infrastructure on Development Outcomes: A Meta-Analysis* [O impacto das infraestruturas nos resultados em matéria de desenvolvimento: uma meta-análise].

O desenvolvimento de infraestruturas apresenta desafios específicos em termos de financiamento e planeamento. O desenvolvimento de infraestruturas é um processo demorado queexige grandes investimentos iniciais, muitas vezes além da capacidade das empresas privadas. De 2016 a 2020, o setor público representou 89% do total dos compromissos em matéria de infraestruturas em África, com 42% a terem origem nos governos africanos e o restante de parceiros bilaterais e multilaterais (ICA, 2022[13]). As novas infraestruturas devem ser bem integradas nas atividades económicas existentes e futuras, equilibrando simultaneamente o crescimento e a redução da pobreza e as necessidades das populações rurais e urbanas (Canning and Bennathan, 2000[14]; Christiaensen and Todo, 2014[15]). O planeamento das infraestruturas exige uma coordenação entre os governos à escala local, nacional, regional e internacional, para evitar fricções e processos burocráticos morosos (Gambino and Reboredo, 2022[16]).

1. Em termos gerais, a infra-estrutura económica e social pode ser definida da seguinte forma: A infra-estrutura económica inclui transportes (por exemplo, estradas e portos), serviços públicos e obras públicas (por exemplo, energia e abastecimento de água, barragens, saneamento e esgotos, e recolha de lixo), e serviços digitais e de telecomunicações (por exemplo, telefone fixo e móvel e conectividade à Internet). A infra-estrutura social inclui a oferta de educação (por exemplo, escolas, universidades e professores) e de cuidados de saúde (por exemplo, clínicas, médicos e cadeias de valor farmacêuticas).
Fonte: Compilação dos autores.

Um investimento anual em infraestruturas no valor de 155 mil milhões de dólares poderia impulsionar a transformação produtiva dos países africanos para níveis semelhantes aos dos seus homólogos noutras regiões do mundo. Este relatório utiliza uma metodologia única para estimar os investimentos necessários para colmatar o défice de transformação produtiva entre um determinado país africano e os países de referência (Caixa 1.2, Anexo 1.A). A estimativa considera cenários que refletem horizontes temporais mais próximos e mais distantes de importantes agendas políticas africanas, nomeadamente o objetivo do PIDA para 2012-40 e a Agenda 2063. Os cenários refletem a oportunidade económica de impulsionar o desenvolvimento das infraestruturas em África, em contraste com os respetivos custos de investimento[2]. As projeções estimam o crescimento do PIB resultante do aumento do stock de infraestruturas, tanto nos seus efeitos imediatos como no impacto acumulado ao longo do tempo. A Tabela 1.2 resume os resultados.

Tabela 1.2. Estimativa das necessidades de investimento em infraestruturas e dos impactos do crescimento até 2040 e 2063

Horizonte temporal para satisfazer as necessidades de investimento totais	Estimativa das necessidades anuais de investimento	Estimativa do aumento do crescimento anual do PIB (efeitos imediatos, em pontos percentuais)	Aumento estimado do crescimento anual do PIB a longo prazo (efeitos cumulativos do investimento anual, em pontos percentuais)	Agendas políticas com horizontes temporais iguais
2040	155 mil milhões de dólares	+1,8	+4,5	Objetivo do PIDA para 2012-40
2063	102 mil milhões de dólares	+1,4	+3,9	Agenda 2063

Nota: PIB = produto interno bruto. As medidas adotadas para calcular as necessidades de investimento e as estimativas de crescimento económico são apresentadas em pormenor no Anexo 1.A. O aumento estimado do crescimento anual capta o efeito a curto prazo das infraestruturas na produção económica. O crescimento anual a longo prazo representa o impacto cumulativo dos investimentos anteriores em infraestruturas, uma vez que os seus benefícios se continuam a materializar ao longo do tempo.
Fonte: As fontes de dados para as estimativas são enumeradas no Anexo 1.A.

Estes investimentos poderiam mais do que duplicar o PIB de África até 2040 e permitir que os países africanos alcancem o objetivo de crescimento anual de 7% definido na Agenda 2063. Ao aumentar o crescimento anual do PIB em 4,5 pontos percentuais, um investimento anual em infraestruturas de 155 mil milhões de dólares acrescentaria 2,83 biliões de dólares ao PIB de África até 2040, mais do que duplicando o valor atual de 2,80 biliões de dólares em 2024. Assumindo que a taxa média de crescimento anual atualmente projetada de 4,4% para o período de 2025 a 2030 se mantém, o investimento resultaria numa taxa de crescimento do PIB a longo prazo de 8,9%. Mesmo um investimento anual de 102 mil milhões de dólares conduziria a uma taxa de crescimento global de 8,3%. Uma análise custo-benefício realizada para este relatório estima que o investimento anual de 155 mil milhões de dólares teria uma relação benefício-custo de 1,13. Isto significa que os ganhos acumulados do PIB resultantes do maior crescimento económico que resultaria do investimento até 2040 excederiam os custos de investimento em infraestruturas em 13% (ver Anexo 1.A para mais pormenores).

Satisfazer as necessidades de investimento de África exigiria níveis de despesa em infraestruturas comparáveis aos da China ou do Vietname. O cenário de 2040 que requer 155 mil milhões de dólares em investimento anual é equivalente a 5,6% do PIB de África em 2024[3] e quase o dobro da despesa total de 83 mil milhões de dólares em média de 2016 a 2020, de acordo com os dados mais recentes disponíveis (ICA, 2022[13]). Em percentagem do PIB total, as necessidades de investimento de África são três vezes superiores às da América Latina e das Caraíbas e cinco vezes superiores às da Ásia em desenvolvimento (Figura 1.4). No cenário de 2063, a necessidade dos países africanos de 102 mil milhões de dólares em investimentos anuais equivale a 3,7% do PIB do continente em 2024, ou seja, 19 mil milhões de dólares em despesas anuais adicionais. Este grande impulso ao desenvolvimento das infraestruturas parece exequível se a despesa africana em infraestruturas conseguir igualar os níveis de países que combinaram com investimentos massivos com políticas de transformação produtiva para acelerar o desenvolvimento económico. Os governos africanos gastaram uma média de 1,3% do PIB (34 mil milhões de dólares) em infraestruturas por ano, durante o período de 2016-20. Este valor é comparável à média mundial, mas muito inferior aos níveis de despesa dos países que adotam uma abordagem de desenvolvimento económico orientada para as infraestruturas, como a China (6,7% do PIB) e o Vietname (5,1% do PIB) durante o período de 2010-14.[4]

Figura 1.4. Estimativa do investimento anual necessário, até 2040, para que os países africanos atinjam o stock de infraestruturas dos países homólogos com elevado desempenho em transformação produtiva

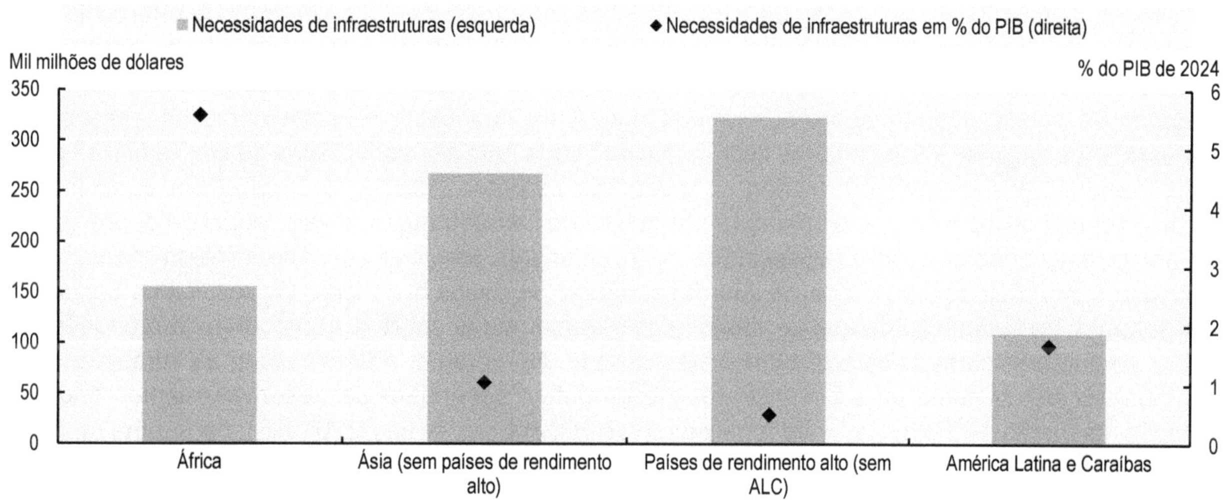

Nota: As necessidades de investimento em infraestruturas referem-se a estimativas modeladas das despesas totais necessárias para manter as infraestruturas existentes e criar infraestruturas em número suficiente para igualar os níveis de infraestruturas dos países homólogos com bons resultados em termos de transformação produtiva. Ver Anexo 1.A para mais pormenores.
Fonte: As fontes de dados para as estimativas das necessidades de investimento são enumeradas no Anexo 1.A.

StatLink https://stat.link/p4v1sd

Caixa 1.2. Metodologia para estimar as necessidades de investimento em infraestruturas em África

O relatório sobre as Dinâmicas do Desenvolvimento em África *2025* utiliza uma metodologia única para estimar os investimentos em infraestruturas de que os países africanos necessitariam até 2030, 2040 e 2063 para colmatar as lacunas em matéria de infraestruturas em relação aos países de referência que apresentam níveis elevados de transformação produtiva. Estão envolvidas as seguintes etapas (pormenores no Anexo 1.A):

1. É construído um índice compósito de transformação produtiva, a partir de cinco indicadores (por exemplo, valor acrescentado dos serviços e da indústria transformadora e diversificação das exportações), atribuindo a cada país do mundo uma pontuação de transformação produtiva de 1 a 100.
2. Um modelo econométrico avalia i) a dimensão e o significado estatístico dos efeitos de tipos específicos de infraestruturas (por exemplo, estradas e ferrovias) no índice composto, e ii) quaisquer relações não lineares.
3. Cada país é associado a um país de referência – um país comparável que partilhe caraterísticas importantes, como o PIB, a superfície e a população, e que seja mais bem-sucedido na transformação produtiva.
4. Em seguida, é feita uma estimativa de quanto teria de aumentar o stock de infraestruturas físicas de cada país para atingir o nível do seu país de referência. Os stocks de infraestruturas são medidos, por exemplo, em quilómetros de estradas, caminhos-de-ferro e cabos, e em megawatts de infraestruturas energéticas.

As diferenças estimadas nos stocks de infraestruturas entre cada país e o seu país de referência são depois recalibradas com base na relação custo-eficácia, utilizando-se a força da relação entre cada tipo de infraestrutura e os níveis de transformação produtiva (definida no passo 2), bem como um conjunto de dados originais sobre custos unitários. Para quantificar o investimento necessário, as necessidades totais de infraestruturas estimadas para cada país são convertidas de stocks físicos para valores monetários, através do método do inventário perpétuo (OECD, 2009[17]). Para aproximar o custo adicional de manutenção e operação dos stocks de infraestruturas, o valor anual da depreciação do ano anterior é adicionado à necessidade de investimento em novo stock de infraestruturas. Uma limitação desta metodologia reside na sua dependência de dados históricos. Os resultados baseiam-se, portanto, na suposição de que os efeitos das infraestruturas sobre a transformação produtiva no futuro serão semelhantes aos observados no passado. No entanto, a forma como as infraestruturas contribuirão efetivamente para a transformação produtiva dependerá de desenvolvimentos futuros, como a inovação tecnológica e as políticas (ver Rozenberg e Fay (2019[18]) para uma análise pormenorizada dos cenários).

Fonte: Compilação dos autores.

Os investimentos em tipos específicos de infraestruturas podem ser mais rentáveis do que outros para alcançar a transformação produtiva

Alguns tipos específicos de infraestruturas têm uma relação mais direta com a transformação produtiva do que outros. Os resultados da modelização económica realizada para o presente relatório (Caixa 1.2, Anexo 1.A) sugerem que apenas certos tipos de infraestruturas têm uma relação direta e estatisticamente significativa com a transformação produtiva. Isto não diminui a importância de outros tipos de infraestruturas, que podem produzir benefícios socioeconómicos substanciais noutros domínios, como a melhoria das infraestruturas de abastecimento de água e de saneamento, que resultam numa população mais saudável (Banerjee and Morella, 2011[19]).[5] No entanto, no contexto da transformação produtiva, apenas as estradas, as ferrovias, os cabos de fibra ótica, a energia solar instalada e a capacidade de produção a partir de combustíveis fósseis revelaram estar correlacionadas com a transformação produtiva.[6] A magnitude do efeito de investimentos adicionais depende da quantidade já existente de um determinado tipo de infraestrutura num país, ou seja, do seu nível de densidade. (Figura 1.5, Anexo 1.A). A modelização definiu as densidades das infraestruturas como i) o comprimento (em quilómetros [km]) das estradas, ferrovias e cabos de fibra ótica, e ii) a capacidade instalada em megawatts (MW) para a produção de energia solar e baseada em combustíveis fósseis, por 100 km² de área terrestre não desértica.

- A densidade rodoviária resultou numa forma de U invertido: os benefícios atingem um pico a cerca de 18 km por 100 km² de área terrestre.
- A densidade das vias férreas apresenta correlações positivas com rendimentos ligeiramente decrescentes.
- Os cabos de fibra ótica e os painéis solares têm uma forte correlação linear com a transformação produtiva, com ganhos consistentes por aumento dos ganhos unitários.
- A capacidade de energia instalada a partir de combustíveis fósseis apresenta uma relação em forma de U: cada megawatt adicional está associado a uma diminuição da transformação produtiva até se tornar positivo para países com uma densidade de combustíveis fósseis de 78 MW por 100 km² de terra. (Nenhum país africano ultrapassa este limiar, o que sugere que a capacidade adicional de combustíveis fósseis estaria associada a níveis mais baixos de transformação produtiva para qualquer país africano.)

Figura 1.5. Relação entre as densidades de tipos de infraestruturas selecionadas e a transformação produtiva

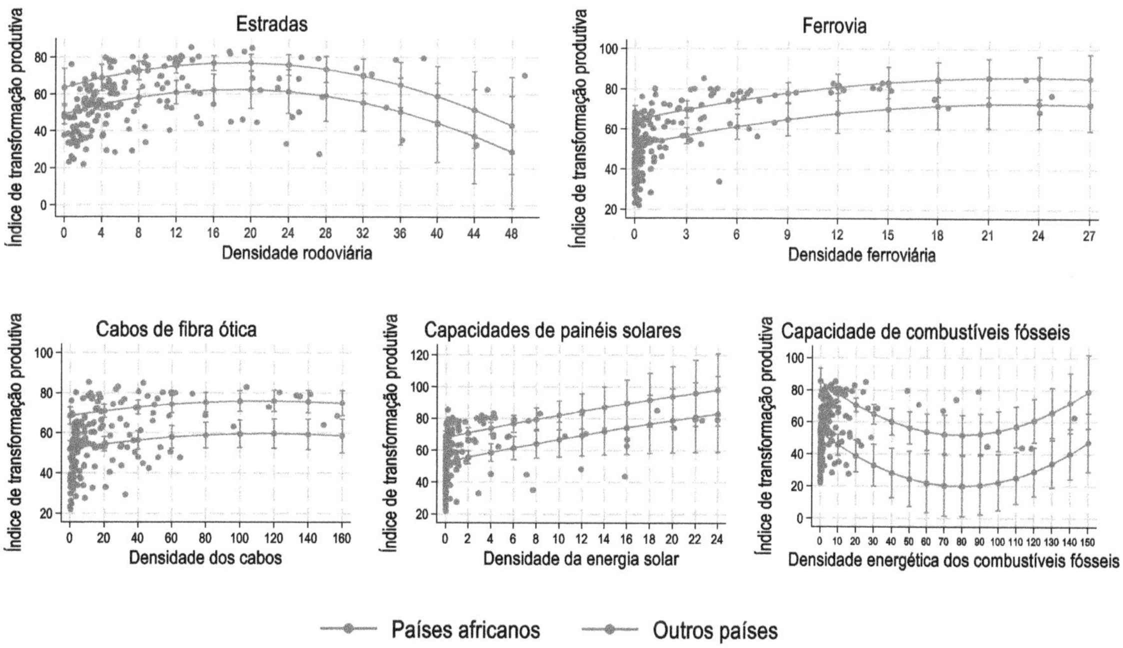

Nota: Apenas são apresentados os tipos de infraestruturas com incidência marginal significativa. As linhas mostram os valores extrapolados das regressões que estimam a relação entre cada tipo de infraestrutura e o índice de transformação produtiva. As barras mostram os intervalos de confiança. Os pontos representam os pontos de dados brutos. Os pormenores constam do Anexo 1.A.
Fonte: As fontes de dados são enumeradas no Anexo 1.A.

A relação custo-eficácia dos investimentos em infraestruturas depende da dotação inicial de infraestruturas de um país, sendo que diferentes tipos de infraestruturas oferecem retornos distintos. O este relatório reúnedados exclusivos sobre os custos das infraestruturas (USD por quilómetro adicional ou por megawatt) para determinar a relação custo-eficácia (Tabela 1.3, Anexo 1.A). A infraestrutura rodoviária é altamente rentável em países com baixa densidade de transportes, onde a expansão da rede viária gera elevados retornos. No entanto, à medida que a densidade rodoviária aumenta, os benefícios marginais diminuem, tornando os investimentos adicionais menos rentáveis. Em média, a construção de ferrovias e a instalação de cabos de fibra ótica são opções rentáveis para a transformação produtiva. Embora as linhas férreas apresentem custos unitários mais elevados, proporcionam também rendimentos substanciais (com os maiores efeitos marginais). Em contrapartida, os cabos de fibra ótica eram os menores retornos, mas são também o tipo de infraestrutura menos dispendioso por unidade. A energia solar proporciona igualmente benefícios substanciais, especialmente em países com elevada densidade de transportes.

Tabela 1.3. Relação custo-eficácia dos diferentes tipos de infraestruturas para alcançar a transformação produtiva

Tipo de infraestrutura	Densidade	Variação por unidades	Países de exemplo	Custos unitários	Efeito marginal médio	**Índice de produtividade médio**
Estradas e ferrovias	Baixa densidade	Estradas: 0,4 a 2 km por 100 km² de superfície terrestre	Angola, Chade, Sudão, Níger, República Democrática do Congo	662 771 por km	+1,37	**98**
		Ferrovia: 0 a 0,2 km por 100 km² de superfície terrestre	Burundi, Guiné Equatorial, Maurícia, Ruanda	1 348 000 por km	+1,83	**135**
	Densidade média	Estradas: 2 a 5 km por 100 km² de superfície terrestre	Gana, Benim, Jibuti, Uganda, Mauritânia, África do Sul	662 771 por km	+1,24	**110**
		Ferrovia: 0,2 a 2 km por 100 km² de superfície terrestre	Argélia, Côte d'Ivoire, Etiópia, Moçambique, Zâmbia	1 348 000 por km	+1,81	**137**
	Alta densidade	Estradas: 5 a 63 km por 100 km² de superfície terrestre	Marrocos, Gâmbia, Maurícia, Seicheles, Ruanda, Tunísia	662 771 por km	+0,24	**>300**
		Ferrovia: 2 a 24 km por 100 km² de superfície terrestre	Egito, Essuatíni, Quénia, Nigéria, Tanzânia, Zimbabué	1 348 000 por km	+1,81	**142**
Cabos de fibra ótica	O mesmo efeito em densidades diferentes	0,04 a 58 km por 100 km² de superfície terrestre	Todos os países africanos	72 320 por km	+0,13	**153**
Painéis solares	O mesmo efeito em densidades diferentes	0 a 5 MW por 100 km² de superfície terrestre	Todos os países africanos	1 250 000 por MW	+1,52	**210**

Nota: A metodologia pormenorizada é explicada no Anexo 1.A.
Fonte: As fontes de dados são enumeradas no Anexo 1.A.

O investimento em infraestruturas de transportes, energéticas e digitais pode impulsionar as cadeias de valor regionais e a produtividade das empresas

As necessidades de investimento de África em tipos específicos de infraestruturas são maiores no caso das estradas, seguidas das linhas férreas, dos painéis solares e dos cabos de fibra ótica.

Os investimentos monetários de que os países africanos necessitam para atingir os níveis de infraestruturas de países homólogos com desempenhos de excelência em transformação produtiva podem ser estimados com base na relação custo-eficácia de cada tipo de infraestrutura (Tabela 1.3). As necessidades de investimento do continente são particularmente importantes no que diz respeito à construção e manutenção de estradas (32% do total), linhas férreas, cabos de fibra ótica e capacidade de produção de energia solar. No total, 58% das necessidades de investimento referem-se à construção de novas infraestruturas e 42% à sua manutenção[7] (Figura 1.6).

Figura 1.6. Estimativa dos investimentos médios anuais necessários para que os países africanos atinjam, até 2040, o stock de infraestruturas dos países homólogos que registaram a maior transformação produtiva, por tipo de infraestrutura

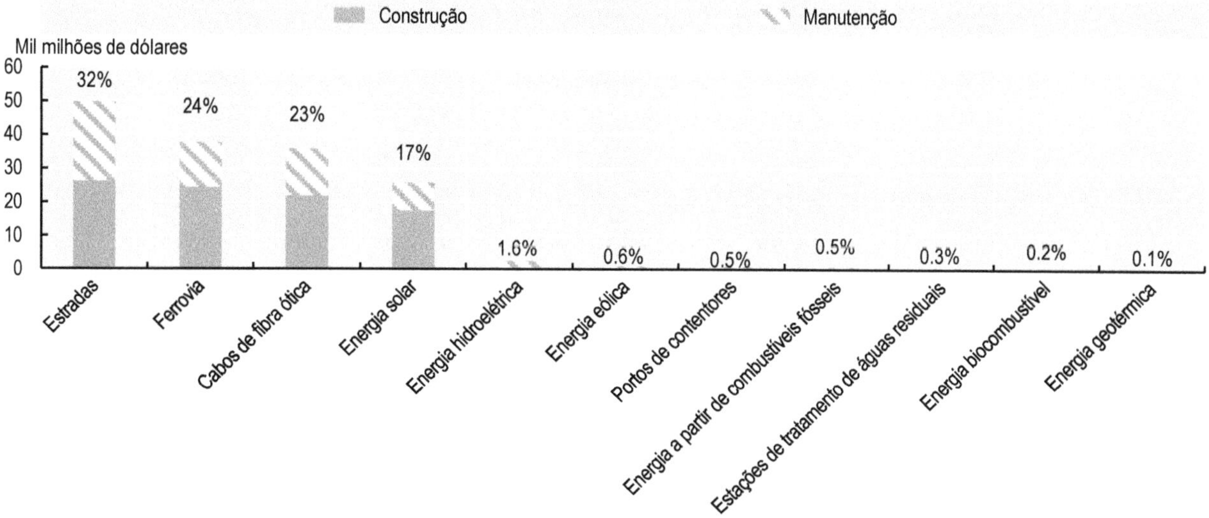

Nota: Os resultados mostram estimativas modeladas das despesas totais necessárias tanto para manter as infraestruturas existentes como para fornecer novas infraestruturas suficientes para igualar os níveis de infraestruturas de países semelhantes com elevado desempenho na transformação produtiva, tal como determinado por uma metodologia explicada no Anexo 1.A. Devido aos arredondamentos, as percentagens não correspondem necessariamente a 100%.
Fonte: As fontes de dados são enumeradas no Anexo 1.A.

StatLink https://stat.link/zf3icg

As infraestruturas de transportes são um elemento-chave da transformação produtiva em África, pois sustentam tanto a mudança estrutural como a integração do comércio regional. Para que as estradas e as linhas férreas contribuam para a transformação produtiva, o presente relatório estima que são necessários investimentos médios anuais de, respetivamente, 50 mil milhões de dólares e 38 mil milhões de dólares. Estes investimentos podem gerar múltiplos benefícios: podem permitir uma mudança estrutural da agricultura para serviços e indústrias transformadoras de maior valor acrescentado, melhorando simultaneamente a produtividade das empresas por meio de um melhor acesso aos fatores de produção e aos mercados (Fiorini and Sanfilippo, 2022[20]); podem também reduzir significativamente os custos das trocas comerciais, que são mais de cinco vezes mais elevados em África do que noutras regiões do mundo (Porteous, 2019[21]). Ao reduzir estes custos, a melhoria das infraestruturas de transporte pode impulsionar o comércio intra-africano – em especial no que respeita aos produtos transformados e semitransformados – e conduzir a volumes de exportação mais elevados (AUC/OECD, 2022[22]). Por exemplo, estima-se que a operacionalização das redes de transportes regionais previstas na iniciativa PIDA aumente as exportações em 11,5% e o crescimento global do PIB em até 2% (Fontagné et al., 2022[23]).

O investimento em infraestruturas energéticas é vital para alcançar a transformação produtiva, garantir o acesso à energia limpa e responder à crescente procura. A necessidade anual de investimento na transformação produtiva de África em infraestruturas energéticas está estimada em 31 mil milhões de dólares, sendo que as infraestruturas de energias renováveis representam 97% deste montante. No entanto, para atingir os objetivos globais de acesso à energia e de energia limpa em África, poderão ser necessários mais 180 mil milhões de dólares de investimentos por ano até 2030 (IEA, 2024[24]). Atualmente, 44% da população africana não tem acesso à eletricidade,[8] e a percentagem de empresas transformadoras que reportam falhas de energia (68%) é mais elevada do que em qualquer outra região do mundo (Figura 1.7). Prevê-se que a procura de energia aumente em um terço entre 2020 e 2030, e a implantação de novas fontes de energia pode apoiar o desenvolvimento sustentável (IEA, 2022[25]).

Figura 1.7. Limitações de caráter infraestrutural comunicadas pelas empresas transformadoras nas regiões do mundo em desenvolvimento, 2015-23 (último ano disponível)

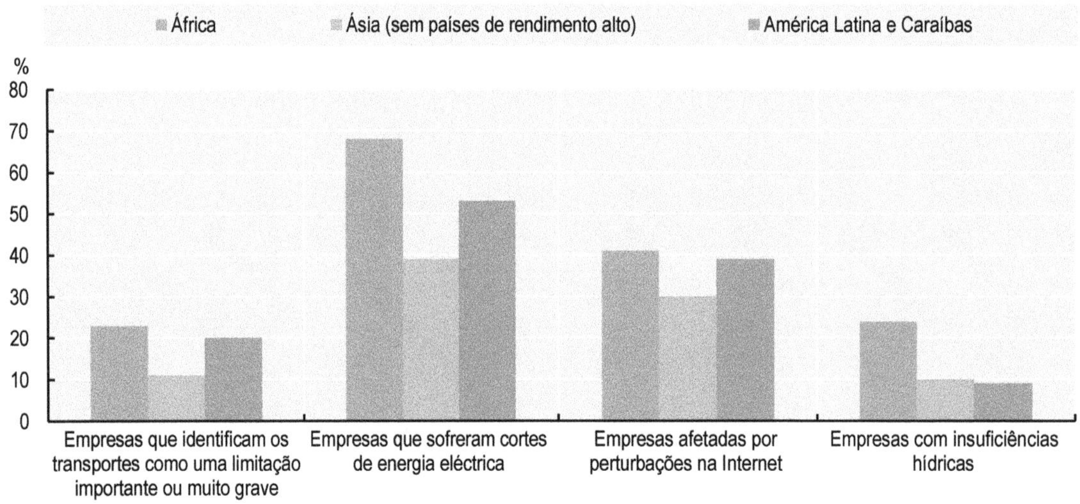

Fonte: Cálculo dos autores baseado em Banco Mundial (2024[26]), *Enterprise surveys* (database) [inquéritos às empresas (bases de dados)], https://www.enterprisesurveys.org/en/data/exploretopics/infrastructure-and-climate.

StatLink https://stat.link/jsv94u

O desenvolvimento de infraestruturas digitais apoia a conectividade e a integração regional. O investimento anual do continente necessário para alcançar a transformação produtiva por via de infraestruturas digitais está estimado em 36 mil milhões de dólares. Este valor é inferior ao investimento necessário para os transportes, em parte porque já se registaram ganhos significativos no desenvolvimento de infraestruturas digitais na última década. Por exemplo, a rede operacional de cabos de fibra ótica em África atingirá 1,3 milhões de km em 2024, em comparação com cerca de 466 000 km em 2010. Consequentemente, o acesso à Internet foi multiplicado por 4, atingindo 41% em 2022. No entanto, as preocupações que subsistem incluem aacessibilidade dos preços, a disponibilidade de serviços digitais localizados e a necessidade de chegar a populações desamparadas (AUC/OECD, 2021[27]). Em 2024, o custo médio mensal da Internet de banda larga para os utilizadores da Internet em 18 países africanos era de 56 dólares, mais elevado do que na América Latina e nas Caraíbas (46 dólares) e na Ásia em desenvolvimento (17 dólares).[9] As infraestruturas públicas digitais melhoradas – sistemas que oferecem componentes digitais fundamentais para as empresas e permitem a prestação de serviços públicos – podem ser um complemento importante das infraestruturas de conectividade digital. Em particular, as infraestruturas públicas digitais podem agilizar os procedimentos aduaneiros, permitir serviços e comércio digitais transfronteiriços, apoiar a integração dos sistemas de energias renováveis em África e alargar o acesso das pequenas e médias empresas ao financiamento do comércio (ACET, 2025[28]).

Embora a melhoria das infraestruturas hídricas tenha efeitos limitados na transformação produtiva, é vital para a resiliência climática da agricultura e de outras indústrias e para o bem-estar humano. Estima-se que a necessidade de investimento em água e saneamento em África para colmatar o défice de transformação produtiva seja inferior a mil milhões de dólares por ano. No entanto, uma vez que os efeitos das alterações climáticas se estão a intensificar, aumentando a procura de água por parte dos indivíduos (especialmente nas zonas rurais) e das empresas (particularmente as que necessitam de água para irrigação agrícola), é provável que sejam necessários mais investimentos. Atualmente, as atividades agrícolas são responsáveis por 59% da utilização total de água em África, seguidas dos municípios (31%, incluindo a utilização doméstica) e das indústrias (10%) (OECD, 2021[29]). Os investimentos em sistemas de irrigação eficientes em termos de água podem aumentar a produtividade da utilização dos solos e ajudar o continente a adaptar-se aos efeitos das alterações climáticas. Na África Ocidental, por exemplo, apenas cerca de 10% das terras irrigáveis foram irrigadas em 2017 (AUC/OECD, 2022[22]).

Melhorar as infraestruturas dentro das cidades e entre zonas urbanas e rurais é essencial para a transformação produtiva e para reduzir as desigualdades urbano-rurais **Apesar dos progressos registados nas zonas rurais, as cidades continuam a oferecer um acesso significativamente superior às infraestruturas .** As disparidades entre as zonas rurais e urbanas são mais acentuadas no que respeita às infraestruturas energéticas: em 2021, menos de 20% dos agregados familiares rurais tinham acesso à eletricidade, em comparação com 58% dos agregados familiares nas cidades com menos de 50 000 habitantes e 80% nas cidades com mais de 1 milhão de habitantes. No mesmo ano, apenas 7% dos agregados familiares rurais tinham acesso a água canalizada, em comparação com 25% nas pequenas cidades e 33% nas grandes cidades (OECD/UN ECA/AfDB, 2022[30]). Os resultados representativos dos inquéritos realizados em 39 países africanos confirmam que as diferenças de acesso entre as zonas rurais e urbanas são mais acentuadas no que se refere às infraestruturas hídricas e energéticas (51 e 49 pontos percentuais, respetivamente), seguidas pelo acesso a estradas pavimentadas (34 pontos percentuais), em níveis de acesso geralmente mais baixos, enquanto mais de 80% dos inquiridos das zonas rurais declararam ter acesso a serviços de telemóvel (Figura 1.8).

Figura 1.8. Acessibilidade comunicada das infraestruturas urbanas e rurais em África

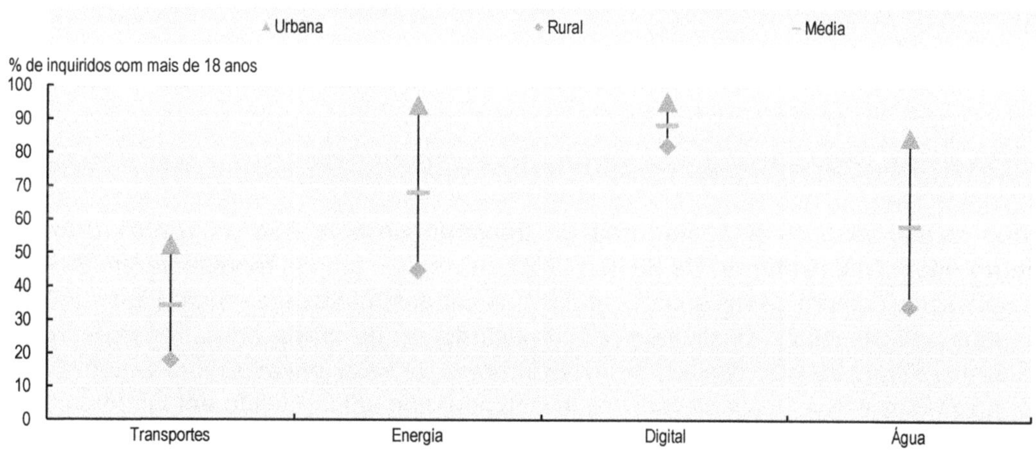

Nota: Os resultados baseiam-se num inquérito a 53 444 indivíduos com mais de 18 anos de 39 países africanos. Os dados são ponderados para obter uma amostra representativa. As perguntas selecionadas são as seguintes: Transportes: «Pensando na vossa viagem até aqui [ao local onde é feito o inquérito]: A estrada no ponto de partida na PSU/EA [unidade primária de amostragem/zona de enumeração] era pavimentada ou não pavimentada?»; Energia: «Existe uma rede elétrica à qual a maioria das casas pode aceder na unidade primária de amostragem (PSU)/zona de enumeração (EA)»; Digital: «Existe um serviço de telemóvel a que a maioria das casas possa aceder na PSU/EA»; Água: «Existe água canalizada ou um sistema de esgotos a que a maioria das casas possa aceder na PSU/EA?».
Fonte: Cálculos dos autores baseados em Afrobarometer (2023[5]), *Merged Round 9* (base de dados), https://www.afrobarometer.org/data/merged-data/.

StatLink https://stat.link/ijl67t

Os investimentos em infraestruturas nos aglomerados urbanos são mais propícios ao crescimento e à transformação produtiva, mas devem ser bem planeados para seremeficientes do ponto de vista económico. Devido às economias de aglomeração (por exemplo, maior densidade populacional e agrupamento económico), uma determinada quantidade de infraestruturas pode beneficiar mais indivíduos e empresas nas grandes cidades do que nas cidades mais pequenas e nas zonas rurais (OECD/UN ECA/AfDB, 2022[30]). A rápida urbanização também aumenta a procura de infraestruturas e, consequentemente, os incentivos políticos e financeiros para as desenvolver. Por exemplo, um aumento de 10% na urbanização pode aumentar o consumo de eletricidade em 3,92% (El-Bouayady et al., 2024[31]). Entre 2005 e 2016, quase metade (45%) das necessidades de despesas com infraestruturas urbanas, cerca de 320 mil milhões de dólares, teve origem em cidades com mais de 10 000 habitantes/km² (OECD et al., 2025[32]). O desenvolvimento das infraestruturas urbanas pode contribuir para reduzir a pobreza e aumentar o crescimento económico nas cidades africanas (Castells-Quintana, 2017[33]; Mallek et al., 2024[34]). No entanto, o planeamento e investimento atempado em infraestruturas urbanas revela-se muito mais custo-eficaz do que intervenções corretivas posteriores (Africa Urban Forum, 2024[35]). Em cidades como Quigali, Lagos e Campala, os investimentos iniciais – tais como redes rodoviárias básicas, em torno das quais os aglomerados podem ser estabelecidos de forma mais coerente, ou lotes com serviços de utilidade pública e demarcação de terrenos – podem custar apenas entre 1% e 12% do valor necessário para construir e equipar habitação pública após uma expansão urbana desorganizada (Collier et al., 2019[36]).

O reforço das infraestruturas das cidades intermédias[10] pode fortalecer as ligações rural-urbano e as capacidades locais. A promoção de atividades produtivas em cidades intermediárias é crucial para reforçar as cadeias de abastecimento rural e urbano de África e permitir que as empresas locais respondam à procura regional. A expansão das redes de transportes pode ser particularmente instrumental: por exemplo, um estudo centrado em Moçambique concluiu que a redução do tempo de viagem dos agricultores para a cidade intermediária mais próxima de 24 para 4 horas levou a um aumento de 16 vezes no rácio da produção agrícola real sobre a produção agrícola potencial (AfDB/OECD/UNDP, 2016[37]; Dorosh et al., 2012[38]). A melhoria do acesso das empresas à energia, à água e às tecnologias digitais nas cidades intermédias pode fomentar a capacidade de transformação, armazenamento e distribuição necessária ao desenvolvimento das cadeias de valor agrícolas e à criação de emprego local (OECD/PSI, 2020[39]; AUC/OECD, 2022[22]).

Para aumentar o financiamento das infraestruturas à escala necessária, é essencial melhorar as condições da dívida soberana e reduzir o custo do capital

Os governos africanos e os financiadores de desenvolvimento são as fontes dominantes de financiamento das infraestruturas. De 2016 a 2020, estes dois grupos representaram 89% dos 83 mil milhões de dólares de compromissos anuais médios para infraestruturas em África (Figura 1.9.A). A maior parte dos seus investimentos destina-se a infraestruturas de transportes, energia e água. Em contrapartida, nas infraestruturas digitais, os investimentos do setor privado representam 55% do total. No entanto, mesmo este nível mais elevado de investimento do setor privado em infraestruturas digitais continua a ser inferior aos 76% registados nos países em desenvolvimento (Banco Mundial (2017[40]); Figura 1.9.B).

Figura 1.9. Contribuição para o financiamento das infraestruturas em África, por fonte e setor, média anual 2016-20

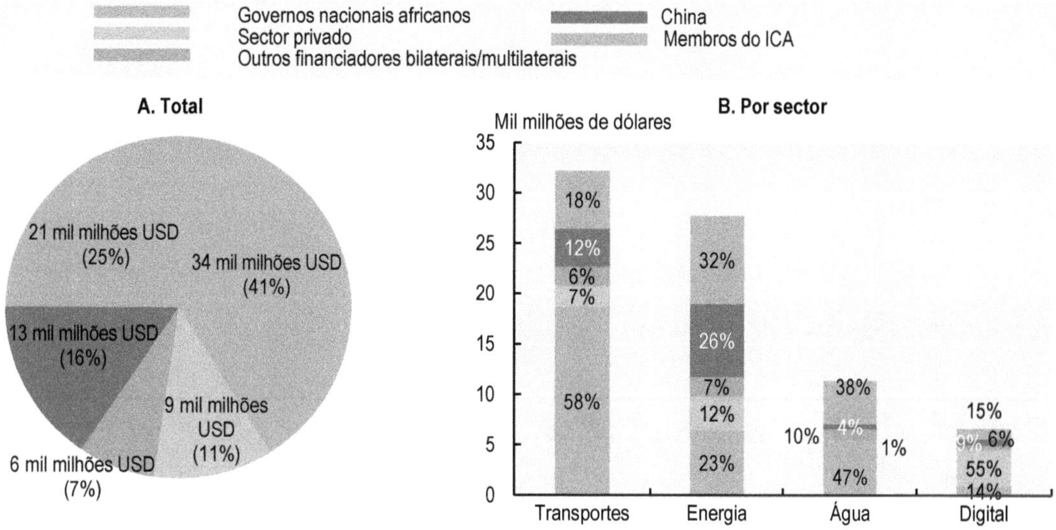

Nota: Os membros do ICA (Consórcio de Infraestruturas para África) eram os países do G20, a Espanha e várias organizações de desenvolvimento e instituições financeiras africanas e internacionais. Devido aos arredondamentos, as percentagens nas colunas do Painel B não correspondem necessariamente a 100%.
Fonte: ICA (2022[13]), [*Tendências do financiamento das infraestruturas em África 2019-2020]*,
https://www.afdb.org/sites/default/files/documents/publications/04112022ift_africa_report_2019-2020-2_english.pdf.

StatLink https://stat.link/x6k0j1

O espaço orçamental limitado e o aumento do peso da dívida soberana restringem a capacidade de investimento dos governos africanos em infraestruturas

Os governos africanos afetam às infraestruturas uma parte do seu PIB que é semelhante à de outras regiões do mundo. Entre 2010-17, as despesas diretas orçamentadas pelos governos variaram entre 0,5% e 4,0% do PIB nacional em 23 países africanos, contra 0,5% e 8,0% em 5 países da Ásia em desenvolvimento e 0,1% e 3,0% em 13 países da América Latina e das Caraíbas (Figura 1.10). Esta despesa é semelhante ou superior ao montante que os países de elevado rendimento investem em infraestruturas de transportes (em média 0,9% no período 2018-21), mas inferior à média de investimentos em infraestruturas da China e do Vietname (6,7% e 5,1%, respetivamente ao longo de 2010-14).[11] Além das dotações orçamentais diretas, a despesa pública com infraestruturas em África é canalizada através deempresas públicas (30%) e de parcerias público-privadas (10%), que frequentemente exigem intervenções fora do orçamento, como injeções fiscais ou renegociação de contratos (World Bank, 2017[40]; 2023[41]).

Figura 1.10. Despesas de capital público direto para infraestruturas em países africanos selecionados, média 2010-17 (% do produto interno bruto)

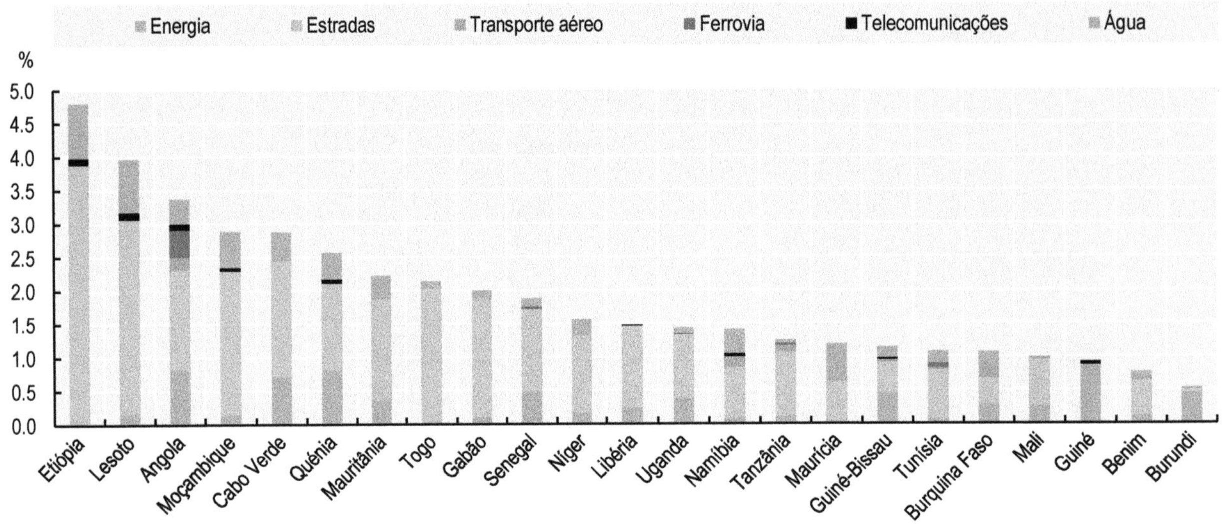

Fonte: Banco Mundial (2024[42]), *Boost initiative: Open Budget Portal* (database) [Iniciativa Boost: portal do orçamento aberto (base de dados)], https://www.worldbank.org/en/programs/boost-portal/boost-data-lab.

StatLink https://stat.link/kbs4ml

Os países africanos enfrentam elevados encargos com a dívida e restrições orçamentais. O peso da dívida soberana do continente está a aproximar-se dos níveis registados antes das grandes iniciativas de alívio da dívida no início da década de 2000. Em 2024, a dívida pública atingiu 67% do PIB de África – ultrapassando os 62% de 2000 –, sendo que a dívida externa representou cerca de 22% do PIB. Oito países africanos estão em situação de sobre-endividamento (de um total de 11 a nível mundial) e 15 outros enfrentam um risco elevado de sobre-endividamento geral,[12] incluindo 12 para os quais o risco decorre de posições em matéria de dívida externa (World Bank/IMF, 2025[43]). Além disso, entre 2009-2013 e 2019-23, o número de anos fiscais necessários para reembolsar a dívida pública aumentou no continente em 2,1 anos; essa rigidez orçamental de África aumentou mais rapidamente do que na Ásia em desenvolvimento (+1,3 anos) e na América Latina e Caraíbas (+1,2 anos) (Figura 1.11). Os países africanos com pontuações médias no Índice de Desenvolvimento Humano (IDH) registaram o aumento mais acentuado de rigidez orçamental, passando de cerca de 2 anos para mais de 4,5 anos. O aumento para os países com IDH médio está relacionado com o acesso reduzido à dívida concessional a juros baixos em condições favoráveis e com o aumento geral das taxas de juro. No entanto, os países africanos com IDH baixo são os que enfrentam as condições fiscais mais difíceis, uma vez que precisariam de mais de 5 anos fiscais para pagar as suas dívidas, contra 3,2 anos há uma década.

Figura 1.11. Aumento mediano do número de anos fiscais necessários para reembolsar a dívida pública, por nível de rendimento e região do mundo, 2009-13 versus 2019-23

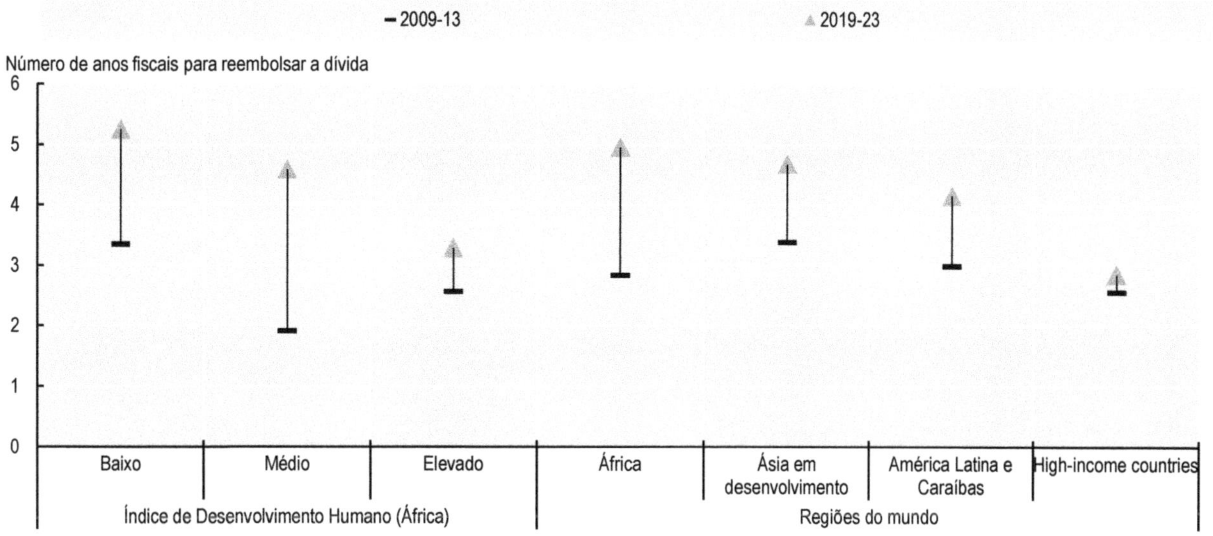

Nota: A rigidez orçamental é representada pelo número de anos fiscais que seriam necessários para reembolsar a dívida pública. Ver Aizenman e Jinjarak (2010[44]); Calderon et al. (2018[45]).
Fonte: Kose et al. (2022[46]), *A Cross-Country Database of Fiscal Space* (database) [Uma base de dados transnacional de espaço orçamental], https://www.worldbank.org/en/research/brief/fiscal-space.

StatLink https://stat.link/91w60m

Os governos africanos, em média, gastam mais com o serviço da dívida do que com infraestruturas, em parte devido às taxas de juro mais elevadas. O serviço mediano da dívida – reembolsos de empréstimos em curso e pagamentos de juros da dívida soberana – aumentou de 3,5% das despesas públicas em 2010 para 12% em 2024. Os pagamentos do serviço da dívida representam mais de 10% da despesa pública em 24 dos 49 países africanos para os quais existem dados disponíveis. Os governos africanos gastam, em média, 7 vezes mais com o serviço da dívida do que com infraestruturas. Este rácio aumenta para 9,5 nos países com IDH baixo e para cerca de 4 nos países com IDH médio a elevado (Figura 1.12). O grande aumento do serviço da dívida geral pode ser parcialmente explicado pelas elevadas taxas de juro aplicadas à dívida soberana. Os principais investidores em infraestruturas em África, como o Banco Mundial, a China, o BAD e os credores bilaterais, aplicam taxas de juro muito diferentes aos diferentes países africanos, variando entre 0,2% e 7,7% (World Bank, 2024[47]). No período 2018-22, 11 países[13] contraíram empréstimos junto de credores privados a taxas de juro superiores a 5%. Consequentemente, a despesa pública apenas com o pagamento de juros ultrapassa a despesa com infraestruturas em 15 países africanos (com a saúde em 25 países e com a educação em 7 países) (UNCTAD, 2024[48]).

Figura 1.12. Despesa média dos países africanos com o serviço da dívida como um múltiplo do investimento público em infraestruturas, 2019-23

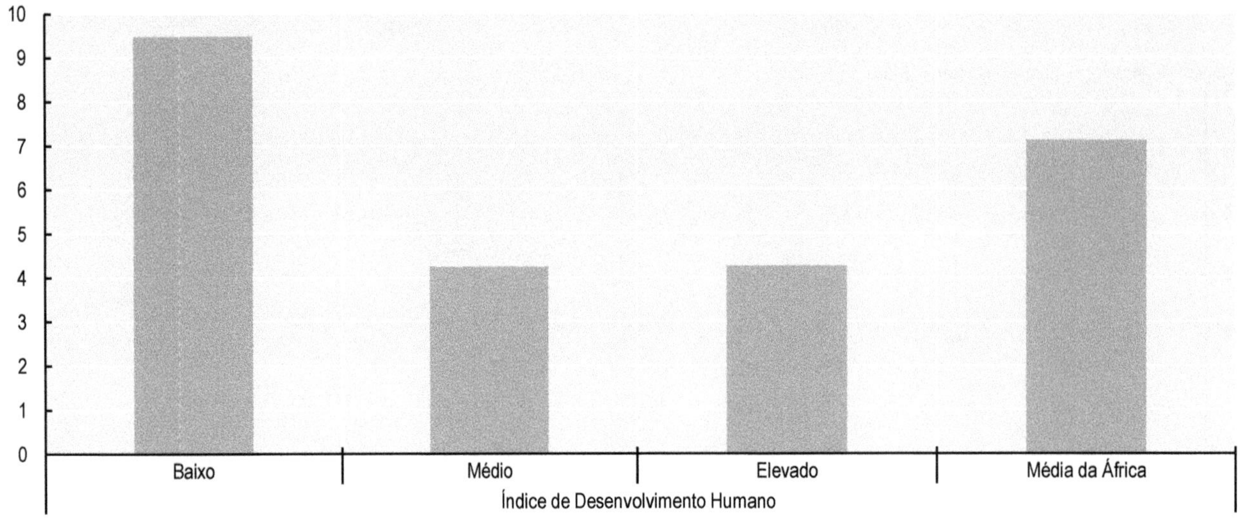

Nota: Este indicador é calculado com base na média dos dados disponíveis nos últimos cinco anos para as despesas com infraestruturas públicas (2019-20) e serviço da dívida (2019-23).
Fonte: Cálculo dos autores com base em ICA (2022[13]), *Infrastructure Financing Trends in Africa 2019-2020* [Tendências em matéria de financiamento das infraestruturas em África 2019-2020], e Banco Mundial (2024[47]), *International Debt Statistics* (database) [Estatísticas internacionais em matéria de dívida (base de dados)], https://www.worldbank.org/en/programs/debt-statistics/ids.

StatLink https://stat.link/0a5wh6

Os investimentos do setor privado continuam limitados, em parte devido à perceção de riscos e às condições macroeconómicas, o que aumenta o custo do capital

A maioria dos países africanos não consegue aceder ao crescente volume de capital, tanto internacional como doméstico, que poderia ser canalizado para investimentos em infraestruturas. O investimento global privado em infraestruturas[14] quase triplicou nos últimos anos, passando de aproximadamente 160 mil milhões de dólares em 2013 para 420 mil milhões de dólares em 2022. Durante este período, África representou apenas 6-8% do investimento anual, em comparação com 20-25% para a Ásia, América do Norte e Europa Ocidental (GI Hub, 2023[49]; Auriol and Saussier, 2025[50]). Embora o volume de transações de capital privado em África tenha mais do que duplicado entre 2012-23, o valor médio destas transações continua reduzido (AVCA, 2025[51]). Os ativos sob gestão dos investidores institucionais africanos também aumentaram na última década. No entanto, menos de 3% são afetados ao investimento em infraestruturas, abaixo do objetivo da Agenda de 5% da Agência de Desenvolvimento da União Africana – Nova Parceria Económica para o Desenvolvimento de África (AUDA-NEPAD) (AfDB/IFC, 2022[52]; AUDA-NEPAD, 2017[53]). A elevada perceção de risco contribui para limitar os fluxos de investimento e leva os investidores a exigir retornos mais elevados. Estima-se que os custos e os prazos dos projetos de infraestruturas sejam 60% mais elevados em África do que nos países desenvolvidos, enquanto os retornos esperados de projetos de infraestruturas em fase inicial podem atingir os 20% (BCG/AFC, 2017[54]; MiDA, 2018[55]).

O aumento dos custos tem contribuído para a redução do investimento privado em projetos de infraestruturas em África. O investimento privado em infraestruturas caíram de 1,8 mil milhões de dólares em 2023 para 1,2 mil milhões de dólares em 2024, refletindo uma desaceleração geral dos negócios de capital privado, em especial nos grandes negócios nos setores da energético e digital (AVCA, 2024[56]; 2024[57]). Esta desaceleração deve-se, em parte, ao aumento dos custos, que torna os investimentos menos rentáveis. As estimativas sugerem que o custo total de um projeto solar típico aumentou 45% em 2023-24 devido à deterioração das condições macroeconómicas, mesmo antes de se considerar o impacto cambial (World Bank/PwC, 2024[58]).

No que respeita aos investimentos em ativos infraestruturais, o custo do capital para os investidores privados é mais elevado em África do que noutras regiões do mundo. O custo de capital é a taxa mínima de rentabilidade ou de lucro que uma empresa deve obter para gerar valor financeiro a partir do seu investimento. Uma taxa mais elevada implica, em geral, maiores riscos para o investidor: quanto maior for o risco, mais elevado deve ser o rendimento esperado para que o investidor considere que o investimento vale a pena. O presente relatório estima que o custo médio ponderado de capital para projetos de infraestruturas é de 13% em África, em comparação com 10% na Ásia em desenvolvimento e 8% nos países da OCDE (Anexo 1.B). Em média, o custo do capital próprio é 1,6 vezes superior em África do que nos países da OCDE, enquanto o custo da dívida é 2,5 vezes superior. No entanto, uma vez que vários pontos de dados de entrada não continham valores específicos do setor ou apresentavam apenas médias dos países em desenvolvimento, estas conclusões provavelmente subestimam o custo real de capital nos países africanos. Isto é sugerido por um estudo centrado no setor da energia, que estimou que o custo médio ponderado do capital para projetos em alguns países africanos pode ser até 7 vezes mais elevado do que nas economias desenvolvidas (IEA, 2022[25]). Atualmente, os investimentos em capital próprio continuam a ser muito mais predominantes do que o financiamento da dívida para os investidores privados em África, representando 88% do volume de negócios de capital privado. Este facto demonstra o potencial de elevados rendimentos, mas também a necessidade de desenvolver os mercados de dívida das infraestruturas (AVCA, 2025[51]) (Figura 1.13).

Figura 1.13. Custo da dívida e do capital próprio em infraestruturas em África, na Ásia em desenvolvimento e na OCDE, 2023

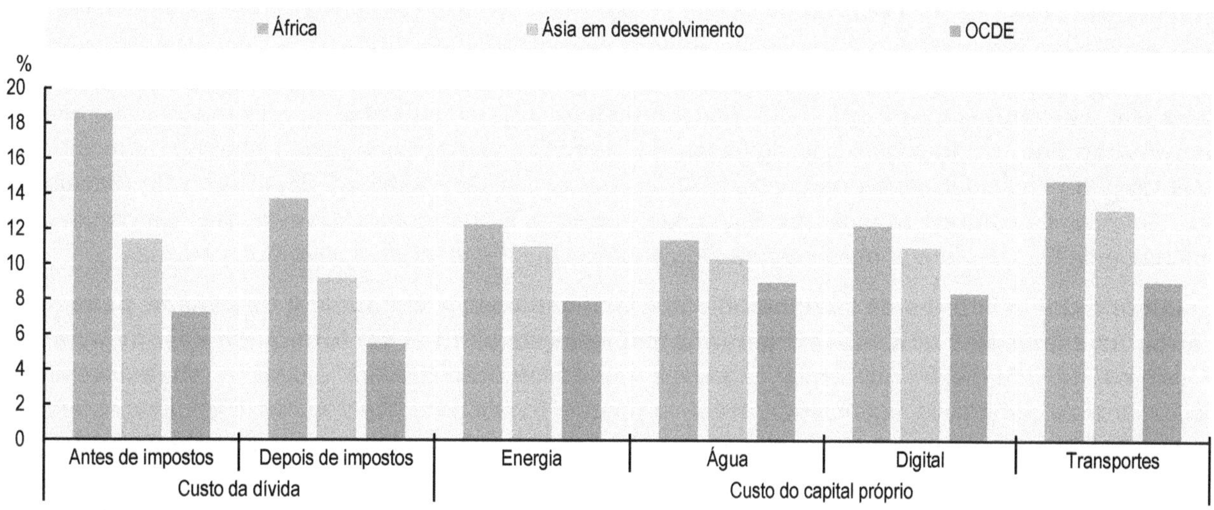

Nota: O custo da dívida corresponde à taxa de juro que um investidor poderá obter junto dos mutuantes, representada pelas taxas de juro comerciais. O custo do capital próprio capta a taxa de rentabilidade de um investimento com risco zero, à qual se acrescenta a compensação adicional esperada por um investidor no contexto de uma participação no capital relativamente a um investimento sem risco, com base nos riscos setoriais e nacionais. Ver o anexo 1.B para a metodologia.

Fonte: Cálculo dos autores com base em Damadoran (2025[59]), *Discount rate estimation* (database) [Estimativa da taxa de desconto (base de dados)], https://pages.stern.nyu.edu/~adamodar/; Banco Mundial (2024[60]) World Development Indicators (database) [Indicadores de desenvolvimento mundial], https://databank.worldbank.org/source/world-development-indicators/Series/FR.INR.LEND; e Tax Foundation (2024[61]), *Corporate tax rates around the world* (database) [Taxas de imposto sobre as sociedades em todo o mundo], https://taxfoundation.org/data/all/global/corporate-tax-rates-by-country-2024/.

StatLink https://stat.link/l7c01i

O financiamento privado mobilizado por meio do financiamento do desenvolvimento está concentrado em apenas alguns países africanos. Entre 2013 e 2023, quase 57 mil milhões de USD foram mobilizados do setor privado pelo financiamento oficial do desenvolvimento para infraestruturas em África (uma média de 5,1 mil milhões de USD por ano), principalmente através da prestação de garantias (45% do total), do investimento direto em empresas ou fundos de coinvestimento (32%) e de empréstimos sindicados (16%). Cinco países – a Etiópia, o Egito, a Nigéria, o Quénia e a Côte d'Ivoire, por ordem de grandeza – atraíram 52% do total, devido à dimensão do mercado, às reservas de projetos financiáveis e à capacidade institucional para regular e gerir eficazmente o financiamento. Os investimentos privados mobilizados visaram principalmente o setor da energia (52%) e as infraestruturas digitais (25%), devido à sua maior rentabilidade, seguidos dos transportes (14%) e da água (8%). No plano mundial, África representou 38% dos montantes mobilizados para infraestruturas, em comparação com 25% na Ásia em desenvolvimento e 26% na América Latina e nas Caraíbas. No entanto, estes montantes mais elevados podem refletir a maior atenção dada a África pelos financiadores do desenvolvimento, devido à perceção de obstáculos aos investimentos privados em comparação com outras regiões (OECD, 2025[62]). Por exemplo, o rácio em África entre o capital privado mobilizado por via de intervenções das instituições de financiamento do desenvolvimento e os recursos públicos investidos continua a ser baixo, situando-se em 0,46, comparável ao do Sudeste Asiático e do Pacífico (0,44) e inferior ao da América Latina e das Caraíbas (0,66) (AIIB et al., 2023[63]).

Uma informação transparente sobre o risco de incumprimento e a eficácia dos projetos de infraestruturas poderá ajudar a reduzir o custo de capital.[15] De acordo com os inquéritos aos investidores, seria necessária mais informação sobre o risco de incumprimento à escala nacional e setorial para melhor identificar as oportunidades e avaliar os riscos (GEMs, 2024[64]). Em 2024, apenas 33 países africanos tinham recebido uma notação de uma das principais agências mundiais de notação de risco (UNDP, 2024[65]). Mesmo nos casos em que existem notações de risco de crédito, estima-se que as subjetividades nas metodologias de avaliação subjacentes tenham custado a África 74,5 mil milhões de USD anuais em juros excessivos e financiamento perdido (UNDP, 2023[66]), o que equivale a 48% do investimento anual em infraestruturas necessário no continente até 2040. Uma comissão sobre o custo de capital, tal como proposta pelo G20, poderia contribuir para investigar as reclamações por meio de uma revisão das metodologias das agências de notação, da regulamentação macroprudencial e das avaliações da sustentabilidade da dívida (SAIIA, 2024[67]). A Comissão da União Africana planeia criar uma Agência Africana de Notação de Risco de Crédito. A Plataforma de Investimento Virtual da União Africana e da OCDE oferece mais informações aos investidores e exemplos de boas práticas.

A melhoria dos relatórios de sustentabilidade, nomeadamente em matéria de género, pode ajudar a atrair investimentos adicionais e garantir melhores resultados em termos de desenvolvimento. O reforço da informação ambiental, social e de governação poderá ajudar a atrair investidores institucionais e comerciais, agências de desenvolvimento e entidades filantrópicas. Experiências recentes mostram que os requisitos de divulgação podem inibir os investidores institucionais de deterem ativos em mercados emergentes onde a disponibilidade de dados é mais fraca (ODI, 2025[68]). Entrevistas com peritos sugerem que a adoção voluntária de normas ambientais, sociais e de governação para projetos de infraestruturasvaria significativamente em todo o continente. O género, em particular, constitui um aspeto importante da sustentabilidade. Em 2023, um quarto dos projetos de infraestruturas em África financiados pelos membros do Comité de Ajuda ao Desenvolvimento (CAD) da OCDE integravam objetivos de igualdade de género, face a 18% em 2010 (OECD, 2025[69]). Por exemplo, o Desafio 2X visa mobilizar 20 mil milhões de dólares (2024-27) para o empoderamento das mulheres através de investimentos que respeitem as normas globais em matéria de género, tais como assegurar, pelo menos, 20% de representação feminina na gestão de topo e 30% entre o pessoal a tempo permanente em projetos de infraestruturas (Biegel et al., 2024[70]).

Enquanto os financiadores bilaterais de desenvolvimento têm vindo a redefinir as suas prioridades, os grandes financiadores multilaterais aumentaram os seus compromissos com as infraestruturas

O financiamento público ao desenvolvimento dedicado às infraestruturas aumentou na última década, impulsionado pelo reforço dos compromissos nas áreas da energia e das infraestruturas digitais. A ajuda pública ao desenvolvimento e outros fluxos financeiros oficiais destinado a infraestruturas em África aumentaram de cerca de 10 mil milhões de dólares em 2010 para quase 15 mil milhões de dólares em 2023. Embora os fluxos oficiais tenham recuperado após uma diminuição durante a pandemia de COVID-19, estes continuam vulneráveisdevido às atuais condições macroeconómicas e geopolíticas. A percentagem de desembolsos relacionados com infraestruturas para África manteve-se estável ao longo do período 2010-23. Em 2023, representaram 19% do total das operações de financiamento do desenvolvimento em África e 26% dos desembolsos globais para infraestruturas (que totalizaram 56,4 mil milhões de USD). A área da energia recebeu o maior montante, passando de 3,6 mil milhões de dólares em 2010 para 5,7 mil milhões de dólares em 2023, seguindo-se os transportes e o armazenamento (4,7 mil milhões de dólares em 2023), a água e o saneamento (3,5 mil milhões de dólares) e as comunicações (0,7 mil milhões de dólares) (Figura 1.14). Embora os desembolsos para as comunicações (utilizadas aqui para aproximar as infraestruturas digitais) continuem a ser pequenos em termos absolutos, os compromissos de financiamento do desenvolvimento para este segmento sextuplicaram em apenas sete anos (2016-23).

Figura 1.14. Desembolsos do financiamento oficial ao desenvolvimento destinados a infraestruturas em África, 2010-23

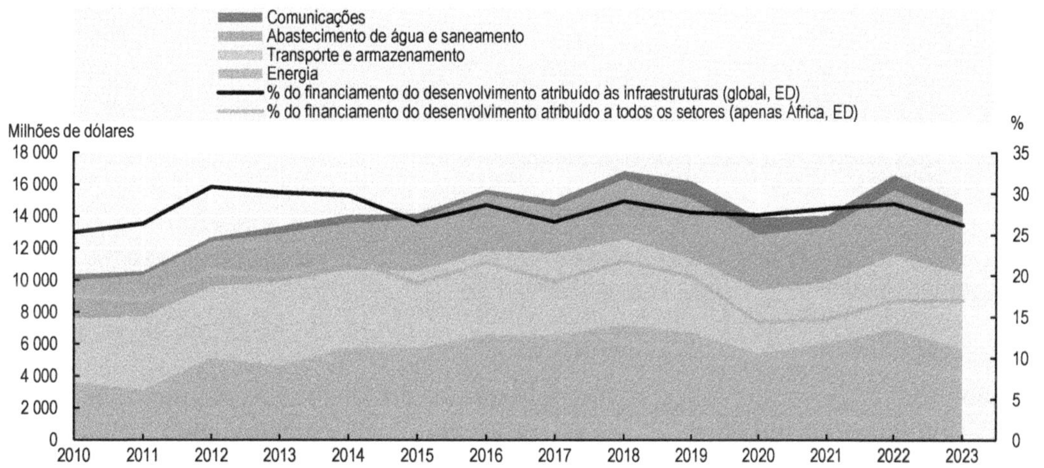

Nota: ED = escala da direita. Os desembolsos do financiamento oficial do desenvolvimento incluem a ajuda pública ao desenvolvimento (APD) e outros contributos do setor público (OFO) que não cumprem as condições de elegibilidade enquanto APD (quer porque não se destinam principalmente ao desenvolvimento, quer porque têm um elemento de subvenção inferior a 25 %). A rubrica «Comunicações» inclui a política e a gestão administrativa das comunicações, as telecomunicações, a rádio/televisão/imprensa, as tecnologias da informação e da comunicação (TIC) e a educação e formação em TIC, telecomunicações e meios de comunicação. A rubrica «Transportes e armazenamento» inclui a política e a gestão administrativa dos transportes, os transportes rodoviários, os transportes ferroviários, os transportes por água, os transportes aéreos, o armazenamento e a educação e formação no domínio dos transportes e do armazenamento. A rubrica «Abastecimento de água e saneamento» inclui a política e a gestão administrativa do setor da água, a conservação dos recursos hídricos (incluindo a recolha de dados), o abastecimento de água e saneamento – grandes sistemas, o abastecimento de água – grandes sistemas, o abastecimento básico de água potável e o saneamento básico, o abastecimento básico de água potável e a educação e formação em matéria de abastecimento de água e saneamento. A rubrica «Energia» inclui a política energética, a produção de energia – fontes renováveis, a produção de energia – fontes não renováveis, as centrais de energia híbrida, as centrais de energia nuclear e a distribuição de energia.

Fonte: OCDE (2025[71]), *Credit reporting system* (database) [Sistema de notificação de países credores (base de dados)], https://www.oecd.org/en/publications/creditor-reporting-system_22180907.html.

StatLink https://stat.link/vhjxol

A afetação do financiamento do desenvolvimento para infraestruturas continua a ser desigual entre os países africanos, com os países com baixos níveis de desenvolvimento a receberem comparativamente pouco. O aumento da perceção do risco teve um impacto negativo nos países mais frágeis.[16] Em 2022-2023, a proporção da ajuda pública ao desenvolvimento (APD) dos membros do CAD destinada a este grupo atingiu o nível mais baixo dos últimos 20 anos (OECD, 2025[72]). Em 2023, apenas 10 países africanos[17] (incluindo quatro países com IDH médio e elevado), captaram 59% do financiamento oficial ao desenvolvimento para infraestruturas.Tendo em conta a dimensão populacional, os países com IDH baixo receberam 39,1 milhões de dólares por milhão de habitantes, face a com 65 milhões de dólares para os países com IDH médio e 62,7 milhões de dólares para os países com IDH elevado. O contraste é particularmente acentuado no setor da energia, onde apenas 16,3 milhões de dólares por milhão de habitantes foram desembolsados para países com IDH baixo, comparativamente a 22,0 milhões de dólares e 20,3 milhões de dólares em países com IDH médio e elevado, respetivamente (Figura 1.15).

Figura 1.15. Desembolsos do financiamento oficial do desenvolvimento para infraestruturas em África, 2019-23

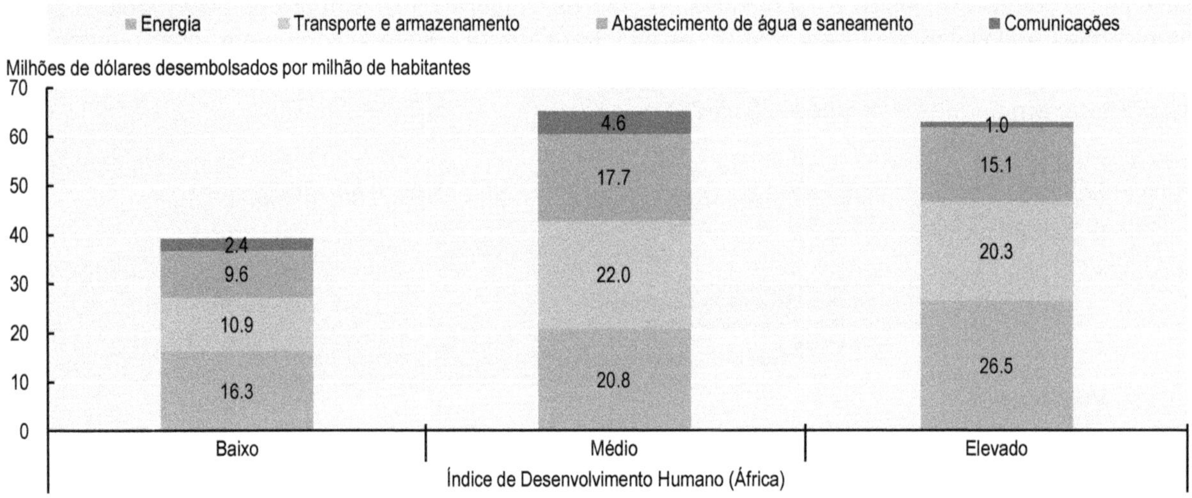

Fonte: OCDE (2025[71]), *Credit reporting system* (database) [Sistema de notificação de países credores (base de dados)], https://www.oecd.org/en/publications/creditor-reporting-system_22180907.html.

StatLink https://stat.link/2znp47

A diminuição dos orçamentos para o financiamento do desenvolvimento e a alteração das prioridades políticas conduziram a uma redução das contribuições bilaterais para o desenvolvimento das infraestruturas. Embora ainda representem 30% do total dos desembolsos do financiamento oficial ao desenvolvimento comunicados à OCDE, os doadores bilaterais reduziram os desembolsos do seu pico de mais de 7 mil milhões de USD em 2018 para apenas 4,4 mil milhões de USD em 2023 (Figura 1.16.A). Para 2024, as estimativas preliminares sugerem que os fluxos líquidos de APD bilateral dos membros do CAD para todos os setores em África diminuíram 1% em termos reais, em comparação com 2023 (OECD, 2025[73]). A redução dos orçamentos para o financiamento do desenvolvimento pode dar mais prioridade à assistência humanitária e aos setores sociais (como a educação ou a proteção social) do que às infraestruturas e serviços económicos (UNCTAD, 2025[74]).

Desde 2016, a China tem vindo a reduzir os seus compromissos de financiamento do desenvolvimento para as infraestruturas em África (Figura 1.16.B). A Iniciativa «Uma Faixa, Uma Rota» (OBOR), lançada em 2013, contribuiu para o rápido desenvolvimento de projetos de infraestruturas de grande escala. No entanto, foi alvo de críticas pela sua falta de adesão às normas ambientais, sociais e de governação bem como o seu papel no agravamento da dívida soberana dos governos africanos

(Springer et al., 2023[75]). Na sequência da crise da COVID-19, a China voltou a centrar-se nas suas prioridades internas e deverá limitar o seu envolvimento económico em África a projetos de menor dimensão e mais direcionados (Ray, 2023[76]).

Figura 1.16. Financiamento bilateral e multilateral do desenvolvimento para infraestruturas em África, 2010-23

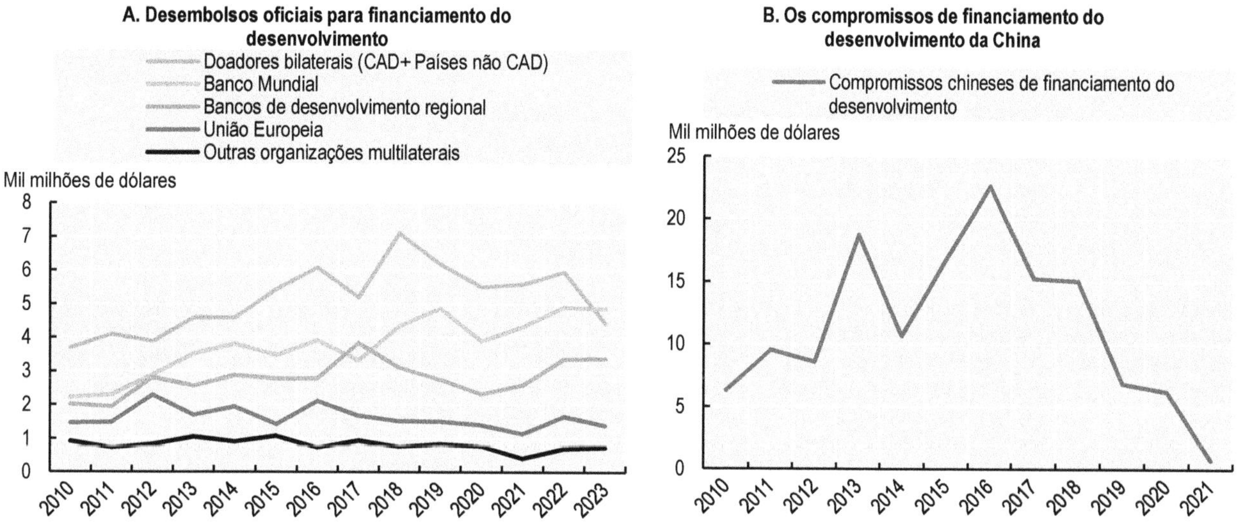

Nota: CAD = Comité de Ajuda ao Desenvolvimento da OCDE. Os desembolsos do financiamento oficial do desenvolvimento incluem a ajuda pública ao desenvolvimento (APD) e outros fluxos financeiros oficiais que não satisfazem as condições de elegibilidade enquanto APD (quer porque não se destinam principalmente ao desenvolvimento, quer porque têm um elemento de subvenção inferior a 25%). A análise do financiamento do desenvolvimento da China baseia-se na AidData (ver Custer et al. (2024[77]) para mais pormenores).

Fonte: OCDE (2025[71]), *Credit reporting system* (database) [Sistema de notificação de países credores (base de dados)], https://www.oecd.org/en/publications/creditor-reporting-system_22180907.html, AidData (2024[78]), *Global Chinese Development Finance* (database) [Financiamento global chinês do desenvolvimento (base de dados)], https://china.aiddata.org/.

StatLink https://stat.link/0uynme

As instituições multilaterais e regionais de financiamento ao desenvolvimento têm vindo a ganhar importância, e os dados sobre taxas de incumprimento podem ser utilizados para melhorar a orientação e a eficácia da mobilização do investimento privado. Os bancos de desenvolvimento duplicaram os desembolsos relacionados com as infraestruturas, passando de 4,2 mil milhões de dólares em 2010 para 8,2 mil milhões de dólares em 2023 (Figura 1.16.A). Esses bancos e outras instituições de financiamento do desenvolvimento dispõem de margem para reforçar o financiamento direto e os mecanismos de redução de risco dos projetos, de modo a mobilizar investimentos institucionais e comerciais tanto a partir de África como do exterior. Em especial, a crescente participação das instituições regionais de financiamento ao desenvolvimento pode contribuir para identificar formas de aumentar a participação do setor privado, adaptadas aos contextos locais (Tabela 1.4). A utilização de informações sobre as taxas de incumprimento e de recuperação das transações privadas facilitadas pelos bancos multilaterais de desenvolvimento e pelas instituições de financiamento do desenvolvimento pode também permitir investimentos. Dados recentes sobre os riscos de investimento indicam que os investimentos relacionados com infraestruturas em África nos setores da energia, dos serviços públicos e das comunicações apresentam taxas de incumprimento de cerca de 4-5%, o valor mais baixo de todos os setores. Estas baixas taxas de incumprimento sugerem prudência por parte dos investidores e oportunidades potencialmente perdidas. No entanto, as taxas de incumprimento nestes três setores foram mais elevadas em África do que noutras regiões (GEMs, 2024[64]).

Tabela 1.4. Instrumentos africanos selecionados para mobilizar investimentos em infraestruturas

Instrumento	Objetivo (benefícios/riscos)	Justificação para os países africanos	Exemplos de instrumentos geridos por africanos	Resultados
Preparação do projeto	As organizações de apoio realizam atividades antes do encerramento do exercício financeiro, tais como o estabelecimento do ambiente propício, a definição dos parâmetros do projeto, a realização de avaliações de viabilidade, a estruturação financeira e a tentativa de assegurar a aceitação da comunidade.	• Os custos de preparação do projeto variam entre 5% e 15% dos custos totais do projeto. A preparação dos projetos pode levar até dez anos a ser concluída (Prinsloo, 2019[79]). • Estima-se que os custos e os prazos dos projetos de infraestruturas sejam 60% mais elevados em África do que nos países desenvolvidos (BCG/AFC, 2017[54]).	A Nova Parceria Económica para o Desenvolvimento de África – Mecanismo de Preparação de Projetos de Infraestruturas (NEPAD-IPPF) – é um fundo especial de vários doadores criado em 2005 e gerido pelo BAD.	Entre 2004 e 2022, O Mecanismo aprovou 106 subvenções no valor total de 115 milhões de dólares, alavancando 11 mil milhões de dólares em financiamento de investimentos (AfDB, 2022[80]).
Mutualização de carteiras e fundos de financiamento misto	Os financiadores do desenvolvimento cobrem as parcelas da dívida que não são garantidas e têm uma prioridade de reembolso inferior (por exemplo, tranches de primeira perda e tranches júnior) para amortecer o risco para os investidores comerciais nas tranches seniores. Estes mecanismos de mutualização atenuam as preocupações relacionadas com a dimensão reduzida dos compromissos de investimento, a exposição ao risco, o conhecimento limitado do setor e da região, bem como os elevados custos de transação.	• O custo médio ponderado do capital em infraestruturas é mais elevado em África, com 13%, do que na Ásia em desenvolvimento (10%) e nos países da OCDE (8%).	Em 2022, o Banco de Comércio e Desenvolvimento da África Oriental e Austral introduziu «ações de classe C» para atrair investidores institucionais.	Estas ações de classe C angariaram 1,5 mil milhões de dólares de investidores institucionais e de impacto.
Garantias e seguros	As garantias e os seguros cobrem a totalidade ou uma parte dos riscos do projeto e incluem: • garantias soberanas • seguros de riscos políticos • garantias de crédito • garantias de crédito à exportação • garantias em carteira • garantias da contraparte • facilidades de liquidez • instrumentos convertíveis.	• As garantias para projetos relacionados com o clima (principalmente para energias renováveis) visam apenas riscos comerciais (CPI, 2024[81]). • Os riscos macroeconómicos e políticos, reais e aparentes, aumentam o custo do capital (AUC/OECD, 2023[82]). • Os países africanos menos desenvolvidos (PMD), muitos dos quais enfrentam agitação política, representam apenas 15% dos projetos cobertos por seguros contra riscos políticos (UNCTAD, 2025[83]).	Em 2024, a Agência Multilateral de Garantia dos Investimentos (MIGA) do Banco Mundial e a Seguradora Africana para o Desenvolvimento do Comércio e do Investimento (ATIDI), uma instituição financeira multilateral pan-africana, assinaram uma parceria de três anos para acelerar o investimento direto estrangeiro em África (MIGA, 2024[84]). Muitos dos seus projetos destinam-se aos países menos desenvolvidos.	Em 2023, a ATIDI segurou predominantemente operações de risco político (75%). A Seguradora aumentou a sua carteira global em quase 20% (ATIDI, 2024[85]). No Benim, a ATIDI apoiou o refinanciamento e a redefinição do perfil dos empréstimos existentes, a fim de proporcionar flexibilidade financeira a projetos de infraestruturas essenciais, incluindo a melhoria das estradas e da irrigação. Mecanismo de Apoio à Liquidez Regional da ATIDI oferece uma atenuação do risco específica para as energias renováveis.

Financiamento em moeda local e desenvolvimento do mercado de capitais	O financiamento em moeda local pode ajudar a mobilizar fundos nacionais para o desenvolvimento de infraestruturas. Uma aplicação eficaz exige infraestruturas financeiras sólidas, políticas macroeconómicas sólidas e o desenvolvimento gradual dos mercados de capitais locais (Horrocks et al., 2025[86]).	• Os projetos de infraestruturas de grande escala requerem uma combinação de recursos locais e em moeda forte (Horrocks et al., 2025[86]). • De 2018 a 2022, 74% do investimento privado em infraestruturas nos países em desenvolvimento foram denominados em moeda estrangeira, principalmente em dólares dos Estados Unidos (65%), com apenas 25% em moeda local, principalmente na África do Sul (GI Hub, 2024[87]).	O Fundo Africano para o Mercado de Obrigações em Moeda Local (ALCB) trabalha com emitentes, investidores e intermediários africanos para introduzir novas transações de obrigações no mercado, com o objetivo de aprofundar os ecossistemas dos mercados de capitais locais. No âmbito da Estratégia Global Gateway da União Europeia, a Alemanha (KfW) prestará garantias até 100 milhões de euros aos investidores que concedam empréstimos ao fundo até 2027.	Desde o início de 2025, o ALCBF investiu em 12 projetos ligados a infraestruturas em 8 países africanos. Em 2022, o fundo apoiou as emissões de obrigações verdes do Standard Bank Namíbia no valor de 400 milhões de NAD (cerca de 21 milhões de USD), que financiaram projetos de energias renováveis, contribuindo para a proteção do clima e para a melhoria do abastecimento de energia na África Austral (Standard Bank, 2022[88]).

Fonte: Compilação dos autores.

A Estratégia Global Gateway da União Europeia e a Parceria para Investimento em Infraestruturas Globais têm vindo a expandir o financiamento para as infraestruturas em África, com ênfase nas cadeias de valor estratégicas. A Estratégia Global Gateway da União Europeia, criada em 2021, e a Parceria para Investimento em Infraestruturas Globais do G7, iniciada em 2022, visam promover o desenvolvimento de infraestruturas, a transição energética e a conectividade digital em toda a África. Estas iniciativas incidem em setores semelhantes, como a energia, a economia digital, os transportes e os cuidados de saúde, e promovem simultaneamente a adesão a infraestruturas de qualidade e a princípios de sustentabilidade (ver Capítulo 2). Embora ambas as iniciativas sirvam para coordenar as estratégias internacionais, a Estratégia Global Gateway, nomeadamente pelas delegações da União Europeia, segue uma abordagem mais prática em África, apoiando diretamente as cadeias de valor prioritárias por via de 12 corredores estratégicos prioritários (EU, 2023[89]; ITC, 2022[90]). Para além do financiamento, o programa procura reforçar as relações comerciais mutuamente benéficas e fazer avançar a externalização «próxima» da produção europeia de hidrogénio verde, por exemplo. A Estratégia Global Gateway visa potenciar o financiamento de subvenções da União Europeia com investimentos diretos e instrumentos de partilha de riscos oferecidos pelo Fundo Europeu para o Desenvolvimento Sustentável Mais, a fim de mobilizar investimentos até 150 mil milhões de euros no período de 2021-27. No final de 2024, a Estratégia Global Gateway tinha atribuído cerca de 624 milhões de EUR em subvenções a projetos de infraestruturas regionais, principalmente no setor da energia (311 milhões de EUR) e no setor dos transportes (304 milhões de EUR) (AUDA-NEPAD YouTube channel, 2024[91]). Estes investimentos fazem parte dos 750 milhões de EUR autorizados em 2021 para mobilizar investimentos em infraestruturas através de abordagens de financiamento misto. A partir de 2024, foi aprovado um montante adicional de 600 milhões de euros.

À medida que as alterações climáticas e o crescimento demográfico se intensificam, os riscos de sustentabilidade das infraestruturas podem ser geridos de forma mais ativa

Para equilibrar os efeitos das infraestruturas na transformação produtiva e no crescimento, os riscos ambientais e sociais associados à sustentabilidade podem e devem ser melhor geridos, sobretudo nos países africanos com menores níveis de desenvolvimento. Embora a transformação produtiva seja uma agenda política essencial para África (AUC/OECD, 2018[92]; 2019[3]), esta pode exigir um equilíbrio com os resultados da sustentabilidade ambiental e social.[18] O desenvolvimento de infraestruturas pode fazer mais para reduzir ativamente os riscos comuns de sustentabilidade que se materializaram nos países africanos. Os riscos e a capacidade de os atenuar variam consoante os países e dependem dos recursos e capacidades disponíveis (ver Capítulo 2 para mais pormenores). Os países africanos com baixos níveis de desenvolvimento são particularmente vulneráveis às consequências das alterações climáticas e do crescimento demográfico, que aumentam a pressão sobre as infraestruturas existentes.. África é a região do mundo que enfrenta as maiores perdas e danos decorrentes das alterações climáticas, e é pouco provável que o continente atinja os indicadores dos Objetivos de Desenvolvimento Sustentável relacionados com as perdas económicas decorrentes de catástrofes naturais (Africa UN, 2025[7]).[19]

As infraestruturas nos países africanos têm tido resultados mistos em termos de sustentabilidade social e sobretudo negativos em termos de sustentabilidade ambiental. De acordo com uma análise sistemática de 110 artigos académicos realizada para este relatório,[20] em termos agregados, as infraestruturas nos países africanos tiveram efeitos positivos significativos na eficiência dos recursos (resultados ambientais), no desenvolvimento humano, na redução da pobreza, no acesso ao emprego e na qualidade do emprego e no acesso à energia e aos serviços básicos (resultados sociais). No entanto, os efeitos negativos mais comuns incluem o aumento das emissões de carbono, a perda de biodiversidade e de *habitats* (resultados ambientais), a deslocação de populações pobres e o agravamento das desigualdades de género nos rendimentos, bem como o aumento das desigualdades (resultados sociais) (Tabela 1.5). Por exemplo, os transportes contribuíram para 289 mortes prematuras por milhão de habitantes devido à exposição a partículas em suspensão no ar em 2019 (ver também Roy (forthcoming[93])).

Tabela 1.5. Resultados da sustentabilidade ambiental e social das infraestruturas

Categoria de sustentabilidade	Aspeto da sustentabilidade	Impactos positivos/negativos	Principal conclusão	Número de estudos de apoio (número de estudos contraditórios)
Ambiental	Qualidade ambiental global	Maioritariamente negativos (2)	As infraestruturas estão negativamente relacionadas com a qualidade ambiental, enquanto a urbanização modera os efeitos negativos das infraestruturas digitais e hídricas.	3 (1)
	Emissões de dióxido de carbono (CO_2)	Maioritariamente negativos (2)	Embora as infraestruturas digitais possam atenuar as emissões de CO_2 por meio de uma utilização mais eficiente dos recursos, o desenvolvimento de infraestruturas geralmente agrava-as ao aumentar a intensidade do carbono.	2
	Biodiversidade e perda de *habitats*	Negativos (1)	O desenvolvimento de infraestruturas está associado à perda de biodiversidade e de *habitats*, à degradação, fragmentação e destruição de ecossistemas e à desflorestação.	4
			A vulnerabilidade ecológica varia, o desenvolvimento de infraestruturas pode ser direcionado para os *habitats* mais ricos em biodiversidade (intocados).	1
Social	Desenvolvimento humano e inclusão	Maioritariamente positivos (4)	As infraestruturas têm efeitos positivos no desenvolvimento humano, no crescimento inclusivo e na igualdade económica, em especial as infraestruturas digitais, as ligações de transporte entre as zonas rurais e urbanas e as infraestruturas de acesso à energia. No entanto, as desigualdades podem aumentar em resultado das prioridades de investimento nacionais e regionais.	7 (1)
	Pobreza	Maioritariamente positivos (4)	Infraestruturas como as que se seguem podem ajudar a aliviar a pobreza: - estradas em zonas rurais: criação de acesso aos	8 (1)

		mercados, educação e oportunidades de emprego, industrialização. No entanto, podem também resultar em perdas de rendimento agrícola e expor as famílias pobres a uma maior concorrência	
		- energia: maiores efeitos a partir de um limiar de desenvolvimento socioeconómico	1
		- digital: participação dos trabalhadores e melhor partilha de informações e conhecimentos	2
		- água: segundo efeito mais forte, logo a seguir ao transporte.	1
Emprego e criação de emprego	Positivos (5)	As infraestruturas de transporte permitem o acesso a oportunidades de emprego não agrícola.	3
		As infraestruturas energéticas conduzem à transferência de empregos agrícolas para empregos com salários mais elevados, as interrupções afetam mais os empregos altamente qualificados.	2
		As infraestruturas ecológicas têm efeitos positivos a curto prazo no emprego.	1
Género	Mistos (3)	As infraestruturas de transportes, energéticas e digitais podem aumentar as oportunidades de trabalho e a capacitação das mulheres através de um melhor acesso ao emprego e da poupança de tempo. No entanto, as infraestruturas (especialmente as plataformas digitais) podem aumentar os rendimentos e as oportunidades de emprego dos homens mais do que os das mulheres.	4 (1)
Utilização dos solos e deslocações	Maioritariamente negativos (2)	A construção de infraestruturas e a gentrificação podem levar à deslocação das populações pobres. No entanto, as novas infraestruturas podem aumentar o valor dos terrenos.	2
Saúde	Mistos (3)	Transportes: poluição atmosférica vs redução de poeiras, acesso a instalações de cuidados de saúde.	2
	Positivos (5)	Energia: a falta de infraestruturas está associada a uma menor esperança de vida e à mortalidade infantil.	1

Nota: Com base numa revisão sistemática da literatura de 110 artigos académicos. As principais conclusões representam factos estilizados derivados de 65 estudos que foram considerados relevantes e suficientemente rigorosos. Destes, uma grande parte dos estudos (29) foi realizada à escala nacional de análise, utilizando várias técnicas de regressão. Salvo indicação em contrário, os resultados em matéria de sustentabilidade não eram específicos das infraestruturas de transportes, energéticas, digitais ou hídricas.
Fonte: Compilação dos autores.

De um modo geral, as infraestruturas de transportes, energéticas e digitais têm efeitos positivos substanciais na sustentabilidade social, mas os efeitos involuntários nas de desigualdades rurais-urbanas e regionais devem ser cuidadosamente considerados. As infraestruturas de transportes, energéticas e digitais que proporcionam um novo acesso ao emprego, à informação, aos serviços públicos e aos serviços podem contribuir para aumentar o desenvolvimento humano, reduzir a pobreza e criar emprego (Acheampong, Erdiaw-Kwasie and Abunyewah, 2021[94]; Mallek et al., 2024[34]; Ali et al., 2015[95]). No entanto, os investimentos em infraestruturas podem, inadvertidamente, agravar desigualdades e fragmentações, por exemplo, quando se concentram em populações e locais com vantagens económicas pré-existentes (Desalegn and Solomon, 2022[96]; Gambino and Reboredo, 2024[97]). Os efeitos dos investimentos em infraestruturas em áreas periféricas podem ser divergentes, consoante o contexto.. Por exemplo, enquanto um estudo na Tanzânia concluiu que as estradas para as populações rurais aumentavam a concorrência, reduzindo assim os rendimentos agregados das famílias (Dumas and Játiva, 2025[98]), um estudo no Quénia mostrou como a infraestrutura portuária de Lamu, uma cidade periférica costeira, aumentou a respetiva influência em relação à capital (Chiyemura, Gambino and Zajontz, 2023[99]). O desenvolvimento de infraestruturas, portanto, exige planeamento cuidadoso e uma gestão eficaz dos riscos (ver capítulo 2 para mais pormenores).

O desenvolvimento de infraestruturas pode aumentar o emprego formal, mas as fontes de rendimento informaisexistentes requerem atenção. A melhoria das infraestruturas nos países africanos tem vindo a aumentar de forma consistente as oportunidades de emprego formal (Moneke, 2020[100]; Mensah, 2024[101]). Por exemplo, os inquéritos aos agregados familiares das populações afetadas por 103 projetos de transportes e 69 projetos energéticos e hídricos apoiados pela China revelaram, no segundo ano após a implementação, um aumento de 6 pontos percentuais no emprego no setor dos transportes e um aumento de 8 pontos percentuais no setor da energia e da água, com efeitos mais duradouros e pronunciados no emprego formal do que no informal (principalmente na construção) (An, Guo and Jiang, 2025[102]). No entanto, o aumento global do emprego formal pode ocultar a deslocação de meios de subsistência informais, por exemplo, quando os vendedores ambulantes informais dependem do tráfego lento em estradas locais (Gambino and Reboredo, 2024[97]).

O desenvolvimento de infraestruturas sensível ao género pode melhorar o acesso das mulheres ao emprego formal e à segurança. Embora as melhorias nas infraestruturas possam aumentar a inclusão económica, os projetos beneficiam principalmente as indústrias formais, que são frequentemente dominadas pelos homens, reforçando as desigualdades de género existentes (Marire and Iqbal, 2024[103]). A falta de serviços essenciais, como creches e transportes públicos seguros, limita a capacidade das mulheres de transitarem para o emprego formal. Sem intervenções específicas, como o planeamento urbano com enfoque na igualdade de géneroe a melhoria das infraestruturas hídricas, o desenvolvimento de infraestruturas corre o risco de aumentar estas disparidades (Small and van der Meulen Rodgers, 2023[104]). Entre as medidas sensíveis ao género de baixo custo mas de grande impactocontam-se o acesso a instalações de lavagem seguras e protegidas ao longo dos corredores de transporte, a consideração de todos, e não apenas dos proprietários de terrenos (predominantemente homens), no planeamento da utilização dos terrenos, a garantia de linhas de visão claras nos espaços públicos e a instalação de iluminação pública suficiente e de câmaras de segurança (Chege, 2021[105]).

Os investimentos em infraestruturas de transportes e de água podem reduzir significativamente o peso do trabalho doméstico não remunerado e aumentar o horário de trabalho das mulheres, ainda que nem sempre os seus salários. (Marire and Iqbal, 2024[103]). Em muitos países africanos, as infraestruturas inadequadas obrigam as mulheres a dedicar uma quantidade desproporcionada de tempo às tarefas domésticas. Por exemplo, no Benim e em Madagáscar, as mulheres passam aproximadamente 273 e 164 horas por ano, respetivamente, a recolher água – o que equivale a 14,4% e 8,8% do seu tempo total de trabalho (Agenor and Canuto, 2012[106]). Verificou-se que os agregados familiares do sul da Zâmbia que obtiveram acesso a água canalizada reduziram em 80% o tempo de recolha de água, sendo que a maior parte do tempo poupado beneficiou as mulheres e as raparigas (Winter, Darmstadt and Davis, 2021[107]). Do mesmo modo, um aumento da eletrificação das populações rurais na África do Sul traduziu-se num aumento de 1,3 pontos percentuais no emprego dos homens e de 1,8 pontos percentuais no das mulheres. No entanto, a remuneração horária aumentou cerca de 16 % para os homens e diminuiu cerca de 20% para as mulheres (Dinkelmann, 2011[108]).

A adoção de medidas planeadas para tornar as infraestruturas mais resilientes ao clima pode evitar perdas significativas. Os danos causados por fenómenos meteorológicos extremos comprometem a fiabilidade das infraestruturas, perturbam as cadeias de abastecimento essenciais e aumentam os custos de manutenção. Estimativas recentes mostram que os países africanos precisariam de reservar 10,2-11,4 mil milhões de dólares por ano para recuperar a perda de ativos e os danos causados pelas alterações climáticas, principalmente nos setores da energia (36%) e dos transportes (25%) (CRDI, 2023[109]). Os custos de reparação e manutenção de estradas poderão aumentar 270% (African Climate Resiliency, 2016[110]). Dado o longo tempo de planeamento dos projetos, os promotores de infraestruturas em África precisam de antecipar contextos locais em rápida transformação, a fim de minimizar os custos de manutenção, ao mesmo tempo que promovem a capacitação e a inclusão (Mayaki, 2014[111]).

Um estudo de 20 estradas e 20 linhas ferroviárias altamente expostas a inundações no Quénia, Tanzânia, Uganda e Zâmbia mostrou que o reforço da sua resiliência custaria 101 milhões de dólares, mas evitaria perdas de 1,1 mil milhões de dólares em cenários climáticos futuros (Hickford et al., 2023[112]).

As infraestruturas verdes e as soluções baseadas na natureza (GI-NBS) poderiam ser alargadas com mais financiamento. As infraestruturas verdes são infraestruturas ambiental e socialmente mais sustentáveis do que as infraestruturas tradicionais, porque oferecem determinados benefícios (por exemplo, recolha de águas pluviais para abastecimento de água doce e preservação de espaços verdes), reduzem os danos e a poluição (por exemplo, materiais de construção com baixo teor de carbono) e aumentam a resiliência climática (por exemplo, manutenção com materiais disponíveis localmente e amortecedores de inundações). A experiência prática mostra que as infraestruturas verdes em África têm sido eficazes na a mitigação de riscos associados a fenómenos de baixa intensidade, sobretudo quando o financiamento público é complementado com contribuições em espécie (como trabalho ou organização comunitária) dos próprios beneficiários (Dupar, Henriette and Hubbard, 2023[113]). Uma análise de 492 estudos de caso de projetos de GI-NBS centrados na água em África concluiu que as soluções melhoram de forma fiável a qualidade da água, ao passo que a respetiva capacidade para aumentar a quantidade de água e evitar inundações é mais variável e dependente do contexto (Acreman, Smith and Charters, 2021[114]). Tanto o número de projetos como o financiamento total têm crescido de forma constante: um estudo recente, que abrangeu 48 países africanos entre 2012 e 2023, concluiu que foram lançados 297 novos projetos, assegurando mais de 21 mil milhões de dólares (Collins et al., 2025[115]). Até há pouco tempo, o acesso ao financiamento para as iniciativas de apoio às infraestruturas verdes era maioritariamente fragmentadofragmentado (Pettinotti and Quevedo, 2023[116]), mas novas iniciativas internacionais procuram articular e ampliaro financiamento.

A Aliança para as Infraestruturas Verdes em África (AGIA) visa promover investimentos em projetos de infraestruturas verdes e resistentes ao clima em domínios como as energias renováveis, o hidrogénio verde, os transportes sustentáveis, as soluções de mobilidade eletrónica e o armazenamento de energia. A Aliança foi lançada na COP27, no Egito, sob a liderança do Banco Africano de Desenvolvimento, da União Africana e do Africa50, em parceria com investidores institucionais africanos e financiadores do desenvolvimento (incluindo a Agência Francesa de Desenvolvimento, o Banco Europeu de Investimento, o Banco Europeu de Reconstrução e Desenvolvimento e o Grupo Privado de Desenvolvimento de Infraestruturas). Até ao final de 2024, tinham sido assegurados 265 milhões de dólares em promessas para um primeiro fundo de 275-300 milhões de dólares (AfDB, n.d.[117]; Africa50, n.d.[118]).

Anexo 1.A. Metodologia para estimar as necessidades de investimento em infraestruturas dos países africanos

A estimativa das necessidades de investimento em infraestruturas dos países africanos e a relação custo-eficácia de tipos específicos de infraestruturas apresentadas no presente capítulo constituem uma inovação metodológica além da abordagem utilizada pelo Global Infrastructure Hub (GI Hub, 2018[119]). A metodologia utiliza dados atualizados que foram recolhidos e compilados para este relatório. A metodologia completa e as fontes de dados estão disponíveis em linha em https://www.oecd.org/en/publications/africa-s-development-dynamics-2025_c2b40285-en/support-materials.html.

Anexo 1.B. Avaliação do custo médio ponderado de capital dos ativos infraestruturais nos países africanos

Este relatório apresenta uma estimativa do custo médio ponderado do capital (CMPC) – ou seja, a taxa mínima de rentabilidade ou lucro que uma empresa precisa de obter para gerar valor financeiro a partir do seu investimento – para projetos de infraestruturas em países africanos. Embora a presente metodologia utilize uma abordagem atual e estabelecida para os cálculos do CMPC, os resultados só podem servir como aproximações ao CMPC real, devido a limitações de dados e aos múltiplos fatores que influenciam os valores específicos à escala do projeto (por exemplo, riscos específicos do país, posições financeiras específicas da empresa e aspetos específicos da tecnologia).

O CMPC é normalmente calculado de acordo com a seguinte fórmula (ver, por exemplo, Dato et al. (2024[120]), AIE (2023[121]), Calcaterra et al. (2024[122])).

CMPC = Percentagem da dívida * Custo da dívida * (1 – Taxa de imposto sobre as sociedades) + Quota do capital * Custo do capital

O **custo da dívida** corresponde à taxa de juro que um investidor pode obter dos mutuantes. Na presente abordagem, é representada pelas taxas de juro dos empréstimos comerciais disponíveis a nível nacional, que foram obtidas no Banco Mundial (2024[60]), em conformidade com a abordagem de outros autores (ver Dato et al. (2024[120])). Uma vez que os pagamentos de juros são dedutíveis dos impostos na maioria dos países, o custo da dívida é expresso numa base líquida de impostos, com base nas taxas de imposto sobre as sociedades obtidas junto da Tax Foundation (2024[61]).

O **custo do capital próprio** é avaliado por via do modelo de avaliação de ativos, da seguinte forma:

Custo do capital próprio = Taxa livre de risco+ β * Prémio de risco de mercado

- A taxa livre de risco é o rendimento que pode ser obtido investindo num ativo sem risco. A presente metodologia utiliza o rendimento das obrigações do Tesouro dos EUA a dez anos. Esta taxa baseia-se na Bloomberg (2025[123]).
- Beta (β) refere-se à volatilidade ou ao risco de um ativo num determinado setor relativamente a todos os outros ativos no mercado. Este é, assim, o principal parâmetro específico do setor de interesse (energia, água, digital ou transportes). Os valores Beta foram calculados por Damadoran (2025[124]) a partir de todas as empresas cotadas na bolsa no início de 2025 no S&P Capital IQ, aumentados com dados de um terminal da Bloomberg. Estão disponíveis betas para mercados globais, emergentes e outros mercados selecionados (China, Europa, Índia e Estados Unidos). Para esta análise, foram utilizados **valores de beta para mercados emergentes** como aproximação: em 2025, a amostra incluía 2 475 empresas de África e do Médio Oriente, representando 9,3% das empresas da categoria de mercados emergentes. As restantes empresas eram da Ásia (38,7%), China (28%), Índia (18%) e América Latina e Caraíbas (3,7%) (Damadoran, 2025[124]). Os betas selecionados são calculados em média durante o último período de cinco anos (Tabela 1.B.1)

Tabela 1.B.1. Betas selecionados utilizados para calcular o custo do capital próprio a nível setorial, 2020-25

Energia	Digital	Água	Transportes
Energia verde e renovável	Telecomunicações (sem fios)	Utilidade pública (água)	Transporte aéreo
Potência	Telecomunicações (serviços)	Engenharia/construção	Ferrovias
Utilidade (geral)	Engenharia/construção		Estradas
Engenharia/construção			Engenharia/construção

Fonte: Damodaran (2025[125]), «Damodaran online», stern.nyu.edu (website), https://pages.stern.nyu.edu/~adamodar/ (acedido em 25 de março de 2025).

O **prémio de risco de mercado** (PRM) é definido como o rendimento que pode ser obtido, além dataxa livre de risco , quando se aposta num investimento de capital próprio com maior risco. O relatório baseia-se nas estimativas de Damodaran (2025[125]) para os PRM à escala nacional, que são calculados da seguinte forma:

- **Etapa 1:** Estimar o prémio de risco do mercado maduro calculando a taxa de rendibilidade do índice S&P 500 (índice do mercado de ações que acompanha o desempenho das ações de 500 das maiores empresas cotadas nas bolsas de valores dos Estados Unidos), calculada em relação à taxa de rentabilidade da obrigação do tesouro dos EUA a dez anos.
- Etapa 2: Estimar o diferencial de incumprimento para o país de interesse com base na notação soberana da moeda local da Moody's (ou a notação da S&P convertida para a da Moody's). Cada classe de notação está associada a uma estimativa dos spreads típicos calculados através da média dos diferenciais de swap de risco de incumprimento e dos spreads das obrigações soberanas em USD por classe de notação, no início de cada ano.
- Etapa 3: Converter o diferencial de incumprimento num prémio de risco-país. Damodaran (2025[124]) aumenta o diferencial de incumprimento para refletir o risco mais elevado das ações no mercado, relativamente ao diferencial de incumprimento. Damodaran (2025[124]) utiliza o rácio do desvio padrão do S&P Emerging Market Equity Index para o desvio padrão do iShares Emerging Market Bond Index.
- Etapa 4: Adicione o prémio de mercado maduro da etapa 1 ao prémio de risco-país da etapa 3 para obter um prémio de risco de mercado total.
- Etapa 5: Se não estiver disponível uma notação soberana para um determinado país, a pontuação de risco do país da base de dados dos Serviços de Risco Político é utilizada para determinar o PRM, com base na dos países com notações soberanas e pontuações de risco semelhantes de acordo com os Serviços de Risco Político.

Finalmente, a metodologia assume um rácio passivo total/capital próprio de 80:20 para calcular o CMPC, seguindo os padrões de investimento privado em projetos de infraestruturas observados na literatura (ver GI Hub (2023[126]), Conselho Mundial da Água (2018[127]), Comissão Económica para África et al. (2021[128]), AIE (2019[129])).

Notas

[1] Ao longo deste capítulo, o termo **"stock"** refere-se ao **stock físico de infraestruturas**, salvo indicação em contrário.

[2] Apesar das diferenças metodológicas e de referenciais utilizados, as projeções do presente relatório sobre as necessidades de investimento em infraestruturas em África são, de um modo geral, coerentes com outros estudos centrados em África. O Global Infrastructure Hub (2018[119]) prevê 192 mil milhões de dólares para 2025-40, enquanto o Banco Africano de Desenvolvimento (2018[133]) estima que as necessidades sejam de 130-170 mil milhões de dólares por ano para 2018-30. Poderão ser necessários investimentos mais avultados para cumprir objetivos políticos e climáticos específicos: o Banco Africano de Desenvolvimento (2024[134]) prevê a necessidade de 410 mil milhões de dólares para estradas e energia até 2030, a fim de cumprir os ODS relacionados com as infraestruturas e a energia, e de 72 mil milhões de dólares até 2063. Rozenberg e Fay (2019[18]) estimam que o cumprimento dos ODS e a limitação das alterações climáticas a 2 °C exigiriam uma despesa anual de 9,2% do PIB entre 2015 e 2030 em África, excluindo o Norte de África, o que, em 2024, equivaleria a 257 mil milhões de dólares.

[3] A Eritreia, o Sudão do Sul, a República Centro-Africana, as Seicheles e o Jibuti foram excluídos deste cálculo devido à ausência de dados..

[4] Cálculos dos autores com base em BAD (2017[135]). Os dados mais recentes para todos os tipos de infraestrutura não estão disponíveis. No entanto, os dados sobre os investimentos da China em infraestruturas de transporte sugerem que os gastos podem ter aumentado ainda mais, com apenas os gastos em infraestruturas de transporte a atingirem 5,8% do PIB da China em 2020 (OECD/ITF, 2024[137]).

[5] A necessidade de equilibrar os efeitos das infraestruturas no crescimento e na transformação produtiva com os resultados em termos de sustentabilidade ambiental e social é abordada na última secção do presente capítulo e no capítulo 2.

[6] Os tipos de infraestruturas cuja densidade (capacidade) **não se revelou correlacionada** com a transformação produtiva incluem: portos contentorizados, estações de tratamento de águas residuais, infraestruturas de energia eólica, infraestruturas hidroelétricas e outras infraestruturas de energias renováveis.

[7] A manutenção é aproximada pelo valor total da depreciação do stock de infraestruturas.

[8] Cálculos dos autores baseados na AIE (2023[121]).

[9] Cálculos dos autores dos custos médios do consumo de 60 megabits ou mais, de uma assinatura de dados ilimitada ou de uma assinatura de cabo/ADSL no período de abril de 2024-abril de 2025 (NUMBEO, 2025[136]).

[10] Existem muitas definições diferentes de cidades intermédias. «As cidades intermédias são aglomerações que, por razões geográficas, históricas e económicas, funcionam como pontes entre as áreas metropolitanas e as áreas rurais. Representam nós estratégicos nas redes urbanas à escala nacional ou internacional. A sua população pode variar entre 50 000 e 1 milhão de habitantes». Para mais informações, ver OCDE/ PSI (2020[39]), p. 81.

[11] Cálculo dos autores com base em OECD/ITF (2024[138]) e BAD (2017[135]). Os dados mais recentes para todos os tipos de infraestrutura não estão disponíveis. No entanto, os dados sobre os investimentos da China em infraestruturas de transporte sugerem que os gastos podem ter aumentado ainda mais, com apenas os gastos em infraestruturas de transporte a atingirem 5,8% do PIB da China em 2020 (OECD/ITF, 2024[137]).

[12] Em abril de 2025, a República do Congo, o Djibuti, a Etiópia, o Malawi, São Tomé e Príncipe, o Sudão, a Zâmbia e o Zimbabué encontravam-se em situação de sobre-endividamento. O Burundi, Cabo Verde, os Camarões, a República Centro-Africana, o Chade, as Comores, a Gâmbia, o Gana, a Guiné-Bissau, o Quénia, a Libéria, Moçambique, a Serra Leoa, o Sudão do Sul e o Togo apresentavam um risco elevado de sobre-endividamento geral.

[13] Angola, Egito, Gabão, Gana, Quénia, Madagáscar, Níger, Nigéria, Tanzânia, Tunísia e Zâmbia.

[14]O GI Hub (Centro Mundial para as Infraestruturas) (2023[126]) centra-se no investimento privado baseado em projetos. Refere-se ao investimento do setor privado em projetos do mercado primário, incluindo projetos de raiz (novos projetos em locais não desenvolvidos), projetos de expansão (construção em locais anteriormente desenvolvidos, como atualizações) e investimento pela privatização de ativos do setor público.

[15]A determinação do custo de capital de um projeto de infraestruturas assenta em dois tipos de informação: i) o custo da dívida, avaliado principalmente através de notações de risco de crédito ou, em alternativa, avaliando a estabilidade financeira, a capacidade de reembolso e a solvabilidade global de um país em relação a mutuários semelhantes, e ii) o custo do capital próprio, avaliado através da apreciação dos riscos do país (ou seja, políticos, macroeconómicos/financeiros, jurídicos e regulamentares, ambiente empresarial e riscos ambientais, sociais e de governação) e dos riscos relacionados com o projeto (ou seja, comerciais, de construção e operacionais) (PwC, 2024[130]).

[16]A fragilidade, segundo a OCDE, é a combinação da exposição ao risco e insuficiência da capacidade de resposta do Estado, do sistema e/ou das comunidades para gerir, absorver ou mitigar esses riscos. Esta tem lugar num espetro de intensidade em seis dimensões: económica, ambiental, humana, política, de segurança e social.

[17] Côte d'Ivoire, Egito, Etiópia, Quénia, Moçambique, Marrocos, Nigéria, Senegal, Tanzânia e Tunísia.

[18] Os resultados da sustentabilidade ambiental e social não foram tidos em conta na modelização económica subjacente à primeira secção deste capítulo (Caixa 1.2). Os resultados da modelização das necessidades de investimento podem, por conseguinte, ser vistos como um limite inferior, dado que a atenuação dos riscos de sustentabilidade pode exigir investimentos adicionais.

[19] Por exemplo, em abril de 2025, o indicador 11.5.2, «Perdas económicas resultantes de catástrofes», e o indicador 1.5.2, «Perdas económicas e infraestruturas e serviços afetados resultantes de catástrofes», ocupavam o primeiro e o terceiro lugares, respetivamente, de um total de 247 indicadores em termos de lacunas de realização.

[20] Entre setembro de 2024 a janeiro de 2025, foi realizada uma revisão sistemática da literatura com o objetivo de responder à questão de investigação: «quais são os efeitos positivos e negativos das infraestruturas económicas na sustentabilidade ambiental, social e de governação?» A revisão identificou um total de 110 estudos publicados desde 2010, sendo que 65 estudos apresentaram resultados relevantes para a questão de investigação. Foram identificados 94 estudos através de uma pesquisa sistemática por palavras-chave no Google Scholar, 13 de Foster et al. (2023[12]) e 3 de pesquisas de acompanhamento *ad hoc*.

Referências

ACET (2025), "Digital Public Infrastructure (DPI) will drive AI for Africa's economic transformation", *ACET for Africa (website)*, https://acetforafrica.org/research-and-analysis/insights-ideas/digital-public-infrastructure-dpi-will-drive-ai-for-africas-economic-transformation/ (accessed on 20 February 2025). [28]

Acheampong, A., M. Erdiaw-Kwasie and M. Abunyewah (2021), "Does energy accessibility improve human development? Evidence from energy-poor regions", *Energy Economics*, Vol. 96, p. 105165, https://www.sciencedirect.com/science/article/abs/pii/S0140988321000700. [94]

Acreman, M., A. Smith and L. Charters (2021), "Evidence for the effectiveness of nature-based solutions to water issues in Africa", *Environmental Research Letters*, Vol. 16/6, p. 063007, https://iopscience.iop.org/article/10.1088/1748-9326/ac0210/pdf. [114]

ADB (2017), *Infrastructure Needs, Asia and the Pacific (database)*, https://data.adb.org/dataset/infrastructure-needs-asia-and-pacific. [135]

AfDB (2024), *African Economic Outlook*, https://www.afdb.org/en/knowledge/publications/african-economic-outlook. [134]

AfDB (2022), "NEPAD Infrastructure Project Preparation Facility (NEPAD-IPPF)", *afdb.org (website)*, https://www.afdb.org/en/topics-and-sectors/initiatives-partnerships/nepad-infrastructure-project-preparation-facility-nepad-ippf (accessed on 4 March 2025). [80]

AfDB (2018), *African Economic Outlook*, https://www.afdb.org/en/documents/document/african-economic-outlook-aoe-2018-99877. [133]

AfDB (n.d.), *Alliance for Green Infrastructure in Africa*, https://www.afdb.org/en/topics-and-sectors/initiatives-and-partnerships/alliance-green-infrastructure-africa (accessed on 10 April 2025). [117]

AfDB/IFC (2022), *Gauging appetite of African institutional investors for new asset classes*, African Development Bank, Abidjan / International Finance Corporation, Washington, DC, https://www.ifc.org/content/dam/ifc/doc/mgrt/gauging-appetite-of-african-institutional-investors-for-new-asset-classes-published.pdf. [52]

AfDB/OECD/UNDP (2016), *African Economic Outlook 2016: Sustainable Cities and Structural Transformation*, OECD Publishing, Paris, https://doi.org/10.1787/aeo-2016-en. [37]

Africa UN (2025), "Africa UN Data for Development Platform", *UNECA (dashboard)*, https://ecastats.uneca.org/unsdgsafrica/SDGs/SDG-progress (accessed on 15 March 2025). [7]

Africa Urban Forum (2024), "Sustainable Urbanization for Africa's Transformation: Agenda 2063", *Africa Urban Forum Background Document*, https://unhabitat.org/sites/default/files/2024/08/auf2024_background_document.pdf. [35]

Africa50 (n.d.), "The Alliance for Green Infrastructure in Africa", *africa50.com (website)*, https://www.africa50.com/investing-for-growth/investment-vehicles/the-alliance-for-green-infrastructure-in-africa/ (accessed on 1 April 2025). [118]

African Climate Resiliency (2016), *Enhancing the Climate Resilience of Africa's Transport Infrastructure: A new method allows policymakers to manage the risk imposed by extreme climate change events on roads and bridges in sub-Saharan Africa*, https://www.greenpolicyplatform.org/sites/default/files/downloads/resource/Cervigni_Enhancing%20the%20Climate%. [110]

Afrobarometer (2023), *Merged Round 9 (database)*, https://www.afrobarometer.org/data/merged-data/ (accessed on 5 February 2025). [5]

Agenor, P. and O. Canuto (2012), "Access to infrastructure and women's time allocation: Evidence and a framework for policy analysis", *FERDI Working Paper*, No. P45, https://www.econstor.eu/handle/10419/269326. [106]

AidData (2024), *Global Chinese Development Finance (database)*, https://china.aiddata.org/ (accessed on 23 January 2025). [78]

AIIB et al. (2023), *DFI Working Group on Blended Concessional Finance for Private Sector Projects*, https://www.ifc.org/content/dam/ifc/doc/mgrt/2023-03-dfi-bcf-joint-report.pdf. [63]

Aizenman, J. and Y. Jinjarak (2010), "De facto Fiscal Space and Fiscal Stimulus: Definition and Assessment", *NBER Working Paper* No. 16539, https://www.nber.org/system/files/working_papers/w16539/w16539.pdf. [44]

Ali, R. et al. (2015), *Transport Infrastructure and Welfare: An Application to Nigeria*, World Bank, Washington, DC, https://openknowledge.worldbank.org/server/api/core/bitstreams/bd60cfe9-01cc-5628-8f9a-94f22c6bc840/content. [95]

An, J., S. Guo and H. Jiang (2025), "Foreign-assisted infrastructure and local employment: Evidence from China's aid to Africa", *Journal of Comparative Economics*, Vol. 53, Issue 1, https://www.sciencedirect.com/science/article/pii/S0147596724000623#sec0006. [102]

ATIDI (2024), *Annual Report 2023: Building Confidence, Enabling Economic Stability*, African Trade & Investment Insurance, Nairobi, https://www.atidi.africa/wp-content/uploads/2024/06/ATIDI-English-Annual-Report-2023.pdf. [85]

AU (2015), *Agenda 2063: The Africa We Want*, African Union, Addis-Ababa, https://www.afdb.org/fileadmin/uploads/afdb/Documents/Policy-Documents/Agenda2063_Popular_Version_English.pdf. [4]

AUC/OECD (2023), *Africa's Development Dynamics 2023: Investing in Sustainable Development*, AUC, Addis Ababa/OECD Publishing, Paris, https://doi.org/10.1787/3269532b-en. [82]

AUC/OECD (2022), *Africa's Development Dynamics 2022: Regional Value Chains for a Sustainable Recovery*, OECD Publishing, Paris/African Union Commission, Addis Ababa, https://doi.org/10.1787/2e3b97fd-en. [22]

AUC/OECD (2021), *Africa's Development Dynamics 2021: Digital Transformation for Quality Jobs*, OECD Publishing, Paris/African Union Commission, Addis Ababa, https://doi.org/10.1787/0a5c9314-en. [27]

AUC/OECD (2019), *Africa's Development Dynamics 2019: Achieving Productive Transformation*, OECD Publishing, Paris/African Union Commission, Addis Ababa, https://doi.org/10.1787/c1cd7de0-en. [3]

AUC/OECD (2018), *Africa's Development Dynamics 2018: Growth, Jobs and Inequalities*, OECD Publishing, Paris/African Union Commission, Addis Ababa, https://doi.org/10.1787/9789264302501-en. [92]

AUDA-NEPAD (2017), *NEPAD 5% Agenda (concept note)*, African Union Development Agency, Johannesburg, https://www.nepad.org/publication/concept-note-nepad-5-agenda-mobilizing-domestic-pension-and-sovereign-wealth-fund. [53]

AUDA-NEPAD YouTube channel (2024), "Medium Conference Hall - Session 1B - Digital Infrastructure for Africa", https://www.youtube.com/live/hqxQMm-my5A?t=23430s. [91]

Auriol, E. and S. Saussier (2025), *Private Participation in Infrastructure: What Role for Public-Private Partnerships?*, https://cepr.org/system/files/publication-files/245788-private_participation_in_infrastructure_what_role_for_public_private_partnerships_.pdf. [50]

AVCA (2025), *Private Capital Investment in Africa's Infrastructure*, https://www.avca.africa/media/4zbp2qdp/avca_research_private_capital_investment_in_africas_infrastructure_2025_public.pdf. [51]

AVCA (2024), *2023 African Private Capital Activity Report*, https://www.avca.africa/media/hvtdpiei/avca23-20-apca-annual-report-public.pdf. [57]

AVCA (2024), *Private Capital Activity in Africa*, https://www.avca.africa/media/npjnb455/avca_apca_report_q3_2024.pdf. [56]

Banerjee, S. and E. Morella (2011), *Africa's Water and Sanitation Infrastructure: Access, Affordability, and Alternatives*, The World Bank Group, Washington, DC. [19]

Barrett, C. et al. (2017), "On the Structural Transformation of Rural Africa", *Journal of African Economies*, Vol. 26/Issue suppl., pp. i11–i35, https://doi.org/10.1093/jae/ejx009. [8]

BCG/AFC (2017), *Infrastructure financing in sub-Saharan Africa: best practices from ten years in the field*, The Boston Consulting Group, Boston/Africa Finance Corporation, Lagos, https://www.africafinlab.com/sites/default/files/2018-06/3_Infrastructure%20Financing%20in%20Sub-Saharan%20Africa_0.pdf. [54]

Biegel, S. et al. (2024), *Integrating Gender Considerations into Sustainable Bonds*, https://static1.squarespace.com/static/638cb83455f20147b91df430/t/6464abfdaa92123186b4acc2/1684319251367/Integrating%2BGender%2BConsiderations%2Binto%2BSustainable%2BBonds%2B%281%29.pdf. [70]

Bloomberg (2025), *United States Rates & Bonds (data)*, https://www.bloomberg.com/markets/rates-bonds/government-bonds/us (accessed on 7 January 2025). [123]

Calcaterra, M. et al. (2024), "Reducing the cost of capital to finance the energy transition in developing countries", *Nature Energy* 9, pp. 1241–1251, https://doi.org/10.1038/s41560-024-01606-7. [122]

Calderon, C., P. Chuhan-Pole and Y. Some (2018), "Assessing Fiscal Space in Sub-Saharan Africa.", *World Bank Policy Research Working Paper* No. 8390, https://hdl.handle.net/10986/29602. [45]

Canning, D. and E. Bennathan (2000), "The Social Rate of Return on Infrastructure Investments", https://ssrn.com/abstract=630763. [14]

Castells-Quintana, D. (2017), "Malthus living in a slum: Urban concentration, infrastructure and economic growth", *Journal of Urban Economics*, Vol. 98, pp. 158-173, https://doi.org/10.1016/j.jue.2016.02.003. [33]

Cateia, J. and S. Fereira (2023), "Trade reform, infrastructure investment, and structural transformation in Africa: Evidence from Guinea-Bissau", *Emerging Markets Reviews*, Vol. 55, p. 101027, https://doi.org/10.1016/j.ememar.2023.101027. [11]

Chege, M. (2021), "Gender, women and girls: A tale of two female citizens", OECD Development Matters blog, https://oecd-development-matters.org/2021/03/11/a-tale-of-two-female-citizens/ (accessed on 17 April 2025). [105]

Chiyemura, F., E. Gambino and T. Zajontz (2023), "Infrastructure and the Politics of African State Agency: Shaping the Belt and Road Initiative in East Africa", *Chinese Political Science Review*, Vol. 8, pp. 105-131, https://doi.org/10.1007/s41111-022-00214-8. [99]

Christiaensen, L. and Y. Todo (2014), "Poverty Reduction During the Rural-Urban Transformation – The Role of the Missing Middle", *World Development*, Vol. 63, pp. 43-58, https://doi.org/10.1016/j.worlddev.2013.10.002. [15]

Collier, P. et al. (2019), "Informal settlements and housing markets", *International Growth Centre Policy Brief*, https://www.theigc.org/sites/default/files/2019/01/informal-settlements-policy-brief.pdf. [36]

Collins, N. et al. (2025), *Growing Resilience: Unlocking the Potential of Nature-based Solutions for Climate Resilience in Sub-Saharan Africa*, World Bank, Washington, DC, https://openknowledge.worldbank.org/entities/publication/ed023e93-3872-474c-b67b-4a19f6f857e8. [115]

CPI (2024), "Guaranteeing change: Mapping the landscape of guarantees in Africa", *climatepolicyinitiative.org (website)*, https://www.climatepolicyinitiative.org/guaranteeing-change-mapping-the-landscape-of-guarantees-in-africa/. [81]

CRDI (2023), "Global Infrastructure Risk Model and Resilience Index (GIRI)", *giri.unepgrid.ch (website)*, https://giri.unepgrid.ch/ (accessed on 10 April 2025). [109]

Custer, S. et al. (2024), *Tracking Chinese Development Finance: An Application of AidData's TUFF 3.0 Methodology*, https://docs.aiddata.org/ad4/pdfs/AidData_TUFF_methodology_3_0.pdf. [77]

Damadoran (2025), *Discount rate estimation (database)*, https://pages.stern.nyu.edu/~adamodar/ (accessed on 7 January 2025). [59]

Damadoran (2025), "Musings on Markets", *Aswathdamodaran (website)*, https://aswathdamodaran.blogspot.com/2025/01/data-update-1-for-2025-draw-and-danger.html (accessed on 7 January 2025). [124]

Damodaran (2025), "Damodaran online", *stern.nyu.edu (website)*, https://pages.stern.nyu.edu/~adamodar/ (accessed on 25 March 2025). [125]

Dato and al. (2024), "Computation of Weighted Average Cost of Capital (WACC) in the Power Sector for African Countries and the Implications for Country-Specific Electricity Technology Cost", *Clean Air Task Force (CATF) Working Paper*, https://www.catf.us/resource/evaluating-weighted-average-cost-capital-wacc-power-sector-african-countries/. [120]

Desalegn, A. and N. Solomon (2022), "Infrastructure inequities and its effect on poverty reduction across regional states in Ethiopia", *Journal of Mega Infrastructure & Sustainable Development*, Vol. 2/3, https://doi.org/10.1080/24724718.2022.2122671. [96]

Dinkelmann, T. (2011), "The effects of rural electrification on employment: New evidence from South Africa", *American Economic Review*, Vol. 101/7, pp. 3078-3108, https://pubs.aeaweb.org/doi/pdfplus/10.1257/aer.101.7.3078. [108]

Dorosh, P. et al. (2012), "Road connectivity, population, and crop production in sub-Saharan Africa", *Agricultural Economics*, Vol. 43/1, https://doi.org/10.1111/j.1574-0862.2011.00567.x. [38]

Dumas, C. and X. Játiva (2025), "Better Roads, Better Off? Evidence on Upgrading Roads in Tanzania", *The World Bank Economic Review*, Vol. 39/1, pp. 104-123, https://doi.org/10.1093/wber/lhae017. [98]

Dupar, M., E. Henriette and E. Hubbard (2023), "Nature-based green infrastructure: A review of African experience and potential", https://odi.org/documents/8644/Nature-based_green_infrastructure_-_A_review_of_African_experience_and_potenti_ic8LcVA.pdf. [113]

El-Bouayady, R. et al. (2024), "Assessing and modeling the impact of urbanization on infrastructure development in Africa: A data-driven approach", *Cities*, Vol. 155, p. 105486, https://doi.org/10.1016/j.cities.2024.105486. [31]

EU (2023), *EU-Africa: Global Gateway Investment Package - Strategic Corridors*, European Union, https://international-partnerships.ec.europa.eu/system/files/2023-10/GG_Factsheet_Africa_Strategic%20Corridors.pdf. [89]

Familoni, K. (2006), "The role of economic and social infrastructure in economic development: A global view", *Journal of Economic Perspectives*, Vol. 6/4, pp. 11-32. [6]

Fiorini, M. and M. Sanfilippo (2022), "Roads and Jobs in Ethiopia", *The World Bank Economic Review*, Vol. 36/4, pp. 999-1020, https://doi.org/10.1093/wber/lhac018. [20]

Fontagné, L. et al. (2022), "Trade and Infrastructure Integration in Africa", *CEPII Working Paper*, https://www.cepii.fr/PDF_PUB/wp/2023/wp2023-14.pdf. [23]

Foster, V. et al. (2023), "The Impact of Infrastructure on Development Outcomes: A Meta-Analysis", *World Bank Policy Research Working Paper*, Report number WPS 10350, http://documents.worldbank.org/curated/en/099510203092318515. [12]

Gallup (2020), *Gallup World Poll (database)*, https://www.gallup.com/analytics/213617/gallup-analytics.aspx (accessed on 15 January 2025). [2]

Gambino, E. and R. Reboredo (2024), "Infrastructure, time and labour: Movement and suspension along the Abidjan-Lagos corridor", *Territory, Politics, Governance*, https://doi.org/10.1080/21622671.2024.2357574. [97]

Gambino, E. and R. Reboredo (2022), "Connectivity and competition: The emerging geographies of Africa's 'Ports Race'", *Area Development and Policy*, Vol. 8/2, pp. 142-161, https://doi.org/10.1080/23792949.2022.2115933. [16]

GEMs (2024), *Default and Recovery Statistics for private and public lending for the period 1994 – 2023*, Global Emerging Markets, https://www.gemsriskdatabase.org/#Default%20and%20recovery%20statistics-%20Private%20and%20public%20lending. [64]

GI Hub (2024), "Only a quarter of private infrastructure deals in developing markets are conducted in local currency", *GI Hub website*, https://www.gihub.org/infrastructure-monitor/insights/only-a-quarter-of-private-infrastructure-deals-in-developing-markets-are-conducted-in-local-currency/ (accessed on 25 February 2025). [87]

GI Hub (2023), *Infrastructure Monitor 2023: Global trends in private investment in infrastructure*, https://cdn.gihub.org/umbraco/media/5416/infrastructure-monitor-report-2023.pdf. [126]

GI Hub (2023), *Infrastructure Monitor 2023: Private investment in infrastructure*, Global Infrastructure Hub, https://cdn.gihub.org/umbraco/media/5264/gih-infrastructure-monitor-2022-report-private-investment-may-2023.pdf. [49]

GI Hub (2018), *Global Infrastructure Outlook: Infrastructure investment needs 56 countries, 7 sectors to 2040*, https://cdn.gihub.org/outlook/live/methodology/Global+Infrastructure+Outlook+factsheet+-+June+2018.pdf. [119]

Gollin, D. and R. Rogerson (2014), "Productivity, transport costs and subsistence agriculture", *Journal of Development Economics*, Vol. 107, pp. 38-48, https://doi.org/10.1016/j.jdeveco.2013.10.007. [9]

Herera Dappe, M. and M. Lebrand (2024), "Infrastructure and Structural Change in Africa", *The World Bank Economic Review*, Vol. 38/3, pp. 483-513, https://doi.org/10.1093/wber/lhae002. [10]

Hickford et al. (2023), "Climate-related risk analytics for road & rail transport infrastructure in East Africa", https://east-africa.infrastructureresilience.org (accessed on 9 April 2025). [112]

Horrocks, P. et al. (2025), "Unlocking local currency financing in emerging markets and developing economies: What role can donors, development finance institutions and multilateral development banks play?", *OECD Development Co-operation Working Papers*, No. 117, OECD Publishing, Paris, https://doi.org/10.1787/bc84fde7-en. [86]

ICA (2022), *Infrastructure Financing Trends in Africa 2019-2020*, The Infrastructure Consortium for Africa Secretariat c/o African Development Bank, Abidjan, https://www.afdb.org/sites/default/files/documents/publications/04112022ift_africa_report_2019-2020-2_english.pdf. [13]

IEA (2024), *World Energy Investment 2024: Africa (dashboard)*, https://www.iea.org/reports/world-energy-investment-2024/africa. [24]

IEA (2023), *Cost of Capital Observatory*, International Energy Agency, Paris, Licence: CC BY 4.0, https://www.iea.org/reports/cost-of-capital-observatory. [121]

IEA (2022), *Africa Energy Outlook 2022*, International Energy Agency, https://www.iea.org/reports/africa-energy-outlook-2022/key-findings. [25]

IEA (2019), *World Energy Investment 2019*, International Energy Agency, Paris, Licence: CC BY 4.0, https://www.iea.org/reports/world-energy-investment-2019/financing-and-funding-trends. [129]

IMF (2024), *International Financial Statistics (database)*, https://data.worldbank.org/indicator/FR.INR.LEND (accessed on 23 January 2025). [131]

ITC (2022), *Made by Africa: Creating Value through Integration*, International Trade Centre, Geneva, https://au.int/sites/default/files/documents/42397-doc-ITC_MadeByAfrica_layout_ENG_20221121_webpages.pdf. [90]

Kose, M. et al. (2022), *A Cross-Country Database of Fiscal Space (database)*, https://www.worldbank.org/en/research/brief/fiscal-space (accessed on 20 November 2024). [46]

Mallek, R. et al. (2024), "Infrastructure development and poverty eradication in sub-Saharan Africa: Its effect and transmission channels", *Cities*, Vol. 144, p. 104658, https://doi.org/10.1016/j.cities.2023.104658. [34]

Marire, J. and B. Iqbal (2024), "Infrastructure development, informal economy, and gender inequality in sub-Saharan Africa", *Journal of Infrastructure Policy and Development*, https://www.researchgate.net/publication/381431146_Infrastructure_development_informal_economy_and_gender_i. [103]

Mayaki, I. (2014), "Why infrastructure development in Africa matters", *Africa Renewal*, https://africarenewal.un.org/en/magazine/why-infrastructure-development-africa-matters. [111]

Mensah, J. (2024), "Jobs! Electricity Shortages and Unemployment", *Journal of Development Economics*, Vol. 167, p. 103231, https://doi.org/10.1016/j.jdeveco.2023.103231. [101]

MiDA (2018), *Investment in African Infrastructure: Challenges and Opportunities*, https://www.marshmclennan.com/web-assets/insights/publications/2018/dec/innovations-in-infrastructure/Investment-in-African-Infrastructure/gl-2018-wealth-investment-opportunities-in-african-infrastructure-full-report-mercer.pdf. [55]

MIGA (2024), "MIGA and ATIDI to Streamline Investments in Africa", *MIGA (website)*, https://www.miga.org/press-release/miga-and-atidi-streamline-investments-africa (accessed on 25 January 2025). [84]

Moneke, N. (2020), "Infrastrucure and structural transformation: evidence from Ethiopia", *(PhD thesis)*, London School of Economics and Political Science, https://etheses.lse.ac.uk/4187/. [100]

NUMBEO (2025), *Prices by Country of Internet (database)*, https://www.numbeo.com/cost-of-living/prices_by_country.jsp?displayCurrency=USD&itemId=33. [136]

ODI (2025), "Mobilising European Institutional Investors into Emerging Markets and Developing Economies: three critical areas to address", *odi.org (website)*, https://odi.org/en/insights/mobilising-european-institutional-investors-into-emerging-markets-and-developing-economies-three-critical-areas-to-address/ (accessed on 13 February 2025). [68]

OECD (2025), *Credit reporting system (database)*, https://www.oecd.org/en/publications/creditor-reporting-system_22180907.html (accessed on 15 March 2025). [71]

OECD (2025), *GenderMarkers: Aid (ODA) activities targeting gender equality and women's empowerment (database)*, https://data-explorer.oecd.org/vis?lc=en&df%5bds%5d=DcdDisseminateFinalDMZ&df%5bid%5d=DSD_GNDR%40DF_GENDER&df%5bag%5d=OECD.DCD.FSD&av=true&dq=DAC_EC..1000..2.0%2B1%2B2%2B10%2B99.C.Q._T..&lom=LASTNPERIODS&lo=2&to%5bTIME_PERIOD%5d=false (accessed on 14 February 2025). [69]

OECD (2025), *Mobilised private finance for development (database)*, https://data-explorer.oecd.org/vis?lc=en&df%5bds%5d=DisseminateFinalDMZ&df%5bid%5d=DSD_MOB%40DF_MOBILISATION&df%5bag%5d=OECD.DCD.FSD&df%5bvs%5d=1.0&av=true&dq=ALLD%2BWXDAC.DPGC.140%2B210%2B220%2B230._T.100.V.&pd=2013%2C2023&to%5bTIME_PERIOD%5d=false&vw=tb (accessed on 30 March 2025). [62]

OECD (2025), *OECD Data Explorer: Mobilised private finance for development (database)*, https://data-explorer.oecd.org/vis?lc=en&df[ds]=DisseminateFinalDMZ&df[id]=DSD_MOB%40DF_MOBILISATION&df[ag]=OECD.DCD.FSD&df[vs]=1.0&av=true&dq=ALLD%2BWXDAC.DPGC.140%2B210%2B220%2B230._T.100.V.&pd=2013%2C2023&to[TIME_PERIOD]=false&vw=tb (accessed on 30 January 2025). [132]

OECD (2025), "Preliminary official development assistance levels in 2024", *OECD Development Co-operation Directorate Detailed Summary Note*, https://one.oecd.org/document/DCD(2025)6/en/pdf. [73]

OECD (2025), *States of Fragility 2025*, OECD Publishing, Paris, https://doi.org/10.1787/81982370-en. [72]

OECD (2021), *Water Governance in African Cities*, OECD Studies on Water, OECD Publishing, Paris, https://doi.org/10.1787/19effb77-en. [29]

OECD (2009), *Measuring Capital - OECD Manual 2009: Second edition*, OECD Publishing, Paris, https://doi.org/10.1787/9789264068476-en. [17]

OECD et al. (2025), *Africa's Urbanisation Dynamics 2025: Planning for Urban Expansion*, West African Studies, OECD Publishing, Paris, https://doi.org/10.1787/2a47845c-en. [32]

OECD/ITF (2024), *Infrastructure investment (database)*, https://www.oecd.org/en/data/indicators/infrastructure-investment.html. [138]

OECD/ITF (2024), *Investissements d'infrastructure (base de données)*, https://www.oecd.org/fr/data/indicators/infrastructure-investment.html. [137]

OECD/PSI (2020), *Rural Development Strategy Review of Ethiopia: Reaping the Benefits of Urbanisation*, OECD Development Pathways, OECD Publishing, Paris, https://doi.org/10.1787/a325a658-en. [39]

OECD/UN ECA/AfDB (2022), *Africa's Urbanisation Dynamics 2022: The Economic Power of Africa's Cities*, West African Studies, OECD Publishing, Paris, https://doi.org/10.1787/3834ed5b-en. [30]

Pettinotti, L. and A. Quevedo (2023), *Mapping finance sources for nature-based solutions in Africa*, ODI Report, https://media.odi.org/documents/Mapping_finance_sources_for_NBS_updated_5CZMgRA.pdf. [116]

Porteous, O. (2019), "High Trade Costs and Their Consequences: An Estimated Dynamic Model of African Agricultural Storage and Trade", *American Economic Journal: Applied Economics*, Vol. 11/4, pp. 327-366, https://www.aeaweb.org/articles?id=10.1257/app.20170442. [21]

Prinsloo, C. (2019), "The Pitfalls of Private Sector Investment in Infrastructure Financing", *SAIIA Policy Briefing* 187, https://saiia.org.za/wp-content/uploads/2019/06/Policy-Briefing187prinsloo.pdf. [79]

PwC (2024), *Scaling Up Blended Finance: The Key to Closing the Infrastructure Investment Gap in Emerging Markets*, PwC, https://www.convergence.finance/api/file/57c8dae11c7f7747de547dba0bf2dd11:11cdeee4eea3147c253b55dae3bae28e6bd35521928e9dfceb31f056990850049a087889936272dd1fcf3f65cd4dadac9e2ab4c9986474cc9c3639693e35d4c161c593fd6f6d81209ca3c5037ba10bdc2082caf0d23685f1038f5. [130]

Ray, R. (2023), "'Small is beautiful': A new era in China's overseas development finance?", *Global China Initiative Policy Brief*, Vol. 17, p. 19, https://www.bu.edu/gdp/files/2023/01/GCI_PB_017_CODF_EN_FIN.pdf. [76]

Roy, R. (forthcoming), "Africa's developmental path as a solution to the problem of air pollution in Africa", *Background Paper for Africa's Development Dynamics 2023*. [93]

Rozenberg, J. and M. Fay (2019), *Beyond the Gap: How Countries Can Afford the Infrastructure They Need while Protecting the Planet*, World Bank, Sustainable Infrastructure Series, http://hdl.handle.net/10986/31291. [18]

SAIIA (2024), *Cost of Capital Commission: A Proposal*, South African Institute of International Affairs, Johannesburg, https://saiia.org.za/wp-content/uploads/2024/09/SAIIA_PN_4_G20CostCapital.pdf. [67]

Small, S. and Y. van der Meulen Rodgers (2023), "The gendered effects of investing in physical and social infrastructure", *World Development*, Vol. 171, p. 106347, https://www.sciencedirect.com/science/article/abs/pii/S0305750X23001651. [104]

Springer, C. et al. (2023), *Elevating ESG: Empirical lessons on environmental, social and governance implementation of Chinese projects in Africa*, https://www.bu.edu/gdp/files/2023/08/GCI_GIZ-Report_2023_FIN.pdf. [75]

Standard Bank (2022), "We've Just Raised N$400m in Our Debut Green Bond Issuance", Standard Bank, https://www.standardbank.com.na/static_file/Namibia/Personal/pdfs/7627_SBN_CIB%20and%20Business%20Banking_Green%20Bond%20Project%20Awareness_pdf.pdf. [88]

Tax Foundation (2024), *Corporate Tax Rates Around the World, 2024 (database)*, https://taxfoundation.org/data/all/global/corporate-tax-rates-by-country-2024/ (accessed on 25 November 2024). [61]

UNCTAD (2025), *Aid at the crossroads: Trends in official development assistance*, United Nations Trade and Development, New York and Geneva, https://unctad.org/system/files/official-document/osgttinf2025d1_en.pdf. [74]

UNCTAD (2025), *Investment Policy Monitor 30: Political risk insurance*, United Nations Trade and Development, New York and Geneva, https://unctad.org/system/files/official-document/diaepcbinf2025d1_en.pdf. [83]

UNCTAD (2024), *A world of debt report 2024: A growing burden to global prosperity*, United Nations Trade and Development, New York and Geneva, https://unctad.org/publication/world-of-debt. [48]

UNDP (2024), *Reducing the Cost of Borrowing in Africa*, United Nations Development Programme, New York, https://www.undp.org/sites/g/files/zskgke326/files/2024-05/cra-inititative.pdf. [65]

UNDP (2023), *Lowering the Cost of Borrowing in Africa – The Role of Sovereign Credit Ratings*, United Nations Development Programme, New York, https://www.undp.org/africa/publications/lowering-cost-borrowing-africa-role-sovereign-credit-ratings. [66]

UNECA et al. (2021), "Developing Bankable Transport Infrastructure Projects: Case Studies, Experiences and Learning Materials for LLDCs and Transit Countries", *UN-OHRLLS Learning materials*, https://www.un.org/ohrlls/sites/www.un.org.ohrlls/files/draft_develop_bankable_transport_infrastructure_project_24sep1_0.pdf. [128]

UNICEF (2024), *Drinking water, sanitation and hygiene in households by country, 2000-2022 (database)*, https://data.unicef.org/topic/water-and-sanitation/drinking-water/ (accessed on 17 January 2025). [1]

Winter, J., G. Darmstadt and J. Davis (2021), "The role of piped water supplies in advancing health, economic development, and gender equality in rural communities", *Social Science & Medicine*, Vol. 270, p. 113599, https://www.sciencedirect.com/science/article/abs/pii/S0277953620308182. [107]

World Bank (2024), *Boost Initiative: Open Budget Portal (database)*, https://www.worldbank.org/en/programs/boost-portal/boost-data-lab (accessed on 15 November 2024). [42]

World Bank (2024), *Enterprise surveys (database)*, https://www.enterprisesurveys.org/en/data/exploretopics/infrastructure-and-climate (accessed on 15 February 2025). [26]

World Bank (2024), "International Debt Statistics (IDS)", *worldbank.org (website)*, https://www.worldbank.org/en/programs/debt-statistics/ids (accessed on 23 January 2025). [47]

World Bank (2024), *World Development Indicators (database)*, https://databank.worldbank.org/source/world-development-indicators/Series/FR.INR.LEND (accessed on 25 January 2025). [60]

World Bank (2023), *Understanding and Mitigating the Fiscal Risks of Infrastructure*, World Bank, Washington, DC, https://openknowledge.worldbank.org/server/api/core/bitstreams/4fafb58c-5755-4418-aa35-95e033594a52/content. [41]

World Bank (2017), *Who sponsors infrastructure projects? Disentangling public and private contributions*, World Bank, Washington, DC, https://ppi.worldbank.org/content/dam/PPI/documents/SPIReport_2017_small_interactive.pdf. [40]

World Bank/IMF (2025), "Debt & Fiscal Risks Toolkit", *World Bank website*, https://www.worldbank.org/en/programs/debt-toolkit/dsa (accessed on 28 April 2025). [43]

World Bank/PwC (2024), *How can we unlock infrastructure finance at scale for developing countries?*, https://blogs.worldbank.org/en/ppps/how-can-we-unlock-infrastructure-finance-at-scale-for-developing. [58]

World Water Council (2018), *Water Infrastructure for Climate Adaptation: The Opportunity to Scale Up Funding and Financing*, World Water Council, Marseilles, https://www.worldwatercouncil.org/sites/default/files/2019-12/WWC-Investing-in-Water-Infrastructure-for-Climate-Adaption_WEB.pdf. [127]

2 Políticas para acelerar e incrementar os projetos de infraestruturas em África

Este capítulo identifica as políticas que podem acelerar e incrementar o desenvolvimento de projetos de infraestruturas nos países africanos. Analisa o modo como as políticas de infraestruturas regionais, nacionais e subnacionais podem potenciar a transformação produtiva. O capítulo aborda igualmente o modo como uma governança eficaz das infraestruturas pode acelerar a implementação e a sustentabilidade dos projetos. Examina estratégias e planeamento relacionados com os corredores de desenvolvimento, recuperação de custos, manutenção e certificações de qualidade.

Em resumo

O desenvolvimento das infraestruturas nos países africanos enfrenta grandes desafios estratégicos, nomeadamente o crescimento demográfico, a urbanização de baixa produtividade e a fragmentação das redes de infraestruturas transfronteiriças. Para transformar estes desafios em oportunidades, o desenvolvimento de infraestruturas nos países africanos exige políticas credíveis e baseadas em evidências empíricas, bem como uma criteriosa definição de prioridades para projetos que fomentem a transformação produtiva do continente.

As políticas regionais, nacionais e subnacionais que estrategicamente priorizam os projetos de infraestruturas podem contribuir para a transformação produtiva de África, sendo que uma governança eficaz permite implementar esses projetos de forma eficiente e sustentável, maximizando, os recursos disponíveis:

- **Definição de prioridades estratégicas:** A segunda fase do Programa para o Desenvolvimento das Infraestruturas em África (PIDA) pode estabelecer prioridades de modo mais rigoroso para projetos centrados na transformação produtiva, em comparação com a primeira fase. Os decisores políticos podem também priorizar os corredores de desenvolvimento e o desenvolvimento de infraestruturas urbanas que se alinham com as prioridades do PIDA e facilitam setores altamente produtivos e cadeias de valor regionais. A compilação de mais dados sobre a transformação produtiva sobre os objetivos de criação de emprego, o desenvolvimento de infraestruturas e o seu financiamento ajudaria os decisores políticos a acompanhar os progressos. As políticas devem ser coordenadas e planeadas a vários níveis geográficos (por exemplo, por meio de planos diretores). Uma vez selecionados, os projetos de infraestruturas requerem um forte apoio institucional a todos os níveis, particularmente a nível nacional, onde as decisões políticas e orçamentais têm um impacto mais direto na execução dos projetos.
- **Governança eficaz**: Os projetos de infraestruturas selecionados requerem estruturas de governança que privilegiem a tomada de decisões eficientes pelas partes interessadas mais relevantes e que reconheçam a existência de interesses divergentes e capacidades limitadas. As unidades de parcerias público-privadas e os mecanismos de preparação de projetos podem ser reforçados para apoiar projetos de grande dimensão e complexidade ao longo de todo o seu ciclo, contribuindo para a redução de custos e desperdícios nas fases posteriores dos projetos. Uma melhor recuperação dos custos e um planeamento mais eficiente dos custos de manutenção são essenciais para a sustentabilidade operacional dos projetos. Os padrões de qualidade das infraestruturas africanas podem ser ampliados para facilitar a mobilização de recursos adicionais de apoio aos projetos, promover a comunicação das normas de execução aos financiadores e estabelecer padrões mínimos para infraestruturas de qualidade.

O desenvolvimento das infraestruturas nos países africanos enfrenta desafios estratégicos, nomeadamente o crescimento demográfico, a urbanização de baixa produtividade, a fragmentação das redes de infraestruturas transfronteiriças e a estagnação do financiamento internacional. O crescimento da população está a causar pressões crescentes no desenvolvimento de infraestruturas nos países africanos. Entre 2024 e 2050, a população de África aumentará 63%, passando de cerca de 1,50 mil milhões para 2,45 mil milhões de habitantes (UN DESA, 2025[1]). Cerca de 80% deste crescimento demográfico está a ocorrer nos espaços urbanos: até 2050, dois em cada três africanos viverão numa aglomeração urbana e a superfície urbana total mais do que duplicará (OECD et al., 2025[2]). Ao contrário do que acontece noutras regiões do mundo, a urbanização nos países africanos não está diretamente associada ao aumento da produtividade (Castells-Quintana, 2017[3]). Além disso, a população rural continuará a crescer em termos absolutos (AUC/OECD, 2018[4]). Para além das fronteiras nacionais, as infraestruturas continentais de África não estão bem integradas, em grande parte devido aos legados do colonialismo e da extração de recursos primários (Bersaglio and Enns, 2019[5]; Graff, 2024[6]). A capacidade de muitos governos africanos para financiar infraestruturas é limitada pela sua crescente dívida soberana. Além disso, o financiamento por parte de financiadores privados internacionais e o desenvolvimento de infraestruturas estagnaram ou foram mesmo reduzidos, em parte devido à evolução das considerações geopolíticas e a perceções de risco sustentadas (ver capítulo 1 para mais pormenores sobre o desafio do financiamento) (AUC/OECD, 2023[7]).

As megatendências das alterações climáticas e o avanço da inteligência artificial geram novas exigências e incertezas para o desenvolvimento de infraestruturas nos países africanos. O continente enfrenta o dobro dos riscos climáticos que a América Latina e cinco vezes superiores aos da Europa (OECD, 2024[8]). Os fenómenos climáticos já provocam perdas económicas globais que atingem, em média, 2-5% do produto interno bruto (PIB) anualmente em todo o continente africano (WMO, 2024[9]). Os fenómenos meteorológicos extremos têm efeitos negativos generalizados nas infraestruturas; por exemplo, estima-se que as perdas de receitas provenientes da energia hidroelétrica podem variar entre 5% e 60% nos países africanos afetados (Cervigni et al., 2015[10]). Embora muitos países africanos tenham feito progressos significativos na digitalização das suas economias (CUA/OECD, 2021[11]), o rápido agravamento da procura por serviços de inteligência artificial levanta novos desafios. Atualmente, África representa menos de 2% de todos os centros de dados a nível mundial (Data Center Map, n.d.[12]). Embora o número de centros de dados esteja a crescer rapidamente, existem atualmente pelo menos 110 e estão a ser construídos mais 56, e serão necessárias melhorias significativas nas redes de energia para permitir a sua expansão nos países africanos (BusinessWire, 2025[13]; BusinessWire, 2025[14]). Os investimentos estratégicos na resiliência climática e nas infraestruturas digitais e energéticas assumirão, certamente, uma importância crescente, mas o ritmo acelerado da mudança também gera incerteza quanto às áreas em que esses investimentos se devem concentrar.

Transformar estes desafios em oportunidades exige escolhas políticas baseadas em evidências e uma cuidadosa priorização. Entre as prioridades africanas incluídas no PIDA, três são suscetíveis de gerar efeitos multiplicadores elevados para o desenvolvimento económico: determinados tipos de infraestruturas, integração regional e infraestruturas urbanas (Capítulo 1). No entanto, a priorização de projetos implica uma avaliação mais cuidadosa dos compromissos políticos. Por exemplo, embora as infraestruturas transfronteiriças e a aglomeração urbana impulsionem a produtividade e o crescimento, podem resultar na exclusão de grandes populações rurais (Dorosh and Thurlow, 2014[15]; Krantz, 2024[16]). O tempo necessário para planear cuidadosamente a garantia de qualidade e a sustentabilidade ambiental pode exceder o custo da inação, quando, em pelo menos sete países africanos, as populações duplicam a cada 25 anos (Gil, Stafford and Musonda, 2019[17]). Os princípios orientadores são, portanto, a priorização, a apropriação local, a transparência, a responsabilização e a utilização eficiente dos recursos.

A transformação produtiva pode orientar a priorização dos projetos de infraestruturas. Este conceito refere-se ao processo de acumulação e difusão de capacidades organizacionais, de produção e tecnológicas, incluindo a relocação do capital e do trabalho para os segmentos mais produtivos de uma economia (AUC/OECD, 2019[18]). O investimento em infraestruturas que visam a transformação produtiva pode ajudar a enfrentar desafios estratégicos como o crescimento demográfico, a urbanização e a fragmentação regional. Por exemplo, uma infraestrutura urbana bem planeada pode ajudar a traduzir a urbanização em crescimento económico sustentado (AfDB/OECD/UNDP, 2016[19]). Os investimentos específicos em infraestruturas de transportes e de energia podem impulsionar a transformação ao reforçar as ligações entre os espaços rurais e urbanos, como, por exemplo, ao facilitar o acesso de trabalhadores agrícolas ao setor dos serviços (Castells-Quintana, 2017[3]; Moneke, 2020[20]; UNECA, 2017[21]).

Os projetos de infraestruturas regionais são também fundamentais para a transformação produtiva. Podem complementar a redução dos direitos aduaneiros por meio da Zona de Comércio Livre Continental Africana (ZCLCA), permitindo assim o comércio e o desenvolvimento de cadeias de valor regionais (UNECA, 2022[22]; AUC/OECD, 2022[23]).

Este capítulo fornece aos decisores políticos orientações sobre como priorizar os projetos de infraestruturas que promovam a transformação produtiva e como implementá-los de forma eficiente e célere, através de uma governança eficaz, tendo em conta os recursos disponíveis:

- **Definição de prioridades estratégicas:** A definição de prioridades para os projetos no âmbito do Plano de Ação Prioritário 2 (PAP2) do PIDA foi um passo necessário na direção certa. O primeiro relatório de implementação decenal do PIDA mostrou que os progressos não estavam a avançar com a rapidez necessária para atingir os objetivos do programa até 2030 (AUDA-NEPAD, 2023[24]). A definição mais rigorosa de prioridades para os projetos no âmbito do PIDA PAP2, em comparação com o PAP1, reduziu o número de projetos prioritários de cerca de 433 (2012-20) para 69 (2021-30). Os corredores de desenvolvimento e o desenvolvimento de infraestruturas urbanas alinhados com as estratégias continentais, regionais e nacionais de transformação produtiva (incluindo os setores prioritários e as cadeias de valor regionais) poderiam ser objeto de uma maior prioridade, de modo a acelerar os progressos. A disponibilização de mais dados sobre a concretização da transformação produtiva, as metas de criação de emprego, o desenvolvimento de infraestruturas e o respetivo financiamento ajudariam os decisores políticos a acompanhar melhor os progressos alcançados. As políticas exigem coordenação e planeamento a vários níveis geográficos (por exemplo, por meio de planos diretores). Os projetos selecionados devem dispor de um amplo apoio institucional a todos os níveis, mas particularmente a nível nacional, onde as decisões políticas e orçamentais têm um impacto mais direto na execução dos projetos. O reforço das capacidades e competências institucionais é uma condição prévia para a execução.
- **Governança eficaz:** Uma vez selecionados, os projetos de infraestruturas requerem estruturas de governança que privilegiem a tomada de decisões eficientes pelas partes interessadas mais relevantes e que reconheçam a existência de interesses divergentes e capacidades limitadas. As unidades de parcerias público-privadas e os mecanismos de preparação de projetos devem ser reforçados para apoiar projetos de grande dimensão e complexidade ao longo de todo o seu ciclo, contribuindo para a redução de custos e desperdícios nas fases posteriores dos projetos. Uma melhor recuperação dos custos e um melhor planeamento dos custos de manutenção são essenciais para a sustentabilidade dos projetos. Os padrões de qualidade das infraestruturas africanas podem ser ampliados, para permitir não só a mobilização de recursos adicionais de apoio aos projetos, mas também a comunicação das normas de qualidade aos financiadores e a garantia de normas mínimas de sustentabilidade.

As estratégias e o planeamento das infraestruturas devem alinhar-se melhor com os objetivos de transformação produtiva a todos os níveis

A agenda africana para alcançar a transformação produtiva pode orientar mais diretamente os decisores políticos na definição de prioridades para os projetos de infraestruturas a nível regional,

nacional e subnacional. A Agenda 2063 aspira a «infraestruturas de classe mundial e integradas que atravessam o continente [...] para apoiar a integração e o crescimento acelerado, transformação tecnológica, comércio e desenvolvimento de África» (AUC, 2015[25]). A agenda está ainda codificada em políticas continentais (como a Estratégia de Desenvolvimento Industrial Acelerado para África e a ZCLCA) e em planos nacionais (ver OCDE (2023[26]). Diversas experiências internacionais, nomeadamente da República Popular da China (a seguir designada como "China"), Europa, Coreia, México e Türkiye, sublinham a importância de planear os investimentos em infraestruturas em consonância com as necessidades setoriais e industriais, de forma a alcançar melhores resultados em termos de transformação produtiva (UNCTAD, 2018[27]). Em cada um destes países, o desenvolvimento de infraestruturas foi baseado numa estratégia clara, seguida de uma avaliação das necessidades de infraestruturas, que serviu de base ao planeamento governamental e à definição das necessidades financeiras, tanto de fontes públicas como privadas. Pelo menos 40 países africanos publicaram planos nacionais de desenvolvimento que abrangem as necessidades em infraestruturas, mas muito poucos incluem listas de projetos prioritários, abordam as complementaridades infraestruturais a diferentes níveis geográficos, atribuem orçamentos plurianuais e identificam ligações claras aos objetivos de transformação produtiva (IMF, 2025[28]; InfraCompass, 2020[29]; UNCTAD, 2018[27]).

Os projetos de corredores de desenvolvimento podem ser considerados prioritários para apoiar a integração regional e a transformação produtiva

Os corredores de desenvolvimento tornaram-se instrumentos políticos centrais para a integração regional e a transformação produtiva. Em 2025, existiam pelo menos 80 corredores de desenvolvimento em África que estavam em fase de planeamento, em construção ou plenamente operacionais. Thorn et al. (2022[30]) referem que «os corredores de infraestruturas prestam geralmente serviços como a energia, a água, a gestão de resíduos, os transportes e as telecomunicações; e [estes] conduzem frequentemente ao desenvolvimento espacial entre as periferias rurais e os polos de crescimento urbano [...] [enquanto] os corredores de desenvolvimento são áreas geográficas maiores, muitas vezes transnacionais, destinadas ao investimento nacional e internacional». Os corredores de desenvolvimento em África envolvem também, com frequência, a promoção de setores económicos que visam cadeias de valor estratégicas, através do desenvolvimento de parques industriais, zonas económicas especiais, cidades turísticas ou portos secos:

> *O Corredor do Anel de Crescimento da África Ocidental engloba quatro corredores principais que atravessam o Burquina Faso, a Côte d'Ivoire, o Gana e o Togo. O Plano Diretor de Desenvolvimento do Corredor, desenvolvido entre 2015 e 2018, descreve projetos de infraestruturas destinados a reforçar a integração e a conectividade regionais, incluindo a autoestrada Abidjan-Lagos. Para além das infraestruturas regionais, integra igualmente o desenvolvimento de cadeias de valor regionais estratégicas, como as cadeias de valor da carne, através da inclusão de projetos a nível nacional, incluindo instalações de carga e descarga de gado em estações ferroviárias, mercados de gado e complexos de abate (UEMOA/JICA, 2018[31]).*
>
> *Na África Oriental, o Corredor do Norte liga o Burundi, a República Democrática do Congo, o Ruanda, o Sudão do Sul e o Uganda ao porto de Mombaça, no Quénia. A sua plena implementação contribuiria para reduzir os custos de transporte, particularmente para os países sem litoral, onde esses custos podem representar até 75 % do valor das suas exportações (EAC, 2012[32]). O corredor oferece igualmente oportunidades para impulsionar as cadeias de valor agroalimentares na região e reforçar os laços com a África Austral (CBC, 2019[33]). Em 2025, os Estados-Membros aprovaram o desenvolvimento de um centro logístico regional na Zona Económica Especial de Naivasha, o qual contribuirá ainda mais para reduzir os custos das trocas comerciais (NCTCA, 2025[34]).*

O PIDA proporciona um enquadramento continental para a definição de prioridades para os projetos de corredores de desenvolvimento. O PIDA é uma iniciativa à escala continental que visa acelerar o desenvolvimento de infraestruturas transfronteiriças. Está alinhado com iniciativas panafricanas, como a Rede de Autoestradas Transafricanas, o Mercado Único Africano de Transportes

Aéreos e o Projeto Continental Ferroviário de Alta Velocidade. O Plano de Ação Prioritário 1 do PIDA (PIDA PAP1), que decorreu de 2012 a 2020, identificou 51 programas de infraestruturas transfronteiriças, compostos por um total de 409 projetos individuais. Apesar dos progressos alcançados, incluindo a construção de mais de 16 000 quilómetros (km) de estradas, 4 000 km de ferrovias e 3 500 km de linhas de transmissão de energia – apenas 18 % dos projetos previstos estavam operacionais em 2025 (Figura 2.1). Com base nas lições da primeira fase, o PIDA PAP2 (2021-30) dá prioridade a 69 projetos que consideram as prioridades nacionais e regionais, bem como a relevância transfronteiriça (exceto para os países insulares) como os principais critérios de elegibilidade. Os critérios para a seleção inicial dos projetos incluem: i) sinergias com as infraestruturas existentes; ii) criação de emprego; iii) conectividade rural-urbana; iv) integração das questões de juventude e igualdade de género; v) resistência às alterações climáticas; e vi) viabilidade financeira e preparação para o investimento do setor privado (AU, 2020[35]; AUDA-NEPAD, 2023[24]). O PIDA PAP2 recorre a diversos instrumentos, frequentemente desenvolvidos em conjunto com parceiros internacionais, para facilitar a preparação e a implementação dos projetos, tais como o Mecanismo de Prestação de Serviços do PIDA ou o Conjunto de Ferramentas de Criação de Emprego do PIDA (Traoré et al., 2024[36]) (Caixa 2.1).

Figura 2.1. Projetos do PIDA PAP1 por fase de desenvolvimento

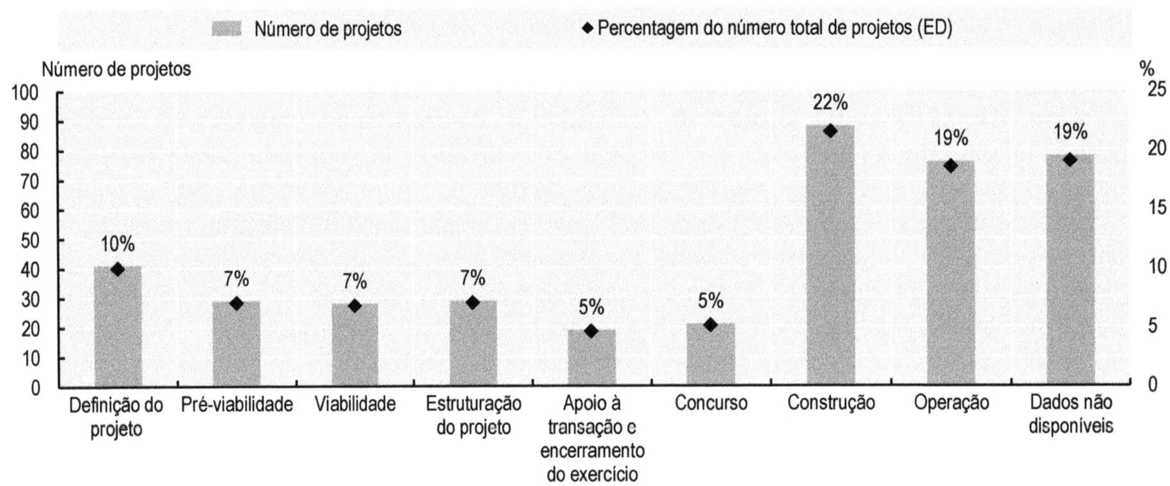

Nota: PIDA PAP1 = Plano de Ação Prioritário do Programa para o Desenvolvimento de Infraestruturas em África. ED = escala da direita. Dados recolhidos em abril de 2025.

Fonte: AUDA-NEPAD (2025[37]), *PIDA Projects Dashboard* (database) [Painel informativo dos projetos PIDA (base de dados)], https://www.au-pida.org/pida-projects/.

StatLink https://stat.link/fczy9i

Caixa 2.1. Kit de Ferramentas de Criação de Emprego do PIDA

O Kit de Ferramentas de Criação de Emprego do PIDA (AUDA-NEPAD, n.d.[38]) apoia os decisores políticos e os promotores de infraestruturas a avaliar e a maximizar o potencial de criação de emprego de um projeto de infraestruturas. O Kit de Ferramentas recorre a um modelo elaborado, baseado em quadros de input-output específicos por cada país e setor, para avaliar os efeitos de projetos de infraestruturas de grande dimensão em toda a economia. O modelo foi concebido com base em avaliações de impacto existentes, numerosas entrevistas a peritos e numa análise da literatura, sendo a respetiva metodologia atualizada regularmente.

Em 2023, os projetos do PIDA tinham gerado cerca de 162 000 postos de trabalho (AUDA-NEPAD, 2023[24]). As estimativas de emprego de 94 projetos do PIDA implementados em 34 países sugerem que poderão ser criados até 15 milhões de postos de trabalho adicionais por meio da construção, operação e manutenção destes projetos. Por exemplo, o Corredor Norte-Sul, composto por 16 projetos em 8 países, deverá criar 4,5 milhões de postos de trabalho ao longo de toda a duração do projeto. Além disso, poderão ser criados cerca de 130 000 postos de trabalho noutros setores, incluindo o agroalimentar, o mineiro e o comercial. As estimativas de emprego permitem aos países coordenadores planear intervenções governamentais em resposta à procura de mão de obra (AUDA-NEPAD, 2020[39]).

Fonte: Compilação dos autores com base em contributos da AUDA-NEPAD e da GIZ.

Um forte compromisso político e orçamental a nível nacional é fundamental para a execução de projetos regionais e transfronteiriços. Várias comunidades económicas regionais, como a Comunidade de Desenvolvimento da África Austral e a Autoridade Intergovernamental para o Desenvolvimento, publicaram estratégias de desenvolvimento de infraestruturas regionais nos últimos anos (SADC, 2012[40]; IGAD, 2022[41]). No entanto, a integração dessas estratégias a nível nacional continua a ser limitada, o que atrasa a execução dos projetos do PIDA. De facto, as análises das disposições institucionais em cinco corredores de desenvolvimento revelam a interface limitada entre as estruturas de governança dos programas de infraestruturas transfronteiriças e as estratégias regionais e nacionais. O apoio político contínuo a nível nacional é importante, uma vez que os interesses dos países em investir em infraestruturas regionais variam. Os países que pertencem simultaneamente a mais do que uma comunidade económica regional, como Angola, Burundi e Ruanda, tendem a privilegiar projetos regionais com os países com os quais mantêm relações comerciais mais fortes, o que evidencia a importância das cadeias de valor regionais na seleção dos projetos (Lisinge and van Dijk, 2021[42]). No entanto, constrangimentos fiscais podem, por vezes, levar os países a reduzir a sua participação em iniciativas regionais que dependem da atuação e ações de países terceiros e cujos benefícios imediatos não são evidentes (Medinilla, Byiers and Karaki, 2019[43]).

O planeamento e o acompanhamento, nomeadamente por meio de inovações digitais, são necessários para gerar dados fiáveis sobre o impacto e melhorar os resultados económicos e sociais dos corredores de desenvolvimento. A experiência internacional sugere que os resultados negativos indesejados dos corredores em termos de desenvolvimento requerem uma gestão cuidadosa: embora o impacto médio dos corredores de desenvolvimento no bem-estar económico tenda a ser positivo, os resultados económicos e sociais diferem muito entre localizações subnacionais ou grupos populacionais (Roberts et al., 2018[44]). O impacto dos corredores no desenvolvimento dos países africanos ainda não foi avaliado de forma exaustiva por várias razões: os corredores de desenvolvimento são relativamente recentes e de implementação lenta, faltam dados fiáveis e existem desafios metodológicos significativos para isolar os seus efeitos. Num inquérito às principais partes interessadas dos corredores,[1] cerca de 40 % dos inquiridos afirmaram considerar que faltam mecanismos adequados de monitorização e avaliação (Lisinge and van Dijk, 2021[42]). A eficácia da implementação dos corredores de desenvolvimento pode ser melhorada se as políticas e o planeamento integrarem estas preocupações numa fase inicial (Tabela 2.1). A utilização de inovações digitais e de big data pode constituir um apoio adicional à monitorização e gestão dos corredores.

> *Os observatórios de transportes dos corredores, tal como os implementados nos corredores Norte e Central na África Oriental, recolhem dados quase em tempo real, fornecendo informações sobre a dimensão dos atrasos registados ao longo de um corredor que atravessa 51 fronteiras em 15 países. Os dados alimentam o processo de tomada de decisões da gestão do corredor, contribuindo para melhorar o seu desempenho (World Bank, 2024[45]).*

Tabela 2.1. Considerações políticas e de planeamento para a implementação de corredores de desenvolvimento

	Riscos	Considerações políticas e de planeamento para mitigar os riscos
A nível económico	• Os atrasos e os custos excessivos são características comuns dos projetos de grande escala: um estudo global revela que apenas 8,5% de mais de 16,000 megaprojetos foram entregues a tempo, dentro do orçamento e com o serviço prometido. As barragens, as ferrovias e os aeroportos são frequentemente os mais afetados pelos atrasos devido à sua natureza «pontual» (Flyvbjerg and Gardner, 2023[46]). • A consideração limitada de projetos regionais nos planos nacionais pode resultar em ligações deficientes com as redes nacionais e rurais, reduzindo os seus benefícios para as empresas locais.	• Assegurar a coerência entre o planeamento internacional, nacional e local • Articular o desenvolvimento de infraestruturas com estratégias de transformação produtiva (por exemplo, integração de cadeias de valor regionais) • Avaliar os benefícios e custos económicos associados ao corredor de desenvolvimento • Garantir um forte apoio político e capacidade de gestão de projetos a nível nacional e local • Garantir o alinhamento político, jurídico e regulatório a nível regional • Assegurar uma estrutura financeira com uma forte participação do Estado e envolver os intervenientes do setor privado (por exemplo, através de parcerias público-privadas) e os parceiros de desenvolvimento, para mobilizar capital adicional
A nível social	• Os corredores de desenvolvimento podem dar origem a desafios sociais significativos, como a perda de postos de trabalho, a deslocação de comunidades locais, o agravamento das desigualdades socioeconómicas, a exclusão de comunidades rurais pobres e alterações na cultura local e na dinâmica das comunidades (Bignoli, 2024[47]).	• Foco na governança, na inclusão e na igualdade • Realizar consultas com organizações da sociedade civil e organizações não governamentais • Desenvolver estruturas para a definição de responsabilidades, o acompanhamento das políticas e o sentimento de apropriação local (por exemplo, por meio de diálogos políticos)
A nível ambiental	• Se não for devidamente planeado, o desenvolvimento de infraestruturas pode conduzir à perda de habitats naturais e de biodiversidade, bem como à degradação ambiental, com impactos adicionais na saúde e no bem-estar humanos (Capítulo 1). Uma avaliação de 33 corredores de desenvolvimento planeados ou existentes em África revelou que a sua construção teria impactos ambientais adversos, afetando mais de 400 áreas protegidas e exigindo medidas rigorosas de mitigação e proteção para evitar danos ambientais irreversíveis (Laurance et al., 2015[48]).	• Realizar avaliações de impacto ambiental centradas na biodiversidade e na conservação • Abordar os riscos climáticos futuros e a gestão dos recursos hídricos • Incluir soluções baseadas na natureza nos projetos de corredores de desenvolvimento

Fonte: Compilação dos autores baseada em Hobbs e Juffe Bignoli (2022[49]), *Impact Assessment for Corridors: From Infrastructure to Development Corridors* [Avaliação do impacto dos corredores: Dos corredores de infraestruturas aos corredores de desenvolvimento] e G20 et al. (2024[50]), *Delivering Cross-Border Infrastructure: Conceptual Framework and Illustrative Case Studies* [Realização de infraestruturas transfronteiriças: Quadro concetual e estudos de casos ilustrativos].

O fortalecimento da capacidade das instituições regionais para gerir projetos, em alinhamento com os governos nacionais, pode aumentar a eficácia da implementação. Os mecanismos institucionais para a execução de projetos de infraestruturas transfronteiriças e regionais são frequentemente dificultados pela capacidade limitada das comunidades económicas regionais para os gerir. Menos de 40% dos intervenientes inquiridos,[2] envolvidos na implementação de corredores de desenvolvimento, consideram que os mecanismos institucionais são eficazes. Embora as comunidades económicas regionais estejam bem posicionadas para desenvolver quadros de coordenação e negociar com parceiros externos (por exemplo, bancos de desenvolvimento e o setor privado), carecem frequentemente de capacidade e legitimidade para executar projetos regionais de forma independente. Por conseguinte, a criação de pontos focais específicos a nível nacional (por exemplo, unidades de implementação específicas) poderia contribuir para reforçar a apropriação nacional das iniciativas e assegurar o financiamento inicial, acelerando, em última instância, a implementação dos projetos regionais (Lisinge and van Dijk, 2021[42]). Os parceiros de desenvolvimento podem igualmente prestar assistência financeira e apoio técnico especializado às comunidades económicas regionais e aos organismos institucionais responsáveis pela gestão dos corredores, a fim de reforçar a sua capacidade de coordenação e supervisão dos projetos regionais (Caixa 2.2).

> *Em 2020, a bolsa de peritos do Mecanismo de Prestação de Serviços do PIDA ficou totalmente operacional, prestando serviços de aconselhamento em fases iniciais a 10 dos 89 projetos do PIDA. Baseia-se numa bolsa de peritos contratados através de concursos competitivos, que presta serviços de aconselhamento aos proprietários regionais e nacionais por projetos de infraestruturas (Estados-Membros, comunidades económicas regionais, autoridades de bacias hidrográficas, etc.), com o objetivo de acelerar o processamento dos projetos desde a fase de conceção até ao encerramento do exercício financeiro (AUDA-NEPAD, 2023[24]).*

Caixa 2.2. Apoio dos parceiros de desenvolvimento aos corredores de desenvolvimento

Os parceiros de desenvolvimento tendem a alinhar-se com as prioridades africanas, oferecendo apoio aos corredores patrocinados pela União Africana e pelas comunidades económicas regionais, selecionando os corredores que correspondem aos seus próprios objetivos estratégicos. Dos 55 corredores identificados nos relatórios oficiais da União Africana e das comunidades económicas regionais (como o PIDA PAP; Programa Tripartido de Facilitação dos Transportes e do Trânsito, etc.), a União Europeia (UE) e os seus Estados-Membros identificaram 12 corredores prioritários no âmbito da estratégia Global Gateway da UE que contribuiriam para i) a conectividade Europa e África; ii) a paz e a segurança; iii) a mobilidade verde e resiliente; e iv) a criação de emprego. Quatro desses corredores estão localizados na África Ocidental, três na África Central, dois na África Oriental, dois na África Austral e um na África do Norte e Oriental (EU, 2022[51]). Do mesmo modo, o Japão presta assistência na implementação de dez corredores de desenvolvimento. A partir de 2025, a cooperação japonesa incide principalmente em três corredores prioritários selecionados com base i) no alinhamento com as iniciativas de desenvolvimento regional; ii) no potencial comercial e económico; iii) nas deficiências em termos de infraestruturas; e iv) nas intervenções existentes e nos interesses estratégicos do Japão (JICA, 2022[52]).

Para os projetos prioritários, os parceiros de desenvolvimento podem ajudar a mobilizar financiamento, incluindo investimentos privados. Em 2021, os compromissos para projetos prioritários do PIDA totalizavam 82 mil milhões de dólares (ficando aquém do objetivo de 229 mil milhões de dólares), sendo 42% provenientes de governos africanos, 55% de parceiros bilaterais e multilaterais (incluindo 24% da China) e apenas 3% do setor privado (AUDA-NEPAD, 2023[24]). A participação de instituições de financiamento do desenvolvimento, a par de parceiros internacionais, pode apoiar as instituições africanas na mobilização de investimentos privados adaptados aos contextos locais. A Parceria para Infraestruturas e Investimento Global (PGII) do G7 e a UE estão a colaborar com a Africa Finance Corporation e o Banco Africano de Desenvolvimento (BAD) para mobilizar investimentos para a conectividade e as cadeias de abastecimento de energia limpa no âmbito do Corredor do Lobito (AFC, 2023[53]; AfDB, 2023[54]). Do mesmo modo, o instrumento de financiamento do Fundo Europeu para o Desenvolvimento Sustentável Mais, associado à Estratégia Global Gateway, prevê instrumentos de partilha de riscos até 40 mil milhões de euros, que deverão mobilizar até 135 mil milhões de euros em financiamento público e privado, por meio de mecanismos de combinação de financiamentos e garantias.

Para além da mobilização de apoio financeiro, os parceiros de desenvolvimento oferecem apoio técnico significativo aos corredores. Na fase de planeamento, os parceiros bilaterais, como a Agência de Cooperação Internacional do Japão (JICA), prestam apoio técnico aos governos e às comunidades económicas regionais na formulação de planos diretores de desenvolvimento de corredores, abrangendo horizontes temporais de 20 a 30 anos (JICA, 2018[55]). A assistência técnica pode também assumir a forma de instrumentos e plataformas políticas que coordenam as partes interessadas e facilitam a implementação. Por exemplo, a Alemanha (através da Deutsche Gesellschaft für Internationale Zusammenarbeit [GIZ]) contribuiu substancialmente para o desenvolvimento de ferramentas no âmbito do PIDA, incluindo o Conjunto de Ferramentas de Criação de Emprego do PIDA, o Mecanismo de Prestação de Serviços e o seu Selo de Qualidade do PIDA, bem como a Bolsa de Peritos. Contribuiu também para a criação de redes como a Rede Empresarial Continental e a Rede Africana para Mulheres em Infraestruturas. Os parceiros de desenvolvimento podem também colaborar com as comunidades económicas regionais em questões regulamentares relacionadas com os corredores. A UE, por exemplo, está atualmente a apoiar a Comunidade Económica dos Estados da África Ocidental (CEDEAO) no desenvolvimento de um novo mecanismo de coordenação e de uma nova estrutura de governança para eliminar os obstáculos ao comércio nos quatro corredores prioritários da África Ocidental.

Fonte: Compilação dos autores.

As instituições regionais, com o suporte de uma regulação harmonizada, podem melhorar o seu impacto ao facilitarem a implementação conjunta de infraestruturas físicas e imateriais. As infraestruturas físicas incluem estradas, ferrovias o ou portos, enquanto as infraestruturas imateriais englobam quadros legislativos, tais como regulamentos aduaneiros ou iniciativas de promoção do investimento. A modernização de troços rodoviários (ou seja, o agravamento do número de faixas de rodagem, a melhoria da qualidade das estradas e a remoção de obstáculos) do corredor de desenvolvimento Dakar-Lagos trouxe benefícios económicos significativos em relação aos custos de investimento. Estes benefícios duplicaram e tiveram um impacto mais alargado quando combinados com medidas destinadas a reduzir os atrasos nas fronteiras, como a operacionalização de postos fronteiriços de paragem única (PFPU) (Lebrand and Sylvie, 2021[56]). A implementação de PFPU é uma das prioridades do PIDA para apoiar esses esforços combinados. Na África Oriental, um inquérito a oito PFPU revelou uma redução média de 42% nos tempos de espera desde a sua operacionalização. Estes resultados deveram-se, em parte, à implementação de procedimentos aduaneiros que foram harmonizados através da Lei dos Postos Fronteiriços de Paragem Única da Comunidade da África Oriental (EAC OSBP Act, 2016) e dos regulamentos da Comunidade da África Oriental sobre os Postos Fronteiriços de Paragem Única (2017), que visam garantir a coerência e a eficiência no desalfandegamento de mercadorias (AUDA-NEPAD/JICA, 2024[57]).

Existem directrizes abrangentes para a integração da dimensão de género nos projetos do PIDA, mas a monotorização do seu progresso pode ser melhorada. A Rede Africana para Mulheres nas Infraestruturas (ANWIN), lançada durante a Semana do PIDA no Cairo em 2019, é uma plataforma que oferece serviços de aconselhamento, partilha de conhecimento e reforço de capacidades para projetos do PIDA e não só, com o objetivo de melhorar a capacidade de resposta às questões de género em todo o ciclo de vida das infraestruturas (AUDA-NEPAD, 2025[58]). Como uma das suas primeiras iniciativas, a ANWIN propôs um conjunto abrangente de orientações para o desenvolvimento de infraestruturas sensíveis ao género. Nomeadamente, estas orientações preconizam o acompanhamento de todas as ações relacionadas com aquisições sensíveis ao género (por exemplo, formação de mulheres empresárias para obtenção de certificações necessárias ou a exigência de um historial de atividades de inclusão do género por parte dos proponentes) aquando da seleção de projetos do PIDA PAP2. Promovem igualmente o acompanhamento e a avaliação específicos dos projetos em matéria de género (por exemplo, desagregação dos dados de impacto por sexo) (PIDA, 2020[59]). Para além dos compromissos iniciais de alto nível (PIDA, 2020[60]), a concretização prática das orientações e o acompanhamento contínuo dos progressos rumo aos seus objetivos permanecem tarefas pendentes.

O alinhamento do planeamento das infraestruturas subnacionais com os planos de desenvolvimento nacionais pode ampliar a transformação produtiva para além das grandes áreas urbanas

Para responder à velocidade e à escala da expansão urbana em África, é necessário um planeamento cuidadoso das infraestruturas a vários níveis. A urbanização está a ocorrer a um ritmo mais rápido do que noutras regiões do mundo, impulsionada pelo rápido crescimento demográfico e pela expansão das áreas urbanas. Em 2050, dois terços da população africana, ou seja, 1,4 mil milhões de pessoas, viverão numa aglomeração urbana. Estão previstas grandes aglomerações, resultantes da fusão de redes urbanas inteiras, como é o caso do Burundi, onde se prevê que a expansão urbana venha a abranger quase todo o país até meados do século (OECD et al., 2025[2]). Embora a urbanização possa apoiar a transformação produtiva (Capítulo 1), é essencial um planeamento adequado a todos os níveis, incluindo o subnacional, o nacional e o regional:

- Nas cidades, o planeamento urbano deve proporcionar infraestruturas básicas a todos os habitantes, reduzindo assim o congestionamento e a fragmentação que prejudicam as economias de aglomeração (AfDB/OECD/UNDP, 2016[19]). A existência de infraestruturas adequadas será também fundamental para apoiar o desenvolvimento de atividades produtivas, incluindo a transformação, o armazenamento e a distribuição locais, necessários ao desenvolvimento de cadeias de valor.
- A nível subnacional, nacional e regional, os investimentos coordenados em infraestruturas podem ligar cidades intermédias, pequenas cidades e espaços rurais a grandes centros económicos, como as capitais. A experiência do Gana e do Quénia demonstra como os corredores de desenvolvimento, nomeadamente os corredores Abidjan-Lagos e LAPSSETT, podem catalisar a proliferação de novos espaços urbanos em torno dos corredores, os quais, sem um planeamento adequado, correm o risco de não beneficiar dos efeitos transformadores (Gillespie and Mwau, 2024[61]).

A coordenação dos investimentos em diferentes tipos de infraestruturas, tendo em conta os prestadores de serviços informais existentes, pode melhorar o desenvolvimento urbano. O planeamento urbano pode aumentar a eficiência dos investimentos em infraestruturas ao assegurar um desenvolvimento integrado entre setores (OECD et al., 2025[2]). Por exemplo, no setor da água, um terço das 36 cidades africanas inquiridas implementou mecanismos de coordenação intersetorial, incluindo planeamento ou programas conjuntos, parcerias, uma plataforma de diálogo ou grupos de coordenação. Entre essas cidades, 80% referiram que estas iniciativas ajudaram a ultrapassar os silos que estão frequentemente na origem de um planeamento deficiente, de uma falta de coerência política e de incentivos desajustados (OECD, 2021[62]). As entrevistas realizadas para este relatório revelaram também a necessidade de considerar as interações com as redes e sistemas de infraestruturas existentes. Por exemplo, os planeadores urbanos podem adaptar o desenvolvimento urbano ao contexto local, tendo em conta os transportes informais na avaliação da viabilidade da introdução de sistemas de serviço direto de autocarros (BRT).

> *A expansão urbana no Gana tem vindo aumentar a necessidade de redes de transportes fiáveis e acessíveis. Atualmente, 28% e 35% da população de Accra e Kumasi vive a mais de 30 minutos a pé de qualquer mercado, escola ou estabelecimento de saúde. Embora a criação de um sistema eficiente de BRT constitua*

uma prioridade, a expansão da rede existente de trotros (ou seja, miniautocarros para 14 a 24 passageiros) poderá também representar uma via promissora para responder a este desafio (Anderson, B. et al., 2024[63]).

O alinhamento do planeamento subnacional com os objetivos de transformação produtiva contribuirá para ampliar os efeitos económicos para além dos grandes centros urbanos. Apesar do rápido crescimento das grandes aglomerações urbanas, prevê-se que 62% da população africana, ou seja, 1,3 mil milhões de pessoas, continue a residir em cidades intermédias, pequenas cidades e espaços rurais até 2050 (OECD et al., 2025[2]). No entanto, atualmente, a maior parte dos planos urbanísticos restringe-se aos limites administrativos das cidades, independentemente de estes refletirem ou não as áreas urbanas funcionais (como as áreas metropolitanas), negligenciando as ligações entre as áreas urbanas e rurais. Uma abordagem integrada entre o planeamento subnacional e nacional pode ajudar a vincular os objetivos de transformação produtiva ao planeamento urbano e rural, aumentando assim a coerência no desenvolvimento de infraestruturas. Em 2021, cerca de 38 países africanos foram identificados como tendo uma estratégia urbana nacional. As estratégias do Essuatíni, Marrocos, Senegal, Seicheles e África do Sul apresentavam planos de implementação e de capacidades institucionais, financeiras e humanas adequadas (UCLG/Cities Alliance, 2021[64]). Considerar os retornos sociais e ambientais dos projetos de infraestruturas, particularmente nos espaços rurais, pode auxiliar os governos a avaliar a necessidade de financiamento público e a melhorar a definição de prioridades.

Na Etiópia, o Plano Nacional de Desenvolvimento Urbano e Espacial 2035 (NUDSP) centra-se no reforço das ligações entre o ordenamento do território, o desenvolvimento económico e a urbanização. O plano destaca a importância de i) corredores de desenvolvimento no interior do país; ii) conectividade de transportes entre cidades intermédias e espaços rurais circundantes; iii) transformação de grandes aglomerados rurais existentes em cidades; e iv) criação de novos aglomerados urbanos associados a projetos nos setores industrial, agrícola, mineiro e de produção de energia (AUC/UNECA/UN-HABITAT, 2020[65]; Monkhouse, 2018[66]).

O Projeto de Aceleração Digital do Uganda (UDAP) foi criado para eliminar os gargalos significativos que dificultam à participação privada em projetos de conectividade de última milha. Estas incluem os elevados custos de ligação das habitações rurais e periurbanas, a pouca disposição das populações locais para pagar e a falta de incentivos adequados. Para ultrapassar estes desafios, o Governo do Uganda deu prioridade aos investimentos públicos em cabos de fibra ótica para cobrir mais 63 distritos, construir 21 locais de transmissão e expandir a conectividade de última milha a 2 800 locais em todo o país, no âmbito do UDAP (Parliament of Uganda, 2024[67]).

As transferências financeiras e a capacidade do governo são fundamentais para que as instituições subnacionais possam implementar políticas e planear investimentos em infraestruturas (Tabela 2.2). De acordo com o *City Enabling Environment Ratings*, uma avaliação abrangente da capacidade dos governos subnacionais, 42 dos 53 países africanos registaram progressos na melhoria dos seus ambientes institucionais entre 2012 e 2021, com avanços notáveis ao nível das transferências financeiras, da transparência e da participação dos cidadãos. No entanto, muitas cidades africanas enfrentam transferências financeiras imprevisíveis, falta de capacidade e estruturas de governança fragmentadas, o que dificulta a sua capacidade de implementar eficazmente as políticas urbanas e de planear investimentos em infraestruturas a longo prazo. Apenas alguns países, como a África do Sul, a Zâmbia e o Zimbabué, concederam autonomia aos municípios em matéria de cobrança de receitas (ou seja, base tributária, taxas e tarifas) e acesso aos mercados financeiros (UCLG/Cities Alliance, 2021[64]). No relatório *Estatísticas das Receitas em África*, apenas seis países africanos comunicaram a cobrança de receitas a nível subnacional (OECD/AUC/ATAF, 2024[68]).[3] Do mesmo modo, a maioria das cidades carece de urbanistas qualificados, com apenas 0,4 gestores e técnicos por 1 000 habitantes no Gana, Moçambique e Uganda, em comparação com 8 por 1 000 na Índia e 36 nos países de rendimento alto.

O Fundo para a Resiliência Urbana (TURF), lançado pela empresa de gestão de investimentos Meridiam em parceria com a Fundação Rockefeller e o Fundo de Desenvolvimento das Nações Unidas para os Bens de Capital (UNCDF), disponibiliza recursos financeiros e técnicos às cidades africanas para a realização de projetos de infraestruturas sustentáveis, nomeadamente, nos domínios da mobilidade urbana, transição energética ou infraestruturas sociais. O fundo fechou uma primeira ronda de investimentos de 290 milhões de dólares (Löffler and Haas, 2023[69]).

Desde 2019, o BAD gere um Fundo de Desenvolvimento Urbano e Municipal que disponibiliza financiamento e assistência aos governos nacionais e locais que procuram melhorar a resiliência, a habitabilidade e a produtividade das cidades. O Comité de Supervisão do fundo selecionou seis grandes cidades africanas nas quais identificará projetos de infraestruturas transformadoras, capazes de atrair investimentos dos setores público e privado, com o objetivo de incluir até 35 cidades até 2027 (AfDB, 2024[70]; Swiss Development Cooperation, 2024[71]).

Desde 2022, a Comissão Europeia e a Agence Française de Développement (AFD) têm colaborado num programa de garantias denominado Cityiriz, com um orçamento de 30 milhões de euros. A iniciativa visa apoiar o desenvolvimento dos mercados bancários nacionais para reduzir a dívida pública local, em especial nas cidades intermédias, através da diminuição do risco associado à concessão de empréstimos por parte de bancos africanos privados e públicos, recorrendo à concessão de garantias e à prestação de assistência técnica (EU, n.d.[72]; AFD, n.d.[73]).

Tabela 2.2. Instrumentos políticos para reforçar a capacidade subnacional de desenvolvimento de infraestruturas

Desafio	Soluções políticas	Exemplos em África
Financiamento	• Governança fiscal a vários níveis[1] • Tributação local e cobrança de receitas • Acesso facilitado ao crédito e ao investimento	• No Quénia, a Constituição de 2010 exigiu que o governo nacional atribuísse pelo menos 15% das suas receitas aos governos dos concelhos, com o objetivo de reforçar a autonomia financeira local. Em 2021, a contribuição atingiu 370 mil milhões de KES (cerca de 3,7 mil milhões de dólares), quase o dobro do montante atribuído aquando da sua introdução, em 2013. • No Uganda, a estratégia de mobilização de receitas dos governos locais conseguiu aumentar o cumprimento das obrigações fiscais em 30% num período de três anos, através da introdução de sistemas digitais de cobrança de impostos.
Capacidade humana	• Formação e recrutamento de urbanistas e pessoal municipal • Programas educativos e profissionais no domínio da gestão urbana	• A Academia Africana dos Governos Locais (ALGA) oferece formação a funcionários e agentes locais eleitos. Desde 2016, a ALGA emitiu 1,044 certificados de formação e organizou numerosas atividades de reforço das capacidades, beneficiando diretamente mais de 7 000 participantes. • Na África do Sul, o Instituto Municipal de Aprendizagem (MILE) foi fundado em 2009 como uma iniciativa de gestão do conhecimento do Município de eThekwini, com o objetivo de reforçar a capacidade dos funcionários do município e de outras cidades e agências africanas envolvidas no governo local. Em colaboração com universidades, institutos de investigação e agências internacionais de desenvolvimento, as oficinas do MILE procuram reforçar as competências técnicas e especializadas, nomeadamente nos domínios da segurança rodoviária, da transição ecológica e do digital.
Capacidade institucional	• Promoção da governança a vários níveis • Criação de autoridades metropolitanas para uma melhor coordenação • Reforço dos quadros jurídicos para o planeamento urbano	• No Benim, a Estratégia de Desenvolvimento Urbano para a Aglomeração de Cotonou (2011) promove a cooperação entre Cotonou, Abomey-Calavi e Sèmè Podji para enfrentar os desafios do crescimento urbano. Esta região metropolitana funciona como uma área urbana unificada, com os municípios a colaborarem na gestão das infraestruturas, da mobilidade e dos riscos. • Em Marrocos, a área metropolitana de Rabat-Salé adota um modelo de governança descentralizada que envolve múltiplos organismos administrativos para melhorar a coordenação de serviços, o desenvolvimento de infraestruturas e a gestão urbana. Em 2020, a Agência Urbana de Rabat-Salé lançou a primeira plataforma de digital twin em Marrocos, permitindo um melhor planeamento e simulação de projetos urbanos.

Nota:
1. A governação a vários níveis refere-se à «relação entre governos eleitos situados a diferentes níveis administrativos. Envolve camadas de atores que interagem entre si em diferentes níveis de governo (verticalmente), entre atores relevantes ao mesmo nível (horizontalmente) ou em rede» (OECD, 2022[74]).
Fonte: Compilação dos autores com base em OCDE et al. (2025[2]) *Africa's Urbanisation Dynamics 2025: Planning for Urban Expansion* [Dinâmica de urbanização de África 2025: Planeamento da expansão urbana]; AfDB/OCDE/UNDP (2016[19]) *African Economic Outlook 2016: Sustainable Cities and Structural Transformation* [Perspetivas económicas africanas 2016: Cidades sustentáveis e transformação estrutural] e UCLG/Cities Alliance (2021[64]). *Assessing the Institutional Environment of Cities and Subnational Governments in Africa* [Avaliação do ambiente institucional das cidades e dos governos subnacionais em África].

Uma governança eficaz das infraestruturas pode acelerar os projetos e melhorar a sua sustentabilidade operacional

Uma melhor governança das infraestruturas e um apoio institucional continuado podem tornar os projetos de infraestruturas mais eficientes

Com uma melhor governança das infraestruturas, os países de África, particularmente os de baixos retornos, poderiam alcançar resultados muito superiores com os mesmos recursos. A governança das infraestruturas designa «as políticas, os enquadramentos, as normas, os processos e as ferramentas utilizados pelos organismos públicos para planear, decidir, implementar e monitorizar todo o ciclo de vida das infraestruturas públicas» (OECD, 2022[74]). Os principais problemas de governança dos projetos de infraestruturas africanos têm sido, historicamente, os custos excessivos, os atrasos, a falta de capacidades de gestão (particularmente a nível do planeamento), a captura do Estado e a insuficiente participação das partes interessadas (Sekasi et al., 2024[75]). Dados recentes de 37 países de baixo retorno sugerem que até 53 % dos recursos de investimento podem ser desperdiçados devido a uma gestão ineficaz dos investimentos públicos (incluindo em infraestruturas), resultando sobretudo de deficiências no acompanhamento, no financiamento da manutenção, na seleção e avaliação dos projetos e na orçamentação plurianual (Eltokhy et al., 2024[76]).

As capacidades limitadas podem impedir que a implementação dos projetos respeite os planos definidos de forma centralizada e as normas internacionais estândares de governança. As normas internacionais de governança para projetos de infraestruturas preconizam as melhores práticas, tais como a definição de planos estratégicos e a tomada de decisões com uma ampla participação das partes interessadas, a criação de órgãos de governança independentes e amplas capacidades de financiamento e de gestão ao longo de toda a duração de um projeto (GIH, n.d.[77]; OECD, 2020[78]; OECD, 2024[79]). No entanto, nos países africanos, as estruturas de governança centralizadas, mesmo quando cumprem formalmente os requisitos institucionais, têm frequentemente falhado na integração das agendas locais e nacionais, bem como na consideração do financiamento limitado disponível, o que levou a um défice de implementação (AfDB/OECD/UNDP, 2016[19]; Gil, Stafford and Musonda, 2019[17]; Thusi, Qwabe and Ojogiwa, 2024[80]). Por exemplo, apesar dos progressos alcançados nos primeiros dez anos do PIDA (PIDA PAP1), a preparação e a implementação dos projetos ficaram aquém do calendário inicial (SIGNE, 2017[81]). Cerca de 25% dos mais de 400 projetos selecionados no âmbito do PIDA PAP1 não chegaram à fase de viabilidade devido à falta de maturidade (AUDA-NEPAD, 2023[24]).

Uma governança localizada e adaptada ao contexto específico dos projetos de infraestruturas pode ser eficaz, mesmo em cenários desafiantes. Na prática, os modelos de governança pragmáticos e adaptados ao contexto, que reconhecem as limitações de capacidade, os incentivos adversos e os desequilíbrios de poder, podem ser eficazes nos contextos africanos. Por exemplo, os projetos transfronteiriços podem beneficiar de uma compreensão local sobre quais os contributos essenciais de cada Estados para alcançar uma vantagem coletiva, permitindo que as partes interessadas evitem os gargalos nas iniciativas (Byiers et al., 2021[82]; Lisinge and van Dijk, 2021[42]). Particularmente nos países de baixo rendimento, um conhecimento profundo das partes interessadas nos projetos locais (incluindo os seus interesses e capacidades), bem como das condições de implementação, pode facilitar uma governança eficaz dos projetos e permitir a formação de coligações de partes interessadas que apoiem os projetos ao longo de toda a sua duração (OECD/ACET/AUDA-NEPAD, forthcoming[83]).

Encarar as infraestruturas como um «bem de clube» pode ajudar a clarificar os incentivos das partes interessadas e a definir estruturas eficazes de colaboração. Em economia, os bens de clube referem-se a bens que não são rivais no consumo, mas que são exclusivos no acesso. Numa abordagem de «clube», os proprietários de projetos de infraestruturas convidam voluntariamente um conjunto restrito de partes interessadas a participar ativamente na governança do projeto. Esta abordagem pode ser mais eficaz e eficiente do que a consulta obrigatória e ampla a todas as partes interessadas no projeto, uma vez que envolve de forma mais direta alguns intervenientes relevantes na implementação do projeto, reduzindo simultaneamente o risco de longas negociações e de litígios jurídicos com partes periféricas e oportunistas (Gil and Beckman, 2025[84]). Encarar os projetos de infraestruturas transfronteiriças em África como bens de clube também pode mostrar como as contribuições nacionais se combinam de diferentes formas para gerar valor partilhado para os países participantes. Por exemplo, um corredor de transportes será apenas tão útil para qualquer país participante quanto a contribuição do «elo mais fraco», enquanto numa rede de itinerância móvel, todos os países podem beneficiar igualmente da oferta do melhor prestador nacional (Byiers et al., 2021[82]). Fora de África, as sociedades de desenvolvimento, estruturas organizacionais que gerem bens de clube, têm sido implementadas com êxito para gerir as infraestruturas de forma holística em bairros ou pontos de interesse dentro das cidades, com alguns resultados positivos, nomeadamente nas Caraíbas (Dodman, 2008[85]).

Os mecanismos de preparação de projetos (PPF) para infraestruturas são numerosos em África, mas carecem frequentemente de financiamento e coordenação suficientes. Os desafios em matéria de governança são muitas vezes acentuados no caso de projetos de infraestruturas de grande dimensão e complexidade, uma vez que exigem capacidades de implementação que são limitadas nos países africanos (Gregory, 2020[86]). O objetivo dos PPF é reforçar a capacidade em tais situações. De acordo com um balanço global dos PPF de infraestruturas em 2021, 44% de todos os PPF encontram-se em África. Contudo, os PPF em África apoiam, em média, menos projetos e de menor valor financeiro do que nas outras regiões do mundo (GIH, 2021[87]). À semelhança das unidades de parcerias público-privadas (PPP), os PPF em África carecem frequentemente dos recursos necessários para prestar um apoio técnico e operacional sustentado e pormenorizado, tendo também dificuldades em estabelecer prioridades entre projetos e em colaborar entre si (AfDB/ICA, 2019[88]; CCFLA, 2024[89]).

> *Em 2021, o Senegal reformou o seu quadro regulatório relativo à preparação, à adjudicação de contratos e à gestão contratual de projetos de infraestruturas. Estas reformas incluíram a implementação de um fundo de apoio à preparação de projetos e a expansão dos estudos de pré-viabilidade necessários, de forma a avaliar a viabilidade financeira e operacional dos projetos. A acessibilidade orçamental, incluindo a identificação dos compromissos públicos a longo prazo necessários e as avaliações da qualificação bancária, é obrigatória antes do lançamento do procedimento de contratação pública. O Senegal planeia melhorar a divulgação de informações através da publicação dos relatórios dos concursos públicos e dos termos dos contratos de PPP no sítio Web da entidade reguladora (World Bank, 2023[90]).*

Com as reformas adequadas, as unidades de PPP podem alargar a sua oferta de instrumentos de governança que mitigam os riscos fiscais e os desafios contratuais para projetos grandes e complexos. As unidades de PPP são entidades governamentais especializadas, concebidas para facilitar o desenvolvimento de programas de PPP e prestar apoio administrativo e técnico. As estimativas mostram que as reformas institucionais que melhoram, por exemplo, os controlos da corrupção, o Estado de direito, a qualidade da regulamentação e a responsabilização das organizações públicas, poderiam desbloquear pelo menos 20 mil milhões de dólares em investimentos em infraestruturas por parte do setor privado em quatro anos (Chinzara, Dessus and Dreyhaupt, 2023[91]), uma vez que tais reformas permitem ao setor privado assumir riscos crescentes (Kouton, Sanogo and Djomgoue, 2023[92]). Embora 42 países africanos tenham adotado legislação sobre PPP, apenas alguns atraem investimentos privados, o que sugere a necessidade de outras reformas (ALSF, 2024[93]). Do mesmo modo, embora 36 governos africanos (67%) tenham criado unidades de PPP, apenas as unidades de 7 países (13%) reveem os riscos fiscais dos projetos, 5 (9%) realizam avaliações e auditorias após a conclusão dos projetos e nenhuma consulta as comunidades afetadas sobre o impacto dos projetos de PPP.[4] O apoio institucional limitado pode ser uma preocupação significativa nos países africanos com baixos níveis de desenvolvimento humano. Embora estes países tenham, em média, a mesma probabilidade de ter uma unidade de PPP que os outros países africanos, são significativamente menos propensos a oferecer mitigação de riscos, gestão de contratos e formação de pessoal (Figura 2.2).

Figura 2.2. Presença e responsabilidades das unidades de parcerias público-privadas nos países africanos

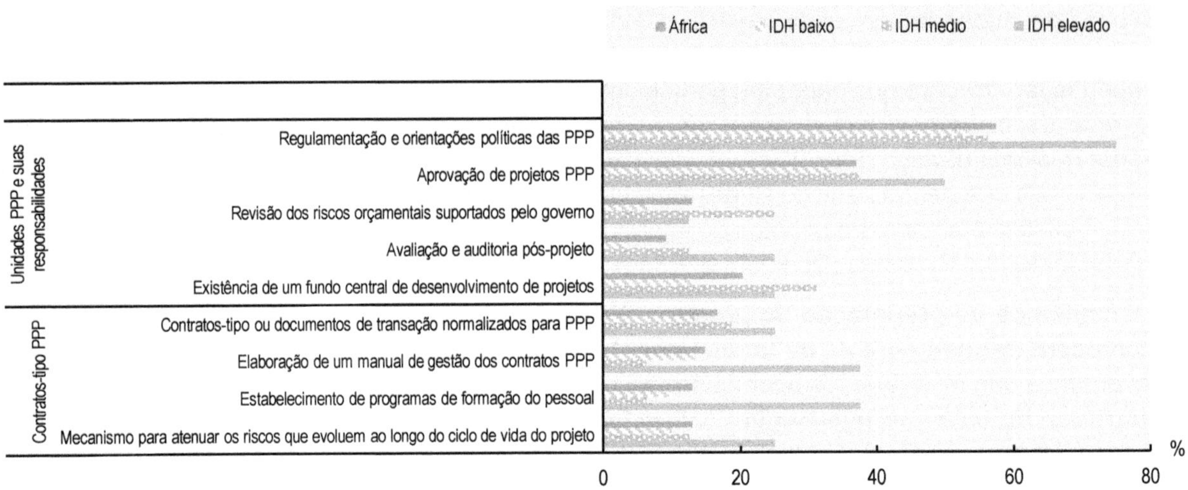

Nota: IDH = Índice de Desenvolvimento Humano. PPP = parceria público-privada. As entradas selecionadas evidenciaram os gargalos institucionais mais significativos nos países de baixo desenvolvimento.
Fonte: Cálculo dos autores baseados no Banco Mundial (2025[94]), *Benchmarking Infrastructure Development (BID)* (database) [Índice de Referência para o Desenvolvimento de Infraestruturas (BID) (base de dados)] https://bpp.worldbank.org/en/global.

StatLink https://stat.link/469cnl

O desenvolvimento de competências técnicas, de conhecimento e em matérias empresariais nas administrações públicas, particularmente nas unidades de PPP, pode contribuir para mitigar os riscos dos projetos. Os projetos de PPP são frequentemente complexos do ponto de vista jurídico e técnico. São necessárias competências técnicas nos organismos públicos envolvidos nas fases de definição de prioridades e de planeamento. Estas competências são essenciais para obter avaliações *ex ante* rigorosas, tais como análises da relação custo-benefício, e para a aquisição de competências em matéria de conceção de contratos que garantam uma transferência adequada dos riscos e evitem a renegociação de contratos de concessão. Além disso, é fundamental dispor de conhecimentos especializados em matéria de reformas regulamentares, acordos concessionais, processos de adjudicação de contratos e negociação com intervenientes externos para reduzir os gargalos na execução e, posteriormente, os riscos dos projetos para os governos (OECD/ACET, 2020[95]). Os países menos desenvolvidos, em particular, necessitam de desenvolver competências que permitam aos funcionários estruturar projetos que visem a resiliência às alterações climáticas (OECD, 2024[79]). A reunião de peritos da OCDE e da Associação Africana para o Desenvolvimento de Infraestruturas (AfIDA) e o inquérito realizado, no âmbito da preparação deste relatório[5] revelaram conclusões semelhantes: embora existam qualificações técnicas, como a engenharia e o planeamento urbano, nas agências governamentais, há frequentemente uma carência de competências de gestão e em matérias empresariais, o que dificulta as PPP. A formação em políticas e as comunidades de aprendizagem podem apoiar o desenvolvimento de competências das unidades de PPP e de outras entidades.

A ALSF Academy contribui para o reforço de capacidades por via de um programa de certificação de três níveis. O repositório baseado na Internet contém cursos de e-learning e outros materiais de apoio para ajudar as partes interessadas a melhorar os conhecimentos e as competências, entre outros, em infraestruturas e PPP, exploração mineira, petróleo e gás, energia, dívida soberana e resolução de litígios.

Desde 2023, o projeto Accelerating and Scaling-up Quality Infrastructure Investment in Africa (ASQIIA), implementado conjuntamente pelo Centro Africano para a Transformação Económica (ACET), pela Agência de Desenvolvimento da União Africana – Nova Parceria para o Desenvolvimento de África (AUDA-NEPAD) e

> *pelo Centro de Desenvolvimento da OCDE, permite que os responsáveis das unidades de PPP, dos ministérios e das agências especializadas em África aprendam com as experiências uns dos outros por via de workshops interativos de aprendizagem entre homólogos, abordando áreas como a conceção, a preparação e a implementação de projetos. Módulos de formação específicos e debates interativos com profissionais das principais instituições financeiras regionais e do setor privado permitem a partilhar informações atualizadas sobre a carteira de projetos prioritários dos países e as oportunidades de investimento conexas.*

O desenvolvimento de competências sensíveis às questões de género poderá aumentar a oferta de mão de obra qualificada para empregos relacionados com as infraestruturas. Utilizando o setor da construção como aproximação ao setor das infraestruturas, as mulheres representam apenas 4% da força de trabalho em África, em comparação com 8% na Ásia em desenvolvimento e 11% nos países de rendimento alto. A baixa percentagem de mulheres trabalhadoras pode ser parcialmente explicada pelas normas e perceções sociais restritivas associadas aos trabalhos manuais (OECD, 2021[96]). Num inquérito global a peritos que trabalham no domínio das energias renováveis, mais de 60% dos inquiridos africanos identificaram as normas sociais e 50% a falta de competências relevantes como os principais obstáculos que impedem o acesso das mulheres a empregos neste setor. Mais de 80% dos participantes africanos no inquérito sublinharam que o desenvolvimento de competências e a formação para mulheres deveriam ser a principal prioridade política para aumentar as suas oportunidades no mercado de trabalho (IRENA, 2019[97]). Estão a surgir iniciativas sensíveis às questões de género.

> *Desde 2017, um projeto financiado pela UE na Gâmbia tem procurado reabilitar mais de 100 km de estradas secundárias, empregando, pela primeira vez, mulheres em trabalhos de construção; as mulheres representam 60% da equipa (UNOPS, 2019[98]). O projeto visa melhorar a segurança alimentar do país, ligando os pequenos agricultores às principais autoestradas.*

A melhoria da recuperação dos custos e o planeamento antecipado da manutenção podem garantir a sustentabilidade operacional

Podem ser exploradas várias vias para gerar receitas a partir de projetos de infraestruturas, mas o encargo financeiro para os utilizadores mais desfavorecidos é um compromisso importante. A cobrança de taxas diretas aos utilizadores das infraestruturas pode ser menos viável e socialmente menos desejável em África do que noutras regiões do mundo. Em África, apenas 15% dos projetos de PPP dependem de taxas de utilização (como portagens), enquanto a principal fonte de receitas de 40% dos projetos de PPP do continente são pagamentos provenientes de acordos de compra pública (ou seja, acordos contratuais em que os governos concordam em fazer pagamentos regulares ao parceiro privado). Na América Latina e nas Caraíbas, os valores correspondentes são de 29% e 24%, respetivamente.[6] No caso das PPP, em particular, os governos devem justificar cuidadosamente o duplo encargo financeiro para os cidadãos, tanto através de impostos como de taxas diretas, avaliando de forma realista o potencial de receitas, os riscos fiscais associados a acordos de aquisição pública a longo prazo e o custo da gestão de parcerias complexas em comparação com a prestação direta de serviços públicos. As consultas públicas com os futuros utilizadores pagantes e a concessão de descontos para os trabalhadores pendulares e os residentes locais são alavancas fundamentais para aumentar a aceitação pública (Osei-Kyei and Chan, 2015[99]). Para além das taxas diretas cobradas aos utilizadores, podem ser explorados mecanismos para rentabilizar a criação de valor indireto dos projetos de infraestruturas (como o valor fundiário e comercial ou os créditos de carbono) e para tornar mais eficiente a cobrança das taxas aos utilizadores (como contadores inteligentes e portagens eletrónicas), a fim de melhorar a recuperação dos custos (Tabela 2.3).

> *No caso da estrada com portagem de Lekki, em Lagos, na Nigéria, as taxas de portagem inicialmente elevadas deram origem a descontentamento público, levando o governo a subsidiar as taxas. No final, esta solução criou um encargo potencialmente mais elevado para os orçamentos públicos do que aquele que teria resultado do financiamento público direto da estrada (Osei-Kyei and Chan, 2015[99]).*

Tabela 2.3. Exemplos de mecanismos para melhorar a recuperação dos custos dos projetos de infraestruturas

Tipo de recuperação de custos	Descrição	Setor das infraestruturas	Potencial de receitas	Compromissos	Exemplo
Valores fundiários e comerciais	Recuperação dos valores imobiliários crescentes por via de impostos, venda de terrenos, arrendamentos ou acordos de partilha de valores com promotores privados, particularmente nas cidades	Transportes, energia	Elevado	Gentrificação com expulsão dos habitantes desfavorecidos	A cidade intermédia de Bahir Dar, na Etiópia, arrecadou 7,8 milhões de dólares em 2020 com o arrendamento de terrenos, representando 62% do orçamento local e financiando mais de 40% do investimento local em infraestruturas. De forma semelhante, na Serra Leoa, Freetown criou um cadastro fiscal de propriedades utilizando unidades GPS portáteis, triplicando as receitas do imposto predial e aumentando a transparência (African Union, 2024[100]).
Vendas de créditos de carbono	Monetização das poupanças de carbono através da venda de créditos nos mercados de carbono	Energia	Médio	Acessibilidade aos mercados de carbono, medição dos créditos	No Quénia, a KenGen desenvolveu e registou seis projetos de energia limpa (geotérmica, hidroelétrica e eólica) por via do Mecanismo de Desenvolvimento Limpo (MDL) liderado pelas Nações Unidas. Os projetos permitiram à empresa emitir créditos de carbono no valor de 3,8 milhões de dólares (KenGen, 2021[101]).
Contadores inteligentes	Acompanhamento do consumo em tempo real para permitir o pagamento automático das faturas e o ajustamento dos preços	Energia, água	Baixo	Custos de instalação, formação do pessoal	No Quénia, a Nairobi City Water and Sewerage Company (NCWSC) e a Nakuru Water and Sanitation Services Company (NAWASSCO) adotaram contadores de água inteligentes, melhorando a faturação e a cobrança de receitas e reduzindo o desperdício de água (GSMA, 2022[102]). A iniciativa foi inicialmente implementada para cerca de 10 000 dos principais consumidores de água, estando prevista a sua expansão para mais 90 000 utilizadores (Business Daily, 2014[103]).
Sistemas de portagens eletrónicas	Pagamento automático de portagens para condutores registados	Transportes	Médio	Aceitação dos utilizadores, exclusão dos utilizadores desfavorecidos	A Zâmbia implementou com êxito 20 portagens nas estradas e um sistema automatizado de pagamento de portagens eletrónicas. Geridas pela Agência para o Desenvolvimento Rodoviário (RDA), as portagens aumentaram a cobrança de receitas e melhoraram a eficiência na manutenção da rede rodoviária do país, com um total de 67 671 km

Fonte: Compilação dos autores.

Os serviços públicos de energia e água podem melhorar os seus preços e a sua faturação para reduzir a pressão sobre os orçamentos públicos. Nos setores da energia e da água, apenas uma em cada três empresas de serviços públicos recupera os seus custos operacionais, de manutenção e do serviço da dívida (World Bank, 2024[104]; GSMA, 2022[102]). No Quénia, as injeções fiscais em empresas públicas nos setores das infraestruturas representam 0,26 % do PIB, um valor comparável ao de outros países em desenvolvimento, com injeções de capital que variam entre 1,6% e 4% do orçamento do Estado (World Bank, 2023[105]). As estimativas de 2016 indicam que, o custo oculto mediano incorrido pelas empresas de energia em 39 países africanos varia entre 0,42% do PIB devido a preços demasiado baixos, 0,31% devido a perdas técnicas, 0,22% devido a excesso de pessoal e 0,15% devido a falhas na cobrança de faturas (Trimble, C. et al., 2016[106]). As tecnologias digitais, incluindo os contadores inteligentes, podem ajudar na faturação e no acompanhamento de questões técnicas, desde que sejam adaptadas ao contexto local. O êxito da sua aplicação depende das estratégias de desenvolvimento tecnológico (por exemplo, se as tecnologias são desenvolvidas internamente ou adquiridas), da formação adequada e da requalificação da mão de obra para utilizar os novos sistemas, bem como de um quadro regulamentar de apoio (ESMAP, 2024[107]).

Os países africanos dedicam fundos insuficientes à manutenção. Em 46 países em desenvolvimento, as estimativas mostram que os governos dedicam, em média, apenas cerca de 14% das despesas de capital para estradas à sua manutenção (Gorgulu, Foster and Rana, 2022[108]). No entanto, a percentagem estimada de financiamento que deveria ser dedicada à manutenção para alcançar os objetivos políticos é de 31% no setor dos transportes, 37% no setor da água e saneamento e 23% no setor da energia e eletricidade nos países africanos, excluindo os do Norte de África (Rozenberg and Fay, 2019[109]).

O planeamento antecipado da manutenção depende de abordagens normalizadas e transparentes para avaliar as necessidades de manutenção, bem como do estabelecimento de mecanismos de financiamento claros. Em 31 países africanos, a manutenção apresenta a posição mais baixa na classificação dos projetos de governança das infraestruturas do Fundo Monetário Internacional (Figura 2.3). A conceção institucional na área da manutenção, ou seja, a capacidade dos países aplicarem metodologias coerentes para estimar e planear a manutenção de rotina e de capital intensivo, tem uma pontuação baixa, de 1,53 pontos. A título de comparação, para os países europeus, a pontuação é de 1,93 pontos. A baixa pontuação de África deve-se, em parte, à ausência de normas harmonizadas a nível regional e internacional. Por exemplo, algumas comunidades económicas regionais, como a União Económica e Monetária da África Ocidental (UEMOA) e a Comunidade Económica e Monetária da África Central (CEMAC), emitiram diretivas metodológicas sobre o investimento público, mas estas não abrangem a manutenção (Eltokhy et al., 2024[76]). Nos 31 países, a pontuação relativa à eficácia, ou seja, a capacidade de implementação, também é baixa, em grande parte devido à inclusão limitada da manutenção nos orçamentos públicos (Blazey, Gonguet and Stokoe, 2020[110]). Quando incluída, a manutenção limita-se frequentemente às estradas e permanece vulnerável às decisões orçamentais anuais e às prioridades de despesa concorrentes. A resolução destes gargalos exige, pelo menos, duas melhorias fundamentais:

1. Adotar abordagens normalizadas e transparentes para avaliar as necessidades de manutenção em todos os setores de infraestruturas.
2. Estabelecer mecanismos de financiamento claros, tanto no âmbito dos orçamentos anuais como através de fundos específicos e taxas de utilização.

> *A Estratégia Nacional de Manutenção de Infraestruturas da África do Sul exige que todos os setores e instituições (desde os municípios até às empresas públicas) desenvolvam planos de gestão de ativos de infraestruturas, incluindo o inventário dos ativos, a avaliação do seu estado e a projeção das necessidades de manutenção e reabilitação ao longo do tempo (Department of Public Works, 2007[111]).*
>
> *O Fundo Rodoviário do Uganda (URF) está mandatado para financiar a manutenção de rotina e periódica das estradas públicas em todo o país. O URF obtém o seu financiamento exclusivamente das taxas de utilização das estradas, incluindo as taxas sobre os combustíveis, as taxas de trânsito dos veículos, as licenças de circulação, as multas de carga por eixo, as portagens e outras taxas conexas (Uganda Road Fund, n.d.[112]).*

Figura 2.3. Pontuação média da Avaliação da Gestão do Investimento Público (PIMA) no setor das infraestruturas em 31 países africanos

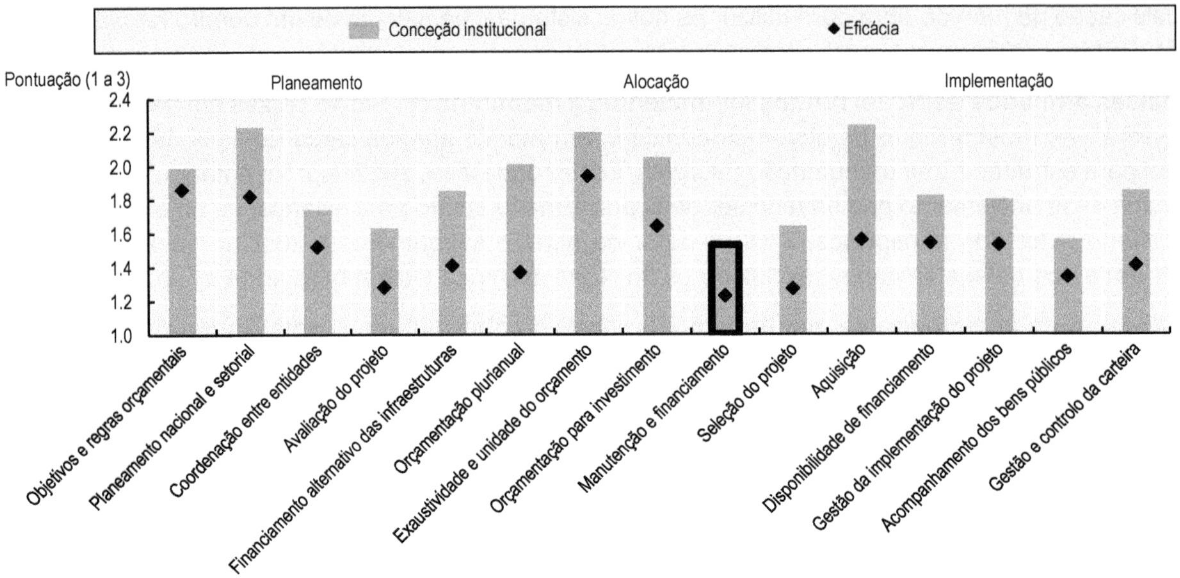

Nota: As pontuações são classificadas como: 1) não cumprido, 2) parcialmente cumprido e 3) totalmente cumprido. Os dados não abrangem os países do Norte de África.

Fonte: FMI (2025), *Public Investment Management Assessment (PIMA)* (database) [Avaliação da Gestão do Investimento Público (PIMA) (base de dados)], https://infrastructuregovern.imf.org/content/PIMA/Home/PimaTool/What-is-PIMA.html.

StatLink https://stat.link/ozih29

As certificações de qualidade que apoiam as prioridades africanas e se adequam às condições locais podem ajudar a acelerar e incrementar o desenvolvimento das infraestruturas

Os promotores de infraestruturas em África devem responder rapidamente à necessidade de desenvolver uma grande quantidade de infraestruturas de qualidade para apoiar o desenvolvimento e a transformação produtiva de África. A certificação de projetos é útil para garantir que estes cumprem as normas de qualidade, o que continua a ser fundamental para atrair financiamento. No entanto, a certificação da qualidade pode levar tempo e dificultar a implementação do projeto. Os projetos de infraestruturas nos países africanos deparam-se com obstáculos à obtenção de certificações, os quais implicam esforços administrativos e de formação, requisitos de divulgação e de dados, bem como custos associados, que podem não ser adequados ao contexto, dada a elevada procura de infraestruturas em África (Gil, Stafford and Musonda, 2019[17]). Assim, muitas certificações internacionais para infraestruturas de qualidade não são amplamente utilizadas em África e são demasiado específicas para mobilizar financiadores para as prioridades da União Africana. Para ultrapassar estes desafios, é necessário dar prioridade aos projetos em conformidade com os planos de desenvolvimento de África, em geral, identificados no âmbito do programa PIDA.

O Selo de Qualidade do PIDA (PQL) é uma ferramenta útil para atrair financiamento para projetos de infraestruturas financiáveis do PIDA na fase de preparação. O PQL é uma certificação para projetos do PIDA em fase inicial (proposta concetual, viabilidade e estruturação – até ao encerramento do exercício financeiro) (Caixa 2.3). O seu objetivo é melhorar a qualidade e a qualificação bancária da carteira de projetos do PIDA. Atribuído pelo Mecanismo de Prestação de Serviços da AUDA-NEPAD, o PQL representa um reconhecimento africano da qualidade dos projetos prioritários do PIDA, refletindo a sua adesão às melhores práticas internacionais em matéria de preparação e estruturação de projetos (AUDA-NEPAD, 2023[24]). Em 2025, estima-se que entre 12 a 15 projetos tenham obtido certificação através do PQL (PIDA, 2025[113]). Este número poderia ser significativamente aumentado, uma vez que o PIDA PAP2 inclui cerca de 69 projetos, a maioria dos quais em fase de preparação. O PQL pode tornar-se um selo de qualidade mais amplamente estabelecido, assegurando normas mínimas para projetos de infraestruturas financiados pelo governo e servindo como um indicador de qualificação bancária e de elegibilidade para o financiamento por instituições financeiras de desenvolvimento (OECD/ACET, 2020[95]; Dash et al., 2021[114]).

Caixa 2.3. As três fases do Selo de Qualidade do PIDA

O Selo de Qualidade do PIDA (PQL) é uma ferramenta de preparação de projetos disponibilizada a projetos selecionados do PIDA como parte do Mecanismo de Prestação de Serviços, criado pela AUDA-NEPAD em 2014 com o apoio da GIZ. Como parte do Mecanismo de Prestação de Serviços, a unidade responsável pelo PQL está integrada na Direção de Execução e Coordenação de Programas da AUDA-NEPAD. O PQL é composto por três fases, sendo atribuído uma certificação após a conclusão bem sucedida de cada fase.

1. Na fase de Definição do Projeto, o PQL aplica uma Metodologia de Verificação Rápida (*Quick Check Methodology*) baseada num conjunto de critérios concebidos para permitir a conclusão da avaliação em 30 dias. Os critérios estão agrupados em dois eixos e cinco dimensões: no eixo do contexto estratégico, avalia-se a prioridade regional, a preparação do setor e o interesse do setor privado; no eixo do projeto, avalia-se a preparação do projeto e a atratividade para parcerias público-privadas. A metodologia de verificação rápida é utilizada tanto para a elegibilidade como para a avaliação dos projetos, para verificar a conformidade com os critérios básicos de entrada e para examinar os pontos fracos e fortes da fase inicial. As conclusões são resumidas e é elaborado um roteiro para o acesso aos mecanismos de preparação de projetos (PPFs); estes são incluídos num Memorando de Conceção do Projeto, que constitui a Certificação PQL1.
2. A fase de pré-viabilidade implica duas atividades. A primeira consiste em identificar potenciais PPFs para financiar os estudos de viabilidade e garantir que o projeto cumpre os seus critérios de elegibilidade. A segunda consiste em avaliar a consistência, a maturidade e a viabilidade do projeto. Assim, a Certificação PQL2, que pode ser obtida num prazo de seis a nove meses, consiste numa certificação que comprova que o projeto está pronto para integrar a carteira de um PPF e é acompanhada de um Memorando de Informação do Projeto, destinado à obtenção de financiamento.
3. Por último, na fase de viabilidade e qualificação bancária, o PQL concentra-se na realização de estudos de viabilidade com financiamento dos PPFs, na estruturação e qualificação bancária do projeto e na procura de opções de financiamento, com base nas suas componentes comerciais e não comerciais. A Certificação PQL3 consiste na formalização do acordo financeiro do projeto, que deve ser alcançado no prazo de dois anos.

Fonte: OCDE/ACET/AUDA-NEPAD ((2021[115]), "High Level Implementation Plan for "Accelerating and Scaling Up Quality Infrastructure Investment for in Africa" [Plano de implementação de alto nível para acelerar e aumentar o investimento em infraestruturas de qualidade em África].

As certificações internacionais de qualidade de infraestruturas podem ser ampliadas às fases de implementação dos projetos. As certificações internacionais representam os grandes princípios de qualidade (Caixa 2.4) em termos concretos, exigindo a adesão de um projeto a normas técnicas específicas. Dado que as certificações implicam, geralmente, uma verificação externa aprofundada e a responsabilização após a fase de viabilidade, podem servir como um sinal seguro e fiável para os financiadores, transmitindo não só a viabilidade financeira como também o alinhamento com os objetivos de sustentabilidade. Existem muitas ferramentas de certificação, mas são aplicadas a um número muito reduzido de projetos:

- A Blue Dot Network, lançada em abril de 2024, sintetiza normas já existentes, baseadas nos *Princípios do G20 sobre Investimento em Infraestruturas de Qualidade*. Complementa as certificações que se centram na qualidade técnica dos projetos ou na sustentabilidade ambiental. Os projetos participantes cumprem as principais normas internacionais em matéria de investimento em infraestruturas de qualidade, cobrindo dez elementos da Blue Dot Network (Blue Dot Network, 2024[116]). Estes elementos estão agora a ser aplicados aos projetos PQL, ampliando a certificação destes projetos desde a fase de preparação até à fase de implementação.
- O FAST-Infra Sustainable Infrastructure Label procura identificar projetos financiáveis para promover a participação local, incluindo instituições financeiras de desenvolvimento. Recorre a 14 critérios que avaliam a sustentabilidade nas suas dimensões ambiental, social, de governança, de adaptação e de resiliência. O rótulo baseia-se em mais de 25 quadros regulamentares, orientações e taxonomias internacionais. Dezoito projetos em 16 países já foram certificados, incluindo 8 em África: na Côte d'Ivoire, Egito, Gabão, Quénia, Senegal, África do Sul, Tanzânia e Uganda. Na África do Sul, o promotor do projeto Mzansi Clean Energy Capital recebeu o rótulo pelo seu projeto-piloto de mini-rede híbrida solar. O projeto-piloto de Mzansi visa servir 725 agregados familiares, evitar anualmente 5 quilotoneladas de emissões de dióxido de carbono e fornecer 12 megawatts de energia solar, por via de um fundo de 35 milhões de dólares (Fast-Infra SI Label, 2021[117]).
- A norma ISO 14001 da Organização Internacional de Normalização fornece um quadro para a implementação de um sistema de gestão ambiental. O custo associado varia entre 3 000 e 10 000 dólares, de três em três anos. Esta ISO foi utilizada em mais de 300,000 certificações e 500 000 instalações, incluindo mais de 4 000 certificados e 6 000 projetos em África. Um exemplo é a Water Senegal, que fornece água potável com um nível de potabilidade de 99,1% a 5 milhões de pessoas (ISO, 2023[118]).
- O Green Terminal Label destina-se a reduzir a pegada de carbono das atividades portuárias, fornecendo um rótulo que abrange 8 pilares. Cada ciclo anual inclui uma autoavaliação e uma auditoria de rotulagem efetuada por uma entidade terceira. Dez dos 11 projetos certificados com o Green Label situam-se em África: 3 na Côte d'Ivoire e 1 no Benim, nos Camarões, no Gabão, no Gana, na Guiné, no Senegal e na Serra Leoa. Por exemplo, o porto de Freetown, na Serra Leoa, obteve o Green Terminal Label em 2022 com base numa redução do seu impacto ambiental em quase 30% desde 2019, nomeadamente através da instalação de um sistema de iluminação 100% LED e de um projeto de reflorestação de 1 200 metros quadrados ao longo do muro do terminal portuário (Africa Global Logistics, 2021[119]).
- O EDGE (Excellence in Design for Greater Efficiencies) é uma certificação de estrutura de construção ecológica criada pela Sociedade Financeira Internacional, destinada a reconhecer os projetos de construção que utilizem menos energia, menos água e utilizam materiais mais ecológicos. Para serem certificados, os projetos devem apresentar reduções de 20% no consumo de energia, água e carbono dos materiais de construção, face ao exigido pelas normas locais. O EDGE mede estas melhorias dos projetos. O custo da inscrição é de 350 dólares e o da certificação varia entre 2 900 e 7 250 dólares, consoante a dimensão do projeto. É utilizado em mais de 100 países, incluindo 15 países em África, num total de 69 projetos. Por exemplo, em Madagáscar, o Aeroporto Internacional de Antananarivo alcançou, até 2019, poupanças de 33% em energia, 49% em água e 37% em carbono incorporado nos materiais. Para tal, empregou uma mão de obra 95% malgaxe e aplicou outras medidas de proteção do ambiente (EDGE, n.d[120]).

Caixa 2.4. Os Princípios do G20 sobre Investimento em Infraestruturas de Qualidade

A expressão «infraestruturas de qualidade» é um conceito consolidado para realçar a qualidade da execução e os impactos mais amplos dos projetos de infraestruturas. Embora inicialmente se centrasse apenas nas normas técnicas e na eficácia de um projeto, o acordo do G7 sobre os Princípios de Ise-Shima para a Promoção de Investimentos em Infraestruturas de Qualidade marcou a inclusão dos impactos ambientais e sociais.

Para orientar os investimentos em infraestruturas no sentido de um crescimento sustentável, o G20 introduziu os Princípios para Investimentos em Infraestruturas de Qualidade na Cimeira do G20 de Osaka de 2019:

1. maximizar o impacto positivo das infraestruturas para alcançar um crescimento e desenvolvimento sustentáveis
2. aumentar a eficiência económica tendo em conta o custo do ciclo de vida
3. integrar considerações ambientais nos investimentos em infraestruturas
4. reforçar a capacidade de resistência contra catástrofes naturais e outros riscos
5. integrar considerações sociais nos investimentos em infraestruturas
6. reforçar a governança das infraestruturas.

Estes princípios abrangem dimensões transversais da qualidade, incluindo as alterações climáticas, a igualdade de género, a sustentabilidade da dívida e a governança, fatores que são também essenciais para mobilizar capital e reduzir o défice de financiamento em infraestruturas. Por via destes princípios, os países podem alinhar os seus objetivos de desenvolvimento com as normas internacionais e acompanhar os progressos através de um conjunto comum de indicadores (Tabela 2.4), criando simultaneamente oportunidades de investimento favoráveis.

Tabela 2.4. Indicadores para avaliar os Princípios sobre Investimento em Infraestruturas de Qualidade

Princípio	Crescimento e desenvolvimento sustentáveis	Eficiência económica	Considerações ambientais	Resiliência	Considerações sociais	Governança
Exemplos de indicadores	Empregos criados e mantidos, desenvolvimento das competências dos trabalhadores, tempo entre a assinatura do contrato e o encerramento do exercício financeiro	Taxa interna de rentabilidade, taxa de rentabilidade económica	Evitar emissões de gases com efeito de estufa, redução de poluentes atmosféricos locais	Orçamento afetado a medidas de resiliência climática e às catástrofes	Empregos criados e mantidos para mulheres, envolvimento das partes interessadas	Membros do órgão de governança que receberam formação anticorrupção, sustentabilidade fiscal

Fonte: G20 (2022[121]), *Compendium of Quality Infrastructure Investment Indicators* [Compêndio de Indicadores de Investimento em Infraestruturas de Qualidade], https://cdn.gihub.org/umbraco/media/4761/compendium-of-qii-indicators.pdf.

Fonte: Japan MILT (2021[122]), *Japan's "Quality Infrastructure" Around the World: Compendium of Good Practices*; G20 (2022), *Compendium of Quality Infrastructure Investment Indicators* [As «Infraestruturas de Qualidade» do Japão em todo o mundo: Compêndio de Melhores Práticas; G20 (2022), Compêndio de Indicadores de Investimento em Infraestruturas de Qualidade], https://cdn.gihub.org/umbraco/media/4761/compendium-of-qii-indicators.pdf.

Anexo 2.A. Desenvolver as competências africanas para a execução de projetos de infraestruturas

Acelerar e ampliar a implementação de projetos de infraestruturas exige o desenvolvimento de competências africanas para os concretizar, nomeadamente os projetos prioritários identificados pelo PIDA PAP2 (2021-30) (OECD/ACET, 2020[95]). Atualmente, muitas das competências necessárias não existem nos mercados de trabalho africanos e os dados disponíveis sobre as lacunas de competências são limitados (AUC/OECD, 2024[123]). No entanto, já existem várias iniciativas promissoras de desenvolvimento de competências, que oferecem uma oportunidade que pode ser aproveitada em conjunto pelas empresas privadas, pelos decisores políticos e pelos parceiros internacionais, a fim de concretizar os projetos de infraestruturas prioritários de África.

A escassez de competências em matéria de gestão e de preparação de projetos constitui um entrave ao desenvolvimento inicial das infraestruturas

As lacunas ao nível das competências de gestão são das mais evidentes em todo o ciclo de vida dos projetos de infraestruturas. Abrangem a definição de prioridade e de projetos; o financiamento e a obtenção de fundos; a pré-viabilidade e a conceção; a contratação pública, a adjudicação e o licenciamento; a construção e a implementação; as operações e a manutenção; a monitorização e a avaliação; e a desativação. Os gestores desempenham um papel central na boa governança dos projetos, sendo responsáveis por gerir a complexidade e os requisitos técnicos, ao mesmo tempo que colaboram com as partes interessadas. Sekasi et al. (2024[75]) identificaram a falta de competências de gestão como um dos principais desafios dos megaprojetos africanos de infraestruturas de transportes, contribuindo para um planeamento, execução e supervisão deficientes dos projetos.

O desenvolvimento de infraestruturas por parte dos governos subnacionais enfrenta uma acentuada escassez de competências em matéria de gestão de projetos. Os responsáveis administrativos das cidades carecem frequentemente das competências técnicas e de gestão necessárias para mobilizar financiamento para projetos de infraestruturas, o que os obriga a recrutar consultores externos dispendiosos (Löffler and Haas, 2023[69]). Um estudo sobre a capacidade dos governos locais em 16 cidades africanas avaliou a diferença entre o número real de efetivos por 1 000 habitantes e um índice de referência para cidades de países em desenvolvimento com populações e áreas comparáveis. As cidades analisadas no Gana, em Moçambique e no Uganda apresentaram um rácio de 0,4 técnicos e gestores por 1 000 habitantes, enquanto as cidades ma Etiópia registaram cerca de 1,4 por 1 000.[7] Em contrapartida, este rácio era de 8 para 1 000 na Índia e de 36 para 1 000 nos países de retorno alto (Cities Alliance, 2017[124]). A formação dirigida aos governos locais pode ajudar, como o projeto MILE na África do Sul. Outro exemplo é a Comissão de Serviços do Governo Local (LGSC) da Maurícia, criada em 1976, que apoia o desenvolvimento de competências ao permitir que os Estados federados recrutem pessoal de gestão dos governos locais (UCLG/Cities Alliance, 2021[64]).

A elevada procura por competências de gestão continuará a verificar-se no futuro. Segundo estimativas do PMI, (2021[125]) a Nigéria e a África do Sul necessitarão, em média, de 87 000 novos cargos de gestão de projetos por ano entre 2019 e 2030. O setor da construção representa 25% desta procura.[8]

Os gestores com capacidade para operar em contextos locais, transfronteiriços e globais serão muito procurados (OECD/AfIDA, 2025[126]).

A escassez de competências é mais frequentemente assinalada nas fases iniciais do ciclo de vida das infraestruturas, dificultando a preparação dos projetos, reduzindo a sua qualificação bancária e aumentando os seus custos. A preparação de projetos exige um vasto leque de competências e conhecimentos, abrangendo os domínios técnico, social, ambiental e financeiro. De acordo com o inquérito da OCDE/AfIDA, a escassez de competências é mais prevalente nas fases iniciais do projeto: financiamento, pré-viabilidade, construção e implementação (antes da operação, manutenção e desativação).[9] Leigland e Roberts (2007[127]) estimam que esta lacuna de competências tem conduzido a um agravamento das despesas de preparação de projetos de quase 10% do custo de investimento de um projeto em África, superior ao custo padrão de 5%.

No setor da construção, as profissões altamente qualificadas (gestores, profissionais e técnicos) parecem estar menos representadas em África. Embora faltem dados sobre as competências no domínio das infraestruturas, existem dados profissionais para o setor da construção em 35 países africanos. A construção em África emprega maioritariamente profissionais com qualificações médias, representando cerca de 70% do total. Comparativamente a outras regiões do mundo, a percentagem de gestores, pessoal de apoio administrativo, operadores de instalações e máquinas e montadores, profissionais e técnicos é inferior em África do que nos países de rendimento alto. Em contrapartida, a proporção de operários, artífices e trabalhadores similares é muito mais elevada em África, inclusive quando comparada com a América Latina e as Caraíbas (Anexo Figura 2.A.1).

Anexo Figura 2.A.1. Profissões no setor da construção, por região, 2019-23

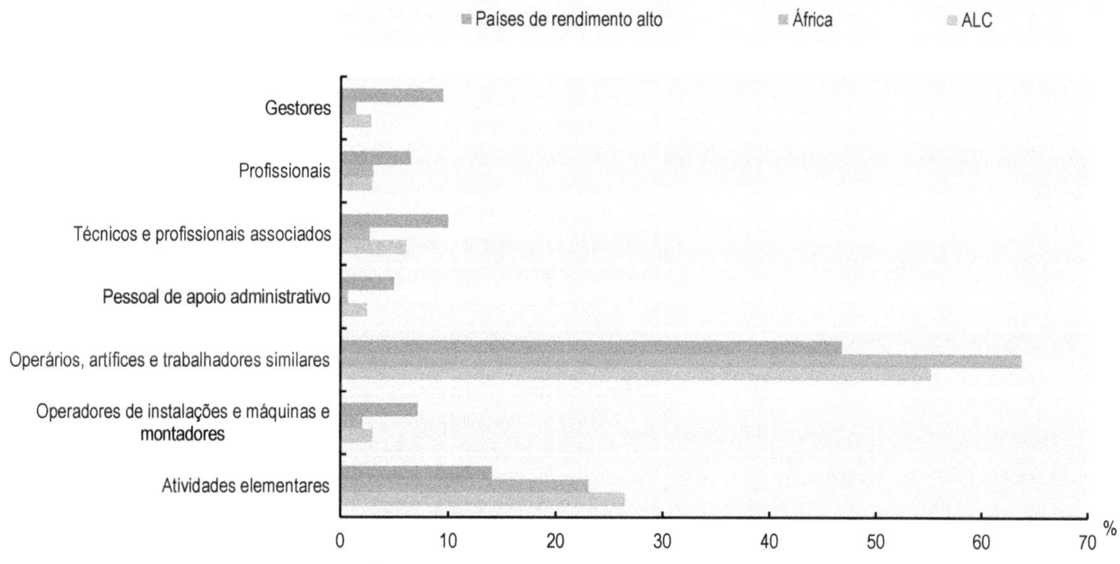

Nota: ALC = América Latina e Caraíbas. A repartição das profissões baseia-se na classificação de quatro níveis da CITP-08, em que uma competência é definida como a capacidade de realizar as tarefas e as funções associadas a uma profissão. Nível de competência 1 (competência baixa): profissões elementares; níveis de competência 2 e 3 (competência média): operadores de instalações e máquinas e montadores, operários, artífices e trabalhadores similares e pessoal de apoio administrativo; nível de qualificação 4 (competência alta): técnicos e profissionais associados, profissionais e gestores. Os dados baseiam-se em Estatísticas da Força de Trabalho (Labour Force Statistics - LFS), Inquéritos por Amostragem à Força de Trabalho, Inquéritos ao Rendimento e às Despesas das Famílias (Household Income and Expenditure Surveys - HIES), Inquéritos às Condições de Vida, e Censos da População (Population Censuses - PC).

Fonte: ILOSTAT (2023[128]), *Labour Force Statistics (LFS) Employment by economic activity and occupation (thousands)* (database) [Estatísticas das Forças de Trabalho (LFS) Emprego por atividade económica e profissão (milhares) (base de dados)], https://ilostat.ilo.org/data/ (consultado em novembro de 2024).

StatLink https://stat.link/3ot4mx

Os prestadores de formação e os promotores de infraestruturas podem colaborar mais estreitamente para colmatar as lacunas de competências, particularmente em matéria de gestão

Os prestadores de formação e educação podem dar maior prioridade às lacunas de competências em matéria de gestão de projetos, negociação e desenvolvimento empresarial no setor das infraestruturas. Os prestadores nacionais de formação centram-se principalmente em responder às necessidades técnicas, enquanto as competências de gestão de projetos, de negociação e em matérias empresariais são normalmente apoiadas por via de financiamento de duração limitada, proveniente de parceiros e mecanismos internacionais (PPIAF / ICA, 2006[129]). Os prestadores de formação, incluindo os estabelecimentos de ensino e formação comunitários, a rede continental de Centros de Excelência, as instituições de ensino e formação técnica e profissional e as Autoridades Nacionais de Construção (por exemplo, no Quénia, na Nigéria e na África do Sul), poderiam integrar mais estudos orientados para o desenvolvimento de competências de gestão e em matérias empresariais nos seus currículos de formação, na recolha de dados e no diálogo político, com o objetivo de reforçar capacidades a longo prazo (Anexo Tabela 2.A.1).

Anexo Tabela 2.A.1. Programas selecionados de desenvolvimento de competências em infraestruturas

Título e âmbito do programa	Principais características
Nível nacional	
FOCI Skills Academy (FSA) (Nigéria)	• Oferece formação em competências técnicas, ecológicas e digitais • Foi criada pela Federação da Indústria da Construção da Nigéria (FOCI) em 2020 • Desenvolve currículos de formação e aprova métodos de avaliação adequados para os programas de aprendizagem e para a formação de formadores • Oferece formação profissional e técnica dupla, baseada em competências, com o objetivo de reforçar o setor da construção, promover a equidade social e capacitar os jovens
Construction Education and Training Authority (CETA) (África do Sul)	• Oferece formação em competências técnicas • Implementa os objetivos da Estratégia Nacional de Desenvolvimento de Competências (NSDS III) • Realiza estudos sobre as competências requeridas pelos empregadores • Desenvolve programas de educação e formação para colmatar a escassez de competências
Autoridade Nacional da Construção (Quénia)	• Oferece formação em competências técnicas • Facilita e reforça as capacidades no setor da construção • Realiza inquéritos e organiza a Exposição e Conferência Bienal Internacional de Investigação em Construção (ICoRCE)
Institutos de Formação em Energias Renováveis e Eficiência Energética (IFMEREE) (Marrocos)	• Oferece formação em competências técnicas e ecológicas • Apoia os objetivos nacionais de aumentar a quota das energias renováveis na produção de eletricidade para 52% até 2030, o que permitiria a criação de mais de 50 000 novos postos de trabalho neste setor • Está localizado em Oujda, Tânger e Ouarzazate • Trabalha em parceria com a União Europeia
Miundo Misingi Hub (Quénia)	• Oferece formação em competências técnicas e ecológicas • Oferece formação em financiamento de projetos de infraestruturas e parcerias público-privadas (PPP) • Colabora com o Institute for Sustainable Infrastructure para que os projetos obtenham a acreditação e a classificação de sustentabilidade *Envision*
Buildher (Quénia)	• Oferece formação em competências técnicas e interpessoais • Visa aumentar a participação das mulheres em funções qualificadas no setor da construção para 10% até 2030, em relação aos atuais 3%. Capacita as mulheres através de uma formação profissional de 12 meses em construção e competências para a vida

	• Registou um aumento de 67% na produtividade dos empregadores atribuída às suas formandas • Contribuiu para que 60% dos empregadores parceiros adotassem práticas de género para melhorar a remuneração, a saúde e a segurança
Nível regional	
Projeto *East Africa Skills for Transformation and Regional Integration* (EASTRIP) (Etiópia, Quénia e Tanzânia)	• Oferece formação em competências técnicas e digitais • Disponibiliza formação para técnicos dos setores dos transportes, da energia e das tecnologias da informação e da comunicação (bem como da indústria transformadora, do turismo e da agricultura) • Desenvolveu mais de 367 programas acreditados ou certificados pelo setor desde 2018 • Apoia 16 institutos regionais de referência de formação técnica e profissional (RFTI), que dispõem de conselhos consultivos da indústria e acompanham os dados de empregabilidade dos diplomados
Energy Regulation Centre of Excellence (ERCE) (Tanzânia)	• Oferece formação em competências técnicas, interpessoais e de gestão • Procura criar um grupo de peritos na Comunidade da África Oriental para desenvolver mercados de energia integrados e competitivos
Nível continental	
African Legal Support Facility (ALSF) Academy	• Oferece formação em competências técnicas e de gestão (negociação) • Plataforma de aprendizagem eletrónica destinada a funcionários públicos e juristas em cinco setores-chave: infraestruturas e PPP, energia, mineração, petróleo e gás, e dívida soberana • Colabora com a East Africa Law Society (EALS), a Southern African Development Community Lawyers Association (SADCLA), o International Training Centre in Africa for Francophone Lawyers (CIFAF) e a African Business Law Firms Association (ABLFA).
Programa de Bolsas de Estudo para Infraestruturas de África (AIFP)	• Oferece formação em competências técnicas • Formação de altos funcionários públicos africanos envolvidos na aquisição de PPP • É financiado pelo Global Infrastructure Hub, pela Meridiam e pelo Fórum Económico Mundial
Projeto Build4Skills (Quénia, Senegal e África do Sul)	• Oferece formação em competências técnicas, ecológicas, interpessoais e de gestão (liderança) • Recorre a canteiros de obras financiados principalmente por bancos multilaterais de desenvolvimento (BMD) para proporcionar formação prática a estudantes do ensino e formação técnico-profissional (EFTP) • Visa integrar os estágios como um requisito nos cadernos de encargo de projetos de infraestruturas financiados por BMD • É liderado pela GIZ, em cooperação com BMD e os ministérios da educação
Mecanismo de financiamento para o desenvolvimento de competências da Iniciativa de Competências para África (SIFA) (Banco de Desenvolvimento KfW)	• Oferece formação em competências técnicas, digitais e interpessoais (empresariais) • É implementado pela AUDA-NEPAD, com financiamento da Alemanha e da União Europeia através do Banco de Desenvolvimento KfW • Apoia o desenvolvimento de competências inovadoras no ensino e formação técnico-profissional (EFTP) em oito países parceiros (Camarões, Etiópia, Gana, Quénia, Nigéria, África do Sul, Togo e Tunísia) • Procura promover soluções de EFTP orientadas para o empreendedorismo e a empregabilidade das mulheres, as competências digitais e o setor informal, através da atual janela de financiamento (FW3)

Fonte: Compilação dos autores.

A formação no local de trabalho, combinada com novos instrumentos de treinamento, como as microcredenciais, pode ajudar os países africanos a responder à procura contínua de competências em matéria de infraestruturas, incluindo as competências necessárias para além das fases de viabilidade dos projetos. A formação prática é preferida pelos empregadores que procuram requalificar ou melhorar as competências do pessoal quando as necessidades de competências em infraestruturas mudam rapidamente. Por exemplo, num inquérito realizado entre 2016 e 2017 a cerca de 1 000 empresas chinesas em 8 países africanos, 53% das empresas do setor da construção afirmaram oferecer formação em regime de aprendizagem (Sun, Jayaram and Kassiri, 2017[130]). A formação em ensino e formação técnico-profissional (EFTP) e as microcredenciais, obtidas num curto espaço de tempo, oferecem oportunidades complementares para o reforço de competências, como a elaboração de módulos de formação em competências de manutenção para os setores do transporte rodoviário e do fornecimento de eletricidade. A colaboração entre os parceiros internacionais e a disponibilização de recursos financeiros adequados são essenciais. No entanto, em 2023, menos de 1% do financiamento público para o desenvolvimento desembolsado nas áreas de água e saneamento, tecnologias da informação e comunicação, transportes e energia foi afetado à educação e à formação (OECD, 2024[131]).

> *Utilizando a sua abordagem de formação prática no local de trabalho, a Organização Internacional do Trabalho formou 900 jovens em 10 áreas profissionais no setor da construção e das obras públicas da Mauritânia, tendo, até 2017, assegurado o acesso a 12 aldeias. Esta abordagem de formação abrange tanto os aspetos teóricos como práticos das profissões relacionadas com a construção e a manutenção (ILO, 2018[132]).*
>
> *O programa Build4Skills, em colaboração com bancos multilaterais de desenvolvimento, como o Banco Africano de Desenvolvimento e o Banco Asiático de Desenvolvimento, defende que os estágios sejam um requisito nos concursos públicos de infraestruturas. Os proponentes devem demonstrar como utilizarão o princípio «EFTP por defeito» (TVET by default) nos seus projetos, gerando simultaneamente benefícios sociais mais vastos destinados aos jovens, aos grupos desfavorecidos e às mulheres. Desenvolve a sua atividade no Quénia, no Senegal e na África do Sul (ADB, 2024[133]).*

Enquanto plataformas orientadas para as soluções, as comunidades de prática (CoPs) oferecem um acesso valioso aos ensinamentos políticos a nível dos projetos, incluindo os relacionados com as competências. CoPs são redes distribuídas que podem desempenhar três funções fundamentais no domínio das infraestruturas: i) materializar os investimentos em infraestruturas; ii) influenciar mudanças no ambiente político que as viabiliza; e iii) reforçar a capacidade do setor público. Estas comunidades colaboram frequentemente com prestadores nacionais de formação, melhorando os currículos e alargando o alcance da formação. Algumas estão ativas no desenvolvimento de infraestruturas em África (ver o exemplo da ASQIIA acima e Anexo Caixa 2.A.1).

> *A comunidade de prática Scaling abrange não só as infraestruturas, mas também questões transversais como as alterações climáticas, a educação, a igualdade de género e o emprego dos jovens. O seu objetivo é identificar os fatores e as vias de desenvolvimento sustentável cuja eficácia comprovada possa ser replicada em larga escala (Scaling, 2025[134]).*

Anexo Caixa 2.A.1. Catapult Accelerator: criação de uma comunidade para projetos de infraestruturas

O programa Catapult Accelerator, organizado pela Associação Africana para o Desenvolvimento de Infraestruturas (AfIDA), visa criar um ecossistema de competências e conhecimentos especializados, para acelerar o desenvolvimento de projetos de infraestruturas inovadores. Uma das suas iniciativas é uma colaboração com o Conselho de Minerais da África do Sul (MCSA), onde a AfIDA e o MCSA organizam sessões de apresentação para financiadores, peritos e representantes do governo. Entre 2023 e 2025, foram apresentados 30 projetos de 18 países em 9 sessões de apresentação. O programa visa angariar um total de 20 mil milhões de dólares para projetos nos domínios da energia, das TIC digitais, da água, da irrigação, das ferrovias, dos aeroportos, das zonas económicas especiais e das novas cidades. Um projeto digno de nota é o da Lebalelo Water User Association (LWUA), que serve minas, indústrias, pequenas empresas e uma comunidade de 490 000 habitantes na África do Sul, sendo que as minas representam 80% do consumo dos serviços públicos da LWUA.

Fonte: Contributo da AfIDA.

Notas

[1] O inquérito incluiu 51 peritos e altos funcionários dos Estados-Membros, das comunidades económicas regionais, de outras organizações intergovernamentais, bem como do BAD. Todos os peritos participaram em, pelo menos, um dos três corredores: o Corredor Abidjan-Lagos, o Corredor Norte-Sul e o Plano Diretor dos Transportes da África Central.

[2] O inquérito incluiu 51 peritos e altos funcionários dos Estados-Membros, das comunidades económicas regionais, de outras organizações intergovernamentais, bem como do BAD. Todos os peritos participaram em, pelo menos, um dos três corredores: o Corredor Abidjan-Lagos, o Corredor Norte-Sul e o Plano Diretor dos Transportes da África Central.

[3] Essuatíni, Maurícia, Marrocos, Nigéria, Somália e África do Sul comunicaram receitas fiscais a nível subnacional; Essuatíni, Quénia, Maurícia, Marrocos, Nigéria e Somália comunicaram receitas não fiscais a nível subnacional (OECD/AUC/ATAF, 2024[68]).

[4] Cálculos dos autores baseado em (World Bank, 2025[94]).

[5] Até fevereiro de 2025, tinham sido recebidas vinte e oito respostas ao inquérito da OCDE/AfIDA, dirigido a uma rede de promotores de infraestruturas, financiadores e peritos. As conclusões foram corroboradas através de um workshop de peritos, realizado a 23 de janeiro de 2025, que contou com a participação de 40 peritos.

[6] Cálculos dos autores baseados no Banco Mundial (2025[135]).

[7] As cidades abrangidas pelo estudo foram Dire Dawa e Mekelle (Etiópia); Kumasi, Tamale, Bolga e Sunyani (Gana); Tete, Nacala e Nampula (Moçambique); e Entebbe, Fort Portal, Tororo, Jinja, Gulu, Arua e Hoima (Uganda). Foram recolhidos dados sobre o pessoal que desempenha funções de gestão e técnicas nas áreas das finanças, receitas, planeamento, obras públicas, saúde ambiental e gestão de resíduos sólidos.

[8] A título de comparação, a estimativa para o mesmo período é de 132 000 na Alemanha e no Reino Unido e de 128 000 no Canadá e nos Estados Unidos (PMI, 2021[125]).

[9] O inquérito OCDE/AfIDA foi realizado entre dezembro de 2024 a março de 2025, junto de uma rede de promotores de infraestruturas, financiadores e peritos.

Referências

ADB (2024), *Build4Skills: Integrating Traineeships into ADB-Supported Infrastructure Projects – A Handbook for Project Processing Teams and Project Implementation Units*, Mandaluyong, https://doi.org/10.22617/TIM240449-2. [133]

AFC (2023), "Africa Finance Corporation to lead US-backed development of the Lobito Corridor and Zambia-Lobito Rail Line", *African Finance Corporation (website)*, https://www.africafc.org/fr/actualites-et-perspectives/actualit%C3%A9s/africa-finance-corporation-to-lead-us-backed-development-of-the-lobito-corridor-and-zambia-lobito-rail-line (accessed on 30 March 2025). [53]

AFD (n.d.), "The CITYRIZ Guarantee", *AFD (website)*, https://www.afd.fr/en/cityriz-guarantee (accessed on 1 April 2025). [73]

AfDB (2024), "The expansion, approved by the Fund's 13th Oversight Committee, will help bolster urban development and address critical challenges faced by rapidly growing African cities", *The African Development Bank Group (website)*, https://afdb.africa-newsroom.com/press/le-fonds-de-developpement-urbain-et-municipal-de-la-banque-africaine-de-developpement-integre-six-nouvelles-villes-a-son-programme-daccompagnement-en-planification-urbaine?lang=en (accessed on 4 March 2025). [70]

AfDB (2023), "African Development Bank joins global partners to raise financing for $1.6 bn multinational Lobito Transportation Corridor programme", *African Development Bank (website)*, https://www.afdb.org/en/news-and-events/press-releases/african-development-bank-joins-global-partners-raise-financing-16-bn-multinational-lobito-transportation-corridor-programme-65357 (accessed on 1 April 2025). [54]

AfDB/ICA (2019), *Assessment of "African Infrastructure Project Preparation Facilities – Lessons Learned and Best Practices"*, Infrastructure Consortium for Africa, African Development Bank, https://www.icafrica.org/fileadmin/documents/Publications/Report_on_Assessment_of_IPPFs.pdf. [88]

AfDB/OECD/UNDP (2016), *African Economic Outlook 2016: Sustainable Cities and Structural Transformation*, OECD Publishing, Paris, https://doi.org/10.1787/aeo-2016-en. [19]

Africa Global Logistics (2021), *Green Terminal Label*, https://www.aglgroup.com/app/uploads/2023/12/11.23-AGL-Green-Terminal-brochure-A3.pdf. [119]

African Union (2024), *African Cities at a Crossroads: Closing the Urban Infrastructure Investment Gap*, Addis Ababa, https://au.int/sites/default/files/newsevents/workingdocuments/43851-wd-Executive_Summary_Draft_-_30Aug_19.pdf. [100]

ALSF (2024), *Public Private Partnerships (PPP): Public Private Partnerships (PPP) Country Profile Brochure – A comparative analysis*, Abidjan, https://ppp.worldbank.org/public-private-partnership/sites/default/files/2024-03/2024-02-20%20-%20Survey%20PPP%20Legal%20%26%20Institutional%20Frameworks%20in%20Africa%20%28EN%29.pdf. [93]

Anderson, B. et al. (2024), "Shaping expanding cities for accessible transport: Proximity and road networks. The case of Accra and Kumasi in Ghana", *Sahel and West Africa Club (OECD/SWAC), West African Papers*, No. 47, OECD Publishing, Paris, https://doi.org/10.1787/c4884034-en. [63]

AU (2020), *Elaboration of the 2021-2030 Priority Action Plan for the AU Program for Infrastructure Development in Africa (PIDA): The Integrated Corridor Approach – "A Holistic Infrastructure Planning Framework to Establish PIDA-PAP 2"*, African Union, Addis Ababa, https://pp2.au-pida.org/wp-content/uploads/2020/04/English-Analytical-Report-Integrated-Corridor-Approach-and-Selection-Criteria.pdf. [35]

AUC (2015), *Agenda 2063: The Africa We Want*, African Union Commission, Addis Ababa, http://www.afdb.org/fileadmin/uploads/afdb/Documents/Policy-Documents/Agenda2063_Popular_Version_English.pdf. [25]

AUC/OECD (2024), *Africa's Development Dynamics 2024: Skills, Jobs and Productivity*, AUC, Addis Ababa/OECD Publishing, Paris, https://doi.org/10.1787/df06c7a4-en. [123]

AUC/OECD (2023), *Africa's Development Dynamics 2023: Investing in Sustainable Development*, AUC, Addis Ababa/OECD Publishing, Paris, https://doi.org/10.1787/3269532b-en. [7]

AUC/OECD (2022), *Africa's Development Dynamics 2022: Regional Value Chains for a Sustainable Recovery*, AUC, Addis Ababa/OECD Publishing, Paris, https://doi.org/10.1787/2e3b97fd-en. [23]

AUC/OECD (2019), *Africa's Development Dynamics 2019: Achieving Productive Transformation*, OECD Publishing, Paris/AUC, Addis Ababa, https://doi.org/10.1787/c1cd7de0-en. [18]

AUC/OECD (2018), *Africa's Development Dynamics 2018: Growth, Jobs and Inequalities*, OECD Publishing, Paris/AUC, Addis Ababa, https://doi.org/10.1787/9789264302501-en. [4]

AUC/UNECA/UN-HABITAT (2020), *A Harmonized Implementation Framework for the New Urban Agenda in Africa*, United Nations, Addis Ababa, UNECA, Addis Ababa, https://au.int/sites/default/files/newsevents/workingdocuments/43851-wd-A_Harmonized_Implementation_Framework_for_the_New_Urban_Agenda_in_Africa.pdf. [65]

AUDA-NEPAD (2025), "African Network for Women in Infrastructure (ANWIN)", *au-pida (website)*, https://www.au-pida.org/african-network-for-women-in-infrastructure-anwin/ (accessed on 10 March 2025). [58]

AUDA-NEPAD (2025), *PIDA Projects Dashboard (database)*, https://www.au-pida.org/pida-projects/ (accessed on April 2025). [37]

AUDA-NEPAD (2023), *Programme for Infrastructure Development in Africa (PIDA): First 10-Year Implementation Report*, Johannesburg, https://www.au-pida.org/wp-content/uploads/2023/09/PIDA-Progress-Report_WEB.pdf. [24]

AUDA-NEPAD (2020), *Guidelines to Fill the PIDA-PAP 2 Submission Form*, African Union Development Agency, Johannesburg, https://pp2.au-pida.org/wp-content/uploads/2020/05/English-Guidelines-to-fill-the-PIDA-PAP-2-Project-Submission.pdf. [39]

AUDA-NEPAD (n.d.), "The PIDA Job Creation Toolkit", https://jobs.au-pida.org/index.html#/studies (accessed on 17 November 2024). [38]

AUDA-NEPAD/JICA (2024), *One-Stop Border Post (OSBP): Status Report*, https://www.nepad.org/publication/one-stop-border-post-osbp-status-report. [57]

Bersaglio, B. and C. Enns (2019), "On the Coloniality of "New" Mega-Infrastructure Projects in East Africa", *Antipode*, Vol. 52/1, pp. 101-123, https://onlinelibrary.wiley.com/doi/full/10.1111/anti.12582. [5]

Bignoli, D. (2024), "Towards more sustainable and inclusive development corridors in Africa", *Environmental Research: Infrastructure and Sustainability*, Vol. 4/3, p. 035012, https://research-repository.st-andrews.ac.uk/bitstream/handle/10023/30549/Bignoli_2024_Environ._Res._Infrastruct._Sustain._4_035012.pdf;jsessionid=07B46A0B4D141D18BCA563AE787F8320?sequence=1. [47]

Blazey, A., F. Gonguet and P. Stokoe (2020), "Maintaining and Managing Public Infrastructure Assets", in Schwartz, G. (ed.), *Well Spent: How Strong Infrastructure Governance Can End Waste in Public Investment*, International Monetary Fund, Washington, DC, https://www.elibrary.imf.org/display/book/9781513511818/ch014.xml. [110]

Blue Dot Network (2024), *Blue Dot Network Certification Framework*, https://static1.squarespace.com/static/65fd77fec4ad696366329acd/t/6639dfc746f3b664a741cc2e/1715068873022/Blue+Dot+Network+certification+framework.pdf. [116]

Business Daily (2014), "Nairobi Water targets big consumers with smart meters", *Business Daily Africa (website)*, https://www.businessdailyafrica.com/bd/corporate/companies/nairobi-water-targets-big-consumers-with-smart-meters-2055106 (accessed on 4 April 2025). [103]

BusinessWire (2025), "Africa Data Center Construction Market 2025-2030: Modular Data Centers Are on the Rise, Offering Scalable, Energy-efficient Solutions for Gradual Expansion as Demand Increases - ResearchAndMarkets.com", *BusinessWire (website)*, https://www.businesswire.com/news/home/20250220160575/en/Africa-Data-Center-Construction-Market-2025-2030-Modular-Data-Centers-are-on-the-Rise-Offering-Scalable-Energy-efficient-Solutions-for-Gradual-Expansion-As-Demand-Increases---ResearchAndMarkets.com (accessed on 29 March 2025). [14]

BusinessWire (2025), "Africa Data Center Portfolio Database 2025: Morocco Leads Africa's Data Center Expansion with 35% Market Share in Upcoming Power Capacity - ResearchAndMarkets.com", *BusinessWire (website)*, https://www.businesswire.com/news/home/20250327317136/en/Africa-Data-Center-Portfolio-Database-2025-Morocco-Leads-Africas-Data-Center-Expansion-with-35-Market-Share-in-Upcoming-Power-Capacity---ResearchAndMarkets.com (accessed on 29 March 2025). [13]

Byiers, B. et al. (2021), "African regional integration: A problem-driven approach to delivering regional public goods", *FERDI Working Papers No. 290*, https://hal.science/hal-03247039/. [82]

Castells-Quintana, D. (2017), "Malthus living in slum: Urban concentration, infrastructure and economic growth", *Journal of Urban Economics*, Vol. 98, pp. 158-173, https://doi.org/10.1016/j.jue.2016.02.003. [3]

CBC (2019), *Promoting Agro-Industry Supply Chains along the Transport Corridors of Eastern & Southern Africa*, COMESA Business Council, Zambia, https://comesabusinesscouncil.org/wp-content/uploads/2020/02/AFDB-KOAFEC-STUDY-AGRO-SUPPLY-CHAINS-CORRIDORS_compressed.pdf. [33]

CCFLA (2024), *The Landscape of Project Preparation 2024*, Cities Climate Finance Leadership Alliance, https://citiesclimatefinance.org/wp-content/uploads/2025/03/2024-PPF-Landscape-Analysis_Final-1.pdf. [89]

Cervigni, R. et al. (eds.) (2015), *Enhancing the climate resilience of Africa's infrastructure: The power and water sectors*, Africa Developmet Forum, World Bank, http://hdl.handle.net/10986/21875. [10]

Chinzara, Z., S. Dessus and S. Dreyhaupt (2023), "Infrastructure in Africa: How Institutional Reforms Can Attract More Private Investment", *International Finance Corporation World Bank Group Working Paper*, https://www.ifc.org/content/dam/ifc/doc/2023/working-paper-infrastructure-in-africa.pdf. [91]

Cities Alliance (2017), *Human Resources Capacity Benchmarking: A Preliminary Toolkit for Planning and Management in Africa*, Cities Alliance, Brussels, https://www.citiesalliance.org/sites/default/files/Final%20Report%20on%20Municipal%20Staffing%20Toolkit_0.pdf. [124]

CUA/OECD (2021), *AUC/OECD (2021), Africa's Development Dynamics 2021: Digital Transformation for Quality Jobs*, African Union Commission, Addis Ababa/OECD Publishing, Paris, https://doi.org/10.1787/0a5c9314-en. [11]

Dash, P. et al. (2021), "G20 Support for Improved Infrastructure Project Cycles in Africa", *Task Force 7 Policy Brief*, https://www.t20italy.org/wp-content/uploads/2021/09/TF7_PB13_LM02.pdf. [114]

Data Center Map (n.d.), "Data Centers", *Data Center Map (website)*, https://www.datacentermap.com/datacenters/ (accessed on 25 March 2025). [12]

Department of Public Works (2007), *The National Infrastructure Maintenance Strategy in Support of ASGISA and Government Growth Objectives*, Department of Public Works, South Africa, https://www.foresightfordevelopment.org/library/55/1328-the-national-infrastructure-maintenance-strategy-in-support-of-asgisa-and-government-growth-objectives#:~:text=The%20National%20Infrastructure%20Maintenance%20Strategy,a%20process%20of%20continuous%2. [111]

Dodman, D. (2008), "Developers in the public interest? The role of urban development corporations in the Anglophone Caribbean", *The Geographical Journal*, Vol. 174/1, pp. 30-44, https://doi.org/10.1111/j.1475-4959.2008.00267.x. [85]

Dorosh, P. and J. Thurlow (2014), "Can Cities or Towns Drive African Development? Economywide Analysis for Ethiopia and Uganda", *World Development*, Vol. 63, pp. 113-123, https://doi.org/10.1016/j.worlddev.2013.10.014. [15]

EAC (2012), *East African Community Industrialisation Policy 2012-2032: Structural Transformation of the Manufacturing Sector through High Value Addition and Product Diversification based on Comparative and Competitive Advantages of the Region*, East African Community, https://www.eac.int/index.php?option=com_documentmananger&task=download.document&file=bWFpbl9kb2N1bWVudHNfcGRmX1V4Tk5ZUmFBVHlSZll4VXhOZnpWVkRNRmluYWwgRUFDIEluZHVzdHJpYWxpemF0aW9uIFBvbGljeV9lZGl0ZWQgRmluYWwgKDIp&counter=886. [32]

EDGE (n.d), "EDGE", *edge.gbci (website)*, https://edge.gbci.org/ (accessed on 5 February 2025). [120]

Eltokhy, K. et al. (2024), "Public Investment Management Bottlenecks in Low-income Countries", *IMF Working Papers 2024*, No. 232, https://doi.org/10.5089/9798400289231.001. [76]

ESMAP (2024), *"Utility Digitalization and Performance Improvement in Africa"*, 12-14 February 2024, ESMAP Workshop, https://www.esmap.org/Utility_Digitalization_Performance_Improvement_Africa_Workshop. [107]

EU (2022), "Strategic corridors to improve Europe – Africa Connectivity", *JRC Digital Media Hub European Commission (website)*, https://visitors-centre.jrc.ec.europa.eu/en/media/leaflets/strategic-corridors-improve-europe-africa-connectivity (accessed on 1 March 2025). [51]

EU (n.d.), "CITYRIZ", *European Commission International Partnership (website)*, https://international-partnerships.ec.europa.eu/funding-and-technical-assistance/funding-instruments/european-fund-sustainable-development-plus/cityriz_en#:~:text=Description,objectives%20such%20as%20poverty%20reduction. (accessed on 1 April 2025). [72]

Fast-Infra SI Label (2021), "Fast Infra Label ", *ISO (website)*, https://www.iso.org/committee/54998.html?t=KomURwikWDLiuB1P1c7SjLMLEAgXOA7emZHKGWyn8f3KQUTU3m287NxnpA3Dluxm&view=documents#section-isodocuments-top (accessed on 10 February 2025). [117]

Flyvbjerg, B. and D. Gardner (2023), "How big things get done: The surprising factors that determine the fate of every project, from home renovations to space exploration and everything in between", *Signal*. [46]

G20 (2022), *Compendium of Quality Infrastructure Investment Indicators*, Bali, https://cdn.gihub.org/umbraco/media/4761/compendium-of-qii-indicators.pdf. [121]

G2O et al. (2024), *Delivering Cross-Border Infrastructure: Conceptual Framework and Illustrative Case Studies*, https://g20.gov.br/pt-br/trilhas/trilha-de-financas/infraestrutura/4-g20-aiib-ebrd-idb-report-on-delivering-cross-border-infrastructure-conceptual-framework-and-case-studies.pdf/@@download/file. [50]

GIH (2021), *Infrastructure Monitor 2021*, Global Infrastructure Hub, https://cdn.gihub.org/umbraco/media/4306/gihub_infrastructuremonitor2021.pdf. [87]

GIH (n.d.), *Establishing Effective Governance Structures*, Global Infrastructure Hub, https://cdn.gihub.org/umbraco/media/3562/44-establishing-effective-governance-structures.pdf. [77]

Gillespie, T. and B. Mwau (2024), "Road Corridors as Real Estate Frontiers: The New Urban Geographies of Rentier Capitalism in Africa", *Antipode*, Vol. 56/6, pp. 2136-2156, https://doi.org/10.1111/anti.13080. [61]

Gil, N. and S. Beckman (2025), "Escaping the Governance Trap: Insights from New Infrastructure Development 'Megaprojects'", *California Management Review*, https://research.manchester.ac.uk/en/publications/escaping-the-governance-trap-insights-from-new-infrastructure-dev. [84]

Gil, N., A. Stafford and I. Musonda (2019), "Duality by Design: The Global Race to Build Africa's Infrastructure", in *Duality by Design: The Global Race to Build Africa's Infrastructure*, Cambridge: Cambridge University Press, pp. 1-30, https://www.cambridge.org/core/books/abs/duality-by-design/duality-by-design-the-global-race-to-build-africas-infrastructure/83274BBED7311127851885E2752B5809. [17]

Gorgulu, N., V. Foster and A. Rana (2022), "Understanding Public Spending Trends for Infrastructure in Developing Countries", *World Bank Group Policy Research Working Paper*, No. 9903, http://hdl.handle.net/10986/36849. [108]

Graff, T. (2024), "Spatial inefficiencies in Africa's trade network", *Journal of Development Economics*, Vol. 171, p. 103319, https://www.sciencedirect.com/science/article/pii/S0304387824000683. [6]

Gregory, J. (2020), "Governance, scale, scope: A review of six South African electricity generation infrastructure megaprojects", *Utilities Policy*, Vol. 66, p. 101103, https://doi.org/10.1016/j.jup.2020.101103. [86]

GSMA (2022), *Water Utility Digitalisation in Low- and Middle-Income Countries: Experiences from the Kenyan Water Sector*, https://www.gsma.com/solutions-and-impact/connectivity-for-good/mobile-for-development/wp-content/uploads/2022/05/Digital-Utilities-Water-Utility-Digitalisation-in-Low-and-Middle-income-Countries_SPREAD.pdf. [102]

Hobbs, J. and D. Juffe Bignoli (eds.) (2022), *Impact Assessment for Corridors: From Infrastrucure to Development Corridors*, Cambridge: The Development Corridors Partnership, https://developmentcorridors.org/wp-content/uploads/2023/06/development-coridors-final-v4-1371-1-3_compressed-1_compressed.pdf. [49]

IGAD (2022), *IGAD Regional Infrastructure Master Plan: Final IRIMP Report*, Intergovernmental Authority on Development, https://igad.int/download/igad-regional-infrastructure-master-plan-final-irimp-report/. [41]

ILO (2018), *Guide de réalisation d'infrastructures rurales avec la méthodologie du Chantier d'école*, Geneva, https://www.ilo.org/sites/default/files/wcmsp5/groups/public/@africa/@ro-abidjan/@ilo-algiers/documents/publication/wcms_645578.pdf. [132]

ILOSTAT (2023), "Labour Force Statistics (LFS) Employment by economic activity and occupation (thousands)", *ILOSTAT (database)*, https://ilostat.ilo.org/data/# (accessed on 25 November 2024). [128]

IMF (2025), "Public Investment Management assessment (PIMA)", *(database)*, https://infrastructuregovern.imf.org/content/PIMA/Home/PimaTool/What-is-PIMA.html (accessed on 1 March 2025). [28]

InfraCompass (2020), "A G20 Initiative: InfraCompass", *InfraCompass (website)*, https://infracompass.gihub.org/ (accessed on 1 April 2025). [29]

IRENA (2019), *Renewable Energy: A Gender Perspective*, IRENA, Abu Dhabi, https://www.irena.org/-/media/Files/IRENA/Agency/Publication/2019/Jan/IRENA_Gender_perspective_2019.pdf. [97]

ISO (2023), *ISO survey 2023 results - number of certificates and sites per country and the number of sectors overall (database)*, https://www.iso.org/committee/54998.html?t=KomURwikWDLiuB1P1c7SjLMLEAgXOA7emZHKGWyn8f3KQUTU3m287NxnpA3Dluxm&view=documents#section-isodocuments-top (accessed on 5 February 2025). [118]

Japan MLIT (2021), *Japan's "Quality Infrastructure" Around the World: Compendium of Good Practices*, Japan Ministry of Land, Infrastructure, Transport and Tourism, https://www.mlit.go.jp/kokusai/content/001397311.pdf. [122]

JICA (2022), *Data Collection Survey on Corridor Development in Africa Final Report*, https://openjicareport.jica.go.jp/pdf/12342838.pdf. [52]

JICA (2018), *Corridor Development Approach: Revitalize the Region Inclusively and Bring Strong Sustainable Economic Growth for the People*, https://www.jica.go.jp/Resource/english/publications/brochures/c8h0vm0000avs7w2-att/japan_brand_07.pdf. [55]

KenGen (2021), "KenGen Receives Two Million Additional Carbon Credits for Its Olkaria Geothermal Projects", *KenGen (website)*, https://www.kengen.co.ke/index.php/information-center/news-and-events-3/kengen-receives-two-million-additional-carbon-credits-for-its-olkaria-geothermal-projects.html (accessed on 15 February 2025). [101]

Kouton, J., W. Sanogo and N. Djomgoue (2023), "Risk allocation in energy infrastructure PPPs projects in selected African countries: Does institutional quality, PPPs experience and income level make a difference?", *Economic Change and Restructuring*, Vol. 56, pp. 537-580, https://doi.org/10.1007/s10644-022-09433-0. [92]

Krantz, S. (2024), "Optimal Investments in Africa's Road Network", World Bank Group Policy Research Working Paper, Washington, DC, http://documents.worldbank.org/curated/en/099223509042435445. [16]

Laurance, W. et al. (2015), "Estimating the Environmental Costs of Africa's Massive 'Development Corridors'", *Current Biology*, Vol. 25/24, pp. 3202-3208, https://www.cell.com/current-biology/fulltext/S0960-9822(15)01309-3?mc_cid=ebd99f033d&mc_eid=abc5417b82. [48]

Lebrand, M. and M. Sylvie (2021), "Corridors without Borders in West Africa", *World Bank Group Policy Research Working Paper No. WPS 9855*, http://documents.worldbank.org/curated/en/585581637328017410. [56]

Leigland, J. and A. Roberts (2007), *The African project preparation gap: Africans address a critical limiting factor in infrastructure investment*, World Bank, https://openknowledge.worldbank.org/entities/publication/c85c5880-26f6-5627-8989-67011f2e7a95. [127]

Lisinge, R. and M. van Dijk (2021), "Regional transport infrastructure programmes in Africa: What factors influence their performance?", *Canadian Journal of African Studies / Revue Canadienne Des Études Africaines*, Vol. 56/1, pp. 99-121. [42]

Löffler, G. and A. Haas (2023), "Bridging Africa's Urban Infrastructure Gap: Financial Intermediaries for Facilitating Cities' Access to Debt Finance in Africa", *ODI Working Paper*, http://www.odi.org/en/publications/bridging-africas-urban-infrastructure-gap-financial-intermediariesfor-facilitating-cities-access-to-debt-finance-in-africa. [69]

Medinilla, A., B. Byiers and K. Karaki (2019), "African power pools regional energy, national power", *ECDPM Discussion Paper* No 244, pp. 1-30, https://ecdpm.org/application/files/1816/6074/5141/DP-244-African-Power-Pools-1.pdf. [43]

Moneke, N. (2020), "Infrastrucure and structural transformation: evidence from Ethiopia", *(PhD thesis)*, London School of Economics and Political Science, https://etheses.lse.ac.uk/4187/. [20]

Monkhouse, C. (2018), "Promoting green urban industrialisation in Ethiopia", *CDKN Policy Brief*, https://cdkn.org/sites/default/files/files/Green_Industrialisation_Web-final.pdf. [66]

NCTCA (2025), "Northern Corridor Member States to Establish a Regional Logistics Hub within Naivasha Special Economic Zone", *Northern Corridor and Transport Coordination Authority (website)*, https://ttcanc.org/northern-corridor-member-states-establish-regional-logistics-hub-within-naivasha-special-economic (accessed on 1 April 2025). [34]

OECD (2024), *Compendium of Good Practices on Quality Infrastructure 2024: Building Resilience to Natural Disasters*, OECD Publishing, Paris, https://doi.org/10.1787/54d26e88-en. [79]

OECD (2024), *Infrastructure for a Climate-Resilient Future*, OECD Publishing, Paris, https://doi.org/10.1787/a74a45b0-en. [8]

OECD (2024), *Official Development Assistance (database)*, OECD Data Explorer, https://data-explorer.oecd.org/?fs[0]=Topic%2C1%7CDevelopment%23DEV%23%7COfficial%20Development%20Assistance%20%28ODA%29%23DEV_ODA%23&pg=0&fc=Topic&bp=true&snb=27 (accessed on 3 February 2025). [131]

OECD (2023), *Production Transformation Policy Review of Egypt: Spotlight on the AfCFTA and Industrialisation, OECD Development Pathways*, OECD Publishing, Paris, https://doi.org/10.1787/3ac95e0c-en. [26]

OECD (2022), "2022 OECD Survey on the Governance of Infrastructure", *OECD (Glossary)*, https://webfs.oecd.org/governmentataglance/Governance%20of%20infrastructure/2022%20OECD%20Survey%20on%20the%20Governance%20of%20Infrastructure_Glossary.pdf. [74]

OECD (2021), *SIGI 2021 Regional Report for Africa*, Social Institutions and Gender Index, OECD Publishing, Paris, https://doi.org/10.1787/a6d95d90-en. [96]

OECD (2021), *Water Governance in African Cities*, OECD Studies on Water, OECD Publishing, Paris, https://doi.org/10.1787/19effb77-en. [62]

OECD (2020), "Recommendation of the Council on the Governance of Infrastructure", *OECD Legal Instruments (website)*, https://legalinstruments.oecd.org/en/instruments/OECD-LEGAL-0460/ (accessed on 15 March 2025). [78]

OECD et al. (2025), *Africa's Urbanisation Dynamics 2025: Planning for Urban Expansion*, West African Studies, OECD Publishing, Paris, https://doi.org/10.1787/2a47845c-en. [2]

OECD/ACET (2020), *Quality Infrastructure in 21st Century Africa: Prioritising, accelerating, and scaling up in the context of PIDA (2021-30)*, OECD Publishing, Paris, https://doi.org/10.1787/83f17831-en. [95]

OECD/ACET/AUDA-NEPAD (2021), "High Level Implementation Plan for "Accelerating and Scaling Up Quality Infrastructure Investment for in Africa"", *Program document drafted by Bakary Traoré and Mondher Khanfir, March 2021*. [115]

OECD/ACET/AUDA-NEPAD (forthcoming), *Africa's infrastructure Ecosystems case studies*, OECD Publishing, Paris. [83]

OECD/AfIDA (2025), *"Workshop on Skills Development", 23 January 2025.* [126]

OECD/AUC/ATAF (2024), *Revenue Statistics in Africa 2024: Facilitation and Trust as Drivers of Voluntary Tax Compliance in Selected African Tax Administrations*, OECD Publishing, Paris, https://doi.org/10.1787/78e9af3a-en. [68]

Osei-Kyei, R. and A. Chan (2015), “Developing Transport Infrastructure in Sub-Saharan Africa through Public–Private Partnerships: Policy Practice and Implications”, *Transport Reviews*, Vol. 36/2, pp. 170-186, https://doi.org/10.1080/01441647.2015.1077288. [99]

Parliament of Uganda (2024), “Gov’t to extend high-speed internet to all sub-counties”, *Parliament of Uganda (website)*, https://www.parliament.go.ug/news/3448/govt-extend-high-speed-internet-all-sub-counties (accessed on 24 March 2025). [67]

PIDA (2025), “The PIDA Artificial Intelligent Service”, *AU PIDA (website)*, https://www.au-pida.org/pida-ai-tool/ (accessed on 15 March 2025). [113]

PIDA (2020), *African Union Infrastructure and Energy Commissioner calls for proactive gender-responsive infrastructure development in Africa*, https://www.au-pida.org/news/african-union-infrastructure-and-energy-commissioner-calls-for-proactive-gender-responsive-infrastructure-development-in-africa/ (accessed on 3 April 2025). [60]

PIDA (2020), “Gender Responsive Infrastructure Development”, *AU PIDA (website)*, https://pp2.au-pida.org/wp-content/uploads/2020/10/Gender-guidelines-and-policy-brief.pdf (accessed on 3 April 2025). [59]

PMI (2021), *Talent Gap: Ten-Year Employment Trends, Costs, and Global Implications*, https://www.pmi.org/-/media/pmi/documents/public/pdf/learning/career-central/talent-gap-report-2021-finalfinal.pdf. [125]

PPIAF / ICA (2006), *Infrastructure Project Preparation Facilities: User Guide Africa (English), Public-Private Infrastructure Advisory Facility (PPIAF)*, World Bank, Washington, DC, http://documents.worldbank.org/curated/en/869891468203693357. [129]

Roberts, M. et al. (2018), “Transport Corridors and Their Wider Economic Benefits: A Critical Review of the Literature”, SS No. 8302, http://hdl.handle.net/10986/29212. [44]

Rozenberg, J. and M. Fay (2019), *Beyond the Gap: How Countries Can Afford the Infrastructure They Need while Protecting the Planet*, World Bank, Sustainable Infrastructure Series, http://hdl.handle.net/10986/31291. [109]

SADC (2012), *Regional Infrastructure Development Master Plan: Executive Summary*, Southern African Development Community, https://www.sadc.int/sites/default/files/2021-08/Regional_Infrastructure_Development_Master_Plan_Executive_Summary.pdf. [40]

Scaling (2025), “Global Community of Practice on Scaling Development Outcomes”, *scalingcommunityofpractice (website)*, https://scalingcommunityofpractice.com/ (accessed on 10 March 2025). [134]

Sekasi, J. et al. (2024), “Performance controls and accountability in African transport infrastructure megaprojects: A systematic literature review”, *Project Leadership and Society*, Vol. 5, p. 100123, https://doi.org/10.1016/j.plas.2024.100123. [75]

SIGNE, L. (2017), “The road ahead for fixing Africa’s infrastructure deficit”, *Brookings*, No. 16, https://www.brookings.edu/articles/the-road-ahead-for-fixing-africas-infrastructure-deficit/. [81]

Sun, I., K. Jayaram and O. Kassiri (2017), *Dance of the lions and dragons: How are Africa and China engaging, and how will the partnership evolve?*, McKinsey & Company, https://www.mckinsey.com/~/media/mckinsey/featured%20insights/middle%20east%20and%20africa/the%20closest%20look%20yet%20at%20chinese%20economic%20engagement%20in%20africa/dance-of-the-lions-and-dragons.pdf. [130]

Swiss Development Cooperation (2024), "Urban and Municipal Development Fund (UMDF) Phase II", *eda.admin (website)*, https://www.eda.admin.ch/deza/en/home/countries/north-africa.html/content/dezaprojects/SECO/en/2022/UR01096/phase2?oldPagePath=/content/deza/en/home/laender/nordafrika.html (accessed on 25 February 2025). [71]

Thorn, J. et al. (2022), "The African Development Corridors Database: A new tool to assess the impacts of infrastructure investments", *Scientific Data*, Vol. 9, https://www.nature.com/articles/s41597-022-01771-y. [30]

Thusi, S., B. Qwabe and O. Ojogiwa (2024), "Stakeholder engagement and project governance in local government: An empirical perspective of eThekwini Municipality Water and Sanitation Unit, South Africa", *The Journal of Rural and Community Development*, Vol. 19/4, pp. 45-61, https://journals.brandonu.ca/jrcd/article/view/2399/665. [80]

Traoré, B. et al. (2024), "Scaling-up Financing for Infrastructure in Developing Countries: What Can the G7 Do", *T7 Policy Brief for Italy 2024 Presidency of the G7, TF3 -Future of the Global Economy*, https://archive.think7.org/wp-content/uploads/2024/06/T7it_tf3_pb05.pdf. [36]

Trimble, C. et al. (2016), "Financial Viability of Electricity Sectors in Sub-Saharan Africa", *World Bank Policy Research Working Paper*, Vol. 7788, https://documents1.worldbank.org/curated/en/182071470748085038/pdf/WPS7788.pdf. [106]

UCLG/Cities Alliance (2021), *Assessing the Institutional Environment of Cities and Subnational Governments in Africa*, UCLG Africa, Rabat, Cities Alliance, Brussels, https://www.citiesalliance.org/sites/default/files/2022-05/CitiesAlliance_Assessing%20Inst.%20Environment%20of%20Cities%20and%20Subnal.%20Govs%20in%20Africa_EN.pdf. [64]

UEMOA/JICA (2018), *The Project on the Corridor Development for West Africa Growth Ring Master Plan: Final Report Summary*, Japan international Cooperation Agency, https://ndpc.gov.gh/media/WAGRIC-CACAO_Summary_Report_2018.pdf. [31]

Uganda Road Fund (n.d.), "About us", *roadfund.ug (website)*, https://roadfund.ug/about/ (accessed on 5 February 2025). [112]

UN DESA (2025), "World Population Prospects 2024", *The 2024 Revision of World Population Prospects (database)*, https://population.un.org/wpp/ (accessed on 20 December 2024). [1]

UNCTAD (2018), *Trade and Development Report 2018: Power, Platforms and the Free Trade Delusion*, United Nations, New York, https://unctad.org/system/files/official-document/tdr2018_en.pdf. [27]

UNECA (2022), *The African Continental Free Trade Area and Demand for Transport Infrastructure and Services?*, United Nations Economic Commission for Africa, Addis Ababa, https://repository.uneca.org/handle/10855/47596. [22]

UNECA (2017), *Leveraging urbanization for Africa's structural transformation: ECA'S Contribution*, United Nations Economic Commission for Africa, Addis Ababa, https://repository.uneca.org/handle/10855/24092. [21]

UNOPS (2019), *Only by bringing everyone to the table can we address everyone's needs*, Copenhagen, https://content.unops.org/publications/Sustainability-reports/UNOPS-sustainability-report-2019-EN.pdf. [98]

WMO (2024), "Africa faces disproportionate burden from climate change and adaptation costs", *World Meteorological Organization (website)*, https://wmo.int/news/media-centre/africa-faces-disproportionate-burden-from-climate-change-and-adaptation-costs (accessed on 1 April 2025). [9]

World Bank (2025), *Private Participation in Infrastructure (PPI) (database)*, https://ppi.worldbank.org/en/ppi (accessed on 14 March 2025). [135]

World Bank (2025), *The World Bank Benchmarking Infrastructure Development (BID) (database)*, https://bpp.worldbank.org/en/global (accessed on 6 March 2025). [94]

World Bank (2024), *The Critical Link: Empowering Utilities for the Energy Transition*, World Bank, http://hdl.handle.net/10986/41618. [104]

World Bank (2024), "Toward a Data-driven Understanding of Trade and Transport Corridors - An Assessment of the Potential of the Existing Transport Corridor Monitoring Systems to Foster Policy Dialogue and to Strengthen Corridor Management Institutions in Africa", *World Bank Group Sub-Saharan Africa Transport Policy Program (SSATP) Working Paper Series*, http://documents.worldbank.org/curated/en/099062624065590055. [45]

World Bank (2023), *PPP Regulatory Reforms Case Studies*, World Bank, Washington DC, https://bpp.worldbank.org/content/dam/sites/data/bpp/documents/PPP-Regulatory-Reforms-Case-Studies.pdf. [90]

World Bank (2023), *Understanding and Mitigating the Fiscal Risks of Infrastructure*, Washington, DC, https://documents1.worldbank.org/curated/en/099042023121523507/pdf/P172275-b5130fd8-f0b3-41a6-91dd-a41bf9fd7656.pdf. [105]

3 Infraestruturas e transformação produtiva na África Austral

Este capítulo apresenta a forma como as infraestruturas contribuem para a transformação produtiva na África Austral (Angola, Botsuana, Essuatíni, Lesoto, Maláui, Moçambique, Namíbia, África do Sul, Zâmbia e Zimbabué). Em primeiro lugar, destaca a necessidade de investimento em infraestruturas e o financiamento atual na região e em cada país. Em segundo lugar, descreve em que medida os planos de infraestruturas regionais e nacionais contribuem para a transformação produtiva. Em terceiro lugar, mostra como os corredores de desenvolvimento podem acelerar a transformação produtiva e melhorar a integração dos países nos mercados regionais e mundiais.

Em resumo

O investimento em infraestruturas de grande escala é um fator determinante para a transformação produtiva na África Austral. A necessidade de investimento em infraestruturas da região está estimada em 40 mil milhões de dólares, por ano, até 2040, o que equivale a 6,1% do seu produto interno bruto (PIB). Um investimento anual deste montante aumentaria, em média, o crescimento anual do PIB da região em 4.2 pontos percentuais.

A África Austral está num bom caminho, mas continua a haver uma margem significativa para aumentar a despesa em infraestruturas, de forma a aproveitar todo o potencial de transformação da região. Em 2024, a África Austral era a região africana com a maior despesa pública em infraestruturas, com 2.4% do PIB. Entre 2013 e 2023, a região recebeu a maior parte dos projetos de investimento privado em infraestruturas de África: 31%.

Para manter os níveis de investimento necessários, será necessário alinhar as capacidades financeiras e institucionais com os objetivos de transformação produtiva, tanto a nível nacional como regional. Para tal, o desenvolvimento de competências é essencial, uma vez que pode ajudar a ultrapassar obstáculos aos processos de implementação e a melhorar a sustentabilidade operacional dos projetos de infraestruturas.

- A nível regional, o Plano Diretor Regional de Desenvolvimento de Infraestruturas (RIDMP) da África Austral pode apoiar a transformação produtiva, mas a sua implementação é dificultada por uma capacidade limitada de financiamento e de competências. Em 2019, 70% dos projetos RIDMP não tinham financiamento e apenas 12% eram apoiados pelos orçamentos nacionais.
- Os planos nacionais de desenvolvimento de infraestruturas podem incidir mais diretamente a transformação produtiva. Por exemplo, a Namíbia e a África do Sul incluíram infraestruturas de hidrogénio verde nos seus planos nacionais para reforçar a segurança energética e promover a diversificação económica.

Os corredores de desenvolvimento da África Austral podem acelerar a transformação produtiva e aumentar a eficiência das trocas comerciais entre os países sem costa marítima e os países costeiros, desde que estejam alinhados com as necessidades locais. Por exemplo, o Corredor do Lobito pretende estimular o comércio regional, ao reduzir o tempo de transporte de 45 dias para 48 horas. No entanto, são necessários melhores instrumentos de avaliação do impacto e mecanismos de coordenação entre as várias partes interessadas para concretizar todo o potencial de transformação produtiva da região.

Perfil regional da África Austral

Figura 3.1. Investimento anual em infraestruturas necessário para que a África Austral atinja os níveis de transformação produtiva dos países de referência até 2040

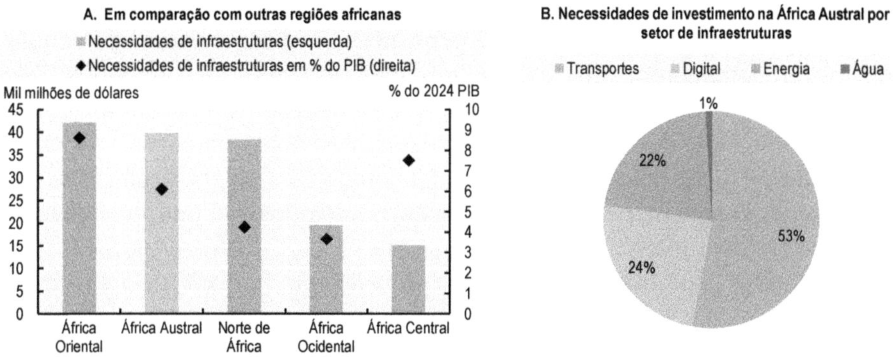

Nota: As necessidades de investimento em infraestruturas referem-se a estimativas modeladas das despesas totais necessárias para construir novas infraestruturas, de modo a corresponder aos níveis de infraestruturas de países homólogos com bons resultados em matéria de transformação produtiva, mantendo simultaneamente as infraestruturas existentes. Ver Anexo 1.A para mais pormenores.
Fonte: As fontes de dados para as estimativas das necessidades de investimento são enumeradas no Anexo 1.A.

StatLink https://stat.link/2rgja5

Figura 3.2. Média dos stocks físicos de infraestruturas e acesso nos países da África Austral em comparação com África

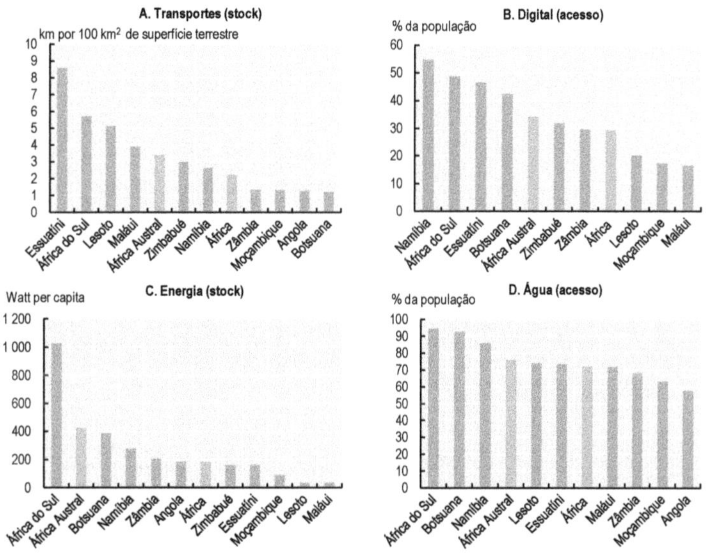

Nota: Transportes = quilómetros (km) de estradas pavimentadas e ferrovia por 100 km^2 de área não desértica. Digital = percentagem da população com mais de 15 anos com acesso à Internet. Energia = capacidade energética instalada em watts per capita. Água = percentagem da população com acesso a água potável. No que se refere aos stocks de transportes e de energia, as médias da África Austral e de África são ponderadas em função da população. No que respeita aos transportes e aos stocks de energia, os valores para a África Austral e África refletem totais agregados relativos à população ou à área, dependendo do indicador. No que diz respeito ao acesso digital e à água, os valores para a África Austral e África correspondem a médias não ponderadas dos valores nacionais.
Fonte: As fontes dos indicadores de transportes e energia são indicadas no Anexo 1.A. Água: Estimativas relativas à água potável, saneamento e higiene (WASH), da UNICEF (2024[1]), *Drinking water, sanitation and hygiene in households by country, 2000-2022* (database) [Água potável, saneamento e higiene nos agregados familiares por país, 2000-2022 (base de dados)], https://data.unicef.org/topic/water-and-sanitation/drinking-water/; Digital: da Gallup (2020[2]), *Gallup World Poll 2020* (database) [Inquérito mundial da Gallup 2020 (base de dados)], https://www.gallup.com/analytics/213617/gallup-analytics.aspx.

StatLink https://stat.link/r3o5w9

A África Austral dispõe de infraestruturas mais robustas e níveis de despesa superiores à média africana, mas um maior investimento conduziria a uma transformação produtiva mais profunda

Alguns países sul-africanos já dispõem de boas redes de infraestruturas, mas a região pode ainda investir mais para impulsionar a transformação produtiva. Embora existam diferenças na região, os países da África Austral apresentam, em média, um melhor acesso e um stock físico superior de infraestruturas à média africana (Figura 3.2). Por exemplo, os níveis de infraestruturas digitais, de água e de energia do Botsuana são semelhantes aos da Ásia em desenvolvimento, enquanto a África do Sul apresenta níveis superiores (Capítulo 1). No entanto, Angola e Moçambique tendem a situar-se abaixo da média africana. Para colmatar o fosso em relação aos países homólogos de outras regiões do mundo que apresentam níveis elevados de transformação produtiva (Anexo 1.A), a África Austral terá de investir cerca de 40 mil milhões de dólares, por ano, até 2040, o que equivale a 6,1% do PIB da região em 2024 (Figura 3.1). Este valor é superior ao registado em toda a África (5,6%). Esta necessidade de um maior investimento reflete o facto de as maiores economias da África Austral serem países de rendimento médio-alto (Botsuana, Namíbia e África do Sul), levando os seus países homólogos a situarem-se igualmente nesse nível de rendimento, enquanto a maioria dos restantes países africanos tem como homólogos países de rendimento baixo ou médio-baixo. Estima-se que o investimento de 40 mil milhões de dólares, por ano, até 2040, aumentará, em média, o crescimento anual do PIB da região em 4,2 pontos percentuais.

Figura 3.3. Investimentos públicos em infraestruturas e serviço da dívida na África Austral, 2019-20

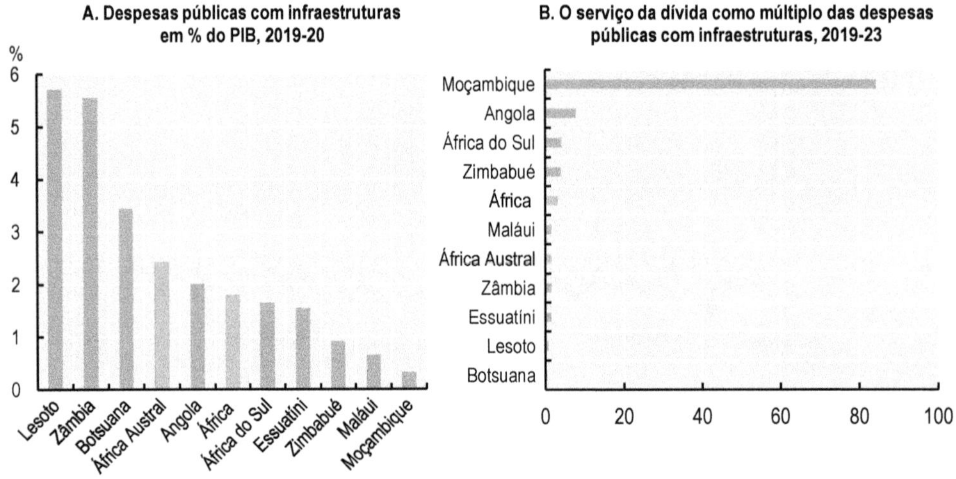

Nota: PIB = produto interno bruto. O indicador do Painel B é calculado com base na média dos dados disponíveis nos últimos cinco anos para as despesas com infraestruturas públicas (2019-20) e serviço da dívida (2019-23). Os valores medianos são apresentados para África e para a África Austral no Painel B, de forma a ter em conta os casos extremos. Os países selecionados são apresentados com base na disponibilidade de dados.
Fonte: Cálculo dos autores baseados em ICA (2022[3]), *Infrastructure Financing Trends in Africa 2019-2020* [Tendências em matéria de financiamento das infraestruturas em África 2019-2020], e Banco Mundial (2024[4]), *International Debt Statistics* (database) [Estatísticas internacionais em matéria de dívida (base de dados)], https://www.worldbank.org/en/programs/debt-statistics/ids.

StatLink https://stat.link/b71z3w

Os países da África Austral têm um rácio entre o custo do serviço da dívida e as despesas com infraestruturas inferior à média africana, com grandes diferenças entre países. A África Austral é a região do continente com a maior taxa de despesa pública com infraestruturas, com 2,4% do PIB. Este valor é mais do dobro do registado na África Central (1,1%). À exceção de Moçambique, em 2019-23, a África Austral gastou 2,7 vezes mais no serviço da dívida do que em infraestruturas, correspondendo à média mais baixa entre todas as regiões africanas (Figura 3.3). No entanto, Moçambique destaca-se também por ter gastado mais de 4 mil milhões de dólares, ou seja, 84 vezes mais, na sua dívida soberana do que em infraestruturas, apresentando o rácio mais elevado entre o custo do serviço da dívida e as despesas com infraestruturas de todos os países africanos. Em contrapartida, o Botsuana apresentou o terceiro rácio mais baixo do continente entre o custo do serviço da dívida e as despesas com infraestruturas (0,35).

A África Austral tem o maior número de projetos de participação privada em infraestruturas (PPI) do continente. Entre 2013 e 2023, a África Austral atraiu 115 projetos PPI, representando 31% de todos os projetos deste tipo em África, durante este período, superando todas as outras regiões africanas, com um investimento total de 6,6 mil milhões de dólares. Noventa e nove (86%) destes projetos foram no domínio da energia (Figura 3.4). A África do Sul regista o maior número de projetos e ocupa o primeiro lugar em termos do total recebido por investimentos de PPI, representando 80% do valor total do investimento na região e 75 dos 115 projetos.

Figura 3.4. Investimentos em infraestruturas com participação privada na África Austral, 2013-23

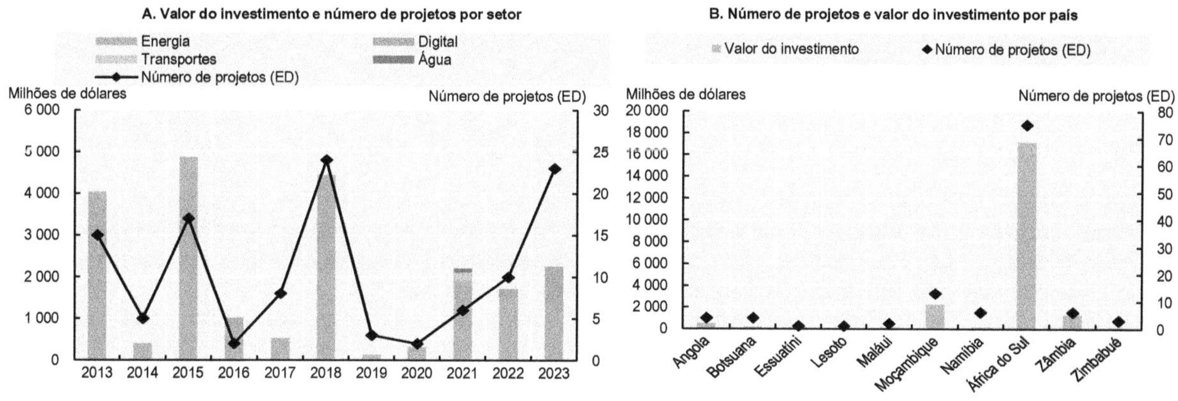

Nota: ED = escala da direita.

Fonte: Banco Mundial (2024[5]), *Private Participation in Infrastructure* (database), [Participação privada em infraestruturas (base de dados)], https://ppi.worldbank.org/en/ppi.

StatLink https://stat.link/035onj

Apesar das diferenças entre os países, a África Austral tem o fluxo mais baixo de financiamento público ao desenvolvimento (FPD) destinado a infraestruturas, em relação ao PIB, entre todas as regiões africanas. O FPD atingiu uma média de 1,6 mil milhões de dólares, por ano, entre 2019 e 2023, o que equivale a 0,3% do PIB anual da região. Esta foi a percentagem mais baixa entre todas as regiões africanas, em comparação à média continental de 0,8% do PIB. Apenas o Maláui e Moçambique registaram percentagens médias de FPD alocado às infraestruturas superiores a 1% do PIB durante o período. A maior parte do FPD para a região foi alocado à energia, ao transporte e ao armazenamento (70% do total) (Figura 3.5). Com uma média anual de 509,8 milhões de dólares, Moçambique representou 30% do total do FPD da região. Destaca-se igualmente por ter recebido um FPD equivalente a 3% do seu PIB, o que representa um valor 10 vezes superior às suas despesas públicas com infraestruturas.

Entre 2020 e 2023, 25% da ajuda pública ao desenvolvimento (APD) para infraestruturas, prestada pelos membros do CAD da OCDE, integrou objetivos de igualdade de género. Trata-se da terceira maior percentagem, depois da África Central (35%) e da África Oriental (33%). No entanto, as considerações em matéria de género nos projetos de infraestruturas variam consideravelmente entre países. Na África do Sul, apenas 10% do total da APD apoiou projetos de infraestruturas que incluíam a integração da perspetiva de género, face a 97% no Lesoto.[1]

Figura 3.5. Desembolsos do financiamento público ao desenvolvimento destinado a infraestruturas na África Austral, 2019-23

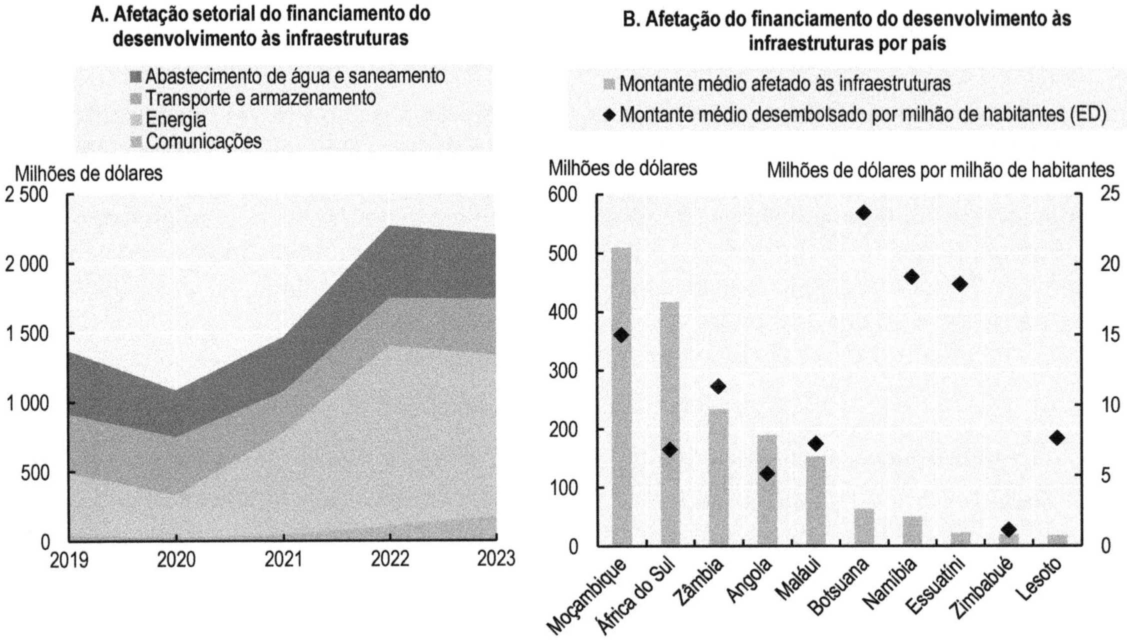

Nota: ED = escala da direita. Os desembolsos do financiamento público do desenvolvimento incluem a ajuda pública ao desenvolvimento (APD) e outros fluxos financeiros oficiais que não satisfazem as condições de elegibilidade enquanto APD (quer porque não se destinam principalmente ao desenvolvimento, quer porque têm um elemento de subvenção inferior a 25%).
Fonte: OCDE (2025[6]), *Credit Reporting System* (database) [Sistema de informação de crédito (base de dados)], https://www.oecd.org/en/data/datasets/development-finance-statistics-data-on-flows-to-developing-countries.html

StatLink https://stat.link/b5wd8f

Para manter os níveis de investimento necessários, os países da África Austral terão que alinhar as capacidades financeiras e institucionais com a transformação produtiva

O alinhamento dos planos de infraestruturas da África Austral com a transformação produtiva e o desenvolvimento eficaz de competências pode impulsionar o comércio, a produtividade e a diversificação energética

A plena implementação dos planos de infraestruturas da África Austral pode promover a integração regional e o desenvolvimento dos países. Um plano regional harmonizado para o desenvolvimento de infraestruturas é essencial para a facilitação do comércio e a integração regional. A nível nacional, os planos de infraestruturas podem alinhar as suas prioridades em matéria de infraestruturas com os objetivos de desenvolvimento nacional. No entanto, os desafios de implementação, tais como a falta de incentivos políticos e a escassez de competências, impedem a plena concretização dos benefícios das infraestruturas para a transformação produtiva na África Austral (Tabela 3.1).

Tabela 3.1. Impactos e desafios das políticas de desenvolvimento de infraestruturas a nível regional e nacional

Nível	Impacto na transformação produtiva	Desafios de implementação	Exemplos
Regional	• Facilitar as trocas comerciais • Identificação dos setores prioritários para a integração regional • Garantir a segurança energética, interligando as diversas fontes energéticas dos países	• Baixo incentivo político à implementação por parte dos governos nacionais • Desalinhamento financeiro com os orçamentos nacionais • Escassez de competências e de capacidades	• Plano Diretor Regional de Desenvolvimento de Infraestruturas (RIDMP) da SADC (2012-27) • Estratégia e plano de ação para as energias renováveis e a eficiência energética: REEESAP 2016-2030
Nacional	• Promover a diversificação industrial • Diversificar e garantir o aprovisionamento energético • Melhorar os sistemas de transporte para apoiar os setores produtivos (por exemplo, agricultura, turismo, petróleo e mineração) • Ênfase nos setores produtivos específicos de cada país: por exemplo, a aposta da Namíbia e da África do Sul nas infraestruturas baseadas no hidrogénio verde e a mudança estratégica do Maláui das estradas para as ferrovias e as vias navegáveis interiores	• Desalinhamento face aos planos de infraestruturas regionais e continentais • Falta de investimento do setor privado • Falta de envolvimento das comunidades rurais e das mulheres	• Plano de Prosperidade Harambee II (2021-2025) • Plano Nacional de Infraestruturas da África do Sul para 2050 • Plano Diretor Nacional dos Transportes do Maláui (2017-2037)

Nota: A SADC, a Comunidade de Desenvolvimento da África Austral, é composta por 16 países: África do Sul, Angola, Botsuana, Comores, Essuatíni, Lesoto, Madagáscar, Maláui, Maurícia, Moçambique, Namíbia, República Democrática do Congo, Seicheles, Tanzânia, Zâmbia e Zimbabué.

Fonte: Elaborado pelos autores com base em SADC Regional Infrastructure Development Master Plan [Plano Diretor Regional de Desenvolvimento de Infraestruturas] (2019[7]); Secretariado da SADC (2012[8]), *Regional Infrastructure Development Master Plan ICT Sector Plan* [Plano Setorial de TIC do Plano Diretor Regional de Desenvolvimento de Infraestruturas da SADC]; Secretariado da SADC (2016[9]), *Renewable Energy and Energy Efficiency Strategy & Action Plan (2016-2030)* [Estratégia e Plano de Ação para Energias Renováveis e Eficiência Energética (2016-2030)]; Sítio Web de relatórios GIS (2021[10]), "Political roadblocks to Southern Africa's digital revolution" [Obstáculos políticos à revolução digital da África Austral]; NEPAD Business Foundation (2022[11]), *SADC ICT Infrastructure Strategy* [Estratégia de Infraestruturas de TIC da SADC]; Governo da África do Sul (2022[12]), *National Infrastructure Plan 2050 (NIP 2050) Phase 1* [Plano Nacional de Infraestruturas 2050 (Fase 1)]; Governo da Namíbia (2021[13]), *Harambee Prosperity Plan II (2021-2025)* [Plano Harambee para a Prosperidade II (2021-2025)]; Governo do Botsuana (2023[14]), *Second Transitional National Development Plan (2023-2025)* [Segundo Plano Nacional de Desenvolvimento Transitório (2023-2025)]; Sítio Web do ECDPM (2018[15]), "SADC industrialisation: Where regional agendas meet domestic interests" [Industrialização da SADC: onde as agendas regionais encontram os interesses nacionais]; Governo do Maláui (2020[16]), *National Transport Master Plan* [Plano Diretor Nacional dos Transportes (2017-2037)] *(2017-2037).*

O Plano Diretor Regional para o Desenvolvimento de Infraestruturas (RIDMP) da África Austral pode apoiar a transformação produtiva, mas a sua implementação é dificultada por limitações ao nível do financiamento e da capacidade. Adotado em 2012 pelos Estados-Membros da SADC, o RIDMP constitui o primeiro quadro estratégico abrangente para as infraestruturas no continente, cobrindo seis setores prioritários -energia, água, transportes, meteorologia, turismo e tecnologias da informação e comunicação-, cada um com um plano específico e metas definidas para 2027. Estes planos visam responder a desafios centrais de competitividade, reduzindo custos das empresas, melhorando a integração regional e atenuando restrições de financiamento. No entanto, em 2019, apenas 5% dos projetos do RIDMP estavam concluídos, estando a maioria ainda em fase de pré-viabilidade ou de viabilidade. Um dos principais obstáculos era o financiamento: 70% dos projetos não dispunham de financiamento e apenas 12% eram apoiados por orçamentos nacionais, evidenciando um desfasamento entre as prioridades nacionais e os recursos disponíveis. Além disso, as limitações de capacidade e a escassez de competências continuam a dificultar o progresso do RIDMP e dos seus componentes setoriais (SADC, 2019[7]). A criação de pontos focais dedicados ao nível nacional (por exemplo, unidades de implementação) poderia reforçar o compromisso dos países, garantir financiamento inicial e acelerar a implementação de projetos regionais (Capítulo 2).

A nível nacional, os planos de desenvolvimento de infraestruturas podem alinhar as suas prioridades em matéria de infraestruturas com os objetivos de desenvolvimento nacional, potenciando as prioridades específicas de cada país. Estes planos definem claramente as entidades responsáveis pela implementação e os organismos responsáveis pelo acompanhamento, como os organismos interministeriais, e incluem reformas institucionais. Os países da SADC procuram alinhar as suas prioridades em matéria de infraestruturas com os objetivos nacionais de desenvolvimento, no âmbito de planos de infraestruturas nacionais (como é o caso da África do Sul e do Zimbabué), de planos de desenvolvimento nacionais mais amplos (como no Botsuana, Namíbia e Zâmbia) ou de planos setoriais específicos, sobretudo nos domínios da energia e dos transportes (como no Maláui). Apesar deste quadro estrutural, a maioria dos países depara-se com limitações financeiras e de recursos humanos. Para colmatar estas limitações, alguns planos nacionais salientam a importância das parcerias internacionais para o desenvolvimento e da participação do setor privado, ou a necessidade de melhor planeamento e de um maior investimento em fases cruciais dos projetos, como a manutenção (por exemplo, Botsuana, Maláui e África do Sul).

> *O Segundo Plano Nacional de Desenvolvimento Transitório do Botsuana (2023-2025) promove o desenvolvimento de infraestruturas para reforçar a industrialização, impulsionar um setor privado diversificado e orientado para a exportação e reforçar o comércio regional, nomeadamente através de projetos como a linha ferroviária Trans-Kalahari, que liga a África Austral aos portos da Namíbia, e a linha ferroviária Mosetse-Kazungula-Livingstone, que liga o Botsuana, a República Democrática do Congo e a Zâmbia (Government of Botswana, 2023[14]).*
>
> *O Plano Diretor Nacional dos Transportes (2017-2037) do Maláui tem como objetivo melhorar os sistemas de transportes para apoiar os setores em crescimento, reduzindo custos através de uma transição do transporte rodoviário para o ferroviário vias navegáveis interiores, promovendo a participação económica dos espaços rurais e reforçando a integração e o comércio regionais (Government of Malawi, 2020[16]).*
>
> *O Plano Nacional de Infraestruturas da África do Sul para 2050 visa disponibilizar energia, água, transporte de mercadorias e infraestruturas digitais para apoiar as cadeias de valor globais e regionais, promover a diversificação industrial e reforçar a integração regional em conformidade com os objetivos da SADC e da Zona de Comércio Livre Continental Africana (Government of South Africa, 2022[12]). Em 2023, tinham sido implementados ou lançados 88 Projetos de Infraestruturas Estratégicas (South African Government, 2023[17]).*

O desenvolvimento de competências técnicas e ecológicas pode ajudar a ultrapassar os obstáculos criados pela escassez de competências na África Austral. Verifica-se que a falta de competências afeta a tomada de decisões e a aprovação de projetos de infraestruturas na região, provocando negociações morosas, decisões inadequadas e falhas na gestão dos contratos e do desempenho (SADC, 2019[7]). Para ultrapassar esta dificuldade, alguns países da África Austral implementaram iniciativas e mecanismos de desenvolvimento de competências, particularmente os que promovem competências técnicas e ecológicas para infraestruturas (Tabela 3.2).

Tabela 3.2. Programas de desenvolvimento de competências e capacidades notáveis no domínio das infraestruturas na África Austral

Programa	Principais características	Parceiros	Tipos de competências promovidas
Iniciativa de Formação e Demonstração em Energia Solar Térmica da África Austral (SOLTRAIN) (2009-2026)	• **Objetivo:** A SOLTRAIN apoia os países da SADC na transição de um sistema energético maioritariamente baseado em combustíveis fósseis para uma estrutura de abastecimento sustentável baseada na energia solar térmica. • **Impacto:** Até à data, 5 000 especialistas receberam formação em energia solar térmica, incluindo em cooperação com escolas de EFP (ensino e formação profissional) e empresas de tecnologia solar, representando uma redução anual de 33,3 gigawatts-hora de eletricidade.	Agência de Desenvolvimento Austríaca (ADA), Instituto Austríaco de Tecnologias Sustentáveis (AEE) e 9 parceiros na África Austral	Técnicas, verdes

Projeto do Mecanismo Regional de Financiamento das Infraestruturas (RIFF) do COMESA (Países elegíveis para a AID na África Oriental e Austral, incluindo o **Essuatíni, o Maláui** e a **Zâmbia**)	• **Objetivos:** O Banco de Comércio e Desenvolvimento (TDB) recebe assistência técnica para: i) desenvolvimento de carteira de projetos, desenvolvimento de projetos e gestão de portfólio; ii) reforço da capacidade de gestão ambiental e social. O Secretariado do COMESA recebe formação em energia fora da rede, parcerias público-privadas e salvaguardas ambientais e sociais. • **Impacto previsto:** Entre 2020 e 2025, prevê-se que o RIFF contribua para melhorar os ambientes propícios e para aumentar a disponibilidade de financiamento a longo prazo para o investimento privado em energias renováveis e em infraestruturas em geral.	Banco Mundial, COMESA e TDB	Técnicas
Iniciativa Skills to Build **(Moçambique)** (2017-24)	• **Objetivos:** A iniciativa Skills to Build oferece formação modular em competências técnicas e verdes (por exemplo, alvenaria, gestão da água e saneamento, segurança no trabalho e energia fotovoltaica), bem como certificação baseada em competências. • A iniciativa inclui **programas de competências,** tais como i) o reconhecimento de aprendizagens anteriores, visando 500 trabalhadores da construção civil, dos quais 50 são mulheres; e ii) a integração da formação em competências relacionadas com a construção no sistema nacional de EFTP de Moçambique, com vista à criação de um mecanismo sustentável de oferta de competências.	Autoridade Nacional de Educação Profissional de Moçambique (ANEP), organismos de formação e setor privado, Fundação Medicor, Fundação Happel, U.W. Linsi-Stiftung e Agência Suíça para o Desenvolvimento e Cooperação (SDC)	Técnicas, verdes, empresariais
Projeto Build4Skills (Quénia, Senegal e **África do Sul**)	• O Build4Skills oferece **percursos de competências** através de i) utilização de canteiros de obras construção financiados principalmente pelos bancos multilaterais de desenvolvimento para proporcionar formação prática aos estudantes do ensino e formação técnico-profissional; e ii) inclusão de estágios como um requisito nos cadernos de encargos para projetos de infraestruturas dos bancos multilaterais de desenvolvimento.	GIZ, em cooperação com os bancos multilaterais de desenvolvimento e os ministérios da educação	Técnicas, verdes, interpessoais (formação para a preparação para o trabalho, liderança e autoconfiança, pedagogia, saúde e segurança no trabalho para formadores em contexto de empresa)

Nota: COMESA = Mercado Comum da África Oriental e Austral; IDA = Associação Internacional de Desenvolvimento; EFTP = Ensino e formação técnico-profissional. MDB = banco multilateral de desenvolvimento; GIZ = Sociedade Alemã para a Cooperação Internacional.
Fonte: Sítio Web do COMESA (2025[18]), "The Regional Infrastructure Finance Facility (RIFF) Project" [Projeto do Mecanismo Regional de Financiamento das Infraestruturas (RIFF)]; ADB (2024[19]), *Build4Skills: Integrating Traineeships into ADB-Supported Infrastructure Projects – A Handbook for Project Processing Teams and Project Implementation Units* [Build4Skills: Integração de Estágios em Projetos de Infraestruturas Apoiados pelo BAD – Manual para Equipas de Processamento de Projetos e Unidades de Implementação de Projetos]; Africa Rise (2023[20]), *Study on Job Opportunities for Women in the Transformation towards a Green Economy (Final Report)* [Estudo sobre Oportunidades de Emprego para Mulheres na Transição para uma Economia Verde (Relatório Final)]; Sítio Web da SOLTRAIN (2025[21]) *(Página inicial).*

Os corredores da África Austral podem acelerar a transformação produtiva e melhorar a integração dos países nos mercados regionais e mundiais

Os corredores da África Austral centrados nas matérias-primas essenciais e na economia verde podem impulsionar a transformação produtiva, se estiverem alinhados com as necessidades locais (Tabela 3.3). A ligação de diferentes países da África Austral ao longo de diversos segmentos das cadeias de valor regionais e globais melhora a eficiência comercial da região. A forte colaboração regional através da SADC e o apoio de parceiros internacionais são características comuns dos corredores da África Austral. Enquanto as exportações de matérias-primas essenciais dominam em corredores como o do Lobito (Caixa 3.1), outros, como o de Maputo, centram-se na integração das cadeias de valor agroalimentares. Surgem diferenças nos impactos locais: por exemplo, o Corredor de Maputo enfrenta desafios na criação de emprego devido ao facto de a mão de obra local não possuir competências específicas, e o Corredor de Nacala tem sido subutilizado, apesar de investimentos avultados. Os notáveis impactos positivos incluem a redução de custos de transporte e a melhoria da eficiência nas fronteiras, com o Corredor de Maputo a conseguir desalfandegamentos em menos de 30 minutos. A experiência prática destes corredores revela a importância de mecanismos de coordenação eficazes, de instrumentos de avaliação de impactos e do reforço das capacidades, bem como de investimentos que estejam alinhados com as estratégias de desenvolvimento regionais e nacionais e que se traduzam em benefícios locais alargados.

Tabela 3.3. Corredores de desenvolvimento selecionados na África Austral

Corredor	Países participantes	Parceiros	Impactos previstos na transformação produtiva e na integração regional	Lições e impactos
Maputo-Gaborone-Walvis Bay (portos, ferrovias, transportes ecológicos, transporte rápido por autocarro)	Botsuana, Essuatíni, Moçambique, Namíbia, África do Sul	Governos nacionais, União Europeia (UE), SADC *Corredor Gaborone-Walvis Bay:* Walvis Bay Corridor Group	• Aumentar a eficácia das trocas comerciais entre os países sem litoral e os portos • Reduzir os custos de transporte • Promover a integração regional	**Impactos económicos:** • Reforço das cadeias de valor do hidrogénio verde (GH2) e das matérias-primas críticas sustentáveis • *Corredor Gaborone-Walvis Bay:* Tempo de desalfandegamento comercial reduzido para 20-30 minutos nos postos fronteiriços com a introdução do Documento Administrativo Único (DAU 500) • *Corredor de Desenvolvimento de Maputo (CDM)*: ◦ Criou postos de trabalho que visavam sobretudo a mão de obra altamente qualificada, que não estava facilmente disponível a nível local, beneficiando assim as pessoas fora do MDC ◦ Considera-se que beneficia os grandes agentes económicos e exclui os comerciantes transfronteiriços informais (principalmente mulheres)
Lobito-Kolwezi-Lubumbashi/Solwezi-Ndola (ferrovias, estradas, pontes, transporte de minérios)	Angola, República Democrática do Congo, Zâmbia	Governos nacionais, patrocinadores internacionais (UE, Itália, Estados Unidos, Corporação Financeira Africana, Banco Africano de Desenvolvimento [BAD]), consórcio do setor privado (Trafigura, Mota-Engil e Vecturis)	• Aumentar as oportunidades de exportação para as cadeias de valor dos minerais • Integração das cadeias de valor regionais • Apoio às pequenas e médias empresas (PME) nos setores agrícola e mineiro	**Lições:** • Desenvolver dados fiáveis e ferramentas de avaliação de impactos para informar a implementação e o acompanhamento do projeto • Reforçar a apropriação regional e os mecanismos de governança eficazes para racionalizar a implementação e reduzir os riscos relacionados com as tensões geopolíticas mundiais
Durban-Lusaka-Lubumbashi (estradas, ferrovias, portos, centros logísticos, instalações fronteiriças)	Botsuana, República Democrática do Congo, África do Sul, Zâmbia, Zimbabué	Governos nacionais, UE, SADC	• Ligação dos países sem costa marítima da SADC através de acesso ao porto de Durban • Impulsionar a transição ecológica (ou seja, produtos agrícolas, hidrogénio verde, matérias-primas essenciais, veículos elétricos) • Facilitar o fluxo comercial das regiões do interior para os portos • Apoiar o crescimento industrial	**Lições:** • Planear a manutenção e o investimento contínuos nas infraestruturas • Reconhecer a importância das parcerias público-privadas no desenvolvimento dos corredores

Corredor de Nacala (estrada, ferrovia de passageiros e mercadorias, portos, aeroporto, via navegável)	Maláui, Moçambique Zâmbia	Governos nacionais, governos da China e do Catar, patrocinadores internacionais (BAD; Banco Mundial; UE, Banco Árabe para o Desenvolvimento Económico de África, Fundo do Kuwait para o Desenvolvimento Económico Árabe, Fundo Saudita, Agência de Cooperação Internacional do Japão, KfW, Banco Europeu de Investimento, GIZ	• Reduzir os custos de transporte • Melhorar a segurança rodoviária • Dinamização da produção agrícola e do comércio na região	**Impactos económicos:** Não conduziu a investimentos sustentados no corredor nem à diversificação do setor após o impulso inicial das exportações de carvão. Diminuiu a atratividade do Porto de Nacala face a outros corredores regionais (por exemplo, os corredores da Beira e Norte-Sul) devido a infraestruturas inadequadas. **Impacto ambiental**: Causou um aumento da poluição atmosférica durante a construção do corredor (por exemplo, a mina de carvão de Moatize) **Lição:** Sublinhar a importância da cooperação trilateral na gestão dos corredores

Fonte: OCDE (2025[22]), "The Lobito Corridor (draft)" [O Corredor do Lobito (projeto)]; Sítio Web da APRI (2024[23]), "Lobito Corridor - A Reality Check" [Corredor do Lobito - Uma análise da realidade]; Sítio Web da Comissão Europeia (2023[24]), "Connecting the Democratic Republic of the Congo, Zambia, and Angola to Global Markets through the Lobito Corridor" [Ligar a República Democrática do Congo, a Zâmbia e Angola aos mercados globais através do Corredor do Lobito]; WBCG (2019[25]), *A Guide to the Walvis Bay Corridors: Facilitating Free Flow of Trade to and from the SADC Region* [Um guia para os corredores de Walvis Bay: facilitar o livre fluxo de comércio de e para a região da SADC]; Dzumbira, Geyer, Jr., and Geyer (2017[26]), "Measuring the spatial economic impact of the Maputo Development Corridor" [Avaliação do impacto económico espacial do Corredor de Desenvolvimento de Maputo]; ONU (2024[27]), "Potential Impact of the Lobito Corridor and Support to the Regional Transformation Agenda" [Impacto potencial do Corredor do Lobito e apoio à agenda de transformação regional]; Thorn et al. (2022[28]), "The African Development Corridors Database: A new tool to assess the impacts of infrastructure investments" [A Base de Dados dos Corredores de Desenvolvimento Africanos: Uma nova ferramenta para avaliar os impactos dos investimentos em infraestruturas], Söderbaum and Taylor (2008[29]), *African Development Corridors Database* (database) [Base de Dados dos Corredores de Desenvolvimento Africanos (base de dados)], http://www.diva-portal.org/smash/record.jsf?pid=diva2%3A280482&dswid=1017; JICA (2022[30]), *Data Collection Survey on Corridor Development in Africa: Final Report* [Inquérito sobre a recolha de dados relativos ao desenvolvimento de corredores em África: Relatório final]; AfDB (2023[31]), *Cross-border Road Corridors: Expanding Market Access in Africa and Nurturing Continental Integration* [Corredores rodoviários transfronteiriços: Alargar o acesso aos mercados em África e promover a integração continental]; UNCTAD/ISDB (2022[32]), *The Trans-Saharan Road Corridor Towards an Economic Corridor: Commercializing and Managing the Trans-Saharan Road* [O corredor rodoviário transaariano rumo a um corredor económico: Comercialização e gestão da estrada transaariana].

Caixa 3.1. O Corredor do Lobito

O Corredor do Lobito é uma linha ferroviária estratégica de 1 300 quilómetros (km) que liga o porto do Lobito, na costa atlântica de Angola, às regiões mineiras da República Democrática do Congo (RD Congo) e à Província Noroeste da Zâmbia. O corredor foi, em tempos, uma importante rota de exportação de minerais, ligando os países sem costa marítima da África Central e Austral ao Atlântico e aos mercados ocidentais. Décadas de conflito civil em Angola causaram graves danos à linha ferroviária, reduzindo as operações a apenas 34 km e transferindo as exportações de cobre da Zâmbia para os corredores da Beira e de Dar es Salaam (OECD, 2025[22]).

O interesse pelo Corredor do Lobito tem vindo a aumentar, à medida que importantes organizações internacionais e regionais têm vindo a comprometer-se com apoio político e financeiro. No final de 2023, os governos de Angola, da RD Congo e da Zâmbia assinaram um memorando de entendimento com os Estados Unidos, a Comissão Europeia, o Banco Africano de Desenvolvimento e a Corporação Financeira Africana para apoiar o desenvolvimento do Corredor do Lobito, nomeadamente por meio de um novo projeto ferroviário que ligará a Zâmbia à linha ferroviária do Lobito em Angola (Lobito Corridor Investment Promotion Authority, 2023[33]). Desde então, a iniciativa tornou-se um importante projeto emblemático da Estratégia Global Gateway da União

Europeia e da Parceria do G7 para Infraestruturas e Investimentos Globais. Até à data, os parceiros internacionais comprometeram-se com quase 6 mil milhões de dólares (Wala Chabala and Hofmeyr, 2025[34]). O projeto promete ser uma oportunidade para aprofundar as cadeias de abastecimento de minerais críticos e a integração económica regional, oferecendo simultaneamente uma alternativa aos investimentos da República Popular da China (a seguir designada por «China») em infraestruturas comerciais na região (Rogers, 2025[35]; Way, 2024[36]).

O Corredor do Lobito tem potencial para se tornar uma rota comercial que pode apoiar tanto a transformação produtiva na África Austral como a integração da região nos mercados globais. Assegurar sinergias entre o Corredor do Lobito e as iniciativas relevantes de valorização local será fundamental para a transformação produtiva. Face à crise mundial dos minerais críticos, a criação de capacidades locais de refinação poderia apoiar a industrialização e a criação de emprego na região, reduzindo simultaneamente os custos de produção e os custos ambientais.[1] A RD Congo detém cerca de 80% do cobalto mundial, mas apenas 3% da cadeia de valor das baterias e dos veículos elétricos. Além disso, a Zâmbia é o segundo maior produtor africano de cobre, que representou 72% do total das exportações desse país em 2022 (King, 2024[37]; EITI, 2023[38]). Desde 2021, a RD Congo e a Zâmbia tomaram medidas concretas para estabelecer uma Zona Económica Especial transfronteiriça de baterias e veículos elétricos, uma iniciativa que poderá beneficiar fortemente de novas oportunidades comerciais ao longo do Corredor do Lobito (UNECA, 2024[39]; AUC/OECD, 2024[40]). O Governo angolano irá desenvolver um plano diretor para tornar o corredor numa plataforma estratégica que permita o investimento do setor privado em vários setores, incluindo a agricultura, a indústria transformadora, o turismo e a tecnologia (Bekele, 2024[41]).

Uma melhor coordenação e um plano de ação claro e coerente poderiam resolver o problema da disponibilidade limitada de dados e da governança fragmentada. De acordo com as estimativas, a plena realização do projeto do corredor reduzirá o tempo de trânsito de 45 dias para 48 horas. No entanto, a governança do projeto, a definição de prioridades e a duplicação apresentam desafios: pelo menos 14 acordos e memorandos de acordo relacionados com o Corredor do Lobito foram assinados entre múltiplos intervenientes públicos e privados entre 2022 e 2024 (Karkare and Byiers, 2025[42]; Wala Chabala and Hofmeyr, 2025[34]). Além disso, há pouca informação disponível ao público sobre o impacto mais vasto dos investimentos anunciados no desenvolvimento (US Department of State, 2024[43]). Os organismos regionais, como a SADC, que ajudou a criar a Agência de Facilitação do Transporte de Trânsito do Corredor do Lobito em janeiro de 2023, estão bem posicionados para fornecer uma plataforma de coordenação multilateral para facilitar a partilha de dados e informações e estabelecer um plano de ação comum, integrado nas estratégias de desenvolvimento nacionais e regionais.

1. Por exemplo, a construção de uma instalação de precursores de baterias na República Democrática do Congo custa um terço do valor de uma instalação equivalente na China ou nos Estados Unidos; além disso, uma unidade local que utilize energia hidroelétrica reduziria as emissões em 30% em comparaçãocom o atual processamento (BloombergNEF, 2021[44]). Os países vizinhos ricos em recursos, como Madagáscar, Moçambique, Tanzânia, Zâmbia e Zimbabué, poderiam fornecer outras matérias-primas essenciais (por exemplo, cobre, manganês e níquel) que representam despesas significativas de refinação, com benefícios claros para a integração regional (King, 2024[37]).

Notas

[1] Cálculo dos autores baseados na OCDE (2025[45]).

Referências

ADB (2024), *Build4Skills: Integrating Traineeships into ADB-Supported Infrastructure Projects – A Handbook for Project Processing Teams and Project Implementation Units*, Asian Development Bank, Mandaluyong, https://doi.org/10.22617/TIM240449-2. [19]

AfDB (2023), *Cross-border Road Corridors: Expanding Market Access in Africa and Nurturing Continental Integration*, African Development Bank, Abidjan, https://www.afdb.org/en/documents/cross-border-road-corridors-expanding-market-access-africa-and-nurturing-continental-integration. [31]

Africa Rise (2023), *Study on Job Opportunities for Women in the Transformation towards a Green Economy (Final Report)*, Africa Reform for Investment and Sustainable Economies. [20]

APRI (2024), "Lobito Corridor - A Reality Check", *afripoli.org (website)*, https://afripoli.org/lobito-corridor-a-reality-check (accessed on 24 April 2025). [23]

AUC/OECD (2024), *Africa's Development Dynamics 2024: Skills, Jobs and Productivity*, OECD Publishing, Paris/African Union Commission, Addis Ababa, https://doi.org/10.1787/df06c7a4-en. [40]

Bekele, I. (2024), "Angola develops Master Plan to transform the Lobito Corridor into economic powerhouse", *Further Africa*, https://furtherafrica.com/2025/04/30/angola-develops-master-plan-to-transform-the-lobito-corridor-into-economic-powerhouse/. [41]

BloombergNEF (2021), *The Cost of Producing Battery Precursors in the DRC*, https://assets.bbhub.io/professional/sites/24/BNEF-The-Cost-of-Producing-Battery-Precursors-in-the-DRC_FINAL.pdf?ref=hir.harvard.edu. [44]

COMESA (2025), "The Regional Infrastructure Finance Facility (RIFF) Project", *comesa.int (website)*, https://www.comesa.int/the-regional-infrastructure-finance-facility-riff-project/ (accessed on 12 April 2025). [18]

Dzumbira, W., H. Geyer Jr. and H. Geyer (2017), "Measuring the spatial economic impact of the Maputo Development Corridor", *Development Southern Africa*, Vol. 34/5, pp. 635-651, https://www.tandfonline.com/doi/full/10.1080/0376835X.2017.1318699#. [26]

ECDPM (2018), "SADC industrialisation: Where regional agendas meet domestic interests", *ecdpm.org (website)*, https://ecdpm.org/work/sadc-industrialisation-where-regional-agendas-meet-domestic-interests (accessed on 10 April 2025). [15]

EITI (2023), "Zambia", *eiti.org (website)*, https://eiti.org/countries/zambia (accessed on 20 May 2025). [38]

European Commission (2023), "Connecting the Democratic Republic of the Congo, Zambia, and Angola to Global Markets through the Lobito Corridor", *European Commission (website)*, https://international-partnerships.ec.europa.eu/policies/global-gateway/connecting-democratic-republic-congo-zambia-and-angola-global-markets-through-lobito-corridor_en (accessed on 23 April 2025). [24]

Gallup (2020), *Gallup World Poll (database)*, https://www.gallup.com/analytics/213617/gallup-analytics.aspx (accessed on 15 January 2025). [2]

GIS Reports (2021), "Political roadblocks to Southern Africa's digital revolution", *gisreportsonline.com (website)*, https://www.gisreportsonline.com/r/africa-digital-transformation/ (accessed on 10 April 2025). [10]

Government of Botswana (2023), *Second Transitional National Development Plan (2023-2025)*, https://www.npc.gov.bw/sites/default/files/resources/Second%20Transitional%20National%20Development%20Plan%20-%20FINAL.pdf. [14]

Government of Malawi (2020), *National Transport Master Plan (2017-2037)*, https://npc.mw/wp-content/uploads/2020/07/National-Transport-Master-Plan1.pdf. [16]

Government of Namibia (2021), *Harambee Prosperity Plan II (2021-2025)*, https://economy.com.na/wp-content/uploads/Namibia-Harambee-Prosperity-Plan-2-2021-25.pdf. [13]

Government of South Africa (2022), "National Infrastructure Plan 2050 (NIP 2050) Phase 1", *Government Gazette* No. 46033, https://www.gov.za/sites/default/files/gcis_document/202203/46033gon1874.pdf. [12]

ICA (2022), *Infrastructure Financing Trends in Africa 2019-2020*, The Infrastructure Consortium for Africa, Abidjan, https://www.afdb.org/sites/default/files/documents/publications/04112022ift_africa_report_2019-2020-2_english.pdf. [3]

JICA (2022), *Data Collection Survey on Corridor Development in Africa: Final Report*, Japan International Cooperation Agency, https://openjicareport.jica.go.jp/pdf/12342838.pdf. [30]

Karkare, P. and B. Byiers (2025), "The Lobito Corridor: Between European Geopolitics and African Agency", *Discussion Paper*, No. 386, https://ecdpm.org/work/lobito-corridor-between-european-geopolitics-and-african-agency. [42]

King, I. (2024), "Refining the Lobito Corridor: The future of cobalt in sub-Saharan Africa", *Harvard International Review*, https://hir.harvard.edu/refining-the-lobito-corridor-the-future-of-cobalt-in-sub-saharan-africa/. [37]

Lobito Corridor Investment Promotion Authority (2023), "Seven signatories for Lobito corridor extension MoU", *International Railway Journal*, https://www.railjournal.com/infrastructure/seven-signatories-for-lobito-corridor-extension-mou/. [33]

NEPAD Business Foundation (2022), *SADC ICT Infrastructure Strategy*, https://www.nepadbusinessfoundation.org/wp-content/uploads/2023/01/SADC-ICT-Infrastructure-Strategy-SADC-Secretariat-Dr-George-Ah-Thew.pdf. [11]

OECD (2025), *Credit Reporting System (database)*, https://www.oecd.org/en/publications/creditor-reporting-system_22180907.html (accessed on 15 March 2025). [6]

OECD (2025), *Development Finance for Gender Equality (database)*, https://www.oecd.org/en/data/dashboards/development-finance-for-gender-equality.html. [45]

OECD (2025), "The Lobito Corridor (draft)", *OECD Background Note*, https://www.oecd.org/content/dam/oecd/en/events/2025/04/oecd-emerging-markets-forum/Panel%202_OECD%20EMF%20Background%20Note%20-%20The%20Lobito%20Corridor.pdf. [22]

Rogers, D. (2025), "China's CCECC to invest $1.4bn in Africa's Tazara line for 30-year concession", *Global Construction Review*, https://www.globalconstructionreview.com/chinas-ccecc-to-invest-1-4bn-in-africas-tazara-line-for-30-year-concession/. [35]

SADC (2019), *SADC Regional Infrastructure Development Master Plan (2012-2027)*, Southern African Development Community, Gaborone, https://www.sadc.int/sites/default/files/2021-07/SADC_Regional_Infrastruture_Development.pdf. [7]

SADC Secretariat (2016), *Renewable Energy and Energy Efficiency Strategy & Action Plan (2016-2030)*, Southern African Development Community, Gaborone, https://www.sacreee.org/sites/default/files/2023-11/REEESAP_Booklet_2016_2030.pdf. [9]

SADC Secretariat (2012), *Regional Infrastructure Development Master Plan ICT Sector Plan*, Southern African Development Community, Gaborone, https://www.sadc.int/sites/default/files/2021-08/Regional_Infrastructure_Development_Master_Plan_ICT_Sector_Plan_. [8]

Söderbaum, F. and I. Taylor (2008), *African Development Corridors Database (database)*, http://www.diva-portal.org/smash/record.jsf?pid=diva2%3A280482&dswid=1017 (accessed on 24 April 2025). [29]

SOLTRAIN (2025), "SOLTRAIN home page", *soltrain.org (website)*, https://www.soltrain.org/ (accessed on 23 April 2025). [21]

South African Government (2023), "Minister Sihle Zikalala: Progress in implementing National Infrastructure Investment Plan", *gov.za (website)*, https://www.gov.za/news/speeches/minister-sihle-zikalala-progress-implementing-national-infrastructure-investment-plan (accessed on 11 April 2025). [17]

Thorn, J. et al. (2022), "The African Development Corridors Database: A new tool to assess the impacts of infrastructure investments", *Scientific Data*, Vol. 9, https://www.nature.com/articles/s41597-022-01771-y. [28]

UN (2024), "Potential Impact of the Lobito Corridor and Support to the Regional Transformation Agenda", *United Nations Zambia Policy Brief*, https://www.undp.org/sites/g/files/zskgke326/files/2024-10/lobito-corridor-policy-brief.up_.pdf. [27]

UNCTAD/ISDB (2022), *The Trans-Saharan Road Corridor Towards an Economic Corridor: Commercializing and Managing the Trans-Saharan Road*, United Nations Conference on Trade and Development, https://unctad.org/system/files/official-document/tcsdtlinf2022d2_en.pdf. [32]

UNECA (2024), "Zambia and DRC to implement an Innovative transboundary battery and electric vehicle Special Economic Zone", United Nations Economic Commission for Africa, https://www.uneca.org/stories/zambia-and-drc-to-implement-an-innovative-transboundary-battery-and-electric-vehicle-special. [39]

UNICEF (2024), *Drinking water, sanitation and hygiene in households by country, 2000-2022 (database)*, https://data.unicef.org/topic/water-and-sanitation/drinking-water/ (accessed on 17 January 2025). [1]

US Department of State (2024), "UNGA79: Lobito Corridor – Trans Africa Connectivity", https://2021-2025.state.gov/briefings-foreign-press-centers/unga79/lobito-corridor-trans-africa-connectivity/. [43]

Wala Chabala, E. and J. Hofmeyr (2025), "A game changer in flux: Recent developments and risks in the Lobito corridor", *Afripoli*, https://afripoli.org/a-game-changer-in-flux-recent-developments-and-risks-in-the-lobito-corridor. [34]

Way, S. (2024), "What to know about the Lobito Corridor—and how it may change how minerals move", *Atlantic Council*, https://www.atlanticcouncil.org/blogs/africasource/what-to-know-about-the-lobito-corridor-and-how-it-may-change-how-minerals-move/. [36]

WBCG (2019), *A Guide to the Walvis Bay Corridors: Facilitating Free Flow of Trade to and from the SADC Region*, Walvis Bay Corridor Group, https://www.wbcg.com.na/wp-content/uploads/2019/01/WBCG-Guide-Dbl-page-spread-Jan2018.pdf. [25]

World Bank (2024), "International Debt Statistics (IDS)", *worldbank.org (website)*, https://www.worldbank.org/en/programs/debt-statistics/ids (accessed on 23 January 2025). [4]

World Bank (2024), *Private Participation in Infrastructure (database)*, https://ppi.worldbank.org/en/ppi. [5]

4 Infraestruturas e transformação produtiva na África Central

Este capítulo identifica a forma como o desenvolvimento de infraestruturas pode contribuir para a transformação produtiva na África Central (Burundi, Camarões, República Centro-Africana, Chade, República do Congo, República Democrática do Congo, Guiné Equatorial, Gabão e São Tomé e Príncipe). O capítulo começa por analisar as necessidades de investimento em infraestruturas e o financiamento atual na África Central, tanto no conjunto como cada um dos países. Seguidamente, analisa em que medida os planos de infraestruturas regionais e nacionais contribuem para a transformação produtiva. Por fim, sublinha a importância das capacidades de planeamento, orçamentação e monitorização para o desenvolvimento das infraestruturas na região.

Em resumo

O investimento em transportes e infraestruturas digitais pode acelerar a transformação produtiva da África Central. Até à data, as lacunas nas infraestruturas limitaram gravemente o comércio intra-regional, que representou apenas 1,6% do total das exportações da África Central em 2023. Para colmatar esta lacuna, são necessários investimentos anuais de 15 mil milhões de dólares até 2040, principalmente em infraestruturas de transportes (74%) e digitais (18%). Este nível de investimento poderia permitir à região atingir os níveis de produtividade registados em países em desenvolvimento comparáveis e aumentar o crescimento do produto interno bruto (PIB) numa média de 6,2 pontos percentuais por ano. No entanto, o financiamento continua a ser um obstáculo significativo: entre 2016 e 2020, a África Central mobilizou cerca de 6 mil milhões de dólares por ano, o que equivale a apenas 7% dos compromissos totais para o desenvolvimento de infraestruturas em África.

A definição de prioridades estratégicas e uma governança eficaz são essenciais para melhorar a afetação e a mobilização do financiamento das infraestruturas. Os progressos no desenvolvimento de infraestruturas regionais têm sido dificultados por um planeamento de baixa qualidade, pela sobreposição de membros regionais e pelo fraco compromisso dos atores nacionais. Uma estratégia de infraestruturas unificada e intersectorial, centrada em cadeias de valor prioritárias e em projetos cuidadosamente selecionados e financiáveis, pode ajudar a atrair mais financiamento, como demonstram as Fases 1 e 2 da iniciativa Projetos de Integração da Comunidade Económica e Monetária da África Central (CEMAC). Um quadro institucional de apoio, com fortes capacidades orçamentais, de implementação e de controlo, é também essencial para reforçar a confiança dos financiadores. Em 2023, as unidades de parcerias público-privadas ou agências semelhantes em apenas três dos seis países inquiridos alinharam os projetos de infraestruturas com participação privada com as prioridades nacionais. A maioria dos projetos não dispunha de avaliações sólidas da sustentabilidade financeira, social e ambiental.

Perfil regional da África Central

Figura 4.1. Investimento anual em infraestruturas necessário para que a África Central atinja níveis de referência de transformação produtiva até 2040

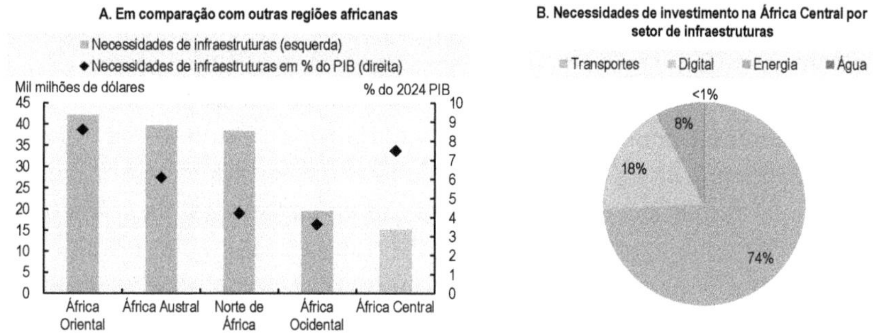

Nota: PIB = produto interno bruto. As necessidades de investimento em infraestruturas referem-se a estimativas modeladas das despesas totais necessárias para construir novas infraestruturas de modo a corresponder aos níveis de infraestruturas de países homólogos com bons resultados em matéria de transformação produtiva, mantendo simultaneamente as infraestruturas existentes. Ver Anexo 1.A para mais pormenores.
Fonte: As fontes de dados para as estimativas das necessidades de investimento são enumeradas no Anexo 1.A.

StatLink https://stat.link/efo85p

Figura 4.2. Média dos stocks físicos de infraestruturas e acesso nos países da África Central em comparação com África

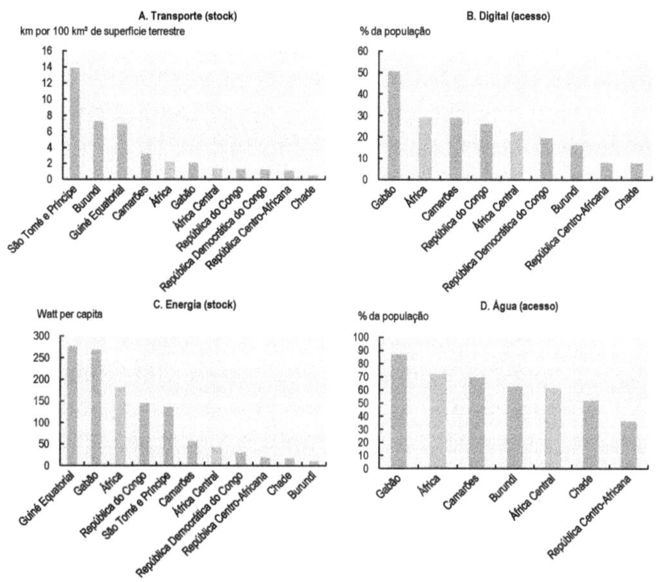

Nota: Transportes = quilómetros (km) de estradas pavimentadas e ferrovia por 100 km^2 de área não desértica. Digital = percentagem da população com mais de 15 anos com acesso à Internet. Energia = capacidade energética instalada em watts per capita. Água = percentagem da população com acesso a água potável. No que se refere aos stocks de transportes e de energia, as médias da África Central e de África são ponderadas em função da população. No que respeita aos transportes e aos stocks de energia, os valores para a África Central e África refletem totais agregados relativos à população ou à área, dependendo do indicador. No que diz respeito ao acesso digital e à água, os valores para a África Central e África correspondem a médias não ponderadas dos valores nacionais.
Fonte: As fontes dos indicadores de transportes e energia são indicadas no Anexo 1.A. Acesso a água potável: Estimativas relativas à água potável, saneamento e higiene (WASH), da UNICEF (2024[1]), *Drinking water, sanitation and hygiene in households by country, 2000-2022* (database) [Água potável, saneamento e higiene nos agregados familiares por país, 2000-2022 (base de dados)], https://data.unicef.org/topic/water-and-sanitation/drinking-water/. Digital: from Gallup World (2020[2]), *Gallup World Poll* (database) [Inquérito mundial da Gallup (base de dados)], https://www.gallup.com/analytics/213617/gallup-analytics.aspx.

StatLink https://stat.link/wvf48g

O investimento em transportes e infraestruturas digitais que ligam os centros económicos pode apoiar a transformação produtiva da África Central

Os países da África Central necessitam de investimentos significativos em infraestruturas para impulsionar a transformação produtiva. Para atingir os níveis de transformação produtiva observados nos países homólogos em desenvolvimento noutras regiões do mundo, os países da África Central terão de investir aproximadamente 15 mil milhões de dólares por ano até 2040 (Anexo 1.A). Este valor representa a necessidade de investimento mais baixa de todas as regiões africanas em termos absolutos, o que se deve à dimensão relativamente pequena das economias da África Central e às reduzidas necessidades de manutenção resultantes de um stock físico limitado de infraestruturas. Contudo, este valor continua a representar 6,1% do PIB da região em 2024, acima da média continental de 5,6% (Figura 4.1). A República Democrática do Congo (RD do Congo) representa 64% das necessidades de investimento totais, seguida do Chade (12%) e dos Camarões (8%). O cumprimento destas metas de investimento poderia aumentar o crescimento anual do PIB da região numa média de 6,2 pontos percentuais. Ainda assim, entre 2016 e 2020, a África Central mobilizou a menor percentagem de financiamento relacionado com infraestruturas em todas as regiões africanas, com uma média de 6 mil milhões de dólares por ano (ou 7% do total de compromissos da região) (ICA, 2022[3]).

O aumento dos investimentos em transportes e infraestruturas digitais será fundamental para ligar os centros económicos da região. Os países da África Central continuam abaixo da média continental, tanto em termos de quantidade como de qualidade das infraestruturas em todos os setores (Figura 4.2). A escassez de transportes e de conectividade digital continua a ser um entrave significativo à integração regional, dificultando a superação das longas distâncias entre centros económicos fragmentados, muitas vezes separados por zonas sensíveis do ponto de vista ambiental, como as florestas da bacia do rio Congo. Nomeadamente, 16% da rede rodoviária da região é pavimentada e apenas cerca de 20% da população tem acesso à Internet (AfDB, 2023[4]). Estas lacunas nas infraestruturas limitam o comércio regional, que representava apenas 1,6% do total das exportações da África Central em 2023. Refletindo estes desafios, os transportes e as infraestruturas digitais representam 74% e 18%, respetivamente, dos investimentos necessários na região (Figura 4.1).

O agravamento do peso da dívida limita a capacidade dos governos da África Central para investir em infraestruturas. A África Central a menor d despesa pública em infraestruturas em todo o continente, com uma média de 1,1% do PIB em 2019-2020, um valor semelhante ao do Norte de África (1,2%), mas significativamente inferior ao da África Austral (2,4%). Os baixos níveis de investimento podem ser parcialmente atribuídos ao forte endividamento, uma vez que os países da África Central gastam 3,5 vezes mais com o serviço da dívida, pagamentos de empréstimos e de juros da dívida soberana, do que com o investimento em infraestruturas. Este valor é semelhante à média registada no Norte de África (que gasta 3,6 vezes mais), mas superior às proporções observadas na África Oriental e Ocidental (2,5 vezes mais) e na África Austral (1,6 vezes mais). No geral, o custo médio do serviço da dívida aumentou de 3,0% da despesa pública em 2010 para 11,1% em 2024, com picos que chegaram aos 25% na República do Congo. Os países que afetam uma maior proporção do seu PIB às infraestruturas, como os Camarões (3,0%) e a República Centro-Africana (2,4%), destinam montantes ao serviço da dívida semelhantes aos que investem em infraestruturas (Figura 4.3). Em contrapartida, a RD do Congo e o Gabão, que afetam menos de 1% do seu PIB à despesa com infraestruturas, gastam entre 7 e 9 vezes mais no serviço da dívida do que no desenvolvimento de infraestruturas. Embora o Gabão tenha visto os custos do serviço da dívida aumentar de 13,6% da despesa pública em 2010 para 46,6% em 2020, o investimento público limitado na RD do Congo poderá refletir uma priorização de outros setores na despesa pública.

Figura 4.3. Investimentos públicos em infraestruturas e serviço da dívida na África Central

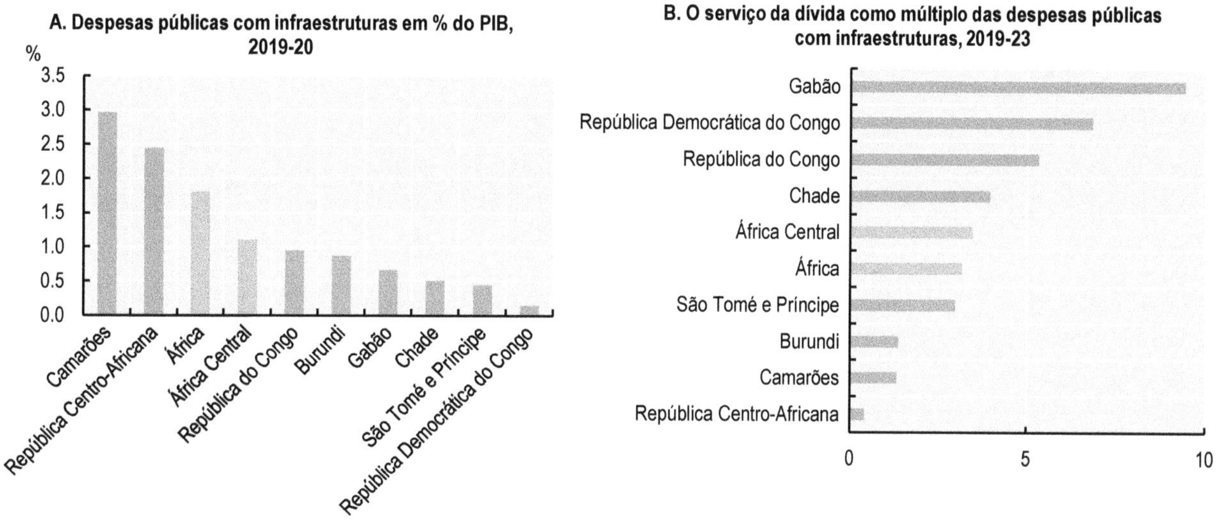

Nota: PIB = produto interno bruto. O indicador no gráfico B é calculado com base na média dos dados disponíveis nos últimos cinco anos para as despesas com infraestruturas públicas (2019-20) e serviço da dívida (2019-23). Os valores medianos são apresentados para África e para a África Central no Painel B, de forma a ter em conta os casos extremos.

Fonte: Cálculo dos autores baseados em ICA (2022[3]), *Infrastructure Financing Trends in Africa 2019-2020* and World Bank [Tendências em matéria de financiamento das infraestruturas em África 2019-2020], e Banco Mundial (2024[5]), *International Debt Statistics* (database) [Estatísticas internacionais em matéria de dívida (base de dados)], https://www.worldbank.org/en/programs/debt-statistics/ids.

StatLink https://stat.link/tr61uz

A participação privada nos investimentos em infraestruturas é limitada, concentrando-se apenas em alguns países. A participação privada em infraestruturas na África Central é a mais baixa de todo o continente, com apenas 6,4 mil milhões de dólares investidos entre 2016 e 2023, principalmente nos setores da energia (49%) e dos transportes (39%) (Figura 4.4). Os Camarões, a RD do Congo e o Gabão atraíram 94% do valor investido e 75% dos projetos da África Central. A fraca governança é frequentemente apontada como um desafio significativo na região, sendo a incerteza jurídica, política e institucional um fator dissuasor para investidores potenciais.. Relatórios sobre a atividade de capital privado em África indicam que, em 2024, os países da África Central registaram apenas 3 operações de capital privado, em comparação com 129 na África Austral, 105 na África Ocidental, 99 na África Oriental e 77 no Norte de África (AVCA, 2025[6]). De acordo com os Indicadores Mundiais de Governança (Worldwide Governance Indicators), uma compilação de dados sobre a qualidade da governança, a África Central foi a região africana com a classificação mais baixa em 2023 em áreas como controlo da corrupção, qualidade regulamentar e eficácia governativa (World Bank, 2025[7]). Segundo um estudo, melhorar a qualidade das instituições poderia aumentar o investimento privado em infraestruturas até 1,5 pontos percentuais do PIB em países como o Gabão (Chinzara, Dessus and Dreyhaupt, 2023[8]).

Figura 4.4. Investimentos em infraestruturas com participação privada na África Central, 2016-23

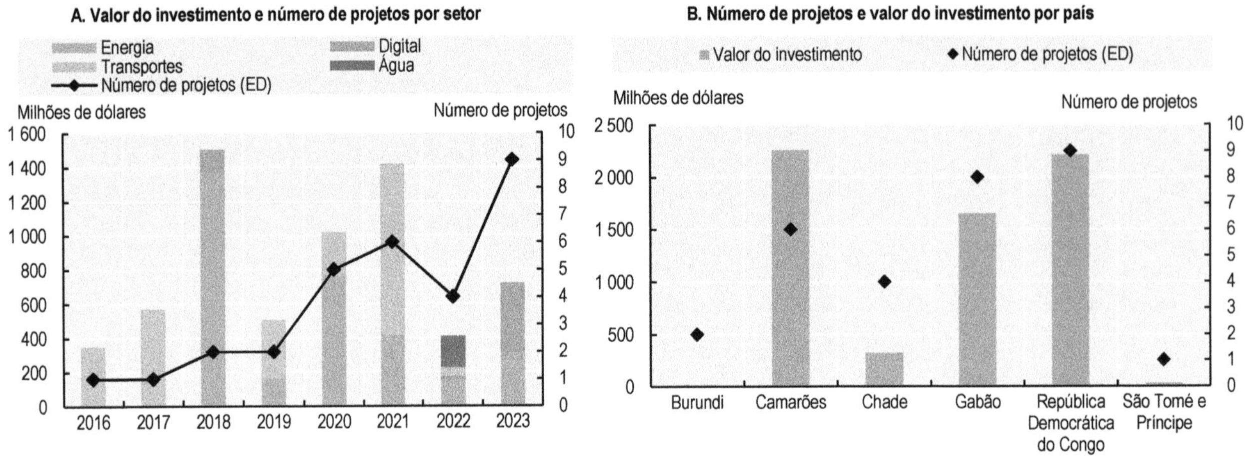

Nota: ED = escala da direita.
Fonte: Banco Mundial (2024[9]), *Private Participation in Infrastructure* (database) [Participação privada em infraestruturas (base de dados)], https://ppi.worldbank.org/en/ppi.

StatLink https://stat.link/rsm2tk

Relativamente à dimensão da sua população, a África Central recebe apenas um financiamento limitado para infraestruturas. O financiamento público ao desenvolvimento (ODF) foi, em média, de 944 milhões de dólares por ano entre 2019 e 2023, o que equivale a 0,6% do PIB anual da região. Este valor estagnou em cerca de 800 milhões de dólares por ano em 2020, incidindo sobretudo nos transportes e na energia (Figura 4.5). Entre 2019 e 2023, em termos per capita, a África Central recebeu aproximadamente 5 milhões de dólares por milhão de habitantes, em comparação com cerca de 8 a 9 milhões na África Oriental, Austral e Ocidental, e até 17 milhões no Norte de África. A afetação é desigual dentro da região, com os Camarões e a RD do Congo a captarem 62% do total do financiamento público ao desenvolvimento durante o período. Em contraste, países frágeis como o Chade e a República Centro-Africana, que registaram, respetivamente, as segunda e quarta maiores necessidades de investimento na região, representaram apenas cerca de 11% do total dos desembolsos.

As considerações de género nos projetos de infraestruturas estão mais presentes na África Central do que no restante continente Entre 2020 e 2023, 35% da ajuda pública ao desenvolvimento para infraestruturas, concedida por membros do Comité de Ajuda ao Desenvolvimento da OCDE, integrou objetivos de género de alguma forma, a percentagem mais elevada entre todas as regiões africanas (OECD, 2025[10]). Esta ênfase pode resultar do número relativamente reduzido de projetos na África Central, levando os doadores a prestar maior atenção às questões de género e a maximizar o impacto do desenvolvimento.

Figura 4.5. Desembolsos do financiamento público ao desenvolvimento destinados a infraestruturas em África Central, 2019-23

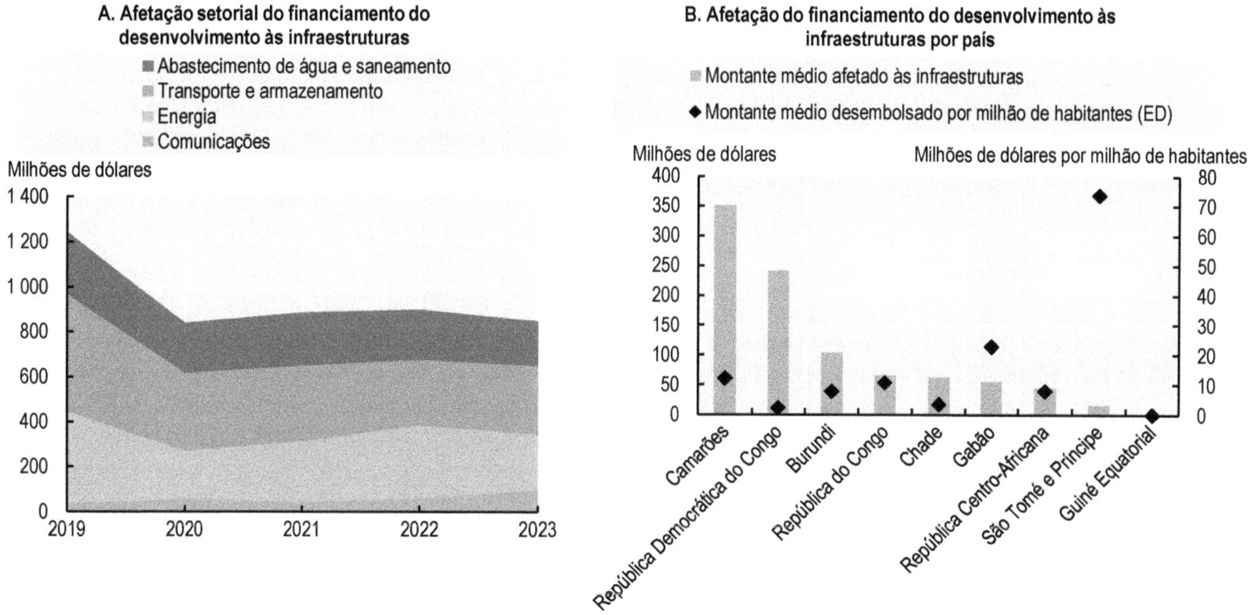

Nota: ED = escala da direita. Os desembolsos do financiamento público do desenvolvimento incluem a ajuda pública ao desenvolvimento (APD) e outros fluxos financeiros oficiais que não satisfazem as condições de elegibilidade enquanto APD (quer porque não se destinam principalmente ao desenvolvimento, quer porque têm um elemento de subvenção inferior a 25%).

Fonte: OCDE (2025[11]), *Credit Reporting System* (database) [Sistema de informação de crédito (base de dados)], https://www.oecd.org/en/data/datasets/development-finance-statistics-data-on-flows-to-developing-countries.html.

StatLink https://stat.link/vmnwcl

A priorização estratégica e o reforço das capacidades para implementar projetos são essenciais para o desenvolvimento mais eficaz de infraestruturas

O foconos corredores de desenvolvimento e o reforço da coordenação entre todos os níveis de governo pode apoiar a priorização de projetos de infraestruturas

O planeamento de infraestruturas regionais na África Central tem sido fragmentado, o que tem atrasado a sua implementação. Os esforços de desenvolvimento de infraestruturas regionais têm assentado em vários planos sectoriais de organizações cujos membros diferem entre si: a Comunidade Económica e Monetária da África Central (CEMAC), a Comunidade Económica dos Estados da África Central (CEEAC) e a Comunidade da África Oriental (EAC).[1] Os seus planos setoriais carecem, por vezes, de uma visão intersectorial sobre as infraestruturas e de ligações claras à transformação produtiva (Tabela 4.1). Apesar dos esforços de definição de prioridades, a implementação dos programas regionais tem estado, na sua maioria, estagnada. Exemplo disso foi a seleção, em 2008, de 55 projetos prioritários de transporte a partir da lista inicial de 184 projetos no âmbito do Plano Diretor Consensual dos Transportes da África Central (PDCT-AC). Em 2015, apenas 36 dos 55 projetos prioritários tinham sido implementados ou assegurado financiamento (ECA, 2015[12]). De forma semelhante, as avaliações de projetos regionais de infraestruturas hídricas realizadas em 2018 mostraram que a África Central estava atrás de todas as outras regiões africanas na implementação de sistemas de gestão hídrica transfronteiriça (AMCOW, 2018[13]). As incertezas institucionais, políticas e macroeconómicas, bem como a limitada apropriação nacional e os fracos compromissos dos países relativamente aos projetos regionais, têm desincentivado os financiadores públicos e privados, deixando muitos programas em situação de impasse.

> *Na RD do Congo, o projeto da Barragem de Grand Inga ilustra a dificuldade de financiar e acelerar a implementação de projetos transfronteiriços na África Central. O plano prevê expandir a barragem, embora já existam duas barragens, Inga I e Inga II, que atualmente operam abaixo da sua capacidade máxima devido à manutenção insuficiente. Isto demonstra a necessidade de reforçar a governança das infraestruturas e o planeamento orçamental. A Barragem de Grand Inga tornar-se-á a maior central hidroelétrica do mundo, com uma capacidade entre 40 e 70 gigawatts e um custo total estimado de 80 mil milhões de dólares. Contudo, o projeto tem sido repetidamente adiado desde o seu início, na sequência da retirada de vários parceiros internacionais, motivada por desacordos e preocupações relacionadas com a governança (Copperbelt Katanga Mining, 2025[14]).*
>
> *O projeto da central hidroelétrica de Ruzizi, entre o Burundi, a RD do Congo e o Ruanda, visa reforçar a integração das infraestruturas energéticas na região. Foi selecionado como projeto prioritário no âmbito do Plano de Ação Prioritário 2 do Programa para o Desenvolvimento das Infraestruturas em África (PIDA PAP2). Beneficia-se igualmente do apoio de parceiros internacionais, como a Comissão Europeia, através da Estratégia Global Gateway da União Europeia. No entanto, as tensões políticas e as preocupações com a segurança poderão atrasar o financiamento e a implementação (AEP, 2025[15]).*

Tabela 4.1. Impactos e desafios das políticas de desenvolvimento de infraestruturas a nível regional e nacional

Nível	Impacto na transformação produtiva	Desafios de implementação	Exemplos
Regional	• Promover o comércio e a mobilidade regionais • Desenvolver as infraestruturas de produção e transmissão de eletricidade • Harmonizar os quadros regulamentares e legislativos para o desenvolvimento dos mercados regionais de eletricidade e digitais	• Multiplicidade de iniciativas regionais e diferenças na composição dos membros • Planeamento intersectorial limitado • Fraca apropriação nacional e compromissos limitados com projetos regionais • Ausência de mecanismos de controlo • Desalinhamento financeiro com os orçamentos nacionais • Escassez de competências e de capacidades	• Plano Diretor Consensual dos Transportes da CEEAC para a África Central (PDCT-AC) (2004) • Plano de Ação Regional da CEEAC para a Gestão Integrada dos Recursos Hídricos na África Central (2015) • Documento Estratégico de Política Energética Regional da CEEAC (DSPER) 2014-2030 • Plano Diretor Consensual da CEEAC para o Desenvolvimento das Infraestruturas de Comunicações Eletrónicas na África Central (PCDIC) (2019) • Programa de Reforma Económica e Financeira da CEMAC (PREF-CEMAC) (2016) • Plano Diretor de Energia da África Oriental da EAC (2013)
Nacional	• Promover a diversificação da industria e das exportações • Diversificar e garantir o aprovisionamento energético • Melhorar os sistemas de transporte para apoiar os setores produtivos	• Desalinhamento face aos planos de infraestruturas regionais e continentais • Desafios de governança e a falta de marcos regulatórios claros limitam o investimento do setor privado • Fraca articulação entre as prioridades nacionais e subnacionais • Capacidades institucionais, humanas e financeiras insuficientes	• Estratégia Setorial de Desenvolvimento de Infraestruturas dos Camarões (2020-2030) • Plano Diretor Nacional de Infraestruturas do Gabão • Plano de Ação Nacional para as Energias Renováveis e Plano de Ação Nacional para a Eficiência Energética de São Tomé e Príncipe (2021-2030/2050)

Fonte: Compilação dos autores com base nos planos de desenvolvimento regionais e nacionais.

Uma definição de prioridades mais rigorosa pode ajudar a canalizar o financiamento de forma mais eficiente e a aumentar a mobilização de recursos. Em 2019, os Estados-Membros da CEMAC adotaram um primeiro programa transversal que define 11 projetos prioritários para reforçar a integração regional, com um custo estimado de 3,3 mil milhões de euros. Para garantir um financiamento adequado, estes projetos prioritários foram selecionados com base num critério de qualificação bancária, após a realização de estudos de viabilidade, avaliações de risco e análises de impacto ambiental. Além disso, em 2020, a

CEMAC organizou uma primeira mesa-redonda de doadores com potenciais financiadores internacionais, durante a qual foram mobilizados 3,9 mil milhões de euros. Cerca de 63% dos fundos foram disponibilizados por instituições regionais de financiamento do desenvolvimento (o Banco Africano de Desenvolvimento [BAD], o Banco de Desenvolvimento dos Estados da África Central [BDEAC] e o Afreximbank) (CEMAC, 2023[16]). No final de 2024, 80% dos projetos prioritários tinham sido iniciados, com uma taxa de execução de 67%, representando um progresso encorajador (Republic of Cameroon, 2024[17]). Aproveitando este impulso, os Estados-Membros da CEMAC definiram um segundo conjunto de 13 projetos prioritários, inicialmente estimados em 8.8 mil milhões de euros, para os quais foram mobilizados 9,2 mil milhões de euros em 2023 (CEMAC, 2023[16]). De forma semelhante, dar prioridade aos projetos retirados de planos regionais existentes em iniciativas continentais, como o PIDA, poderá acelerar a sua implementação (PIDA, n.d.[18]).

O desenvolvimento de centros de dados na região da CEEAC é uma das prioridades definidas no Plano Diretor Consensual para o Desenvolvimento de infraestruturas de Comunicações Eletrónicas na África Central, estabelecido em 2019. Estimado em 92,5 milhões de dólares, o projeto foi incluído no PIDA PAP2 em 2020. A iniciativa inclui a construção de seis novos centros de dados no Burundi, na República Centro-Africana, no Chade, na Guiné Equatorial, no Gabão e em São Tomé e Príncipe. Envolve modernização de infraestruturas existentes nos Camarões, na República do Congo e na RD do Congo (PIDA, n.d.[19]).

A transformação dos corredores de transporte em corredores de desenvolvimento poderá contribuir para relançar a implementação de projetos regionais e impulsionar as cadeias de valor. Em 2020, os Estados-membros da CEEAC solicitaram a uma reformulação do PDCT-AC, com o objetivo de passar de uma abordagem centrada em corredores de transporte para uma abordagem baseada em corredores de desenvolvimento. O objetivo consiste em reforçar a valorização do potencial de desenvolvimento das infraestruturas regionais e melhorar a coordenação intersectorial, com o apoio de parceiros internacionais, como a Comissão Económica das Nações Unidas para África, o BAD e a Comissão Europeia (UNECA, 2020[20]) (Tabela 4.2). Este é o caso do Corredor do Lobito, que liga a RD do Congo aos países da África Austral e visa incentivar o desenvolvimento de cadeias de valor de minerais críticos através do desenvolvimento de infraestruturas, medidas de facilitação das trocas comerciais e das alfândegas, bem como da educação e formação para a criação de emprego (ver Capítulo 3). De forma semelhante, com medidas de apoio adicionais, o corredor de transporte Libreville-Kribi-Duala-N'Djamena poderá reforçar significativamente as cadeias de valor do milho, arroz e da pecuária na região, ao ligar as zonas de produção aos centros urbanos com grande procura por parte dos consumidores (UNECA, 2021[21]).

*O **Corredor Libreville-Brazzaville-Pointe Noire-Bangui-N'Djamena** tem como função ligar a República Centro-Africana, o Chade, a República do Congo e o Gabão através de infraestruturas rodoviárias. O corredor contará com estações de autocarros, estações de pesagem, portagens e pontos de controlo fronteiriço para assegurar a sua gestão eficiente. Em 2022, a Arise Integrated Industrial Platforms (ARISE-IIP) estabeleceu uma parceria público-privada com o Governo da República do Congo para desenvolver zonas industriais em Pointe-Noire e Ouésso, bem como um porto de minérios. O objetivo é apoiar a transformação local de minérios brutos, madeira e produtos agrícolas, convertendo-os em produtos de elevado valor acrescentado. A ARISE-IIP constitui um exemplo de projeto promissor para complementar os corredores de transporte e potenciar plenamente a sua função como corredores de desenvolvimento (ARISE IIP, 2022[22]).*

Tabela 4.2. Corredores de transporte e desenvolvimento selecionados na África Central

Corredor de transporte ou de desenvolvimento	Países abrangidos	Parceiros	Impacto previsto na transformação produtiva e na integração regional	Impacto
Corredor Libreville-Kribi-Douala-N'Djamena	Camarões, Chade, Guiné Equatorial, Gabão, São Tomé e Príncipe	Governos nacionais dos Camarões, do Chade e do Gabão, AFD, BAD, UE, BEI, Banco Mundial, CEEAC, financiadores em PPP	• Reforçar a conectividade entre os portos costeiros e os países sem litoral • Promover o comércio regional e a integração económica • Estimular o investimento em setores-chave como a agricultura e a mineração • Integrar os mercados regionais	• O tempo de viagem no troço Maroua-Pouss foi reduzido de 4 horas para 2 horas entre 2015 e 2020. • O tempo médio de travessia das fronteiras passou de 30 horas para 10 horas.
Corredor Douala-Kribi-Kampala	Camarões, República do Congo, República Centro-Africana, Uganda	Governos nacionais, UE, AFD, CEEAC, CHEC, financiadores em PPP	• Reforçar a conectividade entre os portos costeiros e os países sem litoral • Promover o comércio regional e a integração económica • Estimular o investimento em setores-chave como a agricultura e a mineração	• Desde 2018, pelo menos 2 milhões de toneladas de madeira passaram anualmente pelos portos de Douala e Kribi, tendo como principais destinos a China, o Vietname e a Europa. • Quarenta empresas operam na zona industrial de Kribi, nomeadamente nos setores agroalimentar, do cimento, da montagem automóvel e da madeira.
Corredor Libreville-Brazzaville-Pointe Noire-Bangui-N'Djamena	República Centro-Africana, Chade, República do Congo, Gabão	Governos nacionais, CEMAC, UA	• Facilitar a circulação de bens e pessoas através das fronteiras • Reforçar o desenvolvimento económico regional • Apoiar os esforços de reconstrução pós-conflito	• A viagem de camião de Ndendé a Dolisie passou de 3 dias em 2013 para 4,5 horas em 2019. • A percentagem de tráfego de trânsito aumentou de 5% em 2013 para 35% em 2019. • O tempo total de deslocação nos principais itinerários foi reduzido de 6 horas para 2 horas. • O tempo de travessia das fronteiras foi reduzido de 48 horas para 3 horas.
Corredor Yaoundé-Brazzaville-Kinshasa	Camarões, República do Congo, RD do Congo	Governos nacionais dos Camarões, da República do Congo e da República Democrática do Congo, CEEAC, UA	• Melhorar a ligação entre as principais cidades da África Central • Promover a integração económica regional • Apoiar a diversificação das economias	• O tráfego de mercadorias entre Pointe-Noire e Kinshasa aumentou de 2,2 milhões para 4,5 milhões de toneladas. • O tempo de viagem de camião entre Yaoundé e Brazzaville foi reduzido de 4 dias em 2012 para 1 dia em 2020. • O tempo total de viagem em segmentos-chave foi reduzido de 20 horas para 7 horas. • O tempo médio de travessia das fronteiras passou de 48 horas para apenas 3 horas.

Nota: RD do Congo = República Democrática do Congo. AFD = Agence Française de Développement. BAD = Banco Africano de Desenvolvimento. UE = União Europeia. BEI = Banco Europeu de Investimento. CEEAC = Comunidade Económica dos Estados da África Central. PPP = parceria público-privada. CHEC = China Harbour Engineering Company. CEMAC = Comunidade Económica e Monetária da África Central. UA = União Africana.

Fonte: BAD (2023[4]), *Cross-Border Road Corridors: Expanding Market Access in Africa and Nurturing Continental Integration* [Corredores rodoviários transfronteiriços: Alargar o acesso aos mercados em África e promover a integração continental]; UE (2023[23]), *EU-Africa: Global Gateway Investment Package - Strategic Corridors* [Pacote de Investimento da Estratégia Global Gateway – Corredores estratégicos]; BAD (2019[24]), *Cross-Border Road Corridors: The Quest to Integrate Africa [Corredores rodoviários transfronteiriços: A procura pela integração de África].*

Uma melhor coordenação entre os planos regionais e nacionais poderia ampliar os benefícios económicos para além dos grandes centros urbanos. As prioridades nacionais de infraestruturas são definidas através de vários documentos estratégicos, como planos nacionais de desenvolvimento que integram objetivos de desenvolvimento das infraestruturas (na República Centro-Africana e na Guiné Equatorial), planos nacionais dedicados ao desenvolvimento das infraestruturas (no Burundi, nos Camarões e no Gabão) ou planos de infraestruturas específicos por setor (em São Tomé e Príncipe) (Tabela 4.3). Ao nível subnacional, uma maior coordenação entre as entidades governamentais locais pode ajudar a aproveitar as oportunidades latentes. Nos Camarões, por exemplo, a melhoria das infraestruturas de transporte entre Douala, Edéa e Kribi, aliada ao reforço das competências, pode contribuir para o desenvolvimento das cadeias de valor farmacêuticas emergentes do país, ao apoiar atividades como a investigação e desenvolvimento, a produção de medicamentos e ingredientes ativos, e a embalagem (UNECA, 2021[21]). Para serem eficazes, os governos locais necessitam de coordenação e capacidade suficientes. Em 2022, United Cities and Local Governments de África classificou a qualidade média do ambiente institucional oferecido aos governos subnacionais nos países da África Central como a mais baixa do continente (UCLG/Cities Alliance, 2021[25]).

> *O Programa de Investimento Prioritário dos Camarões para 2024-2026 define um roteiro estratégico para reforçar o desenvolvimento nacional através de projetos de infraestruturas específicos. Este plano trienal, gerido pelo Ministério da Economia, do Planeamento e do Desenvolvimento Regional, abrange 72 projetos, dos quais 43 estão em curso e 29 correspondem a novas iniciativas. O programa está alinhado com a Visão 2035 do país e com a Estratégia Nacional de Desenvolvimento 2020-2030, bem como com os planos regionais de desenvolvimento de infraestruturas, incluindo projetos como a extensão da rede ferroviária de Ngaoundéré (Camarões) até N'Djamena (Chade).*

Melhores capacidades de planeamento, orçamentação e monitorização podem acelerar a implementação dos projetos de infraestruturas

As atuais capacidades institucionais e financeiras são muitas vezes insuficientes para garantir a implementação bem-sucedida dos planos de desenvolvimento das infraestruturas. No contexto do PDCT-AC, as capacidades limitadas têm restringido a capacidade dos países de elaborarem estudos de viabilidade, o que, por sua vez, tem desincentivado potenciais doadores e financiadores. Com exceção dos Camarões, o PDCT-AC também não dispunha de instituições nacionais responsáveis pelo acompanhamento da execução dos planos de desenvolvimento, privando assim os decisores políticos de informações sobre o estado de progresso e as dificuldades encontradas. O pagamento em atraso das contribuições dos membros limitou ainda mais o funcionamento do Comité Operacional de Acompanhamento, responsável pela supervisão da execução do PDCT-AC (UNECA, 2015[26]).

> *Em 2022, a Avaliação da Gestão do Investimento Público realizada na RD do Congo revelou fragilidades ao longo de todo o ciclo de vida dos projetos de infraestruturas, incluindo a ausência de um quadro jurídico claro para a avaliação e seleção de projetos, a fragmentação institucional que resulta numa distribuição pouco clara de responsabilidades, bem como a implementação de projetos com base na disponibilidade financeira em vez do orçamento aprovado (IMF, 2022[27]). Entre as reformas adotadas em 2023 para responder a estes desafios, destaca-se o Decreto sobre a Gestão do Investimento Público, que introduziu um sistema de Planeamento, Programação, Orçamentação e Monitorização-Avaliação, bem como a utilização de uma base de dados consolidada do Programa de Investimento Público, atribuindo códigos de identificação únicos aos projetos ao longo de todo o seu ciclo de vida (Government of the DR Congo, 2024[28]).*

O reforço das estruturas regulatórias poderá estimular a participação do setor privado em projetos de infraestruturas regionais e nacionais. Os planos nacionais de infraestruturas destacam a importância das parcerias público-privadas (PPP), atribuindo-lhes prioridade para grandes projetos públicos de infraestruturas (como é o caso do Burundi e dos Camarões) e estabelecendo condições para o desenvolvimento do setor privado (como na República Centro-Africana). Ainda assim, com exceção dos Camarões, que criaram a sua unidade de PPP em 2006, o ecossistema institucional de parcerias público-privadas (PPP) na África Central é relativamente recente, tendo as primeiras unidades de PPP surgido apenas entre 2016 e 2017 (Tabela 4.3). Em 2023, apenas três dos seis países da região garantiam o alinhamento entre os projetos de PPP e as prioridades nacionais, enquanto a aplicação de avaliações da sustentabilidade financeira, social ou ambiental dos projetos de PPP continua limitada na maioria dos países.

Mecanismos eficazes de desenvolvimento de competências podem reforçar os ecossistemas de infraestruturas na região e promover a criação de emprego inclusivo. Os programas que desenvolvem competências relacionadas com as infraestruturas centram-se principalmente em competências técnicas e, em menor grau, em competências verdes, digitais e de gestão de projetos (Tabela 4.4). Dois destes projetos estão diretamente ligados à implementação de planos nacionais de infraestruturas, nomeadamente o Plano Diretor Nacional de Infraestruturas do Gabão e o plano energético de São Tomé e Príncipe. Alguns países promovem também ativamente a inclusão das questões de género nas infraestruturas. No Gabão, por exemplo, a Transgabonaise, que liga Libreville a Franceville, criou mais de 1 000 empregos diretos e indiretos, dos quais 35% são ocupados por mulheres, e 600 pessoas receberam formação para trabalharem por conta própria, a fim de criarem atividades geradoras de retornos para além das infraestruturas (Meridiam, 2023[29]; EU, 2025[30]).

Tabela 4.3. Indicadores selecionados de capacidade de preparação e gestão dos governos em parcerias público-privadas em infraestruturas

Fase da parceria público-privada (PPP)	Área temática	Pergunta do inquérito	Burundi	Camarões	Chade	RD do Congo	República do Congo	Gabão
Preparação	Quadros regulamentares e institucionais	Entidade governamental especializada que facilita o programa PPP (ano de lançamento)	Agence d'Appui à la Réalisation des contrats de partenariat public-privé (ARCP) (2016)	Conselho de Apoio à Realização de Contratos de Parceria (CARPA) (2006)	Comissão Nacional para as Parcerias Público-Privadas e Unidade de Coordenação e Apoio às PPP (2017)	Unidade de Aconselhamento e Coordenação das Parcerias Público-Privadas (UC-PPP) (2021)	Não aplicável	Unidade PPP no âmbito da Agência Nacional para a Promoção do Investimento (ANPI-Gabão) (2019)
		O governo assegura que os projetos de PPP estão alinhados com outras prioridades públicas **através de um procedimento (não) específico** para atingir esse objetivo	Nenhuma	Nenhuma	Procedimento não específico	Procedimento não específico	Nenhuma	Procedimento não específico
	Avaliações	Número de avaliações realizadas na identificação e preparação de uma PPP para fundamentar a decisão de avançar com a mesma	5/9	7/9	7/9	5/9	2/9	3/9
Gestão de contratos	Capacidade e formação em PPP	Estabelecimento de formação **inicial/contínua** para o pessoal	Não	Não	Não	Não	Não	Não

		Exige-se que os membros da equipa de gestão contratual PPP possuam qualificações **detalhadas ou suficientes**	Nenhuma	Nenhuma	Nenhuma	Nenhuma	Detalhada	Detalhada
	Monitorização e avaliação	Mecanismo de monitorização e avaliação **após a** construção do projeto PPP	Sim	Sim	Sim	Sim	Sim	Sim
		O desempenho é avaliado com base nos resultados/indicadores-chave de desempenho definidos nos documentos do concurso e no contrato de PPP	Sim	Sim	Sim	Sim	Sim	Não

Nota: Este quadro baseia-se num inquérito do Banco Mundial intitulado *Benchmarking Infrastructure Development* (BID) [Índice de Referência para o Desenvolvimento de Infraestruturas] de 2023, que abrange seis dos nove países da região da África Central. O inquérito identifica dez opções no âmbito das avaliações realizadas: análise custo-benefício, comportabilidade orçamental, identificação de riscos, avaliação comparativa de modelos de contratação, estratégia de contratação, viabilidade financeira/qualificação bancária, auscultação do mercado, impacto ambiental e impacto social.
Fonte: Banco Mundial (2025[31]), *The World Bank Benchmarking Infrastructure Development (BID)* (database) [Índice de Referência para o Desenvolvimento de Infraestruturas (BID) do Banco Mundial (base de dados)], https://bpp.worldbank.org/en/global.

Tabela 4.4. Programas selecionados para o desenvolvimento de competências e capacidades no domínio das infraestruturas na África Central

Programa	Principais características	Tipos de competências promovidas	Principais partes interessadas envolvidas
Centro Centro-Africano para as Energias Renováveis e Eficiência Energética (CEREEAC)	• Os países membros do CEREEAC têm acesso à plataforma de aprendizagem da Rede Global de Centros Regionais de Energia Sustentável (GN-SEC), que presta apoio a quadros regionais de qualificação e certificação, bem como acesso a redes de formadores. • O CEREEAC foi criado em 2023 e é o mais recente dos cinco centros regionais[2] que trabalham em soluções energéticas comuns.	Técnicas, verdes	UNIDO, GN-SEC
Programa de Apoio à Gestão das Infraestruturas Regionais e Nacionais na África Central (PAGIRN)	• O programa tem como objetivo reforçar as competências de gestão, planeamento, implementação e promoção de causas específicas dos setores dos transportes, da energia, da informação e das TIC • O Observatório das Práticas Anómalas ao longo dos principais corredores da África Central, lançado em 2021 nos Camarões, integra o PAGIRN.	Técnicas; gestão de projetos	CEMAC, UE
Workshop das partes interessadas para a avaliação comparativa das TIC na África Central (**Guiné Equatorial**)	O programa tem como objetivo: • Dotar as partes interessadas de competências em estratégias regulatórias, mapeamento de partes interessadas e *sandboxing*, de forma a promover a inovação e a tomada de decisão baseada em evidência • Alinhar as estratégias nacionais para as TIC com a Estratégia de Transformação Digital da União Africana, promovendo uma abordagem harmonizada em matéria de	Digitais	CEEAC, UIT, Ministério dos Transportes, Telecomunicações e Sistemas de Inteligência Artificial

	políticas e regulamentação • Reforçar a colaboração regional, reunindo reguladores, decisores políticos e partes interessadas em torno de uma visão partilhada para a transformação digital e a integração regional		
Programa de formação para a implementação do Plano Diretor Nacional de Infraestruturas **(Gabão**)	• Entre 2010 e 2020, a Agence Nationale des Grands Travaux d'Infrastructures (ANGTI) do país estabeleceu uma parceria com a Bechtel para a concretização de uma carteira de projetos de infraestruturas prioritárias. • O programa acolheu anualmente 300 aprendizes, e a proporção de colaboradores locais na ANGTI aumentou de 50% para 90% até ao final da parceria.	Técnicas; gestão de projetos	Ministério das infraestruturas do Gabão, Bechtel
Reforço das capacidades institucionais para um Programa de Investimento em Energias Renováveis e Eficiência Energética **(São Tomé e Príncipe**)	O programa tem como objetivo: • Desenvolver o ecossistema e as infraestruturas de energia sustentável do país e garantir a segurança energética a longo prazo • Reforçar as capacidades institucionais do Ministério das Infraestruturas, Recursos Naturais e Ambiente (MOPIRNA) para que se torne uma entidade executora de financiamento climático internacional no setor da energia • Apoiar a elaboração de relatórios de referência e a gestão de dados, a definição de regulamentos e normas, a formação e o desenvolvimento de planos de negócio	Técnicas, verdes	MOPIRNA, Ministério do Planeamento, das Finanças e da Economia Azul, Fundo Verde para o Clima, ONUDI
Projeto de Recuperação de Emergência de Infraestruturas e Conectividade (EICRP) **(República Centro-Africana**)	• O EICRP é responsável pela construção ou reabilitação de 900 quilómetros de estradas • Capacita as comunidades por meio de de iniciativas de reforço de competências, incluindo programas de formação para talentos locais na operação de máquinas de construção rodoviária • Entre 2021 e 2024, mais de 100 000 pessoas passaram a ter acesso a transportes, e as mercadorias registadas a entrar nas zonas intervencionadas aumentaram de 20 000 para 30 000 toneladas métricas.	Técnicas	Banco Mundial, Missão Multidimensional Integrada das Nações Unidas para a Estabilização na República Centro-Africana

Nota: TIC = tecnologias da informação e da comunicação. ONUDI = Organização das Nações Unidas para o Desenvolvimento Industrial. CEMAC = Comunidade Económica e Monetária da África Central. UE = União Europeia. CEEAC = Comunidade Económica dos Estados da África Central. UIT = União Internacional das Telecomunicações.

1.Isto inclui o Centro da África Oriental para Energias Renováveis e Eficiência Energética (EACREEE), no Uganda, o Centro da CEDEAO para Energias Renováveis e Eficiência Energética (ECREEE), em Cabo Verde, o Centro Regional para Energias Renováveis e Eficiência Energética (RCREEE), no Egito, e o Centro da SADC para Energias Renováveis e Eficiência Energética (SACREEE), na Namíbia.

Fonte: Ndiaye, Mbele and Sylla (2024[32]), "Building roads to build peace: Our experience in the Central African Republic" [Construir estradas para construir a paz: A nossa experiência na República Centro-Africana]; GCF (2021[33]), *Readiness and Preparatory Support: Proposal Template: Building institutional capacity for a renewable energy and energy efficiency investment programme for Sao Tome and Principe* [Apoio à preparação e pré-viabilidade: Modelo de proposta: Reforço da capacidade institucional para um Programa de Investimento em Energias Renováveis e Eficiência Energética em São Tomé e Príncipe]; CEREEAC (2025[34]), "Our work" [O nosso trabalho], cereeac.org (sítio Web); PAGIRN-PPTIC (2025[35]), pagirn-pptic.cm (página inicial); Delegação da UE nos Camarões e Guiné Equatorial (2021[36]), *Atelier sous-régional de lancement de l'Observatoire régional des « pratiques anormales » sur les principaux corridors d'Afrique centrale faisant partie intégrante du Programme d'Appui à la Gouvernance des Infrastructures Nationales et Régionales;* Bechtel (2021[37]), *Gabon National Infrastructure Plan* [Plano Nacional de Infraestruturas do Gabão].

Notas

[1] A CEMAC inclui os Camarões, a República Centro-Africana, o Chade, a Guiné Equatorial, o Gabão e a República do Congo. A CEEAC é constituída por todos os países da África Central, bem como por Angola e pelo Ruanda. A EAC inclui o Burundi e a RD do Congo, bem como o Quénia, o Ruanda, a Somália, o Sudão do Sul, a Tanzânia e o Uganda.

Referências

AEP (2025), "EIB explores financing options for hydroelectric project in DRC", *africa-energy-portal.org (website)*, https://africa-energy-portal.org/news/eib-explores-financing-options-hydroelectric-project-drc (accessed on 5 May 2025). [15]

AfDB (2023), *Cross-Border Road Corridors: Expanding Market Access in Africa and Nurturing Continental Integration*, African Development Bank, Abidjan, https://www.afdb.org/en/documents/cross-border-road-corridors-expanding-market-access-africa-and-nurturing-continental-integration. [4]

AfDB (2019), *Cross-Border Road Corridors: The Quest to Integrate Africa*, African Development Bank, Abidjan, https://www.afdb.org/fileadmin/uploads/afdb/Documents/Publications/Cross-border_road_corridors.pdf. [24]

AMCOW (2018), *Status Report on the Implementation of Integrated Water Resources Management in Africa: A Regional Report for SDG Indicator 6.5.1 on IWRM Implementation*, African Ministers' Council on Water, https://unepdhi.org/wp-content/uploads/sites/2/2020/05/2018_Status_Report-IWRM-Africa_Web_EN.pdf. [13]

ARISE IIP (2022), "ARISE IIP signs an MOU with the Republic of Congo", *ariseiip.com (website)*, https://www.ariseiip.com/arise-iip-signs-an-mou-with-the-republic-of-congo/ (accessed on 10 May 2025). [22]

AVCA (2025), *African Private Capital Activity Report*, https://www.avca.africa/media/fcpjt4s3/2024_avca_african_private_capital_activity_report_apca_public.pdf. [6]

Bechtel (2021), "Gabon National Infrastructure Plan", *bechtel.com (website)*, https://www.bechtel.com/projects/gabon-national-infrastructure/ (accessed on 23 April 2025). [37]

CEMAC (2023), *Cahier du Participant*, Economic and Monetary Community of Central Africa, https://projets-integrateurs-cemac.com/wp-content/uploads/2023/10/Cahier-du-Participant_CEMAC.pdf. [16]

CEREEAC (2025), "Our work", *cereeac.org (website)*, https://www.cereeac.org/our-work (accessed on 15 May 2025). [34]

Chinzara, Z., S. Dessus and S. Dreyhaupt (2023), "How Institutional Reforms Can Attract More Private Investment", *International Finance Corporation Working Paper*, https://www.ifc.org/content/dam/ifc/doc/2023/working-paper-infrastructure-in-africa.pdf. [8]

Copperbelt Katanga Mining (2025), "Grand Inga Dam Project Faces Major Delays Despite Huge Potential for Africa's Energy Future", *copperbeltkatangamining.com (website)*, https://copperbeltkatangamining.com/grand-inga-dam-project-faces-major-delays-despite-huge-potential-for-africas-energy-future/ (accessed on 15 May 2025). [14]

ECA (2015), *Annual Report 2015*, United Nations Economic Commission for Africa, Addis Ababa, https://hdl.handle.net/10855/22770. [12]

EU (2025), "Gabon Global Gateway Investment Forum", *eeas.europa.eu (website)*, https://www.eeas.europa.eu/delegations/gabon/gabon-global-gateway-investment-forum_fr? (accessed on 6 June 2025). [30]

EU (2023), *EU-Africa: Global Gateway Investment Package - Strategic Corridors*, European Union, https://international-partnerships.ec.europa.eu/system/files/2023-10/GG_Factsheet_Africa_Strategic%20Corridors.pdf. [23]

EU Delegation to Cameroon and Equatorial Guinea (2021), *Atelier sous-régional de lancement de l'Observatoire régional des « pratiques anormales » sur les principaux corridors d'Afrique centrale faisant partie intégrante du Programme d'Appui à la Gouvernance des Infrastructures Nationales et Régionales*, https://www.eeas.europa.eu/sites/default/files/discours_cdd-opa-pagirn_111121_bon.pdf. [36]

Gallup (2020), *Gallup World Poll (database)*, https://www.gallup.com/analytics/213617/gallup-analytics.aspx (accessed on 15 January 2025). [2]

GCF (2021), *Readiness and Preparatory Support: Proposal Template: Building institutional capacity for a renewable energy and energy efficiency investment programme for Sao Tome and Principe*, Green Climate Fund, https://www.greenclimate.fund/sites/default/files/document/20211215-sao-tome-and-principe.pdf. [33]

Government of the DR Congo (2024), "Journal Officiel de la République du Congo" N° 14, https://www.sgg.cg/JO/2024/congo-jo-2024-14.pdf. [28]

ICA (2022), *Infrastructure Financing Trends in Africa 2019-2020*, The Infrastructure Consortium for Africa, Abidjan, https://www.afdb.org/sites/default/files/documents/publications/04112022ift_africa_report_2019-2020-2_english.pdf. [3]

IMF (2022), *République Démocratique du Congo : Évaluation de la gestion des investissements publics – PIMA et PIMA Changements climatiques*, International Monetary Fund, https://infrastructuregovern.imf.org/content/dam/PIMA/Countries/DRC/documents/DRC%20PIMA%20-%20French%20version.pdf. [27]

Meridiam (2023), "Meridiam in Gabon: A Long-term Commitment to Creating Sustainable Local Jobs", *meridiam.com (website)*, https://www.meridiam.com/news/meridiam-in-gabon-a-long-term-commitment-to-creating-sustainable-local-jobs/ (accessed on 10 May 2025). [29]

Ndiaye, P., F. Mbele and A. Sylla (2024), "Building roads to build peace: Our experience in the Central African Republic", *World Bank blogs (website)*, https://blogs.worldbank.org/en/transport/road-rehabilitation-in-the-central-african-republic (accessed on 10 May 2025). [32]

OECD (2025), *Credit Reporting System (database)*, https://www.oecd.org/en/publications/creditor-reporting-system_22180907.html (accessed on 15 March 2025). [11]

OECD (2025), *GenderMarkers: Aid (ODA) activities targeting gender equality and women's empowerment (database)*, https://data-explorer.oecd.org/vis?lc=en&df[ds]=DcdDisseminateFinalDMZ&df[id]=DSD_GNDR%40DF_GENDER&df[ag]=OECD.DCD.FSD&av=true&dq=DAC_EC..1000..2.0%2B1%2B2%2B10%2B99.C.Q._T..&lom=LASTNPERIODS&lo=2&to[TIME_PERIOD]=false (accessed on 30 May 2025). [10]

PAGIRN-PPTIC (2025), , *pagirn-pptic.cm (home page)*, https://pagirn-pptic.cm/ (accessed on 10 May 2025). [35]

PIDA (n.d.), "Approved project: Développement des Infrastructures des Data Center sous-tendant l'économie numérique", *pp2.au-pida.org (website)*, https://pp2.au-pida.org/approved-project/entry/zeocy/ (accessed on 5 May 2025). [19]

PIDA (n.d.), "PIDA PAP 2 Approved Projects", *pp2.au-pida.org (website)*, https://pp2.au-pida.org/approved-projects/ (accessed on 5 May 2025). [18]

Republic of Cameroon (2024), *Extraordinary Heads of State Summit*, https://www.prc.cm/files/7c/2d/14/fbdd11107e4223299256c28960358cb8.pdf. [17]

UCLG/Cities Alliance (2021), *Assessing the Institutional Environment of Cities and Subnational Governments in Africa*, UCLG Africa, Rabat, Cities Alliance, Brussels, https://www.citiesalliance.org/sites/default/files/2022-05/CitiesAlliance_Assessing%20Inst.%20Environment%20of%20Cities%20and%20Subnal.%20Govs%20in%20Africa_EN.pdf. [25]

UNECA (2021), *Economic Opportunities Along the Central African Road-Corridor*, United Nations Economic Commission for Africa, https://www.uneca.org/sites/default/files/SROs/Central-Africa/Economic-opportunities-CA-road-corridor/Economic-Opportunities-Along-the-Central-African-Road-Corridor_21April2021.pdf. [21]

UNECA (2020), "A rendezvous to transform Central Africa's routes into development trajectories", *archive.uneca.org (website)*, https://archive.uneca.org/stories/rendezvous-transform-central-africa%E2%80%99s-routes-development-trajectories? (accessed on 5 May 2025). [20]

UNECA (2015), *Trente et Unième Session du Comité Intergouvernemental d'Experts de l'Afrique Centrale : Développer l'Industrie Forestière pour la Transformation Structurelle des Economies d'Afrique Centrale*, United Nations Economic Commission for Africa, https://archive.uneca.org/sites/default/files/uploaded-documents/SROs/Central-Africa/ICE31/cie_2015-sro-ca-initiatives_sous_regionales_pdct-ac.pdf. [26]

UNICEF (2024), *Drinking water, sanitation and hygiene in households by country, 2000-2022 (database)*, https://data.unicef.org/topic/water-and-sanitation/drinking-water/ (accessed on 17 January 2025). [1]

World Bank (2025), *The World Bank Benchmarking Infrastructure Development (BID) (database)*, https://bpp.worldbank.org/en/global (accessed on 6 March 2025). [31]

World Bank (2025), "Worldwide Governance Indicators", *worldbank.org (website)*, https://www.worldbank.org/en/publication/worldwide-governance-indicators (accessed on 29 May 2025). [7]

World Bank (2024), "International Debt Statistics (IDS)", *worldbank.org (website)*, https://www.worldbank.org/en/programs/debt-statistics/ids (accessed on 23 January 2025). [5]

World Bank (2024), *Private Participation in Infrastructure (database)*, https://ppi.worldbank.org/en/ppi (accessed on 15 March 2025). [9]

5 Infraestruturas e transformação produtiva na África Oriental

Este capítulo aborda a forma como o desenvolvimento das infraestruturas contribui para a transformação produtiva na África Oriental (Comores, Djibuti, Eritreia, Etiópia, Quénia, Madagáscar, Maurícias, Ruanda, Seicheles, Somália, Sudão do Sul, Sudão, Tanzânia e Uganda). Começa por avaliar as necessidades de investimento em infraestruturas e o financiamento atual na região e nos seus países. Em seguida, ocapítulo analisa o grau de coordenação entre os planos de infraestruturas regionais e nacionais e a sua contribuição para a transformação produtiva. Por último, examina os corredores de transporte da região, as unidades de parcerias público-privadas e os programas de desenvolvimento de competências.

Em resumo

A necessidade de investimento em infraestruturas da África Oriental é a maior de todas as regiões africanas. Para reduzir a distância face a países comparáveis noutras regiões do mundo, os países da África Oriental necessitam de um investimento de 42 mil milhões de dólares por ano até 2040, o que equivale a 8,6% do produto interno bruto (PIB) da região em 2024. Um investimento desta magnitude permitiria aumentar o crescimento do PIB da África Ocidental em 6,0 pontos percentuais.

Atualmente, os países da região apresentam níveis distintos de acesso ao financiamento para infraestruturas. Alguns governos da África Oriental investem muito acima da média africana em infraestruturas (Comores com 7% do PIB, Tanzânia com 5% e Uganda com 4,2%). No entanto, outros afetam significativamente mais fundos ao serviço da dívida do que às infraestruturas (Madagáscar 2,6 vezes mais, Quénia 3,6 vezes mais e Somália 24,4 vezes mais). O financiamento oficial ao desenvolvimento (ODF) e a participação privada nas infraestruturas (PPI) são, na região da África Oriental, superiores aos registados na maioria das outras regiões africanas. No entanto, estes fundos são distribuídos de forma desigual pelos países, sendo que o Quénia atrair 26% e 30% do total regional em ODF e PPI, respetivamente.

Uma coordenação regional mais estratégica das políticas poderia melhorar consideravelmente o desenvolvimento das infraestruturas da África Oriental:

- A maioria dos países da região dispõe de planos de infraestruturas relevantes a nível nacional ou setorial, mas a coordenação regional, através do Plano Diretor Regional de Infraestruturas da Autoridade Intergovernamental para o Desenvolvimento (IGAD), é dificultada por limitações financeiras e de capacidade.
- Os corredores de desenvolvimento da África Oriental começaram a produzir resultados concretos em termos de integração regional. Uma maior harmonização das políticas nacionais complementares (especialmente no domínio do comércio) e um financiamento adequado para a sua manutenção poderiam aumentar a sua eficácia. Os principais financiadores, como o Banco Africano de Desenvolvimento (BAD) e a União Europeia (UE), são parceiros vitais para a maioria dos corredores da região.
- Os principais programas de desenvolvimento de competências poderiam visar mais diretamente as prioridades regionais, abrangendo o setor dos transportes, para além da energia e do setor digital.

Perfil regional da África Oriental

Figura 5.1. Investimento anual em infraestruturas necessário para que a África Oriental atinja os níveis de transformação produtiva dos países de referência até 2040

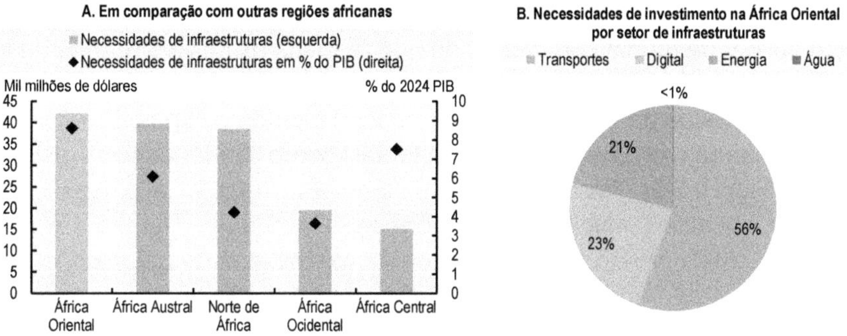

Nota: PIB = produto interno bruto. As necessidades de investimento em infraestruturas referem-se a estimativas modeladas das despesas totais necessárias para construir novas infraestruturas de modo a corresponder aos níveis de infraestruturas de países homólogos com bons resultados em matéria de transformação produtiva, mantendo simultaneamente as infraestruturas existentes. Ver Anexo 1.A para mais pormenores.
Fonte: As fontes de dados para as estimativas das necessidades de investimento são enumeradas no Anexo 1.A.

StatLink https://stat.link/bwaxlj

Figura 5.2. Média dos stocks físicos de infraestruturas e acesso em países selecionados da África Oriental em comparação com África

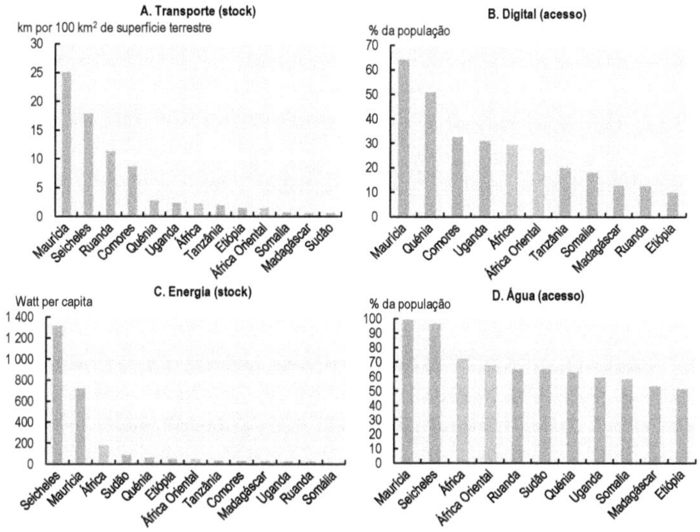

Nota: Transportes = quilómetros (km) de estradas pavimentadas e ferrovia por 100 km² de área não desértica. Digital = percentagem da população com mais de 15 anos com acesso à Internet. Energia = capacidade energética instalada em watts per capita. Água = percentagem da população com acesso a água potável. No que se refere aos stocks de transportes e de energia, as médias da África Oriental e de África são ponderadas em função da população. No que respeita aos transportes e aos stocks de energia, os valores para a África Oriental e África refletem totais agregados relativos à população ou à área, dependendo do indicador. No que diz respeito ao acesso digital e à água, os valores para a África Oriental e África correspondem a médias não ponderadas dos valores nacionais. Os países selecionados são apresentados com base na disponibilidade de dados.
Fonte: As fontes dos indicadores de transportes e energia são indicadas no Anexo 1.A. Água: Estimativas relativas à água potável, saneamento e higiene (WASH), da UNICEF (2024[1]), *Drinking water, sanitation and hygiene in households by country, 2000-2022* (database) [Água potável, saneamento e higiene nos agregados familiares por país, 2000-2022 (base de dados)], https://data.unicef.org/topic/water-and-sanitation/drinking-water/; Digital: da Gallup (2020[2]), *Gallup World Poll 2020* (database) [Inquérito mundial da Gallup 2020 (base de dados)], https://www.gallup.com/analytics/213617/gallup-analytics.aspx.

StatLink https://stat.link/c5rh1s

A África Oriental tem uma necessidade de investimento em infraestruturas mais elevada do que qualquer outra região africana

Os países da África Oriental necessitam de investimentos significativos em infraestruturas para apoiar a transformação produtiva. Com exceção da Maurícia e das Seicheles, os países da África Oriental apresentam um stock de infraestruturas energéticas inferior à média africana, situando-se também ligeiramente abaixo da média continental no que respeita às infraestruturas de transporte, digitais e de água. A Maurícia (um país de rendimento médio-alto) e as Seicheles (um país de rendimento alto) registam os níveis mais elevados de stock físico e de acesso a todos os tipos de infraestruturas na região, enquanto países menos desenvolvidos da África Oriental, como Madagáscar e a Somália, ocupam as posições mais baixas (Figura 5.2). Para reduzir a distânciaem relação a países comparáveis noutras regiões do mundo com elevados níveis de transformação produtiva (Anexo 1.A), a necessidade de investimento da África Oriental corresponde a cerca de 42 mil milhões de dólares por ano até 2040, o que equivale a 8,6% do PIB da região em 2024 (Figura 5.1; Anexo 1.A). Este é o valor mais elevado de todas as regiões africanas e mais de 3 pontos percentuais acima da média africana (5,6%). A grande necessidade de investimento deve-se às quatro maiores economias da região, que em conjunto representam 92% das necessidades totais de investimento da região (Etiópia 32%, Tanzânia 27%, Sudão 18% e Quénia 15%). Estima-se que o investimento de 42 mil milhões de dólares por ano até 2040 aumente o crescimento anual do PIB da região em 6,0 pontos percentuais a longo prazo (ver Capítulo 1).

Figura 5.3. Investimentos públicos em infraestruturas e serviço da dívida na África Oriental

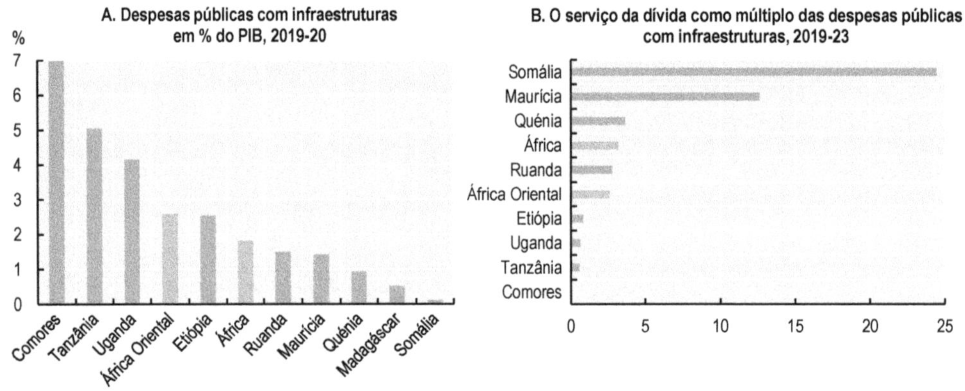

Nota: PIB = produto interno bruto. O indicador no gráfico B é calculado com base na média dos dados disponíveis nos últimos cinco anos para as despesas com infraestruturas públicas (2019-20) e serviço da dívida (2019-23). Os valores medianos são apresentados para África e para a África Oriental no Painel B, de forma a ter em conta os casos extremos. Os países selecionados são apresentados com base na disponibilidade de dados.

Fonte: Cálculo dos autores baseados em ICA (2022[3]), *Infrastructure Financing Trends in Africa 2019-2020* [Tendências em matéria de financiamento das infraestruturas em África 2019-2020], e Banco Mundial (2024[4]), *International Debt Statistics* (database) [Estatísticas internacionais em matéria de dívida (base de dados)], https://www.worldbank.org/en/programs/debt-statistics/ids.

StatLink https://stat.link/7cpof3

Alguns governos da África Oriental despendem muito mais em infraestruturas do que a média africana, enquanto outros estão limitados pelas suas obrigações de dívida soberana. A África Oriental apresenta o segundo maior nível de despesa pública com infraestruturas entre as cinco regiões africanas (1,9% do PIB), ficando abaixo da África Austral (2,4%) mas significativamente acima do Norte de África (1,2%) e da África Central (1,1%). Este valor relativamente elevado resulta da ênfase orçamental de alguns países na área das infraestruturas, incluindo as Comores (7% do seu PIB), a Tanzânia (5%) e o Uganda (4,2%). O governo da Etiópia, em linha com a sua estratégia explícita de desenvolvimento assente nas infraestruturas (Chipanda, 2025[5]), gastou mais em infraestruturas (2,5% do PIB) do que a média africana (1,8%) em 2019-2020; no entanto, este valor está muito aquém do pico registado no país em 2013, que foi de 4,5%.[1] Madagáscar, o Quénia e a Somália gastam, respetivamente, 2,6, 3.6 e 24,4 vezes mais em serviço da dívida do que em infraestruturas (Figura 5.3).

O financiamento oficial ao desenvolvimento e a participação privada nas infraestruturas são mais elevados na África Oriental do que na maioria das regiões africanas (em grande parte devido ao Quénia), enquanto a percentagem da ajuda pública ao desenvolvimento com objetivos de igualdade de género permaneceu estagnada desde 2014. Entre 2019 e 2023, a região recebeu 18,4 mil milhões de dólares em financiamento oficial ao desenvolvimento destinado a infraestruturas, em comparação com 4,9 mil milhões de dólares em participação privada nas infraestruturas. A África Oriental contou com 75 grandes projetos de infraestruturas com investimento privado entre 2010 e 2023, sobretudo nos setores da energia (46 projetos), digital (14) e dos transportes (13). Uma vaga de investimentos em projetos de infraestruturas digitais com participação privada em 2023 elevou a África Oriental à região com mais projetos e o maior volume de investimento (1,9 mil milhões de dólares) neste setor (Figura 5.4). Em contrapartida, o financiamento oficial ao desenvolvimento tem dado maior ênfase ao setor dos transportes e armazenamento, bem como ao abastecimento de água e saneamento (60% do total de ODF) (Figura 5.5). Com uma média de 963 milhões de dólares por ano em financiamento oficial ao desenvolvimento, o Quénia representa 26% do total da região. O valor dos investimentos privados em infraestruturas também se concentra no Quénia, com 30% do total regional, embora o número de projetos esteja mais distribuído entre as maiores economias orientadas para o mercado da África Oriental (22 projetos de um total de 75 no Quénia, 13 no Uganda, 8 no Ruanda e 8 na Tanzânia). A percentagem da ajuda pública ao desenvolvimento que integra objetivos de igualdade de género aumentou significativamente de 2010-2013 (19%) para 2014-2018 (32%), mas manteve-se estagnada entre 2019 e 2023 (32%).[2]

Figura 5.4. Investimentos em infraestruturas com participação privada na África Oriental, 2013-23

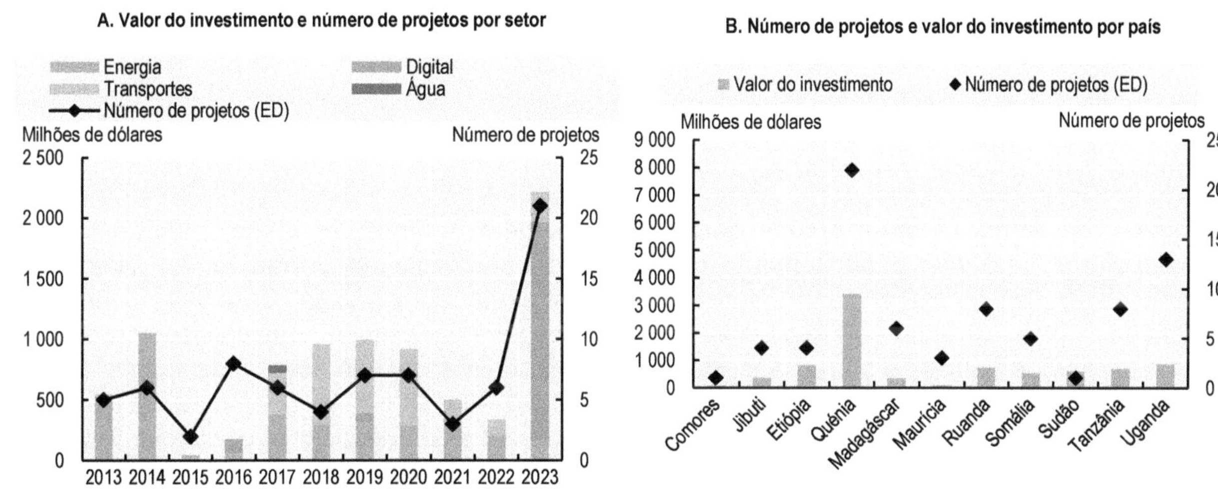

Nota: ED = escala da direita. Os países selecionados são apresentados com base na disponibilidade de dados.
Fonte: Banco Mundial (2024[6]), *Private Participation in Infrastructure* (database), [Participação privada em infraestruturas (base de dados)] https://ppi.worldbank.org/en/ppi.

StatLink https://stat.link/pcf4zv

Figura 5.5. Desembolsos do financiamento oficial ao desenvolvimento destinados a infraestruturas na África Oriental, 2019-23

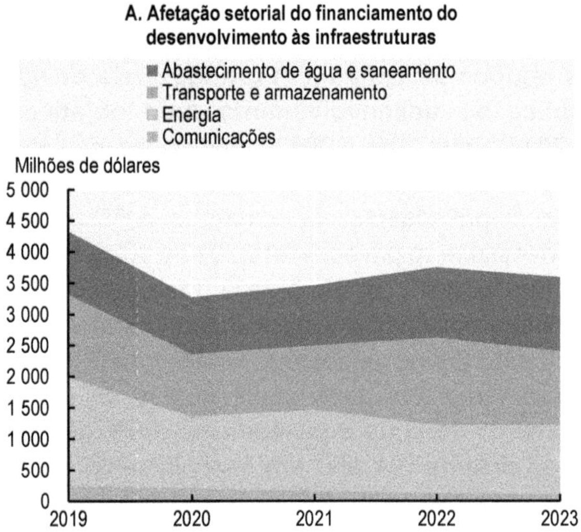

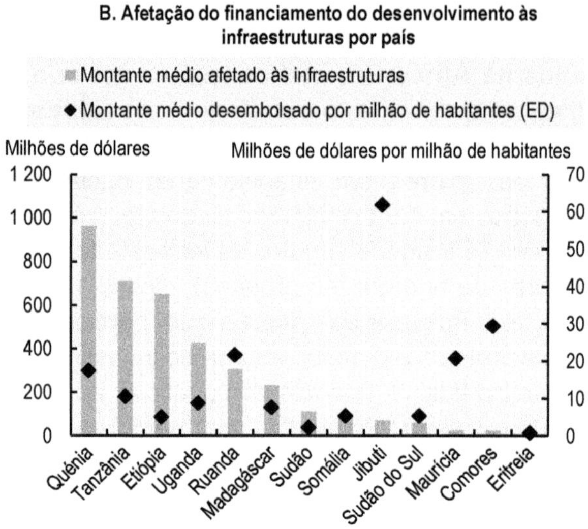

Nota: ED = escala da direita. Os desembolsos do financiamento oficial ao desenvolvimento incluem a ajuda pública ao desenvolvimento (APD) e outros fluxos financeiros oficiais que não satisfazem as condições de elegibilidade enquanto APD (quer porque não se destinam principalmente ao desenvolvimento, quer porque têm um elemento de subvenção inferior a 25%). Não existem dados disponíveis para as Seicheles.
Fonte: OCDE (2025[7]), *Credit Reporting System* (database) [Sistema de informação de crédito (base de dados)], https://www.oecd.org/en/data/datasets/development-finance-statistics-data-on-flows-to-developing-countries.html.

StatLink https://stat.link/mnqwu2

A coordenação regional poderá tornar mais eficazes as políticas de infraestruturas da África Oriental

A maioria dos países da África Oriental tem planos de infraestruturas relevantes, embora a coordenação regional seja limitada

Os países da África Oriental dispõe geralmente de, pelo menos, um plano relacionado com infraestruturas, que visa explicitamente objetivos de transformação produtiva. As Seicheles, a Somália e o Sudão do Sul adotaram planos de infraestruturas abrangentes. Enquanto as Seicheles utilizam o seu plano para dar ênfase a setores estratégicos para um pequeno Estado insular (transporte aéreo e turismo), a Somália e o Sudão do Sul concentram-se em metas de acesso alargado a todos os tipos de infraestruturas. Por outro lado, a Etiópia, o Quénia, o Ruanda e a Tanzânia optaram por planos setoriais para enfrentar desafios específicos nos setores dos transportes, digital e energia. O Uganda integrou as infraestruturas na sua estratégia de desenvolvimento nacional. Algumas estratégias nacionais fazem, inclusivamente, uma ligação explícita com os objetivos de integração regional e transfronteiriça. É o caso do Quénia (para mercados de energia), da Tanzânia (para corredores regionais ou para normalização regional das infraestruturas digitais) e do Sudão do Sul (para ligações ferroviárias).

Como as suas capacidades variam, os países da África Oriental definiram metas diferentes para apoiar o desenvolvimento e a implementação dos seus planos ligados às infraestruturas. Alguns países centram-se no aumento da participação privada através de parcerias público-privadas, enquanto outros procuram envolver parceiros multilaterais e de desenvolvimento (por exemplo, as Seicheles e o Sudão do Sul) (AfDB, 2013[8]; AfDB, 2015[9]). Vários planos (nomeadamente os do Quénia e do Ruanda) destacam de forma explícita a importância da mitigação das alterações climáticas e do desenvolvimento de infraestruturas sensíveis ao género (MMEIPA, 2025[10]; MININFRA, 2021[11]) (Tabela 5.1; Capítulo 1).

O Plano Diretor Regional de Infraestruturas da IGAD (IRIMP) visa promover a coordenação regional, mas enfrenta diversos desafios. Até 2050, o IRIMP pretende criar uma rede integrada de infraestruturas de transporte, energia e digitais em toda a região. O plano centra-se especificamente na transformação de nove corredores de transporte da África Oriental em corredores de desenvolvimento, com o objetivo de promover de forma mais abrangente a criação de emprego, a resiliência climática e a igualdade de género (ver Capítulo 2; Tabela 5.1). No entanto, o IRIMP tem enfrentado desafios, como a heterogeneidade dos mercados energéticos dos Estados-Membros da IGAD, dificuldades em garantir financiamento devido aos elevados níveis de dívida soberana em alguns países, e o investimento limitado do setor privado, causado pela incerteza política e macroeconómica. A implementação eficaz do plano depende do mandato da IGAD para priorizar projetos em toda a região, podendo ser reforçada através do acompanhamento e da comunicação de informações harmonizados sobre o desempenho dos corredores (ver Capítulo 2).

Tabela 5.1. Planos de desenvolvimento de infraestruturas selecionados e respetivos objetivos relacionados com a transformação produtiva na África Oriental

Tipo de plano	Países (entidade de implementação)	Plano	Objetivos relacionados com a transformação produtiva
Regional	**Eritreia, Etiópia, Jibuti, Quénia, Somália, Sudão, Sudão do Sul e Uganda**	**Plano Diretor Regional de Infraestruturas da IGAD** (2020-50)	• Desenvolver um quadro regional estratégico para o desenvolvimento dos transportes (incluindo nove corredores), da energia, das infraestruturas digitais e da água • Transformar os corredores de transporte em corredores de desenvolvimento para atrair o investimento direto estrangeiro e facilitar as cadeias de valor regionais e globais e a circulação de pessoas • Reforçar a resiliência às alterações climáticas e a inclusão das mulheres e dos jovens • Harmonizar as políticas e os regulamentos relacionados com os transportes integrados, as comunicações, os sistemas energéticos e a gestão dos recursos para tornar operacional a Zona de Comércio Livre Continental Africana
Nacional – setorial	**Etiópia** (Ministério dos Transportes e da Logística)	**Plano Diretor de Transportes** (2022-52)	• Apoiar setores económicos-chave (por exemplo, agricultura, turismo e mineração) através da redução dos custos de transporte e da melhoria do transporte de passageiros e de mercadorias • Reforçar a integração regional com os países da IGAD e o comércio regional, nomeadamente através de corredores de desenvolvimento e de cadeias de valor regionais (por exemplo, matérias-primas, indústria transformadora) • Melhorar as ligações entre as zonas rurais e urbanas, reduzir a pobreza e impulsionar a produção agrícola
	Quénia (Ministério da Energia e do Petróleo)	**Política Energética Nacional 2025-2034**	• Promover o mercado da eletricidade e garantir a segurança energética através do reforço da integração regional e da modernização das infraestruturas energéticas • Diversificar a matriz energética através do desenvolvimento de fontes de energia renováveis e não renováveis, reduzindo a dependência das importações (por exemplo, carvão) • Mitigar as alterações climáticas e promover a integração da perspetiva de género no setor da energia
	Ruanda (Ministério das Infraestruturas)	**Política e Estratégia Nacional de Transportes para o Ruanda** (2021)	• Apoiar as atividades económicas e promover o comércio através da redução dos custos de transporte ferroviário, rodoviário e por vias navegáveis interiores • Apoiar os grandes corredores ferroviários (corredores do norte e central) para a integração regional • Melhorar as infraestruturas de transporte especificamente destinadas a apoiar a agricultura rural (por exemplo, teleféricos ao longo das encostas) • Aumentar a integração da perspetiva de género nos transportes e atenuar as alterações climáticas
	Tanzânia (Ministério da Informação, Comunicação e Tecnologias da Informação e Comités Nacionais Técnicos e Diretores das TIC)	**Política Nacional em matéria de TIC** (2023)	• Fomentat a Quarta Revolução Industrial e proporcionar o acesso universal a infraestruturas digitais fiáveis e a preços acessíveis, incluindo nas zonas rurais • Criar oportunidades de emprego e de empreendedorismo através da inovação digital, especialmente para os jovens • Reforçar a integração nos mercados regionais e mundiais, alinhando as infraestruturas digitais e os serviços de telecomunicações com os requisitos internacionais, regionais e nacionais

Nacional – infraestruturas	**Seicheles** (Comité de alto nível do governo nacional, em colaboração com o BAD)	**Plano de Ação para as Infraestruturas**	• Apoiar a pesca e o turismo como os dois pilares da economia das Seicheles • Melhorar os transportes marítimos e aéreos para reforçar a integração e o comércio regionais (incluindo a reabilitação e a renovação do terminal do Aeroporto Internacional das Seicheles) • Aumentar a capacidade energética através da modernização das infraestruturas energéticas existentes e da construção de novas infraestruturas (incluindo novas centrais eléctricas em Mahé e Praslin)
	Somália (Mecanismo Interministerial de Coordenação das Infraestruturas)	**Estratégia Nacional para as Infraestruturas (SNIS) 2019-2063**	• Melhorar o acesso universal a serviços essenciais como a energia, a água e as telecomunicações, incluindo a irrigação para a produção agrícola • Apoiar a integração regional e o comércio com os países da IGAD e os países do Corno de África através de corredores de transporte (ferroviário, aéreo, rodoviário) • Promover a criação de emprego
	Sudão do Sul (governo nacional em colaboração com o BAD)	**Plano de Ação para as Infraestruturas**	• Reforçar a integração regional através da melhoria das redes rodoviárias e ferroviárias (incluindo a expansão da via ferroviária que liga o Sudão do Sul ao Quénia e ao Uganda) • Assegurar o acesso à energia e à água, em especial para a agricultura • Desenvolver os recursos hidroelétricos e petrolíferos e procurar oportunidades de exportação de energia • Desenvolver infraestruturas digitais e ligações regionais de rede de base
Nacional – no âmbito do plano de desenvolvimento nacional	**Uganda** (Gabinete do Primeiro-Ministro, Autoridade Nacional de Planeamento e Ministério das Finanças, do Planeamento e do Desenvolvimento Económico)	**Plano de Desenvolvimento Nacional IV** (2025/26 -2029/30) (inclui programas de desenvolvimento para os setores dos transportes, da energia e do digital)	• Proporcionar acesso a infraestruturas digitais fiáveis e a preços acessíveis e aumentar a cobertura nacional de banda larga de 55% em 2023/24 para 70% em 2029-30, com uma velocidade mínima de oito megabits por segundo • Assegurar o abastecimento e a diversificação da energia (solar, hidroelétrica, nuclear) e apoiar setores estratégicos como a agricultura, a mineração e o turismo • Desenvolver uma rede de transportes multimodal eficiente para reduzir os custos de transporte e aproveitar oportunidades inexploradas (por exemplo, turismo com transporte aéreo)

Nota: A participação da Eritreia na IGAD está atualmente suspensa. IGAD =Autoridade Intergovernamental para o Desenvolvimento. TIC = tecnologias da informação e da comunicação.
Fonte: Secretariado da IGAD (2022[12]); governos da Etiópia (2022[13]), Quénia (2025[10]), Ruanda (2021[11]), Seicheles (2015[9]), Somália (2018[14]), Sudão do Sul (2013[8]), Tanzânia (2023[15]) e Uganda (2024[16]).

As unidades nacionais de parcerias público-privadas tendem a contar com pessoal qualificado, e os parceiros de desenvolvimento lideram os principais programas de competências

Vários países da África Oriental dispõem de unidades de infraestruturas de parcerias público-privadas (unidades PPP) com uma capacidade relativamente elevada de pessoal, de acordo com o inquérito *Benchmarking Infrastructure Development* do Banco Mundial (2025[17]) **(ver Capítulo 2).** Por exemplo, quatro dos seis países para os quais existem dados disponíveis (Jibuti, Etiópia, Madagáscar e Maurícia) exigem que o pessoal possua qualificações adequadas ou detalhadas e que sejam implementadas medidas de formação para o pessoal.

Os principais programas de desenvolvimento de competências na África Oriental dão ênfase a competências específicas nos setores da energia e do digital. A região dispõe de uma rede desenvolvida de prestadores de ensino e formação técnico-profissional (EFTP) e de prestadores de formação envolvidos em infraestruturas, abrangendo competências técnicas emergentes (verdes e digitais) e transferíveis (de gestão e empresariais). Os programas de maior destaque, que operam em vários países da África Oriental, são geralmente promovidos por parceiros de desenvolvimento, como o Banco Mundial e a Deutsche Gesellschaft für Internationale Zusammenarbeit (GIZ) (Tabela 5.2). Embora 29% de todos os fundos globais de preparação de projetos estejam ativos em África, poucos oferecem assistência técnica para além da fase de concetualização (IGAD Secretariat, 2022[12]).

Tabela 5.2. Programas selecionados de desenvolvimento de competências e capacidades no domínio das infraestruturas na África Oriental

Programa	Principais características	Parceiros	Tipos de competências promovidas
Projeto *East Africa Skills for Transformation and Regional Integration* (EASTRIP) (Etiópia, Quénia e Tanzânia)	• Oferece formação para técnicos dos setores dos transportes, da energia e das tecnologias da informação e da comunicação (bem como da indústria transformadora, do turismo e da agricultura) • Desenvolveu cerca de 370 programas acreditados ou certificados pelo setor desde 2018 • Apoia 16 institutos regionais de referência de formação técnica e profissional, que dispõem de conselhos consultivos da indústria e acompanham os dados de empregabilidade dos diplomados	Centros de Excelência de EFTP em toda a região e o Banco Mundial	Técnicas; digitais
Energy Regulation Centre of Excellence (ERCE) (regional, com sede na Tanzânia)	• Procura criar um grupo de peritos na Comunidade da África Oriental para desenvolver mercados energéticos integrados e competitivos, convencionais e renováveis	Instituições regionais, centros de investigação e parceiros de desenvolvimento	Técnicas; interpessoais; de gestão
Projeto Build4Skills (Quénia, Senegal e África do Sul)	• Utiliza estaleiros de construção financiados principalmente por bancos multilaterais de desenvolvimento (BMD) para proporcionar formação prática a estudantes do ensino e formação técnico-profissional (EFTP) • Visa integrar os estágios como um requisito nos cadernos de encargo de projetos de infraestruturas financiados por BMD	Liderado pela GIZ, em cooperação com os BMD e os ministérios nacionais da educação	Técnicas; verdes; interpessoais (formação para a preparação para o trabalho, liderança e autoconfiança, saúde e segurança no trabalho)
Solar Hands-on training and International Network of Exchange (projeto SHINE) (Gana, Nigéria e Uganda) (2023-26)	• Centra-se na tecnologia de painéis solares através de três pilares: investigação (por exemplo, oferta/procura de competências); desenvolvimento de currículos (por exemplo, planos de ação de cada uma das escolas africanas de EFTP) e reforço de capacidades • Desenvolve competências orientadas para o mercado através de formações, webinars e estadias curtas nos três países africanos anfitriões, adquirindo assim conhecimento local	Consórcio europeu-africano, incluindo instituições de EFTP e atores privados, cofinanciado pela UE	Técnicas; verdes; digitais; empresariais
Centro Miundo Misingi (Quénia)	• Oferece formação em financiamento de projetos de infraestruturas e parcerias público-privadas • Colabora com o Institute for Sustainable Infrastructure para que os projetos obtenham a acreditação e a classificação de sustentabilidade Envision	Partes interessadas públicas e privadas	Técnicas, verdes

Nota: EFTP = ensino e formação técnico-profissional. BID = banco multilateral de desenvolvimento.
Fonte: Build4Skills (2022[18]), *EFTP et banques multilatérales de développement : Kenya, Mongolie, Pakistan, Sénégal, Afrique du Sud*; EASTRIP (2025[19]), "East Africa Skills for Transformation and Regional Integration Project" [Projeto *East Africa Skills for Transformation and Regional Integration*]; ERCE (2025[20]), "Advancing energy regulation in Africa" [Avançar na regulamentação energética em África]; SHINE (2025[21]), "About the project" [Sobre o projeto]; Miundo Misingi (2025[22]), "About Miundo Misingi Hub" [Sobre o Centro Miundo Misingi].

Os corredores de desenvolvimento da África Oriental podem alargar o seu âmbito para além dos transportes e beneficiar de políticas harmonizadas

A maioria dos corredores da África Oriental centra-se nos transportes, e a sua eficácia depende de uma melhor harmonização das políticas e de uma maior estabilidade política. Estes corredores visam objetivos de transformação produtiva semelhantes, como a integração regional, a facilitação do comércio através da redução dos custos de transporte e a diversificação económica. Para além destes objetivos gerais, cada corredor tem um foco específico (por exemplo, crescimento urbano, eficiência logística, sustentabilidade ambiental ou conectividade digital). Para além da participação do setor privado em setores específicos, financiadores principais, como o BAD e a UE, são parceiros fundamentais para a maioria dos corredores e outros projetos de infraestruturas transnacionais na região. As lições aprendidas com a implementação dos corredores incluem a importância de quadros políticos harmonizados e da capacidade institucional (especialmente para as políticas comerciais), a consideração da manutenção contínua e (para os corredores Mombasa-Kisangani e Madagáscar-Oceano Índico) a necessidade de estabilidade política[3] (Tabela 5.3). Apesar destes desafios contextuais, vários corredores de transporte têm impactos positivos tangíveis, incluindo a redução do tempo de viagem e dos custos logísticos, a melhoria dos níveis de rendimento e o aumento dos volumes de comércio.

> *Os rendimentos das famílias na área do projeto do Corredor Central aumentaram 20%, enquanto os custos de transporte diminuíram 65% (AfDB, 2023[23]).*
>
> *Lançado no início de 2025, o Projeto de Interconexão Eléctrica Zâmbia-Tanzânia-Quénia oferece uma ligação entre o Southern African Power Pool e o Eastern African Power Pool para melhorar a segurança energética da região e reduzir a dependência da Zâmbia da energia hidroelétrica. Sendo um projeto emblemático da Estratégia Global Gateway, abrange tanto o desenvolvimento de infraestruturas como o reforço das capacidades institucionais (Directorate-General for International Partnerships, 2025[24]).*

Tabela 5.3. Corredores de transporte e desenvolvimento selecionados na África Oriental

Tipo de corredor	Impactos previstos na transformação produtiva e na integração regional	Lições e impactos	Exemplos de corredores	Países participantes	Parceiros
Transportes	• Melhorar a conectividade entre os países (especialmente os países sem litoral e os portos) • Promover o comércio regional e a integração económica; reduzir os custos e o tempo de transporte • Incentivar a diversificação económica • Foco no crescimento e desenvolvimento urbano • Apoiar a sustentabilidade ambiental (por exemplo, infraestruturas verdes)	• Importância do planeamento regional coordenado e da harmonização das políticas (por exemplo, comércio) • Necessidade de manutenção • Reforço complementar das capacidades para facilitar o comércio • A estabilidade política como condição necessária • Integração multimodal dos transportes • Necessidade de harmonização das normas de transporte	Dar es Salaam-Nairobi-Addis Corredor Ababa-Berbera/Jibuti (estrada, caminho-de-ferro, centros logísticos)	Jibuti, Etiópia, Quénia, Somália, Tanzânia	Governos nacionais, BAD, Banco Mundial, Cities Alliance, UE, investidores privados em infraestruturas
			Corredor Mombasa-Kisangani (estrada, caminho-de-ferro, facilitação do comércio)	RD do Congo, Quénia, Ruanda, Uganda	Governos nacionais, BAD, TradeMark East Africa, UE, AFD, empresas de logística e de transportes
			Corredor central (porto, estrada, caminho-de-ferro, terminais interiores de contentores)	Burundi, RD do Congo, Ruanda, Tanzânia, Uganda	Governos nacionais, BAD, UE, TradeMark East Africa, JICA, GIZ, AUDA-NEPAD, investidores privados em infraestruturas
			Corredor Cairo-Khartoum-Juba-Kampala (estrada, caminho-de-ferro e transporte fluvial)	Egito, Sudão do Sul, Sudão, Uganda	Governos nacionais, BAD, UE, NEPAD-IPPF, AUDA-NEPAD, IGAD
			Corredor setentrional (estrado, caminho-de-ferro, facilitação do comércio)	Burundi, RD do Congo, Quénia, Ruanda, Uganda	Governos nacionais, BAD, TradeMark East Africa, UE, PNUA, empresas de logística e transportes
Transportes; desenvolvimento	• Reforçar a conectividade e o comércio • Promover a integração económica regional	• A estabilidade política como condição necessária • Importância do planeamento regional coordenado e da harmonização das políticas	Corredor Madagáscar-Oceano Índico (portos e aeroportos; conectividade energética e digital)	Comores, França (Reunião), Madagáscar, Maurícia, Seicheles	Governos nacionais, Comissão do Oceano Índico, UA, UE, investidores privados em infraestruturas

Nota: RD do Congo = República Democrática do Congo. BAD = Banco Africano de Desenvolvimento. UE = União Europeia. AFD = Agence Française de Développement. JICA = Agência de Cooperação Internacional do Japão. GIZ = Deutsche Gesellschaft für Internationale Zusammenarbeit. AUDA = Agência de Desenvolvimento da União Africana. NEPAD = Nova Parceria para o Desenvolvimento de África. IPPF = Mecanismo de Preparação de Projetos de Infraestruturas. IGAD = Autoridade Intergovernamental para o Desenvolvimento. PNUA = Programa das Nações Unidas para o Ambiente. UA = União Africana.

Fonte: AUDA-NEPAD (2023[25]), "Connecting East Africa through the Green Infrastructure Corridors for Intra-African Trade Programme" [Ligar a África Oriental através do Programa de Corredores de Infraestruturas Verdes para o Comércio Intra-Africano]; BAD (2021[26]), *Unlocking Investments for Infrastructure Projects in Africa* [Libertar investimentos para projetos de infraestruturas em África]; UNECE (2023[27]), "Trans African Corridors for transport and trade facilitation and their connection to the Transeuropean Transport Networks, Role of Rail, Corridor 11: Diagnostic Study" [Corredores transafricanos para o transporte e facilitação do comércio e a sua ligação às redes transeuropeias de transporte, papel dos caminhos-de-ferro, Corredor 11: Estudo de diagnóstico].

Notas

[1] A forte redução verificada na Etiópia pode ser explicada principalmente pelo facto de a despesa pública não ter acompanhado o crescimento do PIB. Por exemplo, a despesa pública total diminuiu de 17.8% do PIB em 2013 para 14.5% em 2020 e para apenas 9.5% em 2024 (IMF, 2025[30]). As despesas do país com infraestruturas, em termos absolutos, aumentaram apenas ligeiramente (UNICEF, 2021[29]), enquanto o PIB nacional duplicou entre 2013 e 2020.

[2] Cálculo dos autores baseados na OCDE (2025[28]).

[3] A documentação relativa ao corredor Mombasa-Kisangani sugere que o corredor tem sido dificultado pelas frequentes remodelações governamentais de alguns países participantes, por políticas incoerentes e por conflitos armados nas zonas orientais da República Democrática do Congo. O corredor Madagáscar-Oceano Índico tem sido sobretudo afetado por frequentes transições políticas, eleições contestadas e quadros jurídicos incoerentes.

Referências

AfDB (2023), *Cross-Border Road Corridors – Expanding Market Access in Africa and Nurturing Continental Integration*, African Development Bank, Abidjan. [23]

AfDB (2021), *Unlocking Investments for Infrastructure Projects in Africa*, African Development Bank, Abidjan, https://www.afdb.org/sites/default/files/documents/publications/15_yrs_nepad_ippf_28062021.pdf. [26]

AfDB (2015), *Seychelles Infrastructure Action Plan*, African Development Bank, Abidjan, https://www.afdb.org/fileadmin/uploads/afdb/Documents/Project-and-Operations/Seychelles_-_Infrustructure_Action_Plan_Report.pdf. [9]

AfDB (2013), *South Sudan: An Infrastructure Action Plan – Program for Sustained Strong Economic Growth*, African Development Bank Group, Abidjan, https://www.afdb.org/sites/default/files/documents/projects-and-operations/south_sudan_infrastructure_action_plan_-_a_program_for_sustained_strong_economic_growth_-_full_report.pdf. [8]

AUDA-NEPAD (2023), "Connecting East Africa through the Green Infrastructure Corridors for Intra-African Trade Programme", *AUDA-NEPAD News*, https://nepad.org/news/connecting-east-africa-through-green-infrastructure-corridors-intra-african-trade. [25]

Build4Skills (2022), *EFTP et banques multilatérales de développement : Kenya, Mongolie, Pakistan, Sénégal, Afrique du Sud*, https://www.giz.de/en/downloads/giz2022-fr-build4skills.pdf. [18]

Chipanda, B. (2025), "Can infrastructure development drive inclusive growth in Ethiopia?", *ISS African Futures*, https://futures.issafrica.org/blog/2025/Can-infrastructure-development-drive-inclusive-growth-in-Ethiopia#:~:text=By%20addressing%20governance%20challenges%2C%20strengthening,rapid%2C%20sustainable%20and%20inclusive%20growth. [5]

Directorate-General for International Partnerships (2025), "Global Gateway in Africa: European Union and African Union take stock of significant progress", European Commission, https://international-partnerships.ec.europa.eu/news-and-events/news/global-gateway-africa-european-union-and-african-union-take-stock-significant-progress-2025-05-21_en. [24]

EASTRIP (2025), "East Africa Skills for Transformation and Regional Integration Project", *eastip.iucea (website)*, https://www.eastrip.iucea.org/ (accessed on 6 May 2025). [19]

ERCE (2025), "Advancing energy regulation in Africa", *erce.energyregulators.org (website)*, https://erce.energyregulators.org/ (accessed on 10 May 2025). [20]

Gallup (2020), *Gallup World Poll (database)*, https://www.gallup.com/analytics/213617/gallup-analytics.aspx (accessed on 15 January 2025). [2]

Government of Ethiopia (2022), *Ethiopian Transport Master Plan 2022 – 2052: Summary Report*, http://unidoseoul.org/en/files/2023/11/Ethiopia-Transport-Master-Plan-2022-2052_Summary-Report.pdf. [13]

ICA (2022), *Infrastructure Financing Trends in Africa 2019-2020*, The Infrastructure Consortium for Africa, Abidjan, https://www.afdb.org/sites/default/files/documents/publications/04112022ift_africa_report_2019-2020-2_english.pdf. [3]

IGAD Secretariat (2022), *Regional Infrastructure Master Plan: Final IRIMP Report*, Intergovernmental Authority on Development, https://igad.int/download/igad-regional-infrastructure-master-plan-final-irimp-report/. [12]

IMF (2025), *IMF Data Mapper (database)*, https://www.imf.org/external/datamapper/GGX_GDP@AFRREO/SSA/ETH. [30]

MININFRA (2021), *National Transport Policy and Strategy for Rwanda*, Ministry of Infrastructure of the Republic of Rwanda, https://www.mininfra.gov.rw/fileadmin/user_upload/Mininfra/Publications/Policies/Transport/NATIONAL_TRANSPORT_POLICY_AND_STRATEGY_APRIL_2021.pdf. [11]

Miundo Misingi (2025), "About Miundo Misingi Hub", *miundomisingi.com (website)*, https://miundomisingi.com/ (accessed on 6 May 2025). [22]

MMEIPA (2025), *National Energy Policy 2025 – 2034 (Draft)*, Ministry of Energy & Petroleum State Department for Energy of the Republic of Kenya, https://bonganagava.com/wp-content/uploads/2025/02/Document-from-%D8%AC%D8%A8%D8%B1%D8%A7%D9%86.pdf. [10]

OECD (2025), *Credit Reporting System (database)*, https://www.oecd.org/en/publications/creditor-reporting-system_22180907.html (accessed on 15 March 2025). [7]

OECD (2025), *GenderMarkers: Aid (ODA) activities targeting gender equality and women's empowerment (database)*, https://data-explorer.oecd.org/vis?lc=en&df%5bds%5d=DcdDisseminateFinalDMZ&df%5bid%5d=DSD_GNDR%40DF_GENDER&df%5bag%5d=OECD.DCD.FSD&av=true&dq=DAC_EC..1000..2.0%2B1%2B2%2B10%2B99.C.Q._T..&lom=LASTNPERIODS&lo=2&to%5bTIME_PERIOD%5d=false (accessed on 14 February 2025). [28]

SHINE (2025), "About the project", *shine-project.com (website)*, https://shine-project.com/about/ (accessed on 9 May 2025). [21]

Somalia (2018), *Somali National Infrastructure Strategy (SNIS) 2019-2063*, https://mpwr.gov.so/wp-content/uploads/2019/03/SOMALI-NATIONAL-INFRASTRUCTURE-STRATEGY-SNIS.docx. [14]

Tanzania (2023), *Drafted National ICT Policy*, Ministry of Information, Communication and Information Technology of the United Republic of Tanzania, https://www.mawasiliano.go.tz/uploads/documents/sw-1693455522-DOCUMENT%20TO%20UPLOAD%20DRAFT%20AUGUST%20NICTP.pdf. [15]

Uganda (2024), *Fourth National Development Plan (NDPIV) 2025/26 - 2029/30*, https://parliamentwatch.ug/wp-content/uploads/2025/01/PDF-FINAL-NDPIV-for-Parliament-Approval-13122024-1.pdf. [16]

UNECE (2023), "Trans African Corridors for transport and trade facilitation and their connection to the Transeuropean Transport Networks, Role of Rail, Corridor 11: Diagnostic Study", presentation by G. Emmanoulopoulos to the (SC.2) Working Party on Rail Transport (77th session), https://unece.org/transport/documents/2023/11/presentations/mr-george-emmanoulopoulos-transport-planner-engineer. [27]

UNICEF (2024), *Drinking water, sanitation and hygiene in households by country, 2000-2022 (database)*, https://data.unicef.org/topic/water-and-sanitation/drinking-water/ (accessed on 17 January 2025). [1]

UNICEF (2021), *Balancing Competing Priorities in the Era of Covid-19 – Ethiopia Budget Brief 2020/21*, https://www.unicef.org/esa/media/10431/file/UNICEF-Ethiopia-2020-2021-National-Budget-Brief.pdf. [29]

World Bank (2025), *The World Bank Benchmarking Infrastructure Development (BID) (database)*, https://bpp.worldbank.org/en/global (accessed on 6 March 2025). [17]

World Bank (2024), "International Debt Statistics (IDS)", *worldbank.org (website)*, https://www.worldbank.org/en/programs/debt-statistics/ids (accessed on 23 January 2025). [4]

World Bank (2024), *Private Participation in Infrastructure (database)*, https://ppi.worldbank.org/en/ppi (accessed on 15 March 2025). [6]

6 Infraestruturas e transformação produtiva no Norte de África

Este capítulo explica de que forma as infraestruturas podem promover a transformação produtiva na região do Norte de África (Argélia, Egito, Líbia, Mauritânia, Marrocos e Tunísia). Apresenta as necessidades de investimento em infraestruturas e o financiamento atual no Norte de África no seu conjunto e em cada um dos países. O capítulo avalia em que medida os planos regionais e nacionais de infraestruturas nos setores da energia e dos transportes contribuem para a transformação produtiva. Além disso, aborda a capacidade institucional e o desenvolvimento de competências em matéria de infraestruturas da região.

Em resumo

Embora o Norte de África se destaque frequentemente pela melhor qualidade de infraestruturas do continente, o reforço do investimento em infraestruturas poderá catalisar a sua transformação produtiva. As necessidades de infraestruturas da região para viabilizar a transformação produtiva estão estimadas em 38 mil milhões de dólares por ano até 2040, o que corresponde a 4,2% do produto interno bruto (PIB). Cumprir este objetivo poderá aumentar o crescimento anual do PIB em mais 3,5 pontos percentuais. As maiores necessidades de investimento concentram-se nos transportes (55%), para reduzir os custos comerciais e melhorar a conectividade, e na energia (22%), para reforçar a segurança energética e apoiar a transição ecológica.

O Norte de África depende mais de investimentos privados para financiar infraestruturas do que as restantes regiões do continente, embora as fontes de financiamento variem entre os países. Em 2019-20, as fontes privadas representaram 26% do investimento total em infraestruturas na região, a segunda maior percentagem depois da África Ocidental (29%). O Egito e Marrocos atraem um volume significativo de financiamento privado, representando mais de 91% do investimento privado em infraestruturas no Norte de África entre 2013 e 2023 (53% destinado ao Egito e 38% a Marrocos), principalmente em projetos de grande escala nos setores da energia e dos transportes. No entanto, a despesa pública destes países mantém-se abaixo da média continental, situando-se em 0,9% e 1,2% do respetivo PIB. A Tunísia investe 3% do seu PIB em infraestruturas, mas capta relativamente menos capital privado. A despesa pública da Argélia e da Mauritânia em infraestruturas corresponde, respetivamente, a 0,5% e 0,2% do seu PIB. No conjunto, a despesa pública em infraestruturas no Norte de África (1,2% do PIB) permanece abaixo da média africana (1,8%) e inferior à registada na África Austral (2,4%). Em contrapartida, a Mauritânia recebe os maiores fluxos de financiamento público oficial ao desenvolvimento para infraestruturas, correspondentes a 1,6% do PIB.

Para reforçar o investimento em infraestruturas, os países do Norte de África lançaram planos nacionais ambiciosos nos setores da energia e dos transportes. Os países também investiram no setor digital e em iniciativas de cidades inteligentes, com o objetivo de modernizar os sistemas de infraestruturas urbanas. No entanto, a coordenação regional continua fraca, não existindo planos estratégicos abrangentes para o Norte de África.

A implementação destes planos exige uma forte capacidade institucional. Embora as parcerias público-privadas sejam apoiadas por quadros sólidos, a escassez de profissionais qualificados nos setores da energia e dos transportes continua a limitar uma transformação sustentada, apesar dos esforços crescentes para o desenvolvimento de competências.

Perfil regional do Norte de África

Figura 6.1. Investimento anual em infraestruturas necessário para que o Norte de África atinja os níveis de transformação produtiva dos países de referência até 2040

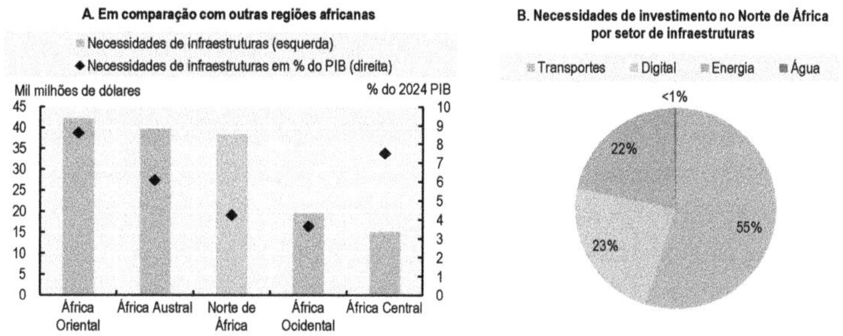

Nota: PIB = produto interno bruto. As necessidades de investimento em infraestruturas para a transformação produtiva referem-se a estimativas modeladas das despesas totais necessárias para construir novas infraestruturas de modo a corresponder aos níveis de infraestruturas de países homólogos com bons resultados em matéria de transformação produtiva, mantendo simultaneamente as infraestruturas existentes. Ver Anexo 1.A para mais pormenores.

Fonte: As fontes de dados para as estimativas das necessidades de investimento são enumeradas no Anexo 1.A.

StatLink https://stat.link/eb29so

Figura 6.2. Stock médio de infraestruturas físicas e acesso nos países do Norte de África em comparação com África no seu conjunto

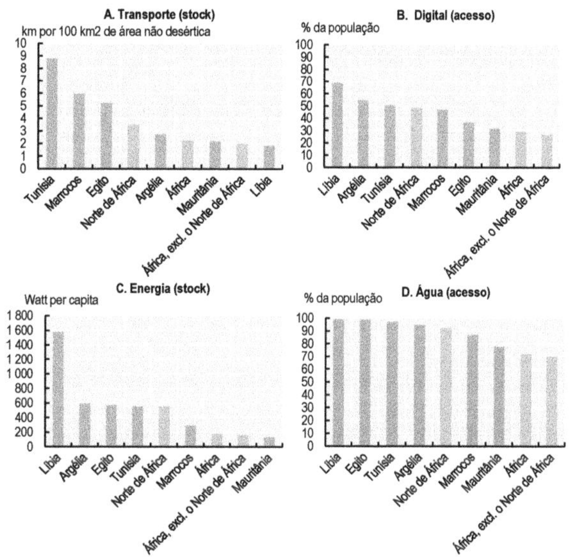

Nota: Transportes = quilómetros (km) de estradas pavimentadas e ferrovia por 100 km^2 de área não desértica. Digital = percentagem da população com mais de 15 anos com acesso à Internet. Energia = capacidade energética instalada em watts per capita. Água = percentagem da população com acesso a água potável. No que se refere aos stocks de transportes e de energia, as médias do Norte de África e de África são ponderadas em função da população. No que respeita aos transportes e aos stocks de energia, os valores para o Norte de África e África refletem totais agregados relativos à população ou à área, dependendo do indicador. No que diz respeito ao acesso digital e à água, os valores para o Norte de África e África correspondem a médias não ponderadas dos valores nacionais.

Fonte: As fontes dos indicadores de transportes e energia são indicadas no Anexo 1.A. Água: Estimativas relativas à água potável, saneamento e higiene (WASH), da UNICEF (2024[1]), *Drinking water, sanitation and hygiene in households by country, 2000-2022* (database) [Água potável, saneamento e higiene nos agregados familiares por país, 2000-2022 (base de dados)], https://data.unicef.org/topic/water-and-sanitation/drinking-water/; Digital: da Gallup (2020[2]), *Gallup World Poll 2020* (database) [Inquérito mundial da Gallup 2020 (base de dados)], https://www.gallup.com/analytics/213617/gallup-analytics.aspx.

StatLink https://stat.link/jt0b6p

O aumento do investimento e da despesa pública nas infraestruturas do Norte de África pode impulsionar a transformação produtiva

Os países do Norte de África necessitam de investimentos significativos em infraestruturas para apoiar a transformação produtiva. Embora existam diferenças na região, em média, os países do Norte de África têm maior acesso a infraestruturas e mais stocks físicos do que a África no seu conjunto (Figura 6.2). Por exemplo, todos os países do Norte de África, exceto a Mauritânia, estão entre os 10 primeiros de África em termos de capacidade energética per capita. Da mesma forma, quatro também se encontram qualitativamente entre os 15 primeiros do continente numa classificação da qualidade ferroviária: Marrocos (primeiro), Argélia (sexto), Egito (sétimo) e Tunísia (décimo segundo).[1] No entanto, para colmatar o fosso em relação aos países homólogos que apresentam níveis elevados de transformação produtiva noutras regiões do mundo (Anexo 1.A), o Norte de África terá de investir cerca de 38 mil milhões de dólares por ano até 2040. Este nível de investimento é equivalente a 4,2% do PIB da região em 2024 (Figura 6.1). Em comparação, este valor é inferior à necessidade africana de investimento para a transformação produtiva, que é de 5,6% do PIB do continente. Estima-se que o investimento de 38 mil milhões de dólares por ano até 2040 aumentará o crescimento anual do PIB da região em 3,5 pontos percentuais em média, impulsionando a região rumo a um crescimento mais sustentável.

O Norte de África depende mais do investimento privado para financiar infraestruturas do que a maioria das outras regiões africanas. Em 2019-2020, no Norte de África, as fontes privadas representaram 26% do investimento total em infraestruturas (público e privado). Esta percentagem é a segunda mais elevada entre as regiões, a seguir à África Ocidental (29%). No mesmo período, os governos do Norte de África gastaram, em média, 1,2% do seu PIB em infraestruturas, abaixo da África Austral (2,4% do seu PIB), e a média africana (1,8% do PIB).

O Norte de África atrai o maior volume de investimentos privados em infraestruturas do continente. Em 2013-23, o Norte de África assegurou a maior parte, em volume, dos investimentos da participação privada em infraestruturas (PPI) no continente: 27%, ou seja, um total de 22.6 mil milhões de dólares. A maior parte deste investimento (83%) destinou-se a grandes projetos de infraestruturas privadas nos setores da energia e dos transportes. O Egito e Marrocos foram os principais beneficiários, tendo recebido respetivamente 53% e 38% do valor do investimento das PPI no Norte de África, acolhendo 45 dos 65 projetos da região (Figura 6.3).

Figura 6.3. Participação privada nos investimentos em infraestruturas no Norte de África, 2010-23

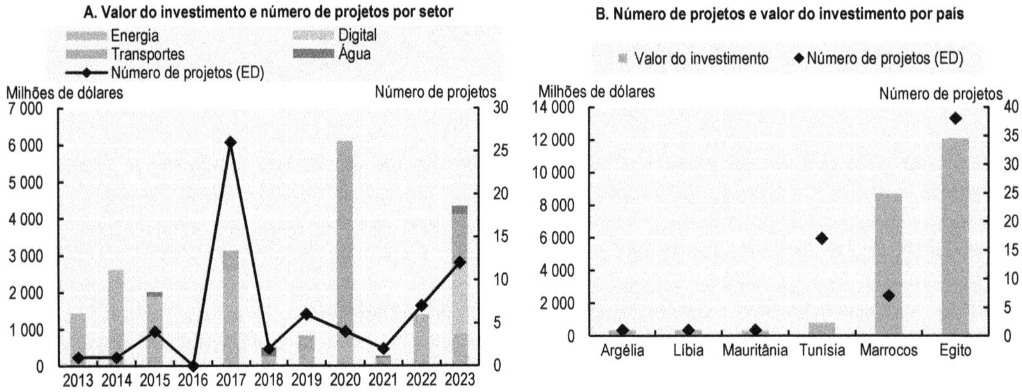

Nota: ED = escala da direita.

Fonte: Banco Mundial (2024[3]), *Private Participation in Infrastructure* (database) [Participação privada em infraestruturas (base de dados)], https://ppi.worldbank.org/en/ppi.

StatLink https://stat.link/3t14vd

A despesa pública com infraestruturas e o serviço da dívida variam consideravelmente entre os países do Norte de África. Em 2019-20, o governo da Tunísia gastou o equivalente a 3,0% do seu PIB em infraestruturas, três vezes mais do que Marrocos (1,2%) e o Egito (0,9%); a despesa pública da Mauritânia foi 15 vezes inferior (0,2%). Existem grandes diferenças entre os países do Norte de África no que respeita à relação entre o serviço da dívida e a despesa com infraestruturas: em 2019-20, a Mauritânia gastou mais de 363 milhões de dólares, ou 28 vezes mais, no serviço da sua dívida soberana do que em infraestruturas, registando a segunda maior proporção do continente. Em contrapartida, a Argélia tinha o segundo rácio mais baixo entre o serviço da dívida e as despesas em infraestruturas em África (0,30 vezes) (Figura 6.4).

Figura 6.4. Investimentos públicos em infraestruturas e serviço da dívida no Norte de África

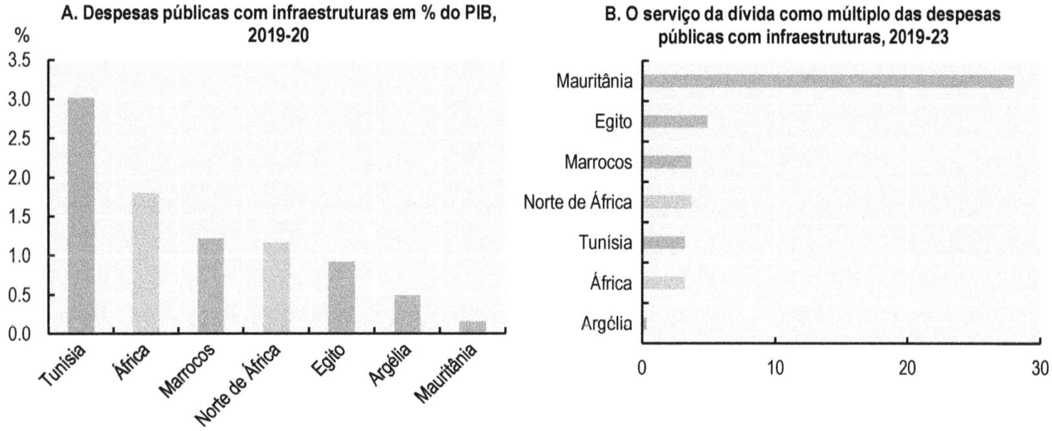

Nota: PIB = produto interno bruto. O indicador do Painel B é calculado com base numa média dos dados disponíveis dos últimos cinco anos para a despesa pública com infraestruturas (2019–2020) e para o serviço da dívida (2019–2023). Os valores medianos são apresentados para África e para o Norte de África no Painel B, de forma a ter em conta os casos extremos. Não existem dados disponíveis para a Líbia.
Fonte: Cálculo dos autores baseados em ICA (2022[4]), *Infrastructure Financing Trends in Africa 2019-2020* [Tendências em matéria de financiamento das infraestruturas em África 2019-2020], e Banco Mundial (2024[5]) *International Debt Statistics* (database) [Estatísticas internacionais em matéria de dívida (base de dados)], https://www.worldbank.org/en/programs/debt-statistics/ids.

StatLink https://stat.link/nj4fqz

O financiamento oficial ao desenvolvimento (official development finance, ou ODF) no Norte de África representa uma proporção menor do financiamento de infraestruturas em comparação com outras regiões africanas. Entre 2019 e 2023, o Norte de África recebeu 18,7 mil milhões de dólares em financiamento oficial ao desenvolvimento destinado a infraestruturas, o que corresponde a 0,7% do seu PIB. Este é o valor mais baixo de financiamento oficial ao desenvolvimento afetado a infraestruturas, em proporção do PIB, entre todas as regiões de África. Com uma média de 1,9 mil milhões de dólares por ano, o Egito recebeu mais de metade do total de financiamento oficial ao desenvolvimento (ODF) da região. A Mauritânia recebeu o equivalente a 1,6% do seu PIB em ODF destinado a infraestruturas, cerca de oito vezes mais do que a despesa pública nacional. Em contraste com os investimentos da participação privada em infraestruturas (PPI), ODF atribuído a infraestruturas dá maior ênfase ao setor dos transportes (36% do total de ODF), o que poderá indicar que este tipo de financiamento responde a necessidades específicas não satisfeitas pelo investimento privado (Figura 6.5).

Figura 6.5. Desembolsos do financiamento oficial ao desenvolvimento destinados a infraestruturas no Norte de África, 2019-23

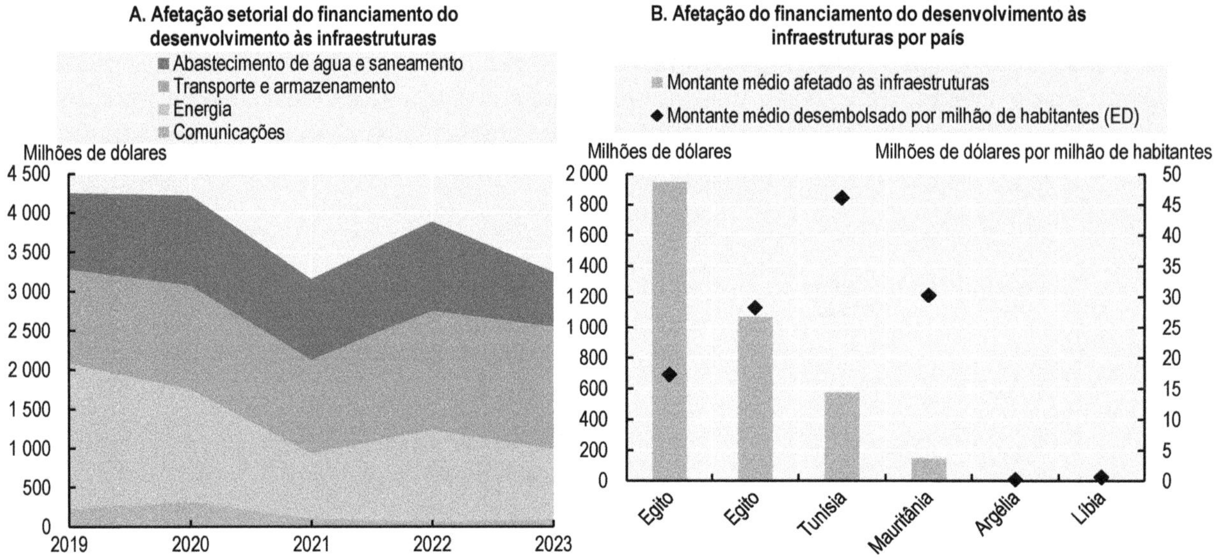

Nota: ED = escala da direita. Os desembolsos do financiamento oficial ao desenvolvimento incluem a ajuda pública ao desenvolvimento (APD) e outros fluxos financeiros oficiais que não satisfazem as condições de elegibilidade enquanto APD (quer porque não se destinam principalmente ao desenvolvimento, quer porque têm um elemento de subvenção inferior a 25%).

Fonte: OCDE (2025[6]), *Creditor Reporting System* (database) [Sistema de informação de crédito (base de dados)], https://www.oecd.org/en/data/datasets/development-finance-statistics-data-on-flows-to-developing-countries.html.

StatLink https://stat.link/bmohx4

As políticas de infraestruturas e o desenvolvimento de competências nos setores da energia e dos transportes podem alinhar-se melhor com as prioridades de transformação produtiva do Norte de África

Os países do Norte de África desenvolveram planos ambiciosos de infraestruturas energéticas e de transportes, mas é necessária uma maior coordenação regional para apoiar uma integração comercial mais profunda

Os planos de infraestruturas dos países do Norte de África concentram-se principalmente nos setores da energia e dos transportes, e algumas cidades estão a apostar nos setores digitais. A nível nacional, os governos desenvolveram estratégias ambiciosas para modernizar as infraestruturas de energias renováveis e de transportes e melhorar a conectividade, com vista a apoiar a transformação produtiva. A nível local, alguns municípios do Norte de África estão a investir em infraestruturas digitais para desenvolver cidades inteligentes (Caixa 6.1).

Caixa 6.1. As infraestruturas digitais permitem o desenvolvimento de cidades inteligentes nos países do Norte de África

As cidades inteligentes utilizam as tecnologias digitais para aumentar o bem-estar dos cidadãos e prestar serviços e ambientes urbanos mais eficientes, sustentáveis e inclusivos, no âmbito de um processo colaborativo e multilateral (OECD, 2020[7]). No Norte de África, os governos estão a adotar cada vez mais estratégias de desenvolvimento de cidades inteligentes para modernizar os sistemas de infraestruturas urbanas e melhorar a qualidade de vida das suas populações em crescimento. A Argélia, o Egito, Marrocos e a Tunísia seguiram abordagens distintas.

- A Argélia está a desenvolver cidades inteligentes para apoiar o empreendedorismo. Lançado em 2017 e inaugurado durante a Cimeira Global de Tecnologia e Investimento em Cidades Inteligentes, em junho de 2018, o projeto *Algiers Smart City* visa criar um centro tecnológico e impulsionar o ecossistema de start-ups locais. As principais iniciativas incluem o Laboratório Experimental e o Centro de Inovação Tecnológica, que testam soluções inteligentes antes da implementação em grande escala e mobilizam talentos locais (Oxford Business Group, 2018[8]).
- O Egito destaca-se pelos seus investimentos em larga escala em novos desenvolvimentos urbanos, sustentados numa estratégia nacional lançada em 2024, a primeira do género em África. O programa inclui a construção de cidades inteligentes inteiramente novas, como a Nova Capital Administrativa e Nova Alamein, e tem como objetivo a eliminação de aglomerados residenciais inseguros e informais. Estes esforços são apoiados por parcerias com a *UN-Habitat*, empresas de tecnologia e doadores multilaterais (Development Aid, 2023[9]; UN-Habitat, 2019[10]).
- Marrocos concentrou-se na modernização dos centros urbanos existentes, nomeadamente Casablanca. Através de iniciativas como a E-Madina e da participação ativa na Iniciativa Cidades Inteligentes do IEEE, o país reforçou a governança local e promoveu a colaboração entre municípios, universidades e agentes privados. O modelo de cidade inteligente de Casablanca integra a otimização dos transportes, a gestão municipal e o envolvimento dos cidadãos (EGE Rabat, 2022[11]; Betis et al., 2018[12]).
- A Tunísia deu prioridade a uma abordagem descentralizada, lançando projetos-piloto de cidades inteligentes em cidades secundárias como Bizerte e Kairouan. Também investiu no desenvolvimento de competências, tendo criado em 2024, o primeiro Centro de Formação e Certificação do Índice de Preparação para a Indústria Inteligente do Norte de África, para desenvolver as competências profissionais em fabrico digital e planeamento de infraestruturas (Tunisian Smart Cities, 2025[13]; INCIT, 2024[14]).

No domínio das infraestruturas, a cooperação regional é menos prevalecente do que as parcerias bilaterais, sendo a cooperação transfronteiriça centrada sobretudo nos corredores de transporte. Embora a cooperação regional esteja a avançar através de iniciativas selecionadas, em parceria com a União Europeia, os progressos são limitados pela ausência de uma autoridade norte-africana dedicada aos planos diretores de infraestruturas regionais. A cooperação regional com países fora da União Europeia é escassa. Em vez disso, os países do Norte de África estabelecem normalmente parcerias bilaterais. Por exemplo, todos os países da região participam na Iniciativa «Iniciativa Uma Faixa Uma Rota» da China. Os esforços de cooperação transfronteiriça concentram-se no desenvolvimento dos corredores de transportes que visam reduzir os custos comerciais e reforçar a integração regional.

Os planos de infraestruturas energéticas no Norte de África visam diversificar as fontes de energia, reduzir a dependência dos combustíveis fósseis, expandir o acesso e criar emprego. Em toda a região, as estratégias nacionais promovem a eficiência energética, a expansão da rede e o desenvolvimento de indústrias renováveis nacionais com elevado potencial de criação de emprego. Os países exportadores, como a Argélia e a Líbia, pretendem reduzir a sua dependência das receitas do petróleo e do gás investindo na energia solar e eólica; os países importadores, como o Egito, Marrocos e a Tunísia, procuram melhorar a segurança energética reduzindo as importações de combustíveis fósseis. Os projetos de interligação, que ligam as redes elétricas nacionais do Norte de África à região árabe e à Europa, são igualmente centrais nos planos dos países norte-africanos. A nível regional, a cooperação com a União Europeia está a progredir através de iniciativas como o Plano Solar Mediterrânico e o Corredor Meridional de Hidrogénio, que visam posicionar o Norte de África como um fornecedor estratégico de energia limpa e de hidrogénio verde para a Europa (Tabela 6.1).

Tabela 6.1. Planos de desenvolvimento de infraestruturas energéticas nacionais e regionais selecionados e respetivos objetivos relacionados com a transformação produtiva no Norte de África

Tipo de plano	Países (entidade de implementação)	Plano	Objetivos relacionados com a transformação produtiva
Nacional	**Argélia** (Ministério da Energia e das Minas)	Plano de Desenvolvimento das Energias Renováveis e da Eficiência Energética 2015-2030	• Diversificar as fontes de energia e reduzir a dependência das exportações de petróleo e gás • Atingir 40% de eletricidade renovável até 2030, com 10 000 megawatts para exportação • Promover o setor solar fotovoltaico e a criação de emprego
	Egito (Conselho Superior da Energia; Ministério da Eletricidade e das Energias Renováveis)	Estratégia integrada para a energia sustentável (ISES) 2035	• Aumentar a quota de energia renovável para 42% até 2035 • Reforçar as ligações de rede regionais (por exemplo, região árabe, Europa) • Promover a criação de emprego • Reduzir os custos energéticos e a dependência das importações
	Líbia (Movimento Ihya Libya, apoiado pelas Nações Unidas, pela Liga dos Estados Árabes e por parceiros internacionais)	Visão 2030 «Ihya Libya» (Renascimento da Líbia)	• Expandir as exportações de petróleo e gás, identificando simultaneamente fontes renováveis e outros setores estratégicos (por exemplo, logística, turismo) para desenvolvimento futuro
	Mauritânia (Ministério da Energia e do Petróleo; Ministério da Economia e das Finanças; Sociedade Mauritana de Eletricidade [SOMELEC])	Pacto Nacional para a Energia	• Promover a energia limpa e acessível através de uma melhor produção, transmissão e acesso fora da rede • Apoiar a integração regional através da interligação com a África Ocidental
	Marrocos (Agência Marroquina para a Energia Solar [Masen], Comissão Nacional do Hidrogénio)	Plano Nacional para a Energia e Eficiência Energética; Estratégia Nacional para o Hidrogénio	**Eficiência energética** • Produzir 8% da capacidade total de energia instalada a partir de fontes renováveis até 2012 (alcançado); 42% até 2020 (alcançado); 52% até 2030 (em curso) • Reduzir os custos da energia e a dependência das importações e alargar o acesso às fontes renováveis nas zonas rurais **Hidrogénio verde** • Aumento da produção e exportação de amoníaco verde a curto prazo (2020-30) • Aumentar a escala dos combustíveis sintéticos e do armazenamento de eletricidade até 2040 • Expandir o comércio mundial de hidrogénio e a utilização interna industrial, aquecimento e transportes até 2050
	Tunísia (Ministério da Energia, das Minas e da Transição Energética; GIZ; Ministério Federal do Ambiente, da Natureza, da Conservação e da Segurança Nuclear da Alemanha [BMUB])	Plano Solar para a Tunísia 2030	• Reforçar a segurança energética e reduzir a utilização de combustíveis fósseis • Apoiar o desenvolvimento das energias eólica e solar, com o objetivo de poupar 16 mil milhões de dólares em energia e criar cerca de 12 000 novos postos de trabalho

Regional	Membros da União para o Mediterrâneo (UM), incluindo **a Argélia**, **o Egito**, **a Líbia**, **Marrocos**, **a Tunísia** e a UE	Plano Solar Mediterrânico (MSP)	• Criar uma capacidade de exportação agregada para a Europa de aproximadamente 22 000 megawatts até 2030 • Abastecer o mercado local com a eletricidade produzida, exportando simultaneamente uma parte para a UE
	Argélia; Tunísia; Áustria; Itália; Alemanha	Declaração Conjunta de Intenções Políticas sobre o Desenvolvimento do Corredor Meridional de Hidrogénio (janeiro de 2025)	• Estabelecer um corredor de condutas de hidrogénio do Norte de África à Europa Central através de um projeto de grande porte de infraestruturas • Promover o investimento na produção e no transporte de hidrogénio verde e contribuir para a criação de emprego, a transferência de tecnologia e a diversificação económica a longo prazo

Nota: UE = União Europeia. GIZ = Agência Alemã para o Desenvolvimento.

Fonte: Governo da Mauritânia (2024[15]), *Pacte National de l'Energie pour la République Islamique de Mauritanie* [Pacto Nacional de Energia para a República Islâmica da Mauritânia]; Governo da Líbia (2023[16]), "Ihya Libya 2030 Vision: Economic Development: Growing and Diversifying the Economy" [Visão Ihya Libya 2030: Desenvolvimento Económico – Crescimento e Diversificação da Economia]; IEA (2018[17]), *Tunisia Solar Plan (PST) 2010-2016* [Plano Solar da Tunísia (PST) 2010–2016]; IRENA (2021[18]), *Renewable Readiness Assessment: The Republic of Tunisia* [Avaliação da Preparação para as Energias Renováveis: República da Tunísia]; GIZ (2017[19]), *Support the Implementation of the Tunisian Solar Plan (APST)* [Apoiar a Implementação do Plano Solar da Tunísia (APST)]; UNDP (2018[20]), *NAMA Support for the Tunisian Solar Plan* [Apoio NAMA ao Plano Solar da Tunísia]; Banco Mundial (2024[21]), *The Disruptive Energy Transition and Opportunities for Job Creation in the Middle East and North Africa: Case Study – Tunisia* [A Transição Energética Disruptiva e as Oportunidades de Criação de Emprego no Médio Oriente e Norte de África: Estudo de Caso – Tunísia]; Grantham Research Institute on Climate Change and the Environment (2015[22]), *The 2015 Global Climate Legislation Study: A Review of Climate Change Legislation in 99 Countries: Algeria* [Estudo Global sobre Legislação Climática de 2015: Uma Análise da Legislação sobre Alterações Climáticas em 99 Países: Argélia]; meetMED (2020[23]), *Country Report on Energy Efficiency and Renewable Energy Investment Climate: Algeria* [Relatório Nacional sobre o Clima de Investimento em Eficiência Energética e Energias Renováveis: Argélia]; IRENA (2018[24]), *Renewable Energy Outlook: Egypt* [Perspetiva das Energias Renováveis: Egito]; Ministério da Energia, das Minas, da Água e do Ambiente (Marrocos) (2013[25]), *Morocco's New National Energy Strategy* [Nova Estratégia Nacional de Energia de Marrocos]; Ministério da Energia, das Minas e do Ambiente (Marrocos) (2021[26]), *Feuille de route de l'hydrogène vert : vecteur d'une transition énergétique innovante.*

Os planos de infraestruturas de transportes no Norte de África centram-se na expansão das redes, na melhoria da conectividade e no apoio ao desenvolvimento industrial. Marrocos e Tunísia pretendem tornar-se centros de transporte regionais através de uma expansão significativa da sua rede de transportes, a fim de impulsionar o comércio e a criação de emprego. A nível regional, a cooperação com a União Europeia no âmbito da União para o Mediterrâneo apoia a integração através de iniciativas como o Plano de Ação Regional para os Transportes. A ausência de uma autoridade regional específica limita a coordenação e a maioria dos esforços transfronteiriços continua a centrar-se nos corredores de transporte. O Norte de África beneficiaria de um plano regional abrangente de infraestruturas de transporte que promovesse a integração regional (Santi, 2012[27]).

> *Marrocos pretende prolongar a sua linha ferroviária de alta velocidade Tanger-Casablanca até Marraquexe, expandindo a ligação intermodal entre cidades estratégicas e o maior porto de contentores de África (Head of Government, Kingdom of Morocco, 2025[28]).*
>
> *Lançado em 2024, o Projeto de Corredores Económicos da Tunísia tem como objetivo melhorar a conectividade e a logística entre as zonas urbanas e rurais priorizando as estradas de última milha. O projeto procura tornar as regiões menos desenvolvidas mais atrativas para o investimento privado e ajudar as empresas locais a aceder a mercados maiores (World Bank, 2025[29]).*

Tabela 6.2. Planos de desenvolvimento de infraestruturas de transportes nacionais e regionais selecionados e respetivos objetivos relacionados com a transformação produtiva no Norte de África

Tipo de plano	Países (entidade de implementação)	Plano	Objetivos relacionados com a transformação produtiva
Nacional	**Marrocos** (Direção Ferroviária Nacional de Marrocos, Ministério do Equipamento, dos Transportes, da Logística e da Água)	Plano Ferroviário 2040	• Desenvolver uma indústria ferroviária nacional para impulsionar a industrialização e reduzir a dependência das importações • Posicionar Marrocos como exportador regional de componentes ferroviários • Expandir a rede ferroviária de 23 para 43 cidades, abrangendo 87% da população • Ligar 12 portos e 15 aeroportos internacionais • Reforçar a conectividade Norte-Sul e apoiar os objetivos da ZCLCA (Zona de Comércio Livre Continental Africana) • Criar cerca de 300 000 postos de trabalho e promover a melhoria das competências da mão de obra (por exemplo, transportes, engenharia, indústria transformadora)
	Tunísia (Ministério das Obras Públicas e da Habitação, por meio da Direção-Geral das Pontes e Estradas)	Plano Diretor dos Transportes 2040	• Criar um sistema de transportes integrado e multimodal (estradas, caminhos-de-ferro, portos, aeroportos) • Reduzir os custos e melhorar a eficiência logística • Reforçar a conectividade e a integração regional, com investimentos destinados a regiões mal servidas e a corredores transfronteiriços (por exemplo, Sfax-Kasserine, ligação fronteiriça com a Argélia e a Líbia)
Regional	Membros da União para o Mediterrâneo (UM), incluindo **a Argélia**, **o Egito**, **a Líbia**, **Marrocos**, **a Tunísia** e a União Europeia	Plano de Ação Regional para os Transportes no Mediterrâneo (RTAP) 2021–2027	• Reconhecer o efeito multiplicador da conectividade das infraestruturas na integração regional e no desenvolvimento sustentável • Garantir a participação das mulheres no planeamento e na aplicação de estratégias e políticas, bem como na gestão e no funcionamento das redes de transportes

Nota: ZCLCA = Zona de Comércio Livre Continental Africana.

Fonte: BAD (2024[30]), *Rapport d'évaluation : Projet de Modernisation des Infrastructures Routières, Phase III (PMIR III) : Tunisie;* ONCF (2018[31]), "Plan Stratégique METLE"; Atalayar (2025[32]), "La grande vitesse : un levier économique stratégique pour le Maroc.

A cooperação em matéria de transportes entre os países do Norte de África conduziu à criação de corredores de desenvolvimento. Estas ligações de transporte e logística têm como objetivo facilitar a circulação de pessoas e mercadorias. O troço tunisino do Corredor Multimodal Trans-Magrebe reduziu o tempo de viagem de 3,5 para 1,45 horas e melhorou consideravelmente o acesso aos transportes. Por outro lado, o Corredor Rodoviário Trans-Saariano (TSR), que liga a Argélia, o Chade, o Mali, o Níger, a Nigéria e a Tunísia, registou resultados variados, enfrentando desafios como fraco desempenho logístico, barreiras não pautais e questões de segurança rodoviária, o que tem levado à subutilização dos ramais secundários do corredor (Tabela 6.3). Os seis países membros do TSR demonstraram empenho na sua evolução gradual para um corredor de desenvolvimento económico, tendo sido alocados recursos a áreas-chave como a governança institucional, o reforço de capacidades e a sustentabilidade ambiental (UNCTAD, 2022[33]).

Tabela 6.3. Corredores de transporte selecionados entre os países do Norte de África

Corredor (principais subsetores)	Países abrangidos	Parceiros	Impactos previstos na transformação produtiva e na integração regional	Utilização e impactos
Estrada Trans-Saariana (TSR) (Corredor rodoviário)	**Argélia,** Chade, Mali, Níger, Nigéria, **Tunísia**	Argélia; Chade; Níger; Nigéria; AUDA-NEPAD; BAD; BID; BADEA; BDEAC; KFAED; SFD; Fundo OPEP para o Desenvolvimento Internacional	• Melhoria do comércio: redução dos custos de transporte e dos tempos de trânsito • Diversificação económica • Inclusão digital: promover a inovação e o acesso à informação • Integração regional: laços económicos mais fortes entre os países membros e alinhamento com os objetivos da ZCLCA	Padrões de utilização de 2019, que variam significativamente consoante os segmentos nacionais: • Utilização elevada: na Argélia (38 000 camiões pesados por dia), Nigéria (42 000 camiões pesados por dia) e Tunísia (19 000 camiões pesados por dia) • Utilização reduzida: Rota Níger-Norte de África com apenas cerca de 10 camiões pesados por dia

Corredor Multimodal Trans-Magrebe (rodoviário, ferroviário)	Argélia, Egito, Líbia, Mauritânia, Marrocos e Tunísia	Governos nacionais; AUDA-NEPAD; BAD; UM; CEA; UMA; Banco Mundial; UE; BID	• Simplificação dos postos fronteiriços e melhoria da eficácia do comércio e da mobilidade
			• Redução dos custos de transporte e do tempo de viagem
			• Cadeias de valor da energia mais fortes
			• Reforço da competitividade das zonas subdesenvolvidas/remotas
			• Melhoria da interoperabilidade entre redes de transporte
			• Maior integração económica e um potencial aumento do comércio intra-regional
				Corredor Trans-Tunísia (parte da autoestrada Trans-Magrebe):
				• Impacto positivo: 8% de crescimento médio anual do transporte rodoviário diário de mercadorias (2015-20)
				Corredor Argélia-Tunísia (parte da autoestrada Trans-Magrebe):
				• Impactos positivos:
				  • Redução dos custos de manutenção dos veículos ao longo dos segmentos reabilitados de 0,11 USD para 0,07 USD por quilómetro
				  • Melhoria do acesso aos transportes para 700,000 pessoas
				  • Redução do tempo de viagem nos troços reabilitados de 3,5 para 1,45 horas
				• Baixo impacto: Os países ainda comercializam menos de 10% com outros países do corredor

Nota: ZCLCA = Zona de Comércio Livre Continental Africana. BAD = Banco Africano de Desenvolvimento. UMA = União do Magrebe Árabe. AUDA-NEPAD = Agência de Desenvolvimento da União Africana – Nova Parceria para o Desenvolvimento de África. BADEA = Banco Árabe para o Desenvolvimento Económico de África. BDEAC = Banco de Desenvolvimento dos Estados da África Central. CEA = Comissão Económica das Nações Unidas para a África. UE = União Europeia. BID = Banco Islâmico de Desenvolvimento. KFAED = Fundo do Koweit para o Desenvolvimento Económico Árabe. OPEP = Organização dos Países Exportadores de Petróleo. SFD = Fundo Saudita para o Desenvolvimento. UM = União para o Mediterrâneo.

Fonte: Thorn et al. (2022[34]), "African Development Corridors Database: A new tool to assess the impacts of infrastructure investments" [Base de Dados de Corredores de Desenvolvimento em África: uma nova ferramenta para avaliar os impactos dos investimentos em infraestruturas]; JICA (2022[35]), *Data Collection Survey on Corridor Development in Africa: Final Report* [Inquérito sobre a recolha de dados relativos ao desenvolvimento de corredores em África: Relatório final]; BAD (2023[36]), *Cross-Border Road Corridors: Expanding Market Access in Africa and Nurturing Continental Integration* [Corredores rodoviários transfronteiriços: Alargar o acesso aos mercados em África e promover a integração continental]; UNCTAD (2022[33]), *The Trans-Saharan Road Corridor - Towards an Economic Corridor: Commercializing and Managing the Trans-Saharan Road* [O corredor rodoviário transaariano rumo a um corredor económico: Comercialização e gestão da estrada transaariana]; CETMO (2018[37]), *The Trans-Maghreb Multimodal Corridor: The Backbone of the Maghreb Transport System* [O Corredor Multimodal Trans-Magrebe: A espinha dorsal do Sistema de Transportes do Magrebe].

As parcerias público-privadas são apoiadas por estruturas institucionais sólidas, mas a falta de qualificação nos setores dos transportes e da energia limitam o pleno desenvolvimento das infraestruturas

Os países do Norte de África estão relativamente bem equipados com mecanismos para implementar e monitorizar as parcerias público-privadas (PPP). O Norte de África dispõe de estruturas regulamentares de longa data que facilitam as PPP: os primeiros esforços institucionais em matéria de PPP no continente surgiram na Argélia e no Egito em 2006. De acordo com o inquérito *Benchmarking Infrastructure Development* (BID) do Banco Mundial (2025[38]), em 2023, o Egito e Marrocos obtiveram pontuações semelhantes às dos países de rendimento alto na fase de preparação das PPP, o que poderá explicar a sua elevada capacidade de mobilização do investimento privado (Figura 6.6). Alguns países do Norte de África destacam explicitamente as PPP nos seus planos setoriais de infraestruturas para incentivar os investimentos (por exemplo, o plano solar da Tunísia) e comprometem-se a reforçar a base jurídica das PPP (por exemplo, o Pacto para a Energia da Mauritânia).

Figura 6.6. Participação privada no investimento da infraestrutura e desempenho na preparação de parcerias público-privadas nos países do Norte de África e em regiões selecionadas do mundo

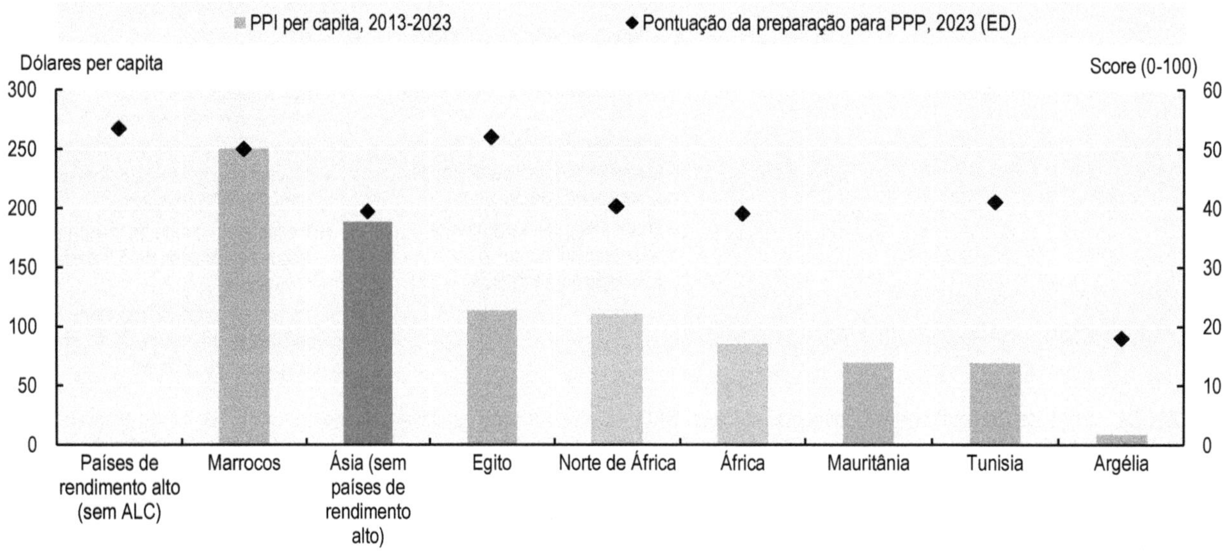

Nota: PPI = Participação privada em infraestruturas. PPP = Parceria público-privada. ED = escala da direita. ALC = América Latina e Caraíbas. Para cada país e região, o PPI per capita é calculado como o investimento total do PPI entre 2013 e 2023 dividido pela população de 2019. Os dados do projeto PPI não incluem países de rendimento alto.

Fonte: Banco Mundial (2024[3]), *Private Participation in Infrastructure* (database) [Participação privada em infraestruturas (base de dados)], https://ppi.worldbank.org/en/ppi, e Banco Mundial (2025[38]), *Benchmarking Infrastructure Development (BID)* (database) [Índice de Referência para o Desenvolvimento de Infraestruturas (BID) (base de dados)], https://bpp.worldbank.org/en/global.

StatLink https://stat.link/geurja

O desenvolvimento de competências nos setores da energia e dos transportes está a aumentar nos países do Norte de África. Quatro dos seis países do Norte de África oferecem formação nestes setores através de programas de ensino e formação técnico-profissional, ensino superior (por exemplo, Instituto de Ciências da Água e da Energia da Universidade Pan-Africana, sediado na Argélia) e programas de estágio (por exemplo, o Masen Talents Campus, sediado em Marrocos) (Tabela 6.4).

Tabela 6.4. Programas selecionados de desenvolvimento de competências e capacidades no domínio das infraestruturas no Norte de África

Programa	Parceiros	Objetivo	Tipos de competências promovidas
Instituto de Ciências da Água e da Energia da Universidade Pan-Africana (incluindo as alterações climáticas) (Argélia)	União Africana	• Oferecer quatro programas de mestrado em água e energia, com cursos de engenharia e elaboração de políticas	Técnicas, verdes
EFTP para instaladores fotovoltaicos (Tunísia)	Tunísia; GIZ; setor privado	• Apoiar a implementação do plano solar tunisino • Proporcionar uma aprendizagem dupla em matéria de instalações solares fotovoltaicas através de 12 centros de formação	Técnicas, verdes
Instituto de Formação Ferroviária (Marrocos)	ONCF de Marrocos; SNCF de França	• Oferecer formação ferroviária sobre as competências necessárias para a exploração e manutenção das ferrovias convencionais e de alta velocidade, a logística e o transporte de mercadorias	Técnicas; gestão de projetos; manutenção; comercial; serviço ao cliente
École des Métiers des Travaux Publics (Argélia)	Ministério das Obras Públicas e das Infraestruturas de Base (Argélia)	• Desenvolver as qualificações e competências do pessoal envolvido na construção, manutenção, controlo e acompanhamento da qualidade das infraestruturas e obras públicas	Técnicas
Masen Talents Campus (Marrocos)	Masen (encarregado de pilotar as energias renováveis do país)	• Apoiar a excelência científica no domínio das energias renováveis através de workshops, estágios e programas de investigação	Técnicas, verdes
Centro Regional para as Energias Renováveis e Eficiência Energética (RCREEE)	17 países membros, incluindo a Argélia, o Egito, a Líbia, a Mauritânia, Marrocos e a Tunísia; instituições fiscais independentes; setor privado (relevante na certificação de energias renováveis)	• Oferecer programas de reforço das capacidades, a pedido dos países membros, no domínio das energias renováveis e das práticas de eficiência energética	Técnicas, verdes

Nota: GIZ = Agência Alemã para o Desenvolvimento. ONCF = Office National des Chemins de Fer (Marrocos). SNCF = Société Nationale des Chemins de Fer (França). TVET = ensino e formação técnico-profissional.

Fonte: GIZ (GIZ, 2019[39]), "Solar energy in Tunisia: Vocational training for experts" [Energia solar na Tunísia: Formação profissional para especialistas]; IFF (2025[40]), "Maintenance de l'infrastructure et travaux"; EMTP (2025[41]), "Ecole des Métiers des Travaux publics", emtp.dz (website); THAMM Plus/OIM (2023[42]), *Termes de références : cartographie des besoins en compétences dans le secteur du Bâtiment et Travaux Publics en Italie et en Tunisie et analyse de l'offre de formation*; Masen (2019[43]), *Masen Talents Campus*; RCREEE (2022[44]), "RCREEE concluded a cooperation agreement for training services in MENA and GCC regions" [O RCREEE celebrou um acordo de cooperação para a prestação de serviços de formação nas regiões MENA e CCG].

No entanto, a procura ultrapassa a oferta de competências. De acordo com o projeto *Big Data for Labour Market Intelligence*, os setores da eletricidade e da construção estão entre os cinco setores com maior procura de competências verdes no Egito, Marrocos e Tunísia (ACQF, 2024[45]). Um inquérito realizado pela Comissão da União Africana e pela OCDE a peritos norte-africanos no setor da energia revela que a procura de emprego no domínio das energias renováveis depende do segmento da cadeia de valor. Nos segmentos a montante, persiste uma procura não satisfeita de competências técnicas em conceção, engenharia e inovação; enquanto nos segmentos a jusante, a procura não satisfeita incide sobre competências em operações, manutenção e reciclagem, que continuam por satisfazer. Vários fatores estão na origem do desfasamento entre a procura e a oferta de competências, incluindo o âmbito restrito das estratégias de desenvolvimento de competências e a falta de financiamento para a formação relevante (AUC/OECD, 2024[46]).

Notas

[1] Cálculos dos autores baseados no Fórum Económico Mundial (2019[47]).

Referências

ACQF (2024), *Online Job Ads Analysis dashboard*, https://acqf.africa/skills-data-focus/online-job-ads-analysis-dashboard (accessed on 10 June 2025). [45]

AfDB (2024), *Rapport d'évaluation : Projet de Modernisation des Infrastructures Routières, Phase III (PMIR III) : Tunisie*, African Development Bank, https://www.afdb.org/sites/default/files/documents/projects-and-operations/tunisie_-_re_-_projet_de_modernisation_des_infrastructures_routieres-_phase_iii_pmir_iii.pdf?. [30]

AfDB (2023), *Cross-Border Road Corridors: Expanding Market Access in Africa and Nurturing Continental Integration*, African Development Bank, Abidjan, https://www.afdb.org/en/documents/cross-border-road-corridors-expanding-market-access-africa-and-nurturing-continental-integration. [36]

Atalayar (2025), "La grande vitesse : un levier économique stratégique pour le Maroc", *article from atalayar.com (website)*, https://www.atalayar.com/fr/articulo/economie-et-entreprises/grande-vitesse-levier-economique-strategique-pour-maroc/20250224161058211659.html (accessed on 15 April 2025). [32]

AUC/OECD (2024), *Africa's Development Dynamics 2024: Skills, Jobs and Productivity*, OECD Publishing, Paris/African Union Commission, Addis Ababa, https://doi.org/10.1787/df06c7a4-en. [46]

Betis, G. et al. (2018), "The IEEE Smart Cities Initiative: Accelerating the smartification process for the 21st century cities", *Point of View*, Vol. 106/4, https://ieeexplore.ieee.org/stamp/stamp.jsp?arnumber=8326764. [12]

CETMO (2018), *The Trans-Maghreb Multimodal Corridor: The Backbone of the Maghreb Transport System*, Centre for Transportation Studies for the Western Mediterranean, https://www.unescwa.org/sites/default/files/event/materials/the_trans-maghreb_multimodal_corridor.pdf. [37]

Development Aid (2023), "Egypt's smart cities: A vision for a more sustainable and livable future", *developmentaid.org (website)*, https://www.developmentaid.org/news-stream/post/169491/egypts-smart-cities (accessed on 30 April 2025). [9]

EGE Rabat (2022), *Smart City : modèle de développement pour la ville de Casablanca*, https://www.ege.fr/sites/ege.fr/files/media_files/smartcityCasablanca_0.pdf. [11]

EMTP (2025), "Ecole des Métiers des Travaux publics", *emtp.dz (website)*, https://emtp.dz/ (accessed on 16 April 2025). [41]

Gallup (2020), *Gallup World Poll (database)*, https://www.gallup.com/analytics/213617/gallup-analytics.aspx (accessed on 15 January 2025). [2]

GIZ (2019), "Solar energy in Tunisia: Vocational training for experts", *giz.de (website)*, Deutsche Gesellshaft fur International Zusammenarbeit, https://www.giz.de/en/mediacenter/74675.html (accessed on 16 April 2025). [39]

GIZ (2017), *Support the Implementation of the Tunisian Solar Plan (APST)*, Deutsche Gesellshaft fur International Zusammenarbeit, https://www.giz.de/en/downloads/giz2017-en-apst.pdf. [19]

Government of Libya (2023), "Ihya Libya 2030 Vision: Economic development: Growing and diversifying the economy", *ihyalibya.com (website)*, https://ihyalibya.com/en/home/development-pillars/economic-development/growing-and-diversifying-the-economy/ (accessed on 8 April 2025). [16]

Government of Mauritania (2024), *National Energy Pact for the Islamic Republic of Mauritania (Pacte National de l'Energie pour la République Islamique de Mauritanie)*, https://mission300africa.org/energysummit/wp-content/uploads/2025/01/Mauritanie-National-Energy-Compact.pdf. [15]

Grantham Research Institute on Climate Change and the Environment (2015), *The 2015 Global Climate Legislation Study: A Review of Climate Change Legislation in 99 Countries: Algeria*, https://www.lse.ac.uk/GranthamInstitute/wp-content/uploads/2015/05/ALGERIA.pdf. [22]

Head of Government, Kingdom of Morocco (2025), "HM the King launches construction of Kenitra-Marrakech High-Speed Rail Line in Rabat", *article from cg.gov.ma (website)*, https://www.cg.gov.ma/en/node/12321 (accessed on 26 June 2025). [28]

ICA (2022), *Infrastructure Financing Trends in Africa 2019-2020*, The Infrastructure Consortium for Africa, Abidjan, https://www.afdb.org/sites/default/files/documents/publications/04112022ift_africa_report_2019-2020-2_english.pdf. [4]

IEA (2018), "Tunisia Solar Plan (PST) 2010-2016", *iea.org (website)*, https://www.iea.org/policies/4936-tunisian-solar-plan-pst-2010-2016 (accessed on 6 April 2025). [17]

IFF (2025), "Maintenance de l'infrastructure et travaux", *iff-ma.com (website)*, https://www.iff-ma.com/formations/infrastructure-maintenance-et-travaux/ (accessed on 16 April 2025). [40]

INCIT (2024), "INCIT s'associe à Novation City en Tunisie pour établir le premier centre de formation et de certification de l'indice de préparation de l'industrie intelligente en Afrique du Nord", *incit.org (website)*, https://incit.org/fr/es_ar/news/incit-partners-novation-city-to-establish-siri-training-centre-in-north-africa/ (accessed on 30 April 2025). [14]

IRENA (2021), *Renewable Readiness Assessment: The Republic of Tunisia*, International Renewable Energy Agency, Abu Dhabi, https://www.irena.org/-/media/Files/IRENA/Agency/Publication/2021/Jun/IRENA_RRA_Tunisia-2021.pdf. [18]

IRENA (2018), *Renewable Energy Outlook: Egypt*, International Renewable Energy Agency, Abu Dhabi, https://www.irena.org/-/media/Files/IRENA/Agency/Publication/2018/Oct/IRENA_Outlook_Egypt_2018_En.pdf. [24]

JICA (2022), *Data Collection Survey on Corridor Development in Africa: Final Report*, Japan International Cooperation Agency, https://openjicareport.jica.go.jp/pdf/12342838.pdf. [35]

Masen (2019), *Masen Talents Campus*, https://www.masen.ma/sites/default/files/documents_presse/363%20-%20MASEN%20-%20MTC%202019%20-%20Booklet%20V2+.pdf. [43]

meetMED (2020), *Country Report on Energy Efficiency and Renewable Energy Investment Climate: Algeria*, Mitigation Enabling Energy Transition in the Mediterranean Region, https://meetmed.org/wp-content/uploads/2022/03/Algeria_Country_Report.pdf. [23]

Ministry of Energy, Mines, Water and Environment (Morocco) (2013), *Morocco's New National Energy Strategy*, https://www.amee.ma/sites/default/files/inline-files/STRATEGIE_EN_2020__Ctude_2013_0.pdf. [25]

Ministry of Energy, Mining and Environment (Morocco) (2021), *Feuille de route de l'hydrogène vert : vecteur d'une transition énergétique innovante (Green Hydrogen Road Map: Driving Energy Transition and Sustainable Growth)*, https://www.mem.gov.ma/Lists/Lst_rapports/Attachments/36/Feuille%20de%20route%20de%20hydrog%C3%A8ne%20vert.pdf. [26]

OECD (2025), *Creditor Reporting System (database)*, https://www.oecd.org/en/publications/creditor-reporting-system_22180907.html (accessed on 15 March 2025). [6]

OECD (2020), "Smart Cities and Inclusive Growth: Building on the outcomes of the 1st OECD Roundtable fon Smart Cities and Inclusive Growth", *OECD Regional Development Papers*, No. 91, OECD Publishing, Paris, https://doi.org/10.1787/8a4ce475-en. [7]

ONCF (2018), "Plan stratégique METLE", *equipement.gov.ma (website)*, https://www.equipement.gov.ma/Gouvernance/Strategie/Documents/Plan-strategique-METLE-23-07-2018-Web.pdf (accessed on 15 April 2025). [31]

Oxford Business Group (2018), *The Report – Algiers Smart City: Practical and Pragmatic*, https://frankrayal.com/wp-content/uploads/2018/07/OBG_Alger-Smart-City-Booklet_English.pdf. [8]

RCREEE (2022), "RCREEE concluded a cooperation agreement for training services in MENA and GCC regions", *rcreee.org (website)*, https://rcreee.org/rcreee-concluded-a-cooperation-agreement-for-training-services-in-mena-and-gcc-regions/ (accessed on 16 April 2025). [44]

Santi, E., S. Ben Romdhane and W. Shaw (eds.) (2012), *Unlocking North Africa's Potential through Regional Integration: Challenges and Opportunities*, African Development Bank, https://mpra.ub.uni-muenchen.de/41830/1/MPRA_paper_41830.pdf. [27]

THAMM Plus/OIM (2023), *Termes de références : cartographie des besoins en compétences dans le secteur du Bâtiment et Travaux Publics en Italie et en Tunisie et analyse de l'offre de formation*, https://tunisia.iom.int/sites/g/files/tmzbdl1056/files/inline-files/tdrs-identification-des-metiers-en-tension-it-tn-btp.pdf. [42]

Thorn, J. et al. (2022), "The African Development Corridors Database: A new tool to assess the impacts of infrastructure investments", *Scientific Data*, Vol. 9, https://www.nature.com/articles/s41597-022-01771-y. [34]

Tunisian Smart Cities (2025), "Tunisian Smart Cities : quand la Tunisie se rêve en smart cities", *tunisiansmartcities.com (website)*, https://tunisiansmartcities.com/ (accessed on 30 April 2025). [13]

UNCTAD (2022), *The Trans-Saharan Road Corridor – Towards an Economic Corridor: Commercializing and Managing the Trans-Saharan Road*, United Nations Conference on Trade and Development, https://unctad.org/system/files/official-document/tcsdtlinf2022d2_en.pdf. [33]

UNDP (2018), *NAMA Support for the Tunisian Solar Plan*, United Nations Development Programme, https://erc.undp.org/evaluation/documents/download/19912. [20]

UN-Habitat (2019), "UN-Habitat supports Egypt on standards for creating smart cities", *unhabitat.org (website)*, https://unhabitat.org/un-habitat-supports-egypt-on-standards-for-creating-smart-cities (accessed on 30 April 2025). [10]

UNICEF (2024), *Drinking water, sanitation and hygiene in households by country, 2000-2022 (database)*, https://data.unicef.org/topic/water-and-sanitation/drinking-water/ (accessed on 17 January 2025). [1]

World Bank (2025), "More than just roads: Lessons from Tunisia's transport corridor project", *World Bank Blogs*, https://blogs.worldbank.org/en/arabvoices/more-than-just-roads-lessons-from-tunisia-s-transport-corridor-project (accessed on 20 June 2025). [29]

World Bank (2025), *The World Bank Benchmarking Infrastructure Development (BID) (database)*, https://bpp.worldbank.org/en/global (accessed on 6 March 2025). [38]

World Bank (2024), "International Debt Statistics (IDS)", *worldbank.org (website)*, https://www.worldbank.org/en/programs/debt-statistics/ids (accessed on 23 January 2025). [5]

World Bank (2024), *Private Participation in Infrastructure (database)*, https://ppi.worldbank.org/en/ppi (accessed on 15 March 2025). [3]

World Bank (2024), *The Disruptive Energy Transition and Opportunities for Job Creation in the Middle East and North Africa: Case Study – Tunisia*, The World Bank Group, Washington, DC, https://documents1.worldbank.org/curated/en/099011524131520481/pdf/P17054612bbe400361868c17299ac7f71df.pdf. [21]

World Economic Forum (2019), *The Global Competitiveness Report 2019*, https://www3.weforum.org/docs/WEF_TheGlobalCompetitivenessReport2019.pdf. [47]

7 Infraestruturas e transformação produtiva na África Ocidental

Este capítulo descreve como as infraestruturas podem contribuir para a transformação produtiva na África Ocidental (Benim, Burquina Faso, Cabo Verde, Côte d'Ivoire, Gâmbia, Gana, Guiné, Guiné-Bissau, Libéria, Mali, Níger, Nigéria, Senegal, Serra Leoa e Togo). Em primeiro lugar, identifica as necessidades de investimento em infraestruturas e as fontes de financiamento, a nível regional e nacional. Em segundo lugar, examina de que forma os planos e corredores de infraestruturas regionais e nacionais apoiam a transformação produtiva. Em terceiro lugar, destaca exemplos relevantes de programas de desenvolvimento de capacidades e competências relacionados com infraestruturas e setores específicos.

Em resumo

As necessidades de investimento em infraestruturas da África Ocidental são as segundas mais baixas de todas as regiões africanas. Para atingir stocks físicos de infraestruturas comparáveis aos dos países que apresentam níveis elevados de transformação produtiva noutras regiões do mundo em desenvolvimento, os países da África Ocidental terão de investir cerca de 20 mil milhões de dólares por ano até 2040, sobretudo em transportes, seguidos pelo setor digital. Este investimento poderá aumentar o crescimento do produto interno bruto (PIB) da África Ocidental em 5,4 pontos percentuais.

A despesa pública em infraestruturas da região corresponde a 1,6% do PIB, ligeiramente abaixo da média continental (1,8%). As principais fontes de financiamento das infraestruturas variam de país para país. A Côte d'Ivoire e o Togo registam os níveis mais elevados de despesa pública em infraestruturas, a Nigéria o nível mais elevado de investimentos em infraestruturas com participação privada e o Senegal o nível mais elevado de financiamento público ao desenvolvimento destinado a infraestruturas. Alguns países da África Ocidental estão sobrecarregados com os custos do serviço da dívida. Enquanto a Guiné, o Mali, o Níger e o Togo gastam mais em infraestruturas do que no serviço da dívida, a Guiné-Bissau aloca 51 vezes mais recursos públicos ao serviço da dívida do que às infraestruturas, sendo a segunda taxa mais elevada do continente.

As prioridades em matéria de infraestruturas estão estreitamente ligadas à transformação agrícola da África Ocidental, uma vez que as infraestruturas podem melhorar a segurança alimentar e evitar a dependência das importações de produtos alimentares. Estradas transitáveis durante todo o ano e um melhor acesso à energia poderiam permitir serviços de transporte mais fiáveis e instalações de transformação mais eficientes. São apresentadas quatro recomendações políticas:

- Os corredores de desenvolvimento na África Ocidental podem desbloquear benefícios sociais e ambientais que vão para além dos ganhos económicos, mas os seus efeitos poderiam ser melhor compreendidos por meio de melhores dados.
- As instituições regionais responsáveis pela liderança dos planos diretores setoriais e de apoiar a preparação dos projetos necessitam de mais recursos para melhorar a execução dos projetos de infraestruturas.
- Os planos de infraestruturas podem incluir objetivos que promovam a participação das mulheres nos sectores produtivos da região (transportes, energia e digital), para além do setor agrícola.
- A formação e o desenvolvimento das capacidades e das competências das unidades de parceria público-privada e de outras instituições regionais podem melhorar a preparação e a execução dos projetos.

Perfil regional da África Ocidental

Figura 7.1. Investimento anual em infraestruturas necessário para que a África Ocidental atinja os níveis de transformação produtiva dos países de referência até 2040

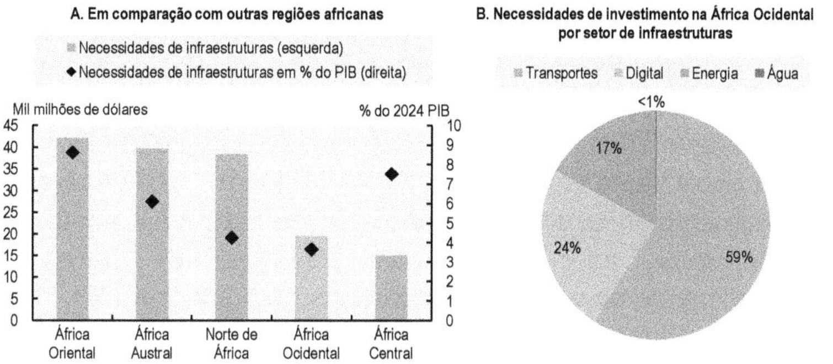

Nota: PIB = produto interno bruto. As necessidades de investimento em infraestruturas referem-se a estimativas modeladas das despesas totais necessárias para construir novas infraestruturas de modo a corresponder aos níveis de infraestruturas de países homólogos com bons resultados em matéria de transformação produtiva, mantendo simultaneamente as infraestruturas existentes. Ver Anexo 1.A para mais pormenores.
Fonte: As fontes de dados para as estimativas das necessidades de investimento são enumeradas no Anexo 1.A.

StatLink https://stat.link/f7pdzw

Figura 7.2. Média dos stocks físicos de infraestruturas e acesso nos países da África Occidental em comparação com África

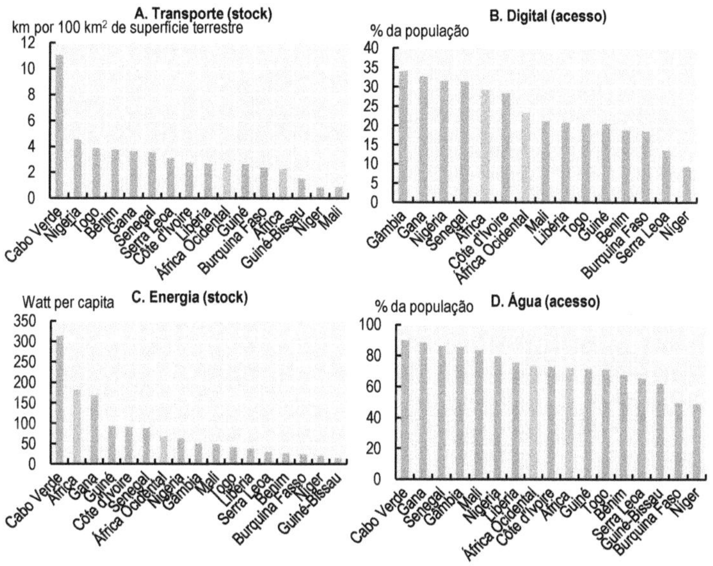

Nota: Transportes = quilómetros (km) de estradas pavimentadas e ferrovia por 100 km² de área não desértica. Digital = percentagem da população com mais de 15 anos com acesso à Internet. Energia = capacidade energética instalada em watts per capita. Água = percentagem da população com acesso a água potável. No que se refere aos stocks de transportes e de energia, as médias da África Ocidental e de África são ponderadas em função da população. No que respeita aos transportes e aos stocks de energia, os valores para a África Ocidental e África refletem totais agregados relativos à população ou à área, dependendo do indicador. No que diz respeito ao acesso digital e à água, os valores para a África Ocidental e África correspondem a médias não ponderadas dos valores nacionais. Os dados sobre o acesso digital abrangem 13 dos 15 países da África Ocidental.
Fonte: As fontes dos indicadores de transportes e energia são indicadas no Anexo 1.A. Água: Estimativas relativas à água potável, saneamento e higiene (WASH), da UNICEF (2024[1]), *Drinking water, sanitation and hygiene in households by country, 2000-2022* (database) [Água potável, saneamento e higiene nos agregados familiares por país, 2000-2022 (base de dados)], https://data.unicef.org/topic/water-and-sanitation/drinking-water/. Digital: da Gallup (2020[2]), *Gallup World Poll 2020* (database) [Inquérito mundial da Gallup (base de dados)], https://www.gallup.com/analytics/213617/gallup-analytics.aspx.

StatLink https://stat.link/1f94m7

As necessidades de infraestruturas da África Ocidental para a transformação produtiva são as segundas mais baixas do continente, com os transportes a exigirem mais de metade destes investimentos

Os países da África Ocidental necessitam de investimentos significativos em infraestruturas, nomeadamente nos transportes e nas infraestruturas digitais, para apoiar a transformação produtiva. Para reduzir a distância relativamente a países homólogos com elevados níveis de transformação produtiva noutras regiões em desenvolvimento do mundo (Anexo 1.A), a África Ocidental terá de investir aproximadamente 20 mil milhões de dólares por ano até 2040, ou 3,6% do PIB da região em 2024, muito abaixo do equivalente continental de 5,6% (Figura 7.1). Prevê-se que este investimento aumente em média o crescimento anual do PIB da África Ocidental em 5,4 pontos percentuais. Os países da África Ocidental têm níveis ligeiramente mais elevados de infraestruturas de transportes (2,6 quilómetros [km] por km^2) e de acesso a infraestruturas de água (para 73,1% da população) do que a média continental (2,2 km^2 por km^2 e 71,9%, respetivamente), mas dispõem de menor stock energético e de um acesso mais limitado às infraestruturas digitais (Figura 7.2). Cabo Verde é o país da região mais bem dotado de stocks de transportes e energia, o que resulta tanto do seu estatuto de pequeno país insular como da elevada despesa pública com transportes (por exemplo, 13% do PIB em 2011) (World Bank, 2011[3]). O Burquina Faso, o Níger e a Serra Leoa apresentam os níveis mais baixos de acesso a água e serviços digitais na região, enquanto a Guiné-Bissau, o Mali e o Níger registam os níveis mais baixos de stocks de infraestruturas de transporte e energia.

Figura 7.3. Investimentos públicos em infraestruturas e serviço da dívida na África Ocidental,

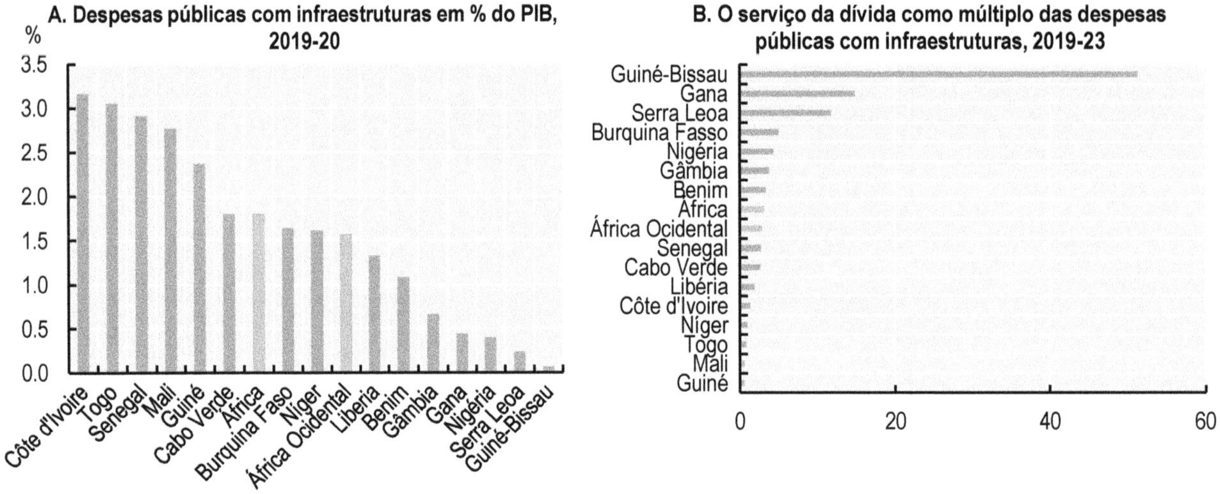

Nota: PIB = Produto Interno Bruto. O indicador do Painel B é calculado co base na média dos dados disponíveis nos últimos cinco anos para as despesas com infraestruturas públicas (2029-20) e serviço da dívida (2019-23). Os valores medianos são apresentados para África e para a África Ocidental no Painel B, de forma a ter em conta os casos extremos.

Fonte: Cálculo dos autores baseados em ICA (2022[4]), *Infrastructure Financing Trends in Africa 2019-2020* [Tendências em matéria de financiamento das infraestruturas em África 2019-2020], e Banco Mundial (2024[5]), *International Debt Statistics* (database) [Estatísticas internacionais em matéria de dívida (base de dados)], https://www.worldbank.org/en/programs/debt-statistics/ids.

StatLink https://stat.link/hfngyc

A despesa pública em infraestruturas em alguns países da África Ocidental é limitada pelas suas obrigações de serviço da dívida. Em 2019-20, a proporção da despesa pública da região destinada a infraestruturas (1,6% do PIB, ou 6,5 mil milhões de dólares) foi semelhante à média africana (1,8% do PIB, ou 33,2 mil milhões de dólares). Entre 2019 e 2020, o serviço médio da dívida representou 3,7% do PIB, ou 19,6 mil milhões de dólares por ano, ficando atrás da África Austral (7,9%) e do Norte de África (4,7%). A

Côte d'Ivoire e o Togo atribuíram cada um a maior percentagem da despesa pública em infraestruturas em proporção do PIB (3%), enquanto a Guiné-Bissau afetou apenas 0,1% (Figura 7.3, Painel A). A Guiné, o Mali, o Níger e o Togo gastaram ligeiramente mais em infraestruturas do que no serviço da dívida, enquanto a Guiné-Bissau afetou 51 vezes mais finanças públicas ao serviço da dívida do que às infraestruturas (Figura 7.3, Painel B). Este contraste também torna a Guiné-Bissau o país com a segunda maior taxa de serviço da dívida em relação à despesa pública em infraestruturas em África (apenas atrás de Moçambique).

As infraestruturas de energia e transportes recebem a maior participação privada em infraestruturas (PPI) e o maior financiamento oficial ao desenvolvimento (ODF) na África Ocidental, embora persistam diferenças significativas entre países nas principais fontes de financiamento. Entre 2019 e 2023, o valor total dos fluxos de PPI (22,1 mil milhões de dólares) e de ODF (20,2 mil milhões de dólares) para infraestruturas captados pela região manteve-se estável. Apenas 4 dos 15 países da África Ocidental concentraram, em conjunto, 90% do total de PP: Nigéria recebeu a maior parte (37%), seguida do Gana (26%), Senegal (14%) e da Côte d'Ivoire (13%). Os montantes de investimento em PPI variaram entre 2013 e 2023, mas focaram-se de forma consistente na energia e nos transportes. Com efeito, a África Ocidental atraiu mais PPI em infraestruturas de transporte do que qualquer outra região africana (Figura 7.4). Isto poderá ter sido em parte impulsionado pelo lançamento da construção de nove projetos relacionados com o corredores na região somente entre 2013 e 2020. No mesmo período, em percentagem do PIB, a África Ocidental obteve mais ODF para infraestruturas (0,6% do PIB anual) do que qualquer outra região. O Senegal atraiu o maior montante de financiamento público ao desenvolvimento (ODF) destinado a infraestruturas entre todos os países da África Ocidental, equivalente a 17% do total de ODF na região (Figura 7.5). Tanto a PPI (em 2013-23) como o ODF (em 2019-23) estiveram fortemente concentrados no setor da energia (53% e 47%, respetivamente), seguidos do setor dos transportes (43% e 25%, respetivamente) e do abastecimento de água e saneamento. Entre 2019 e 2023, apenas 23% da ajuda pública ao desenvolvimento concedida pelos membros do Comité de Assistência ao Desenvolvimento da OCDE à África Ocidental para infraestruturas teve em conta objetivos de género, o valor mais baixo do continente a seguir ao do Norte de África (10%).

Figura 7.4. Participação privada nos investimentos em infraestruturas na África Ocidental, 2013-23

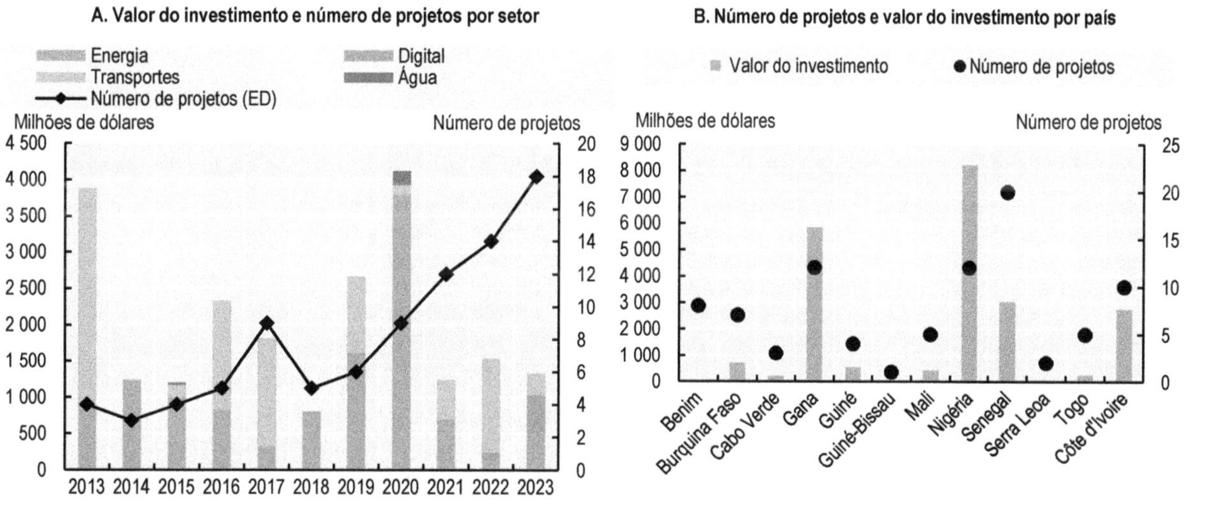

Nota: ED = escala da direita. Os dados sobre o número de projetos e o valor dos investimentos no Painel B incluem 12 dos 15 países da África Ocidental.

Fonte: Banco Mundial (2024[6]), *Private Participation in Infrastructure* (database), [Participação privada em infraestruturas (base de dados)] https://ppi.worldbank.org/en/ppi.

StatLink https://stat.link/dwvohp

Figura 7.5. Desembolsos do financiamento oficial ao desenvolvimento destinados a infraestruturas na África Ocidental, 2019-23

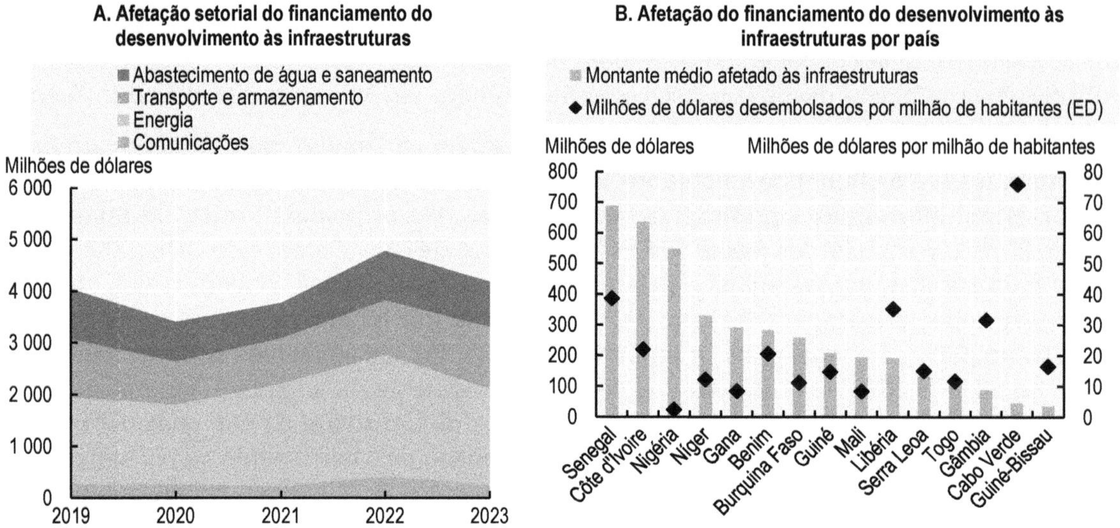

Nota: ED = escala da direita. Os desembolsos do financiamento oficial ao desenvolvimento incluem a ajuda pública ao desenvolvimento (APD) e outros fluxos financeiros oficiais que não satisfazem as condições de elegibilidade enquanto APD (quer porque não se destinam principalmente ao desenvolvimento, quer porque têm um elemento de subvenção inferior a 25%).
Fonte: OCDE (2025[7]), *Credit Reporting System* (database) [Sistema de informação de crédito (base de dados)], https://www.oecd.org/en/data/datasets/development-finance-statistics-data-on-flows-to-developing-countries.html.

StatLink https://stat.link/u65wtk

Tabela 7.1. Instrumentos financeiros inovadores liderados e selecionados por africanos para mobilizar investimentos em infraestruturas na África Ocidental

Instrumento	País (ano de lançamento)	Objetivo principal do instrumento	Parceiros de implementação	Impacto previsto
Fundo para Infraestruturas Resilientes ao Clima (ICRF)	19 países africanos no total, 9 na África Ocidental (2022)	Reforçar a resiliência climática na conceção, construção e operação de infraestruturas (75% da carteira) e em projetos de infraestruturas novas e existentes (25% da carteira)	Corporação Financeira Africana (AFC), Fundo Verde para o Clima (GCF)	Aumento da resiliência climática dos países-alvo, abrangendo mais de 50 milhões de beneficiários diretos e 144 milhões de beneficiários indiretos
Fundo de Energias Renováveis Distribuídas (DRE) na Nigéria	Nigéria (2025)	Catalisar financiamento em moeda local proveniente de fundos de pensões, companhias de seguros e outros financiadores institucionais locais	Autoridade de Investimento Soberano da Nigéria (NSIA), Sustainable Energy for All (SEforALL), International Solar Alliance (ISA), Africa50 - Banco de Investimento para as Infraestruturas em África	Acesso fiável e económico à energia

Nota: O ICRF inclui o Benim, a Côte d'Ivoire, a Gâmbia, o Gana, a Guiné, o Mali, a Nigéria, a Serra Leoa e o Togo.
Fonte: GCF (2023[8]), *Funding Proposal 205: Infrastructure Climate Resilience Fund (ICRF)* [Proposta de Financiamento 205: Fundo para Infraestruturas Resilientes ao Clima (ICRF)]; Africa50 - Banco de Investimento para as Infraestruturas em África (2025[9]), NSIA, SEforALL, ISA, and Africa50 unveil US$500 million DRE Nigeria Fund [A NSIA, SEforALL, ISA e Africa50 lançam o Fundo DRE Nigeria no valor de 500 milhões de dólares].

Com dados suficientes, os instrumentos financeiros alternativos emergentes poderiam ser reproduzidos em toda a África Ocidental. O Fundo de Energias Renováveis Distribuídas (*Distributed Renewable Energy*, DRE) da Nigéria procura catalisar o financiamento em moeda local para sistemas de energia solar, incluindo por meio de fundos de pensões e companhias de seguros. Além disso, em nove países da África Ocidental, o Fundo para Infraestruturas Resilientes ao Clima procura integrar a resiliência climática ao longo de todo o ciclo de vida dos projetos (desde a conceção até à operação), por meio da utilização de dados sobre riscos climáticos (Tabela 7.1). Como estes mecanismos são relativamente recentes, acompanhar o seu impacto será fundamental para apoiar a sua replicação noutros países da região.

Com uma melhor capacidade e coordenação, o desenvolvimento das infraestruturas da África Ocidental pode reforçar as cadeias de valor agrícolas e aumentar os impactos económicos e sociais

A melhoria das infraestruturas de transportes e de energia é essencial para transformar o setor agrícola

O principal plano de infraestruturas da África Ocidental dá prioridade aos transportes e às energias renováveis, em apoio ao setor agrícola da região. O Plano Diretor Regional de Infraestruturas (RIMP) 2020-45 da Comunidade Económica dos Estados da África Ocidental (CEDEAO) centra-se nos quatro setores do Programa para o Desenvolvimento das Infraestruturas em África (PIDA) – transportes, energia, digital e água –[1] dos 12 países membros atuais da CEDEAO.[2] A visão do Plano para a transformação produtiva apela ao investimento, ao comércio e à interconetividade para melhorar a integração regional e a produtividade. O plano dá prioridade aos transportes e às energias renováveis (com um total de 114 projetos no domínio da energia, incluindo 4 no domínio dos hidrocarbonetos). Vários projetos incidem na reconstrução da rede ferroviária regional e a sua expansão, o acesso à eletricidade e a melhoria da eficiência das infraestruturas energéticas (ECOWAS, 2021[10]). Ao destacar a ligação entre os quatro setores de infraestruturas e a agricultura, o RIMP defende uma abordagem integrada a nível regional.

A nível nacional, as estratégias de desenvolvimento e os planos de infraestruturas procuram reforçar as cadeias de valor agrícolas. Existe uma oportunidade por explorar no reforço das atividades agrícolas a jusante na África Ocidental, onde a maioria das exportações se encontra numa fase inicial de transformação e apresenta um valor acrescentado mínimo (AUC/OECD, 2022[11]). Em 2019, o valor acrescentado total proveniente de fora do continente incorporado nas exportações nacionais representava, em média, 0,37% do PIB dos países da África Ocidental, valor bastante superior aos 0,03% do PIB correspondentes ao valor acrescentado proveniente de países vizinhos (AUC/OECD, 2024[12]). Os países da África Ocidental refletem as suas prioridades nacionais em matéria de infraestruturas através de estratégias de desenvolvimento e/ou planos específicos dedicados às infraestruturas (sendo este último o caso de Cabo Verde, Gana e Nigéria), os quais convergem, de forma geral, com os objetivos do RIMP no que respeita à integração regional, económica e comercial. Os planos nacionais identificam ligações concretas entre as necessidades em matéria de infraestruturas e o desenvolvimento estratégico de cadeias de valor, nomeadamente entre agricultura e energia (por exemplo, Gâmbia e Togo); a agricultura e os transportes (por exemplo, Côte d'Ivoire e Togo); e a agricultura e a água (Nigéria). Ademais dos países com planos de infraestruturas estabelecidos (Tabela 7.2), em 2025, Cabo Verde anunciou o seu primeiro plano de infraestruturas e a Libéria lançou o seu plano de desenvolvimento inclusivo, tendo as infraestruturas como pilar (Africa Press, 2025[13]; UN, 2025[14]; Government of Liberia, 2025[15]).

Tabela 7.2. Objetivos de transformação produtiva em planos de infraestruturas selecionados a nível nacional na África Ocidental

País	Documento de orientação política		Objetivos de transformação produtiva			
	Estratégia de desenvolvimento nacional	**Plano de infraestruturas**	**Contribuir para a integração regional e o comércio**	**Impulsionar as cadeias de valor estratégicas**	**Modernizar as infraestruturas específicas do setor**	**Aumentar a participação das mulheres em setores estratégicos**
Burquina Fasso	✓		✓	Agricultura; energia	Agricultura; energia; digital; parques industriais; ZEE; transportes	✓ (Empreendedorismo)
Côte d'Ivoire	✓		✓	Agricultura; energia; digital; mineração; transportes	Transformação de produtos agrícolas; energia; digital; transportes	
Gâmbia	✓		✓	Agricultura; energia; digital	Transformação de produtos agrícolas; energia; digital; transportes	✓ (Agricultura)
Gana	✓	✓	✓	Agricultura; energia; transportes	Transformação de produtos agrícolas; transportes; água	
Guiné-Bissau	✓			Agricultura; energia; digital; transportes	Transportes; água	✓ (Agricultura)
Nigéria	✓	✓	✓	Agricultura; energia; mineração; digital; transportes	Transformação de produtos agrícolas; energia; digital; transportes; água	✓ (Agricultura)
Senegal	✓		✓	Agricultura; energia; digital; mineração; transportes	Transformação de produtos agrícolas; energia; digital; ZEE; transportes; água	✓ (Empreendedorismo)
Serra Leoa	✓		✓	Agricultura; digital	Transformação de produtos agrícolas; energia; digital; transportes	✓ (Agricultura; mineração; turismo)
Togo	✓		✓	Agricultura; digital; mineração	Transformação de produtos agrícolas; energia; digital; transportes; água	

Nota: A tabela reflete os últimos planos disponíveis em linha. ZEE = zonas económicas especiais. A ênfase na transformação produtiva foi avaliada através de pesquisas por palavras-chave, incluindo cadeias de valor regionais, a Zona de Comércio Livre Continental Africana, diversificação económica, setores estratégicos, industrialização, participação das mulheres e competências.

Fonte: Governo do Burquina Fasso (2021[16]), *National Economic and Social Development Plan 2021-2025* [Plano Nacional de Desenvolvimento Económico e Social 2021-2025]; MPD (2021[17]), *Côte d'Ivoire's National Development Plan 2021-2025* [Plano Nacional de Desenvolvimento da Côte d'Ivoire 2021-2025]; MoFEA (2023[18]), *Recovery Focused-National Development Plan (RF-NDP) 2023-2027 (YIRIWAA)* [Plano Nacional de Desenvolvimento Focado na Recuperação (RF-NDP) 2023-2027 (YIRIWAA)]; NDPC (2019[19]), *Ghana Infrastructure Plan (GIP) 2018-2047: Highlights* [Plano de Infraestruturas do Gana (GIP) 2018-2047: Destaques]; NDPC (2024[20]), *Vision 2057: Long-Term National Development Perspective Framework* [Visão 2057: Quadro de Referência de Desenvolvimento Nacional de Longo Prazo]; MEPIR (2020[21]), *Guinea-Bissau's National Development Plan* [Plano Nacional de Desenvolvimento da Guiné-Bissau]; MFBNP (2020[22]), *Reviewed National Integrated Infrastructure Master Plan (2020-2043)* [Plano Diretor Integrado de Infraestruturas Revisto (2020-2043)]; MFBNP (2021[23]), *Nigeria's National Development Plan (NDP) 2021-2025* [Plano Nacional de Desenvolvimento da Nigéria (NDP) 2021-2025]; MEFP (2018[24]), *Emerging Senegal Plan PAP: Priority Action Plan 2019-2023* [Plano Emergente do Senegal PAP: Plano de Ação Prioritário 2019-2023]; MoPED (2024[25]), *Sierra Leone's Medium-Term National Development Plan 2024 – 2030: A Transformative Acceleration Agenda for Food Security, Human Capital Development and Job Creation* [Plano Nacional de Desenvolvimento de Médio Prazo da Serra Leoa 2024-2030: Uma Agenda de Aceleração Transformadora para a Segurança Alimentar, Desenvolvimento do Capital Humano e Criação de Emprego]; Governo do Togo (2020[26]), *Togo 2025 Government Roadmap* [Roteiro do Governo do Togo para 2025]; CEDEAO (2021[10]), *ECOWAS Regional Infrastructure Master Plan: Revised Draft Final Report* [Plano Diretor Regional de Infraestruturas da CEDEAO: Projeto Final Revisto].

A insuficiência de infraestruturas, nomeadamente nos setores dos transportes e da energia, limita o desenvolvimento da agroindústria da África Ocidental. A economia alimentar contribui com 35% do PIB da África Ocidental (AUC/OECD, 2022[11]; FAOSTAT, 2020[27]), mas a precariedade das infraestruturas de transporte e a instabilidade do fornecimento de energia comprometem a eficiência dos sistemas alimentares (SWAC/OECD, 2021[28]). De facto, a região importa alimentos transformados, apesar da sua rica dotação de recursos naturais. Por exemplo, a Serra Leoa, onde 75% da terra arável permanece por cultivar, importa 80% dos alimentos prontos para consumo. Além disso, normas sociais profundamente enraizadas, incluindo barreiras ao financiamento e à propriedade da terra, podem ter um impacto negativo nas mulheres, cuja participação na economia alimentar continua a prevalecer nas atividades não agrícolas (a economia alimentar emprega 37% das mulheres, em comparação com 11% dos homens) (Allen, Heinrigs and Heo, 2018[29]). Vários documentos de políticas de infraestruturas destacam a inclusão feminina, mas restringem a sua participação a funções na agricultura e no microempreendedorismo, deixando a sua participação noutras cadeias de valor, como a digital e a de transportes, maioritariamente negligenciada (Tabela 7.2).

> *Em março de 2025, o Grupo de Energia da África Ocidental (West African Power Pool), uma agência da CEDEAO, lançou o Fórum das Mulheres da Energia na África Ocidental, em parceria com o Banco Mundial e a Sociedade Alemã para a Cooperação Internacional (GIZ), assinalando um compromisso com a integração das mulheres num setor largamente dominado por homens (ECOWAPP, 2025[30]).*

Com uma melhor monitorização, os corredores de desenvolvimento na África Ocidental podem alargar o seu âmbito e alcançar impactos económicos e sociais mais amplos

Os corredores na África Ocidental podem dar maior ênfase ao desenvolvimento, nomeadamente através da intensificação do comércio. A África Ocidental tem um número relativamente considerável de corredores (25), que no seu conjunto se estendem ao longo de 11 000 km (Thorn and Juffe Bignoli, 2022[31]). A maioria dos corredores apoia especificamente o comércio e a logística, mas negligencia objetivos mais amplos de planeamento económico, territorial e social, não correspondendo, por isso, à definição de corredores de desenvolvimento (ver Capítulo 2). Uma exceção é o Plano Diretor do Anel de Crescimento da África Ocidental (WAGRIC), apoiado pela Agência de Cooperação Internacional do Japão, que salienta a inclusão de aspetos sociais, ambientais e de segurança para um desenvolvimento económico equilibrado entre as zonas costeiras e interiores do Burquina Faso, Côte d'Ivoire, Gana e Togo (Tabela 7.3). As exportações intra-regionais da África Ocidental (9% do total das exportações em 2022) e para o resto do continente (12%) são baixas em comparação com as exportações para a União Europeia (25%). Em resposta, o WAGRIC centra-se numa melhor integração das cadeias de valor estratégicas da produção agrícola (como o arroz) ao longo de quatro grandes corredores (Abidjan-Ouagadougou, Tema-Ouagadougou, Lomé-Ouagadougou e Abidjan-Lagos), com o objetivo de aumentar o comércio e a integração da cadeia de valor na sub-região do WAGRIC até 2040 (JICA, 2025[32]).

A modernização dos corredores de transporte pode ter resultados económicos globalmente positivos, mas faltam dados sociais e ambientais. A melhoria dos corredores de transporte (por exemplo, o aumento do número de faixas de rodagem e a melhoria da qualidade das estradas) pode gerar resultados globalmente positivos quando integrada noutras políticas interligadas. Um estudo sobre cinco modernizações de corredores na África Ocidental revelou que os benefícios económicos duplicam e se difundem mais amplamente quando as modernizações são acompanhadas por medidas para reduzir os atrasos nas fronteiras (Lebrand, 2021[33]). O estudo indicou igualmente que os aumentos de rendimento em termos de salários reais nos países costeiros foram duas vezes superiores aos verificados nos países sem litoral. Foi demonstrado que os benefícios económicos absolutos são maiores nos corredores que ligam grandes economias, enquanto os países mais pequenos e frágeis se beneficiam mais em termos relativos ao seu PIB quando são ligados a mercados de maior dimensão. No entanto, os resultados ambientais e sociais dos corredores permanecem em grande parte não documentados, dificultando a determinação e a gestão dos riscos associados.

O projeto CORRICONI, financiado pela União Europeia, visa reduzir a pegada ambiental do corredor Cotonou-Niamey através da melhoria da sustentabilidade e da manutenção das infraestruturas. O projeto está previsto decorrer entre 2025 e 2030.

Tabela 7.3. Corredores selecionados na África Ocidental

Corredor	Países abrangidos	Principais parceiros	Impacto previsto na transformação produtiva	Resultados
Corredores do Anel de Crescimento da África Ocidental (WAGRIC)	Burquina Fasso, Côte d'Ivoire, Gana, Togo	Governos nacionais, UEMOA, JICA, CEDEAO, financiadores privados	• Reforço da conetividade entre países costeiros e sem litoral • Desenvolvimento económico equilibrado entre as regiões • Aumento do investimento em setores-chave (por exemplo, agricultura, mineração e indústria transformadora)	**Consumo (E):** • Aumento quadruplicado do consumo de arroz, passando de 4 mil milhões para 15 mil milhões de dólares (2015-40)
Corredor Abidjan-Lagos[1]	Benim, Côte d'Ivoire, Gana, Nigéria, Togo	Governos nacionais, BAD, CEDEAO, financiadores privados, UE	• Melhoria da conectividade entre cidades • Reforço da integração económica regional • Corredor digitalizado	***Comércio:*** • Aumento de 15% do volume de trocas comerciais com a conclusão da via rápida Togo-Benim • Diminuição do tempo médio de travessia da fronteira entre o Benim e o Togo de 7 para 3 horas (2015-20) • Aumento de 20% do volume de trocas comerciais no posto fronteiriço Benim-Togo Hillacondji (2010-14) • Diminuição do tempo de viagem no segmento melhorado de 75 para 36 horas
Corredor Abidjan-Ouagadougou	Burquina Fasso, Côte d'Ivoire	CEDEAO, UEMOA, UE, Alemanha, Países Baixos, Estados Unidos, Banco Mundial, financiadores privados	• Facilitar o comércio	***Comércio (E):*** • Redução do custo do contentor de 40 pés de 3 500 dólares para 3 150 dólares • Diminuição do tempo de trânsito de 96 para 60 horas ***Social:*** • Formação concluída (2023): 20 formadores principais, 776 instrutores de condução, 3 500 transportadores, 1 500 gestores • Utilizadores do corredor com cerca de 200 000 pessoas por ano (em novembro de 2023) ***Ambiental:*** • Centro de desmantelamento de veículos e sistema de elegibilidade para a renovação de camiões (com o objetivo de reduzir as emissões de dióxido de carbono)
Corredor Cotonou-Niamey	Benim, Níger	Governos nacionais, UEMOA, UE, Estados Unidos (Millenium Challenge Corporation), OFID, BID	• Facilitar o comércio	***Comércio:*** • Cerca de 3,55 milhões de toneladas de carga movimentada no Níger, o que indica uma atividade de transporte de mercadorias substancial (2016) ***Comércio (E):*** • O projeto CORRICONI deverá aumentar a eficiência comercial por meio de uma melhor integração das cadeias de valor agrícolas e da melhoria das operações aduaneiras e da governação dos corredores ***Social (E):*** • Programas de formação e reformas setoriais para os transportadores de mercadorias • Prevê-se que mais de 1,6 milhões de pessoas beneficiem de melhores serviços de transporte ***Ambiental (E):*** • Redução da pegada ambiental do corredor (CORRICONI)

Corredor Praia-Dakar-Abidjan	Cabo Verde, Côte d'Ivoire, Gâmbia, Guiné, Guiné-Bissau, Libéria, Senegal, Serra Leoa	Governos nacionais, AUDA-NEPAD, CEDEAO, BAD, Banco da CEDEAO para o Investimento e o Desenvolvimento, UE	• Aumento do comércio intra-regional e inter-regional (com a África Central) • Melhoria do acesso aos mercados internacionais	***Comércio:*** • Aumento do comércio entre a Côte d'Ivoire e a Guiné de 103 para 139 milhões de toneladas (2013-19) • Aumento do comércio entre a Côte d'Ivoire e a Libéria de 445 para 560 milhões de toneladas (2017-22) ***Competitividade:*** • Progresso dos países no Índice de Competitividade Global para as infraestruturas, por exemplo, Gâmbia (de 3,8 para 4,8) e Senegal (de 2,7 para 3,7)

Nota: A menos que sejam seguidos de «(E)» de «esperado», todos os resultados foram registados. UEMOA = União Económica e Monetária da África Ocidental. JICA = Agência de Cooperação Internacional do Japão. CEDEAO = Comunidade Económica dos Estados da África Ocidental. BAD = Banco Africano de Desenvolvimento. UE = União Europeia. OFID = Fundo da OPEP para o Desenvolvimento Internacional. BID = Banco Islâmico de Desenvolvimento. AUDA-NEPAD = Agência de Desenvolvimento da União Africana – Nova Parceria para o Desenvolvimento de África.

1.Indica um dos quatro corredores WAGRIC.

Fonte: União Europeia, (2023[34]), *EU-Africa: Global Gateway Investment Package - Strategic Corridors* [UE-África: Pacote de Investimento da Estratégia Global Gateway – Corredores Estratégicos]; JICA (2025[35]), *West Africa Growth Ring Corridor Development Master Plan* [Plano Diretor de Desenvolvimento do Corredor do Anel de Crescimento da África Ocidental]; BAD (2023[36]), *Cross-border road corridors: Expanding Market Access in Africa and Nurturing Continental Integration* [Corredores Rodoviários Transfronteiriços: Alargar o Acesso ao Mercado em África e Promover a Integração Continental]; APA News (2025[37]), "La Cédéao valide le tracé de l'autoroute Praia-Dakar-Abidjan"; PIDA (2025[38]), "Praia-Dakar-Abidjan Multimodal Transport Corridor" [Corredor de Transporte Multimodal Praia-Dakar-Abidjan]; Banco Mundial (2021[39]), *TFWA Program Small-Scale Cross-Border Trade Survey, Cotonou-Niamey Corridor Report* [Relatório do Inquérito sobre o Comércio Transfronteiriço de Pequena Escala do Programa TFWA – Corredor Cotonou-Niamey]; CPCS (2024[40]), *Corridor Cotonou-Niamey : CPCS optimise le transport routier au Bénin*; Prici (n.d.[41]), "Le PAMOSET"; Agence Ecofin (2023[42]), "Corridor ferroviaire Abidjan-Ouagadougou : le transport de passagers reprendra le 17 novembre 2023"; Koffi (2023[43]), "Côte d'Ivoire/Corridor Abidjan-Ouaga : un atelier-bilan présente les acquis du Pamoset"; Open.Enabel (2025[44]), "Mesures d'accompagnement du commerce et des transports sur le corridor Cotonou–Niamey »; Africa World Radio (2023[45]), "Corridor Cotonou-Niamey : tout se met en place pour la mise en œuvre du MCA Régional"; MCC (2025[46]), "Benin Regional Transport Compact" [Pacto Regional de Transporte do Benim]; Kobina vanDyck and Domfeh (2017[47]), "Gateway port selection based on inland transport cost and performance metrics In West Africa" [Seleção de portos de entrada com base nos custos de transporte interior e em indicadores de desempenho na África Ocidental], Banco Mundial (2023[48]), *Global Competitivity Index (CGI) (database)* [Índice de Competitividade Global (CGI) (base de dados)], https://databank.worldbank.org/metadataglossary/africa-development-indicators.

O reforço da capacidade institucional e o desenvolvimento de competências poderão melhorar a preparação e a implementação dos projetos

Embora a níveis diferentes, as unidades de parcerias público-privadas (PPP) na África Ocidental tendem a ter uma capacidade institucional insuficiente e pessoal com pouca formação. Vários planos nacionais de infraestruturas sublinham a importância das PPP como meio alternativo de financiamento das infraestruturas para reduzir as pressões sobre os empréstimos (Burquina Faso e Gana), facilitar o acesso ao mercado por parte dos jovens empresários (Gâmbia) e atrair investimentos para acelerar a oferta de infraestruturas nas zonas rurais (Nigéria). De acordo com a base de dados *Benchmarking Infrastructure Development (BID)* do Banco Mundial,[3] os países da África Ocidental realizam, em média, seis das nove avaliações mais frequentemente conduzidas antes de avançarem com uma PPP, o que significa que há margem para melhorias (BID, 2023[49]). Na maioria dos países abrangidos (8 em 11), os novos contratados não possuem as competências específicas exigidas e nenhum dos países estabeleceu mecanismos de formação do pessoal após a contratação. Em alguns quadros de PPP em países da África Ocidental com níveis de desenvolvimento humano mais baixos (Guiné e Serra Leoa), faltam cláusulas processuais para avaliar os objetivos de desempenho. A ausência de mecanismos jurídicos para verificar a correta execução dos contratos de PPP pode ter um impacto na implementação dessas parcerias.

A região enfrenta deficiências institucionais e de competências, agravadas por escassez de fundos. Um dos principais obstáculos à implementação do RIMP da CEDEAO é uma divisão pouco clara das responsabilidades entre as partes interessadas, o que atrasa os processos de desenvolvimento e de tomada de decisão. Outro obstáculo é a escassez de competências, que pode ser, pelo menos parcialmente, superada por meio de programas centrados na preparação de projetos, no reforço de capacidades e nos quadros regulamentares. Por exemplo, os projetos de capacitação relacionados com as infraestruturas nos setores da energia e dos transportes da África Ocidental evidenciam necessidades crescentes de reforço de capacidades, sendo que os setores dos transportes e das infraestruturas digitais se beneficiariam de um maior desenvolvimento institucional (ECOWAS, 2021[10]). No entanto, os fundos destinados ao desenvolvimento de competências são desproporcionadamente baixos, estimando-se em 3 mil milhões de dólares, em comparação com os fundos para investimentos de capital (122 mil milhões de dólares).

> *As agências nacionais com especialização setorial, como o Centro de Excelência em Transportes Regionais do Gana e o Centro de Liderança em Transportes da África Subsariana, integram competências de gestão e liderança nos seus currículos. A região beneficia igualmente do envolvimento ativo de parceiros internacionais, em especial nos setores dos transportes e da energia, nomeadamente através de instituições de ensino e formação técnico-profissional e de projetos de mobilidade regional que também visam competências digitais e empreendedoras (por exemplo, CERFER e SHINE) (ACE, n.d.[50]).*

Na África Ocidental, o desenvolvimento de competências e o reforço de capacidades estão mais alinhados com o setor das infraestruturas energéticas do que com os restantes setores de infraestruturas. As entidades existentes e previstas, como o Centro para as Energias Renováveis e Eficiência Energética e o Instituto de Eletricidade da CEDEAO, têm, nos planos regionais, o mandato de responder às exigências crescentes de competências no domínio das infraestruturas energéticas (Tabela 7.4). O sector energético também beneficiou do papel de liderança do Grupo de Energia da África Ocidental (West African Power Pool, WAPP) na identificação de projetos. Por sua vez, a ausência de uma entidade semelhante noutros setores de infraestruturas terá levado à estagnação de projetos regionais promissores ainda na fase de planeamento (ECOWAS, 2021[10]). De um modo mais geral, a insuficiente capacidade das instituições responsáveis pela implementação dos planos setoriais tem constituído um obstáculo adicional para outros setores de infraestruturas para além do energético, limitando, em particular, a preparação de projetos de infraestruturas. O mercado das energias renováveis da África Ocidental deu um primeiro passo para resolver o problema das importações de baixa qualidade e das instalações defeituosas realizadas por pessoal não certificado.

> *A International Solar Alliance e a Organização das Nações Unidas para o Desenvolvimento Industrial, com o apoio do Governo de França, irão implementar, em fase piloto, a Rede Internacional de Centros de Recursos de Tecnologia e Aplicações Solares (STAR C) em 11 países da África Ocidental, com o objetivo de melhorar os sistemas de qualidade e de certificação de produtos e serviços fotovoltaicos e solares térmicos (GN-SEC, 2023[51]). Desde a sua criação em 2024 na École Polytechnique de Thiès, a Solar Academy do Senegal, no âmbito da iniciativa STAR C, já formou mais de 50 participantes, dos quais cerca de metade são mulheres (STAR C, 2025[52]).*

Tabela 7.4. Programas selecionados de desenvolvimento de competências e capacidades no domínio das infraestruturas na África Ocidental

Programa	Principais características	Tipos de competências promovidas
Programa de Certificação de Competências em Energia Sustentável da CEDEAO **(Cabo Verde)**	• **Objetivo:** Forma futuros projetistas, instaladores, inspetores e outros intervenientes no domínio da energia sustentável • **Impacto:** Até à data, 1 000 técnicos fora da rede obtiveram a certificação, que é atribuída pelo Organismo de Certificação de Competências em Energia Sustentável da CEDEAO (ECBSES), após a conclusão de um programa de três anos. • **Parceiros:** É acolhido pelo Centro para as Energias Renováveis e Eficiência Energética (ECREEE), uma agência especializada da Comissão da CEDEAO, em parceria com o ECBSES, a Agência Internacional para as Energias Renováveis (IRENA) e a GIZ.	Técnicas, verdes, digitais
Centro Regional de Formação para a Manutenção de Estradas - CERFER **(Togo)**	• **Objetivo:** Reforça as capacidades e desenvolve programas de formação profissional em engenharia civil e mecânica adaptados às necessidades do setor privado • **Programas:** O CERFER foi fundado em 1970 como um prestador de EFTP pelo Conseil de l'Entente (Benim, Burquina Faso, Côte d'Ivoire, Níger e Togo). • **Impacto:** Até à data, mais de 4 000 estudantes obtiveram certificados de técnico (Bac+2), certificados de técnico superior e licenciaturas profissionais (Bac+3). • **Parceiros:** IIEP-UNESCO Dakar, BAD	Técnicas
Centro de Liderança em Transportes da África Subsariana (CSSTL) e Centro de Excelência em Transportes Regionais, sediados na Universidade Nkrumah de Ciência e Tecnologia **(Gana)**	• **Objetivo:** Desenvolve a capacidade de gestão dos jovens profissionais africanos do setor dos transportes, com vista à concretização das infraestruturas de transporte em África • **Programas:** Combina módulos técnicos com módulos de liderança e gestão através do Programa de Desenvolvimento de Liderança no Setor dos Transportes (TSLDP) • **Parceiros:** UK Aid, Mott MacDonald, Universidade da Cidade do Cabo, Universidade de Birmingham	Técnicas, gestão, liderança
Solar Hands-on training and International Network of Exchange (projeto SHINE) (**Gana, Nigéria** e Uganda) (2023-26)	• **Objetivo:** Centra-se na tecnologia de painéis solares através de três pilares: investigação (por exemplo, oferta/procura de competências); desenvolvimento de currículos (por exemplo, planos de ação de cada uma das escolas africanas de EFTP) e reforço de capacidades • **Programas:** Desenvolve competências orientadas para o mercado através de formações, webinars e estadias curtas nos três países africanos anfitriões, adquirindo assim conhecimento local • **Parceiros:** Consórcio europeu-africano, incluindo instituições de EFTP e atores privados, cofinanciado pela UE	Técnicas; verdes; digitais; empresariais

Nota: GIZ = Sociedade Alemã para a Cooperação Internacional. TVET = ensino e formação técnico-profissional. BAD = Banco Africano de Desenvolvimento. UE = União Europeia. IIEP-UNESCO = Instituto Internacional da UNESCO para o Planeamento da Educação.
Fonte: ECREEE (2025[53]), "ECOWAS Certification Body for Sustainable Energy Skills (ECBSES)" [Organismo de Certificação da CEDEAO para Competências em Energia Sustentável (ECBSES)]; IIEP-UNESCO (2025[54]), "Inside the transformation of CERFER, a regional vocational training programme in Togo" [Uma visão da transformação do CERFER, um programa regional de formação profissional no Togo]; ReCAP et al. (2020[55]), *Establishment of Centre for Sub-Saharan Transport Leadership: Centre for Sub-Saharan Transport Leadership Status Report* [Criação do Centro de Liderança em Transportes da África Subsariana: Relatório de Situação do Centro de Liderança em Transportes da África Subsariana]; SHINE (2025[56]), "What is SHINE?" [Em que consiste o SHINE?].

Notas

[1] O RIMP 2020-45 da CEDEAO estima as necessidades de investimento nos setores dos transportes, da energia, do digital e da água em 122 mil milhões de dólares.

[2] Na altura em que o RIMP foi aprovado, a CEDEAO tinha 15 países membros. Atualmente, a CEDEAO é composta por 12 países: Benim, Cabo Verde, Côte d'Ivoire, Gâmbia, Gana, Guiné, Guiné-Bissau, Libéria, Nigéria, Senegal, Serra Leoa e Togo.

[3] A edição de 2023 do *Benchmarking Infrastructure Development* (BID) abrange 11 dos 15 países da África Ocidental. O inquérito identifica dez opções no âmbito das avaliações realizadas: análise custo-benefício, comportabilidade orçamental, identificação de riscos, avaliação comparativa de modelos de contratação, estratégia de contratação, viabilidade financeira/qualificação bancária, auscultação do mercado, impacto ambiental e impacto social (World Bank, 2025[57]).

Referências

ACE (n.d.), "Centers of Excellence", *ace.aau.org (website)*, https://ace.aau.org/category/centers-of-excellence/page/6/ (accessed on 25 April 2025). [50]

AfDB (2023), *Cross-Border Road Corridors: Expanding Market Access in Africa and Nurturing Continental Integration*, African Development Bank, Abidjan, https://www.afdb.org/en/documents/cross-border-road-corridors-expanding-market-access-africa-and-nurturing-continental-integration. [36]

Africa Press (2025), "Cape Verde will have, for the first time, a national infrastructure plan", *Africa Press*, https://www.africa-press.net/cape-verde/all-news/cape-verde-will-have-for-the-first-time-a-national-infrastructure-plan. [13]

Africa World Radio (2023), "Corridor Cotonou-Niamey : tout se met en place pour la mise en œuvre du MCA Régional", *Africa World Radio*, https://www.africaworldradio.com/corridor-cotonou-niamey-tout-se-met-en-place-pour-la-mise-en-oeuvre-du-mca-regional/. [45]

Africa50 (2025), "NSIA, SEforALL, ISA, and Africa50 unveil US$500 million DRE Nigeria Fund", *africa50.com (website)*, https://www.africa50.com/news-insights/news/article/nsia-seforall-isa-and-africa50-unveil-us500-million-dre-nigeria-fund/ (accessed on 25 April 2025). [9]

Agence Ecofin (2023), "Corridor ferroviaire Abidjan-Ouagadougou : le transport de passagers reprendra le 17 novembre 2023", *Agence Ecofin*, https://www.agenceecofin.com/transports/1311-113603-corridor-ferroviaire-abidjan-ouagadougou-le-transport-de-passagers-reprendra-le-17-novembre-2023. [42]

Allen, T., P. Heinrigs and I. Heo (2018), "Agriculture, Food and Jobs in West Africa", *West African Papers*, No. 14, OECD Publishing, Paris, https://doi.org/10.1787/dc152bc0-en. [29]

APA News (2025), "La Cédéao valide le tracé de l'autoroute Praia-Dakar-Abidjan", *APA News (website)*, https://fr.apanews.net/integration/la-cedeao-valide-le-trace-de-lautoroute-praia-dakar-abidjan/ (accessed on 20 April 2025). [37]

AUC/OECD (2024), *Africa's Development Dynamics 2024: Skills, Jobs and Productivity*, OECD Publishing, Paris/African Union Commission, Addis Ababa, https://doi.org/10.1787/df06c7a4-en. [12]

AUC/OECD (2022), *Africa's Development Dynamics 2022: Regional Value Chains for a Sustainable Recovery*, OECD Publishing, Paris/African Union Commission, Addis Ababa, https://doi.org/10.1787/2e3b97fd-en. [11]

BID (2023), *Economies*, https://bpp.worldbank.org/en/economies (accessed on 26 May 2025). [49]

CPCS (2024), *Corridor Cotonou-Niamey : CPCS optimise le transport routier au Bénin*, https://cpcs.ca/fr/corridor-cotonou-niamey/. [40]

ECOWAPP (2025), "Lancement du Forum des femmes dans le secteur de l'energie en Afrique de l'ouest (ForWE) : une révolution pour l'inclusion des femmes dans l'énergie en Afrique de l'ouest", *ecowapp.org (website)*, https://www.ecowapp.org/fr/news/lancement-du-forum-des-femmes-dans-le-secteur-de-l%E2%80%99energie-en-afrique-de-l%E2%80%99ouest-forwe-une (accessed on 4 June 2025). [30]

ECOWAS (2021), *ECOWAS Regional Infrastructure Master Plan: Revised Draft Final Report*, https://ppp.ecowas.int/wp-content/uploads/2022/04/REVISED-DRAFT-FINAL-REPORT17.pdf. [10]

ECREEE (2025), "ECOWAS Certification Body for Sustainable Energy Skills (ECBSES)", *certification.ecreee.org (website)*, https://certification.ecreee.org/?lang=en (accessed on 27 April 2025). [53]

EU (2023), *EU-Africa: Global Gateway Investment Package - Strategic Corridors*, European Union, https://international-partnerships.ec.europa.eu/system/files/2023-10/GG_Factsheet_Africa_Strategic%20Corridors.pdf. [34]

FAOSTAT (2020), "Statistics", *fao.org (website)*, Food and Agriculture Organization of the United Nations, https://www.fao.org/statistics/en (accessed on 30 April 2025). [27]

Gallup (2020), *Gallup World Poll (database)*, https://www.gallup.com/analytics/318875/global-research.aspx. [2]

GCF (2023), *Funding Proposal 205: Infrastructure Climate Resilience Fund (ICRF)*, Green Climate Fund, https://www.greenclimate.fund/sites/default/files/document/funding-proposal-fp205.pdf. [8]

GN-SEC (2023), "International Network of Solar Technology and Application Ressource Centres (Star C)", *gn-sec.net (website)*, https://www.gn-sec.net/content/international-network-solar-technology-and-application-resource-centres-star-c. [51]

Government of Burkina Faso (2021), *Plan National de Développement Economique et Social 2021-2025 (PNDES-II) (National Economic and Social Development Plan 2021-2025)*, https://faolex.fao.org/docs/pdf/bkf215540.pdf. [16]

Government of Liberia (2025), *Towards Liberia Vision 2030: Arrest Agenda for Inclusive Development (2025-2029) (AAID)*, https://liberiaprojects.org/liberia-aaid/AAID%20Book%20layout.pdf. [15]

Government of Togo (2020), *Feuille de Route Gouvernementale Togo 2025 (Togo 2025 Government Roadmap)*, https://www.ctc-n.org/sites/www.ctc-n.org/files/2022-09/Feuille%20de%20Route%20gouvernementale%20du%20Togo%202025_1.pdf. [26]

ICA (2022), *Infrastructure Financing Trends in Africa 2019-2020*, The Infrastructure Consortium for Africa, Abidjan, https://www.afdb.org/sites/default/files/documents/publications/04112022ift_africa_report_2019-2020-2_english.pdf. [4]

IIEP-UNESCO (2025), "Inside the transformation of CERFER, a regional vocational training programme in Togo"*, iiep.unesco.org (website)*, https://www.iiep.unesco.org/en/articles/inside-transformation-cerfer-regional-vocational-training-programme-togo (accessed on 27 April 2025). [54]

JICA (2025), *The Project on the Corridor Development for West Africa Growth Ring Master Plan*, Japan International Cooperation Agency, https://www.jica.go.jp/english/about/policy/environment/id/africa/a_b_fi/african_countries/c8h0vm000095a3ej.html. [32]

JICA (2025), *West Africa Growth Ring Corridor Development Master Plan*, Japan International Cooperation Agency, https://www.jica.go.jp/english/overseas/burkinafaso/activities/__icsFiles/afieldfile/2025/02/19/regional_integration_01.pdf. [35]

Kobina vanDyck, G. and S. Domfeh (2017), "Gateway port selection based on inland transport cost and performance metrics In West Africa", *International Journal of Economics, Commerce and Management*, Vol. 5/12, https://ijecm.co.uk/wp-content/uploads/2017/12/51234.pdf. [47]

Koffi, P. (2023), "Côte d'Ivoire/Corridor Abidjan-Ouaga : un atelier-bilan présente les acquis du Pamoset", *World Canal Info*, https://worldcanalinfo.com/cote-divoire-corridor-abidjan-ouaga-un-atelier-bilan-presente-les-acquis-du-pamoset/. [43]

Lebrand, M. (2021), *Corridors without Borders in West Africa*, World Bank, https://documents1.worldbank.org/curated/en/585581637328017410/pdf/Corridors-without-Borders-in-West-Africa.pdf. [33]

MCC (2025), "Benin Regional Transport Compact"*, mcc.gov (website)*, Millenium Challenge Corporation, Washington, DC, https://www.mcc.gov/where-we-work/program/benin-regional-transport-compact/ (accessed on 28 May 2025). [46]

MEFP (2018), *Plan Sénégal Emergent PAP : Plan d'Actions Prioritaires 2019-2023 (Emerging Senegal Plan PAP: Priority Action Plan 2019-2023)*, Senegalese Ministry of Economy, Finance and Planning, https://www.sentresor.org/app/uploads/pap2_pse.pdf. [24]

MEPIR (2020), *Plano Nacional de Desenvolvimento (National Development Plan)*, Ministry of Economy, Planning and Regional Integration (Guinea-Bissau), https://cdn.climatepolicyradar.org/navigator/GNB/2020/national-development-plan-of-guinea-bissau-2020-2023_17d2c79a92d40f5f9b7d0ba8c7bdca7f.pdf. [21]

MFBNP (2021), *National Development Plan (NDP) 2021-2025*, Nigerian Federal Ministry of Finance, Budget and National Planning, https://nationalplanning.gov.ng/wp-content/uploads/2021/12/NDP-2021-2025_AA_FINAL_PRINTING.pdf. [23]

MFBNP (2020), *Reviewed National Integrated Infrastructure Master Plan (2020-2043)*, Nigerian Federal Ministry of Finance, Budget and National Planning, https://nationalplanning.gov.ng/wp-content/uploads/2022/10/REVIEWED-NIIMP.pdf. [22]

MoFEA (2023), *Recovery Focused-National Development Plan (RF-NDP) 2023-2027 (YIRIWAA)*, Gambian Ministry of Finance and Economic Affairs, https://mofea.gov.gm/wp-content/uploads/2024/02/RF-NDP-2023-2027.pdf. [18]

MoPED (2024), *Sierra Leone's Medium-Term National Development Plan 2024 – 2030: A Transformative Acceleration Agenda for Food Security, Human Capital Development and Job Creation*, Sierra Leonean Ministry of Planning and Economic Development, https://moped.gov.sl/wp-content/uploads/2024/08/Final_Sierra-Leone-MTNDP-2024-2030-1.pdf. [25]

MPD (2021), *Plan National de Développement 2021-2025 (National Development Plan)*, Ivoirian Ministry of Planning and Development, https://faolex.fao.org/docs/pdf/ivc222163.pdf. [17]

NDPC (2024), *Vision 2057: Long-Term National Development Perspective Framework*, Ghanian National Development Planning Commission, Accra, https://www.ndpc.gov.gh/media/Long-Term_National_Development_Perspective_Framework_Vision_2057.pdf. [20]

NDPC (2019), *Ghana Infrastructure Plan (GIP) 2018-2047: Highlights*, Ghanian National Development Planning Commission, Accra, https://ndpc.gov.gh/media/Ghana_Infrastructure_Plan_Highlights_2019.pdf. [19]

OECD (2025), *Credit Reporting System (database)*, https://www.oecd.org/en/publications/creditor-reporting-system_22180907.html (accessed on 15 March 2025). [7]

Open.Enabel (2025), "Mesures d'accompagnent du commerce et des transports sur le corridor Cotonou – Niamey", *open.enabel.be (website)*, https://open.enabel.be/en/BEN/2807/p/mesures-d-accompagnent-du-commerce-et-des-transports-sur-le-corridor-cotonou-niamey.html#:~:text=Le%20projet%20CORRICONI%20%E2%80%93%20Mesures%20d,des%20biens%20et%20des%20personnes (accessed on 28 May 2025). [44]

PIDA (2025), "Praia-Dakar-Abidjan Multimodal Transport Corridor", *pp2.au-pida.org (website)*, https://pp2.au-pida.org/fr/projet-approuve/?entry=ncwki (accessed on 10 April 2025). [38]

Prici (n.d.), "Le PAMOSET", *prici.ci (website)*, https://www.prici.ci/projets-acheves/pamocet.html (accessed on 28 May 2025). [41]

ReCAP et al. (2020), *Establishment of Centre for Sub-Saharan Transport Leadership: Centre for Sub-Saharan Transport Leadership Status Report*, https://www.research4cap.org/wp-content/uploads/ral/Sakyi-KNUST-2020-EstablishmentCSSTL-StatusReport-AfCAP-RAF2147A-201117%20.pdf. [55]

SHINE (2025), "What is SHINE?", *shine-project.com (website)*, https://shine-project.com/about/ (accessed on 28 April 2025). [56]

STAR C (2025), *The Solar Academy: A Flagship Achievement of the STAR C Project in Senegal*, https://starc-project.org/news/the-solar-academy-a-flagship-achievement-of-the-star-c-project-in-senegal/. [52]

SWAC/OECD (2021), *Food System Transformations in the Sahel and West Africa: Implications for People and Policies*, Maps & Facts, No. 4, https://www.oecd.org/content/dam/oecd/en/blogs/2021/04/maps-and-facts/food-systems-sahel-west-africa-2021-%20en.pdf. [28]

Thorn, J. and D. Juffe Bignoli (2022), *The African Development Corridors Database (dataset)*, Dryad, https://doi.org/10.5061/dryad.9kd51c5hw (accessed on 23 May 2025). [31]

UN (2025), "Liberia launches new national development plan: ARREST Agenda for Inclusive Development", *Joint SDG Fund*, https://www.jointsdgfund.org/article/liberia-launches-new-national-development-plan-arrest-agenda-inclusive-development. [14]

UNICEF (2024), *Drinking water, sanitation and hygiene in households by country, 2000-2022 (database)*, https://data.unicef.org/topic/water-and-sanitation/drinking-water/ (accessed on 17 January 2025). [1]

World Bank (2025), *The World Bank Benchmarking Infrastructure Development (BID) (database)*, https://bpp.worldbank.org/en/global (accessed on 6 March 2025). [57]

World Bank (2024), "International Debt Statistics (IDS)", *worldbank.org (website)*, https://www.worldbank.org/en/programs/debt-statistics/ids (accessed on 23 January 2025). [5]

World Bank (2024), *Private Participation in Infrastructure (database)*, https://ppi.worldbank.org/en/ppi (accessed on 15 March 2025). [6]

World Bank (2023), *Global Competitiveness Index (GCI) (database)*, https://databank.worldbank.org/metadataglossary/africa-development-indicators/series/GCI.INDEX.XQ (accessed on 28 April 2025). [48]

World Bank (2021), *TFWA Program Small-Scale Cross-Border Trade Survey, Cotonou-Niamey Corridor Report*, World Bank Group, Washington, DC, https://documents1.worldbank.org/curated/en/099060624234031633/pdf/P16811319541d30a21be501827bd668c487.pdf. [39]

World Bank (2011), *Africa's Transport Infrastructure: Mainstreaming Maintenance and Management*, The World Bank, Washington, DC, https://ppp.worldbank.org/public-private-partnership/sites/default/files/2022-06/Africas-Transport-Infrastructure-2011.pdf. [3]

Anexo A. Anexo estatístico

Os dados utilizados nesta edição do relatório *Dinâmicas do Desenvolvimento em África* estão disponíveis em tabelas e podem ser consultados e descarregados gratuitamente em linha (https://www.oecd.org/en/publications/africa-s-development-dynamics-2025_c2b40285-en/support-materials.html). Incluem novos indicadores sociais e económicos que proporcionam uma outra perspetiva para a análise do relatório.

Todos os indicadores selecionados no anexo abrangem dados nacionais de quase todos os países africanos, bem como da maioria dos países do mundo. Esta abordagem permite comparações tanto entre países africanos como com grupos de países semelhantes fora de África. Estes dados ajudarão a contextualizar as análises desenvolvidas no relatório e darão ao leitor a oportunidade de examinar os dados utilizados de forma mais detalhada.

Os dados foram obtidos a partir de diversas fontes, incluindo conjuntos harmonizados de dados nacionais anuais provenientes de instituições de renome, bem como alguns indicadores foram calculados pelos autores do relatório. Os números serão atualizados assim que novos dados estiverem disponíveis para permitir ao leitor acompanhar a evolução mais recente dos indicadores-chave. Assim, as diferenças observadas entre os valores apresentados no anexo estatístico e os valores apresentados no corpo do relatório podem refletir alterações que tenham sido efetuadas nas tabelas de dados após a publicação do relatório.

Tabelas de dados disponíveis em linha para descarregar gratuitamente

	Clique no título para descarregar a tabela
Tabela 1	Indicadores de crescimento, emprego e desigualdades
Tabela 2	Taxa de crescimento anual do PIB real, 1990-2030
Tabela 3	Taxa de crescimento anual da população, 1990-2030
Tabela 4	Crescimento real anual do PIB per capita, 1990-2030
Tabela 5	Estimativas demográficas
Tabela 6	Indicadores de educação básica
Tabela 7	Características da população ativa
Tabela 8	Divisão setorial da economia
Tabela 9	Decomposição do crescimento por tipo de despesa
Tabela 10	Retornos sobre o investimento e risco de dívida
Tabela 11	Fluxos financeiros externos
Tabela 12	Investimento e stock de capital
Tabela 13	Finanças públicas
Tabela 14	Riqueza nacional
Tabela 15	Sustentabilidade ecológica
Tabela 16	Causas ambientais de mortes prematuras
Tabela 17	Emissões de GEE por setor
Tabela 18	Electricidade e energia sustentáveis
Tabela 19	Digitalização
Tabela 20	Stocks de infraestruturas
Tabela 21	Financiamento de infraestrutura
Tabela 22	Investimentos públicos sustentáveis e poupança líquida ajustada
Tabela 23	Indicadores de desigualdade e pobreza
Tabela 24	Indicadores de género

Tabela 25	Indicadores de saúde básica
Tabela 26	Bem-estar subjetivo
Tabela 27	Comércio por intensidade de produção
Tabela 28	Diversificação das exportações
Tabela 29	Comércio internacional e regional
Tabela 30	Origem e destino do valor acrescentado
Tabela 31	Custos do comércio internacional
Tabela 32	Economiase emprego informal
Tabela 33	Emprego por ocupação
Tabela 34	Emprego por setor
Tabela 35	Emprego por atividade empresarial e nível de qualificação
Tabela 36	Inadequação das competências
Tabela 37	Média de anos de escolaridade
Tabela 38	Migração por nível de escolaridade
Tabela 39	Perfis educacionais projetados
Tabela 40	Perfis projetados de educação de jovens
Descarregue todas as tabelas anexas num único ficheiro Excel: https://github.com/AfDD-DDAf/AfDD-DDAf-2025/raw/refs/heads/main/AfDD_2025_Statistical_Annex_all_tables.xlsx	
Descarregue aqui uma tabela de fontes de dados	
Descarregue aqui uma tabela com os grupos de países	
Descarregue aqui o dicionário de dados para as variáveis destas tabelas	

Dados mais extensos, incluido series temporais de todas as variáveis desde o ano 2000, estão também disponíveis online

Os números apresentados nestes quadros estatísticos, com exceção das tabelas 2 a 4, representam os anos mais recentes sobre os quais existem dados disponíveis. O conjunto completo de dados sobre indicadores desde 2000 até ao presente está disponível e pode ser descarregado num único ficheiro csv compactado: https://github.com/AfDD-DDAf/AfDD-DDAf-2025/raw/refs/heads/main/AfDD_2025_Stats_by_year.zip. Em alternativa, os mesmos indicadores estão disponíveis em linha no portal estatístico da OCDE em https://data-explorer.oecd.org/ e clicando em «Desenvolvimento», seguido de «Dinâmicas do desenvolvimento em África» no menu.

Os dados do anexo estatístico estão também disponíveis para os principais grupos de países

O anexo estatístico apresenta estatísticas relativas a quase todos os países do mundo, bem como indicadores agregados por grupos de países para permitir uma análise comparativa. A tabela que apresenta a classificação dos países para cada grupo está disponível no anexo estatístico. Os grupos de países apresentados na análise são os seguintes:

- **As cinco regiões da União Africana** (África Austral, África Central, África Oriental, Norte de África e África Ocidental, tal como definidas pelo Tratado de Abuja).
- **África e grupos de países de referência** (África, países asiáticos excluindo países de rendimento elevado, América Latina e Caraíbas, e o mundo).
- **Países ricos em recursos**

  Países cuja economia depende em grande medida da extração de recursos naturais do solo. Estas dotações de recursos naturais podem ter profundas implicações no desenvolvimento económico, político e social. Neste relatório, os países são identificados como ricos em recursos se, durante a década anterior, a contribuição estimada da extração de hidrocarbonetos, carvão e minerais para a produção económica tiver excedido 10% do PIB durante um período de, pelo menos, cinco anos.

- **Nível de rendimento**

  O Banco Mundial utiliza a sua metodologia Atlas para classificar os países do mundo em quatro categorias[1] de acordo com o rendimento nacional bruto (RNB) *per capita*: países de baixo rendimento, países de rendimento médio-baixo, países de rendimento médio-alto e países de rendimento elevado.

- **Acesso geográfico**

  O relatório distingue os países de acordo com a sua localização geográfica: países sem litoral, países que possuem costa e nações insulares. O acesso ao comércio global pode ser complicado pelo facto de um país ter ou não uma linha costeira, uma vez que os padrões de desenvolvimento das nações insulares diferem dos de outras nações costeiras. Para além destas três categorias, o relatório fornece dados sobre "países em desenvolvimento sem litoral" (landlocked developing countries, ou LLDC) e "pequenos Estados insulares em desenvolvimento" (small island developing states ou SIDS) compilados pelo Gabinete do Alto Representante das Nações Unidas para os Países Menos Avançados, Países em Desenvolvimento sem Litoral e Pequenos Estados Insulares em Desenvolvimento (UN-OHRLLS).[2]

- **Países menos avançados[3]**

  O UN-OHRLLS classifica alguns países como "países menos desenvolvidos avançados (least developed countries ou LDC)". Esta categoría foi oficialmente estabelecida em 1971 pela Assembleia Geral das Nações Unidas e corresponde a países com um baixo nível de desenvolvimento socioeconómico. A designação como PMA baseia-se em critérios de rendimento, capital humano (por exemplo, o estado de saúde e educação da população) e vulnerabilidade económica.

- **Estados frágeis[4]**

  A OCDE examina a fragilidade como um conceito multidimensional de risco que poderia representar um desafio crítico para a capacidade dos países para atingirem os seus objetivos de desenvolvimento, particularmente os estabelecidos na Agenda 2030 para o Desenvolvimento Sustentável, das Nações Unidas. Com base nos resultados desta investigação, os países são classificados como «frágeis» ou «extremamente frágeis».

- **Comunidades económicas regionais e outras organizações intergovernamentais**

  As parcerias de países formadas para efeitos de integração ou cooperação regional que são económica ou politicamente significativas e particularmente relevantes para a análise do desempenho económico de África estão aqui incluídas. Neste contexto, estão contempladas as oito Comunidades Económicas Regionais (CER) reconhecidas pela União Africana, bem como outras organizações regionais e internacionais tais como a Associação das Nações do Sudeste Asiático (ASEAN), o Mercado Comum do Sul (MERCOSUL), a União Europeia (UE) e a OCDE, que servem de referência. Foram incluídos números agregados para os Países Africanos de Língua Oficial Portuguesa (PALOP), em resposta a um pedido dos membros deste grupo de países.

Notas

[1] Para mais informações: http://datahelpdesk.worldbank.org/knowledgebase/articles/378832-what-is-theworld-bank-atlas-method.

[2] Para mais informações: www.un.org/ohrlls/.

[3] Para mais informações: www.un.org/ohrlls/content/least-developed-countries.

[4] Para mais informações: www.oecd.org/dac/conflict-fragility-resilience/listofstateoffragilityreports.htm.

www.ingramcontent.com/pod-product-compliance
Ingram Content Group UK Ltd.
Pitfield, Milton Keynes, MK11 3LW, UK
UKHW051645031026
15588UKWH00007B/1338

9 789264 498136